PARADOXES
역설들

PARADOXES written by Henri de Lubac
© Les Éditions du Cerf, 1999

Korean translation copyright © 2025 Catholic Publishing House

All rights reserved.
No part of this book may be used or reproduced in any manner without written permission,
except in the case of brief quotations embodied in critical articles or reviews.

역설들

2024년 5월 8일 교회 인가
2025년 2월 7일 초판 1쇄 펴냄
2025년 4월 21일 초판 2쇄 펴냄

지은이 · 앙리 드 뤼박
옮긴이 · 곽진상
펴낸이 · 정순택
펴낸곳 · 가톨릭출판사
편집 겸 인쇄인 · 김대영
편집 · 강서윤, 김지현, 김지영, 박다솜, 이현주
디자인 · 강해인, 이경숙, 정호진
마케팅 · 임찬양, 안효진, 황희진, 노가영

본사 · 서울특별시 중구 중림로 27
등록 · 1958. 1. 16. 제2-314호
전자우편 · edit@catholicbook.kr
전화 · 1544-1886(대표 번호)
지로번호 · 3000997

ISBN 978-89-321-1931-1 03230

값 35,000원

성경 ⓒ 한국천주교중앙협의회, 2024

이 책의 한국어 출판권은 (재)천주교서울대교구 가톨릭출판사에 있습니다.
이 책은 저작권법에 의해 보호를 받는 저작물이므로 무단 전재와 무단 복제를 금합니다.

가톨릭의 모든 도서와 성물, 디지털 콘텐츠를 '**가톨릭북플러스**'에서 만나 보실 수 있습니다.
http://www.catholicbookplus.kr | (02)6365-1888(구입 문의)

PARADOXES
역설들

Cardinal
Henri de Lubac

가톨릭출판사

- 일러두기

  제3장 '다른 역설들'의 소제목 일부('3. 신비, 교의, 전통, 신앙'과 '4. 신앙의 반석')와 '세계적 위기에 직면한 교회', '거룩함의 의미가 경감되고 사라지는 내적 이유들', '육화된 그리스도교', '그리스도교적 요구'의 소제목은 원서의 편집자가 붙였음을 미리 밝힌다.

이 책을 시작하며

그리스도교 신앙 진리의 역설성

20세기 신학의 쇄신을 불러일으키고 제2차 바티칸 공의회의 신학 자문위원으로 활동했던 프랑스의 대大신학자 앙리 드 뤼박(Henri de Lubac, S.J., 1896-1991)은 그리스도교 신앙 진리의 역설적 특징을 신학의 주제로 삼았다. 그는 역설을 통해서 오류에 빠진 신학(이원론적 외부주의 신학, 신스콜라 신학, 변증법적 신학, 실존주의 신학)과 그릇된 신심(얀세니즘, 신심절대주의, 순수개인주의)을 신학의 원천인 성경과 교부들의 전통 안에서 깊이 성찰하였다. 그리고 이 성찰을 묶어 발간하였다. 그때 발간한 소책자 세 권은 《역설들Paradoxes》(1946), 《새로운 역설들Nouveaux paradoxes》(1955), 《다른 역설들Autres Paradoxes》(1994)이다. 이후 그 책들은 '앙리 드 뤼박 전집' 제31권(1999)으로 출간되었다.

깊은 신학적 통찰을 내포하고 있고 문학적으로도 탁월하게 표현된 이 책을 우리말로 소개하게 된 것은 역자에게 큰 기쁨이며 영광이다. 특히 이 자리를 빌려 여러 책을 한 권으로 엮어 출판하는 데 핵심 임무를 수행한 두 신학자, 조르주 샹트렌Georges Chantraine 신부와 미셸 살Michel Sales 신부에게 깊은 감사를 드리고 싶다. 예수회 소속의 이 두 신부는 앙리 드 뤼박이 사랑하는 제자들이었고, 자타가 공인하는 드 뤼박 신학자들이다. 드 뤼박을 연구한 역자는 이 신학자들을 브뤼셀과 파리에서 만나 많은 것을 배웠다. 우선 샹트렌 신부는 1994년 '앙리 드 뤼박 추기경 국제 협회L'Association Internationale Cardinal Henri de Lubac'를 조직하여 드 뤼박 전집을 발행한 주역이었다. 역자는 2003년 12월 4일, 5일에 리옹가톨릭대학교에서 열린 드 뤼박 국제학술대회에 논문을 발표하였는데[1], 그때 샹트렌 신부는 그 주제에 깊은 관심을 보였으며 훗날 역자의 방대한 학위 논문을 읽어 주고 2005년 공개적으로 진행된 박사 학위 논문 심사 때에는 청중으로 참석하여 큰 용기를 주었다.

다른 한편, 오랫동안 드 뤼박의 비서였으며, 끝까지 그의 곁에서 동고동락했던 미셸 살 신부는 이미 오래전부터 당뇨 합병증으로 시력을 잃어 학문 연구를 하기 어려운 상황이었는데도 역자가 박사 학위 논문 제2 지도 교수가 되어 줄 것을 청했을 때 흔쾌히 수락하고, 끝까지 동반해 주었다. 녹음기를 통해서만 역자의 논문을 접할 수 있었음에도 많은 시간을 할애하여 꼼꼼히 읽고 의견을 전달해 주었으며, 역자가 제기하는 여러 가지 물음을 성의를 다해 듣고 함께 고민해 주었다. 2005년에 학위를 마치고 귀국한 뒤에도 살신부는 수년간 이메일로 소식을 전해 주었고 10여 년 전 그토록 갈망하던 하느님의 품에 안기었다. 지금 그분은 곁에 없지만 그분의 깊은 영성과 해박한 지식은 아직 역자의 추억 속에 살아 있다.

이렇게 장황하게 역자의 스승들을 소개하는 이유는 바로 그분들이 이 책을 발행한 책임 편집자였고, 이 책의 '소개글'을 쓰셨기 때문이다. 드 뤼박에 대해서 가장 잘 아는 이 두 신학자의 글은, 이 책이 어떻게 출간되었는지, 이 책의 주된 내용이 무엇인지, 어떻게 구성되었는지를 학문적으로 밝힌다. 아울러 역설에 대한 드 뤼박의 신학적 성찰과 묵상이 그의 깊은 사상을 이해하는 중요한 단초가 된다는 사실도 지적한다.[2]

역자는 스승들이 쓴 글과 다른 형식으로 이 책의 가치를 소개하고 싶다. 역설에 관한 드 뤼박의 신학적 성찰이 21세기를 살아가는 우리 한국 교회의 신자들에게 어떤 의미를 갖는지 묻는 몇 가지 질문에 답하면서 말이다.

'역설은 우리 신앙생활과 어떤 관계가 있는가?' '과연 역설은 신앙생활에 도움을 주는가?' '우리는 역설 앞에서 어떤 자세를 취해

야 하는가?'

또한 역자는 신학자로서 역설이 주는 신학적 의미도 짚어 볼 것이다.

'역설은 신학을 탐구하는 데 어떤 의미를 주는가?' '신학은 역설을 어떤 태도로 대해야 하는가?'

그러나 이 모든 질문에 접근하기 전에, 먼저 역자가 이 책을 읽고 번역하면서 새롭게 깨닫게 된 역설의 근본적인 특성을 신학적으로 정리하고자 한다.

역설의 특성

파라독스paradoxe!

역설逆說 또는 모순矛盾으로 번역되는 이 단어는 그리스어 접두사 파라(παρά, ~위에, ~옆에, ~와 반대로)와 독사(δοξα, 의견, 신조)의 합성어로서, 어원적으로 볼 때 서로 대립하는 의견이나 주장을 일컫는다. 일상에서 자주 접하는 역설은 우선 이러지도 저러지도 못하게 하는 특성이 있다. 양립할 수 없는 두 가지 진술이나 주장이 제시되기 때문이다. 누군가가 나에게 "당신이 자유롭기를 바랍니다."라고 말하고, 이어서 "당신이 이것을 선택하면 좋겠어요!"라고 말한다면, '자유롭기를 바란다'는 첫 번째 진술과 '이것을 선택하길 바란다'는 두 번째 진술이 창과 방패(모순, 矛盾)처럼 서로 대립한다. 그리고 이 대립적인 주장에 직면한 사람은 매우 난감하다. 자유롭게 선택하라고 하여 **저것**을 선택하고 싶은데 **이것**을 선택하면 좋겠다고 말한다면, 이것도 저것도 선택할 수 없다. 이처럼 역설은 두 진술 사이의 이율배반, 양립할 수 없는 **대립적 특성**을 갖는다.

그러나 모든 대립이 역설은 아니다. 역설은 **대립**의 특징을 전제하지만, 이 책에서 드 뤼박이 지적하는 것처럼, **동시성**의 특징을 함축한다. 누군가가 어떤 주장을 했다가 나중에 반대되는 주장을 하는 경우가 있다. 생각이 변하면 그럴 수 있다. 이 경우, 반대 의미의 대립은 충분히 있을 수 있고, 이해할 수 있다. 그러나 역설은 대립적 실재 사이의 동시성을 함축하기 때문에, 참으로 역설이다. 드 뤼박이 지적하는 것처럼, 역설은 "이것과 저것을 동시에 지지해야 할 때가 있다."(68쪽) 한마디로, 역설은 두 가지 대립하는 진술이나 실재의 **동시적 특성**을 보인다.

역설은 또 아직 드러나지 않은 **신비적인 특성**이 있다. 여기서 **신비**는 근대주의적 신비 개념과 거리가 멀다. 근대의 신비는 이원론적 관점에서 비이성적인irrationnel 것, 비정상적인anormal 것, 기적적인miraculeux 것을 의미한다. 그러나 그리스도교 역설적 신비는 비이성적이라기보다 초이성적sur-rationnel이다. 이성의 틀에 갇힐 수 없는, 곧 이성을 넘어서는 초월적 특성 때문이다. 또한 단지 상식을 넘어서 특별하고 비범한 것이 아니라 정상적이고 평범한 실재 속에 **감**

추어진, 그러나 실제로 **활동하는** 실재이기 때문에 비정상적이라거나 기적적이라고 특징지을 수 없다. 역설은 단지 생각의 역설이 아니라 실재의 역설이다. 외적인 표현에서만이 아니라 표현하고자 하는 그 실재가 역설이다. 그러므로 역설은 존재론적 특성을 갖는다. 역설은 보통 대립적 표현에서 일차적으로 드러나지만, 더 중요한 것은 **표현 이전의 실재**, 곧 실재 자체가 역설이라는 점이다. 드 뤼박은 이성주의적 관념론에 대항하여, 역설은 이성적 사고의 결과물이 아니라 "생각 속에 존재하기에 앞서 존재한다."는 점을 강조한다. 이 존재론적 특성 때문에 신학은 역설에 적극 개입하고 철학과 대화한다. 그렇다. 그리스도교 진리는 자신을 스스로 드러내는 신비로서 다른 것으로부터의 증명을 요구하지 않는다. 하느님께서는 자신을 드러내는 분이시다. 진리이신 예수님께서는 이렇게 말씀하신다. "나는 사람의 증언을 필요로 하지 않는다."(요한 5,34)

역설에는 **종합적 특성**이 있다. 역설의 **대립적 특성**을 이원론적 사고로 어느 한쪽만을 수용하고 다른 한쪽을 거부하거나 멸시하고, 분리하거나 여러 조각으로 나누는 것은 역설의 종합적 특성을 무시하는 것이다. 드 뤼박은 이러한 분리 사상에 맞서 역설의 종합적 특성을 강조한다. 특히 신앙 내용 가운데 아직 온전히 또는 충만히 드러나지 않은 신비적 실재를 가리키며, 역설은 "종합의 기다림"이라고 말한다. 역설은 아직 충만함에 이르지 못한 실재를 지시하기 때문에, 바꿔 말하면 온전한 종합을 지향하기 때문에 충만함의 필연성을 드러내는 장場이다. 만일 역설이 충만함을 드러내는 장이라면, 신앙인이란 역설의 실재가 온전히 드러나는 충만을 희망하는 사람이라 할 것이다.

역설을 대하는 태도

역설을 대하는 태도는 크게 두 가지로 나눌 수 있다. 우선 이성주의자들은 역설이 이성적인 이해를 넘어선다는 이유로 무시하거나 배제한다. 특히 불가지론자不可知論者들은 역설이 갖는 비합리적이고 반反-이성적 특성을 이유로 역설을 거부한다. 이와는 달리, 다른 이성주의자들은 역설이 함축하는 양자 사이의 대립을 이성적으로 이해하기 위해서, 합리적으로 이해하기 위해서 인간 이성이 수용할 수 있는 한쪽의 진리나 주장만을 취사선택한다. 합리성에 부합하는 한쪽만을 수용함으로써 다른 한쪽을 버린다는 말이다. 드 뤼박의 표현에 따르면, 이러한 양자택일적 태도는 본디 하나인 역설을 축소하거나 파괴하는 것이다. 그렇다면 **신학은 역설에 직면하여 어떤 태도를 취해야 하는가?**

신학은 역설을 신앙의 근본적 특성으로 인식하고 수용한다. 그리스도교 신앙 자체가 역설이기 때문이다. 달리 말하면, 역설은 그리스도 신앙 이해의 열쇠다. 드 뤼박은 신학의 일반적 정의로 알려진 '신앙의 이해intelligence de la foi'를 넘어 '신앙을 **통한** 이해 intelligence par la foi'를 더 강조한다. 신앙을 통한 이해를 더 강조한 것은 신앙 진리가 내포한 역설을 있는 그대로 존중하고 그 역설적 진리의 **깊이**를 탐구하여 그 안에 담긴 심오한 **의미**를 파헤치기 때문이다. 또한 신앙은 역설적 신앙 진리가 지금은 온전히 드러나지 않는다 해도 그것이 구체적으로 실현되기를 갈망하고 기다린다. 드 뤼박이 강조하는 '신앙을 통한 이해'는 '이해를 추구하는 신앙'(Fides quaerens intellectum, 안셀모 성인)에 대한 일종의 새로운 해석이다. 신앙이 이해를 추구한다면, 그리고 신학이 신앙 진리를 이성적으로 탐구하고 체계화하는 학문이라면, 신앙은 이성의 틀 안에 갇히는 실재가 아니라 이성의 틀을 **부수고**, 그 틀에서 벗어나게 하는 실재다. "신앙은 우리의 틀을 부순다." 신앙은 반反이성적인 것이 아니라 초超이성적인 실재로서, 이성적으로 온전히 파악할 수 없는 **신비**다.[3] 신학은 이성적 이해의 지평을 열어 주는 신앙의 실재를 선물로 여기고 이해의 빛을 비추어 주기 때문에, 역설로 표현된 '**그것 너머**au-delà로 우리를 초대하지, **그 안에**en deçà 머무르게 하지' 않는다. 이와 같이 드 뤼박은 '이해를 추구하는 신앙'이라는 전통적 신학에만 머물지 않고 '신앙을 통한 이해'를 강조함으로써 신학의 탐구적 역할뿐 아니라 조명적 역할을 발전시킨다.

"당신 빛으로 저희는 빛을 봅니다."(시편 36,10)

그리스도 신앙의 근본적 역설성

그리스도 신앙 자체가 역설이다. 교리로 규정되고 개념화되고 표현되기 이전에 신앙의 실재 자체가 역설이기 때문이다.

첫째, 그리스도교의 가장 근본적인 교리이며 핵심인 예수 그리스도의 인격 자체가 역설이다. 예수님께서는 하느님이시면서 **동시에** 인간이시다. 처음엔 인간이었다가 나중에 하느님이 되신 분(입양설)이 아니라, 사람이 되신 하느님으로서 **참하느님**이시며 **참인간**이시기 때문이다. 어디 그뿐일까? 예수 그리스도를 통해 알게 된 하느님께서는 역사 너머에 계시면서(초월) 동시에 역사 안에서(내재) 말씀하시고 활동하는 분이시다. 시간 **밖**에 존재하시면서 동시에 시간 안에 존재하시는 분이시다. 그리스도의 육화incarnation는 영원성이 시간 속에 개입한 역사 내 유일한 사건이다. 시공을 초월하는 존재가 인간의 시간과 공간 속에 자신을 드러냄으로써 역사를 완전히 새롭게 변모시켰다는 것이 그리스도 신앙이다.

둘째, 인간 자체가 역설이다. 흔히 자연인이라 불리는 인간은 한낱 우연히 세상에 태어나 죽어 없어질 자연적 피조물이 아니다. 존재론적으로, 곧 본성적으로 초자연적인 것을 담고 있다. 인간 본성에 부합하는 자연적 목적을 넘어서는 초자연적(초본성적) 목적이 내재해 있다. 성경과 교부들은 인간이 하느님의 모상으로서 인간의 본성 안에 하느님의 모습이 새겨져 있고, 이 영적인 특성 때문에 하느님을 닮았다고 가르친다. 인간 안에 있는 하느님의 모습은 "단지 인간의 지성, 자유, 불멸성에 의해서도 아니며, 더욱이 자연을 지배하는 힘에 의해서도 아니다. 이 모든 것 위에 있는, 곧 자신도 이해할 수 없는 자기 존재의 심오함 때문"[4]이다. 심오함이란 다름 아닌 인간의 **영적 본질**을 말한다. 이 영적 본질에 의해서 인간은 이중 목적(자연적, 초자연적 목적)이 아니라 하나의 목적, 곧 하느님과 닮는 초자연적 목적을 이루도록 창조된 것이다.

셋째, 교회 자체가 역설이다. 하느님에 의해 불려 소집된 교회는 인간들의 공동체이면서 **동시에** 신적인 공동체다. 하느님에 의해 불려 모인 교회ecclesia다. 가시적visible이면서 동시에 비가시적invisible이다. 교회는 역사 안에서 역사와 함께 발전한 교계 제도로서 눈에 보이는 사회société일 뿐만 아니라 인류 전체가 그리스도를 머리로 하여 하나가 된 영적인 몸, "그리스도의 몸"(에페 1,23)이다. 교회 교부들에 따르면, '그리스도의 몸'은 '그리스도의 신비체corpus mysticum'다(교회헌장《인류의 빛》7항, 8항, 23항, 26항, 50항 참조). 이 두 대립적 측면은 동전의 양면과 같아서 어느 한쪽만을 취하거나 분리해서 본다면, 그것은 이미 교회가 아니다.

그렇다면 그리스도 신앙의 근본적 역설성은 우리 신앙인에게 무엇을 시사하는가? 이는 우리가 무엇을 믿고 어떻게 살아야 하는지를 돌아보게 한다. 그뿐만 아니라 그리스도인 생활과 신학의 정통성orthodoxe을 식별하는 기준을 제공한다. 그리하여 드 뤼박은 그리스도교 신앙을 오해하거나 잘못 대하는 여러 사조思潮에 강력히 저항하는 것이다. 특히 합리주의적 실증주의 아래서 그리스도교 **상징**을 비현실적인 것, 실재하지 않는 것, 환상적인 것으로 이해하는 오류에 강력히 맞선다. 개인이나 세상의 종말에 관한 실재 역시 감추어진 **신비**이며, 이 신비들이 상징적인 표상들로 표현되기 때문에 상징을 통해서만 그 참된 실재에 접근할 수 있다. 그런데 합리주의자들은 이러한 상징을 하나의 **개념**처럼 이해하면서 상징 속에 내포된 진리를 파괴한다. 초자연적인 것을 자연적인 것으로 축소한다. 그러나 신앙인은 개념 속에 가둘 수 없는 '거룩한 신비들', 예컨대 하느님의 거룩함, 교회의 거룩함에 대한 상징적 표현을 중시하며 그 속에 담긴 의미를 포착하려고 노력한다. 성사는 비현실적이라는 의미에서 상징이 아니라 상징이 지시하는 그 실재를 실제로 보여 주는 한에서 성사이기 때문이다('거룩함의 의미가 경감되고 사라지는 내적 이유들'을 보라).

역설을 대하는 신학의 태도

그리스도교 신앙의 역설적 특징은 우리에게 어떤 태도를 갖게 하는가? 참된 영성을 가지고 신학적 성찰을 했던 드 뤼박이 보여주는 것처럼, 합리주의적 사고방식에 함몰되어 이해를 넘어서는 역설을 없애려 하지 말고, 오히려 있는 그대로 보존하고 그 속에 담긴 의미를 묵상해야 한다.

드 뤼박의 역설에 대한 깊은 통찰과 묵상은 오늘날 교회의 쇄신과 신학의 쇄신을 위해서 '그리스도교 신비의 중심으로 돌아가는 일'을 요청한다. 그리스도의 삼중 신비(육화, 죽음, 부활)는, 결코 추상적 진리가 아니라 우리의 구체적인 삶과 관련된 **삶의 진리**로서, 그리스도인의 항구한 삶의 기초다. "이 세 가지를 포함하지 않는 그리스도교 영성은 없다."(76쪽) 더 중요한 것은 그 신비를 충실히 살 때만 그 신비를 이해할 수 있다는 것이다.

베네딕토 16세 교황은 신앙의 '치유적 힘'을 강조한 바 있다. "신앙은 초월로 열린 건전한 생각의 열매들을 받아들일 능력이 있고, 이성이 떨어질 수 있는 한계와 모순을 치유할 힘을 지니고 있다."(2012년 제13차 세계주교대의원회의 정기총회를 마치며 하느님 백성에게 보내는 메시지, 10항) 이 언급은 신앙인뿐만 아니라 철학자와 신학자들이 깊이 새겨야 할 말씀이다. 신학자들은 "거룩한 것을 거룩하게 지키는 이들"(지혜 6,10)이다. 하느님의 지혜를 인간의 지혜로 축소하거나 환원還元하지 말아야 한다(1코린 2,6-16 참조). 거룩한 것을 대하는 인간의 지성은 무시나 축소 또는 환원이 아니라 개방이며 수용이다. 역설을 대하는 인간의 지성도 마찬가지다. **역설을 역설로 존중하고 돌보며, 지키는 일이 신학의 중요한 책무다.** 지금까지 신학이 어느 한 측면만을 고려하고 강조하여 신앙의 역설성을 파괴했다면, 이제 역설의 특성을 파악한 신학은 이를 되살려야 한다. 신앙의 역설성을 **돌보고 지키는 일**은 신학의 **치료적 책무**라 할 수 있다.[5] 이런 관점에서 드 뤼박의 신학은 오늘날 우리의 신학 연구에 여전히 훌륭한 귀감이 된다.

이 글을 마치며 독자들에게 마음으로 전하고 싶은 것이 있다. 역자가 안식년을 보내면서 그동안 미뤄 왔던 집필에 몰두하던 중, 가톨릭출판사에서 이 책을 번역해 달라는 요청이 왔다. 드 뤼박의 많은 책 중에서 하필이면 왜 이 책일까? 독자들이 얼마만큼 이해할 수 있을까? 겉으로 보기에는 쉬워 보이지만, 이 책은 블레즈 파스칼Blaise Pascal의 《팡세Pensées》처럼 여러 단편으로 이루어져 있으며, 심오한 그리스도 사상이 숨어 있고, 신학자의 예리한 통찰력을 담은 복잡하고 난해한 문장들이 많다. 드 뤼박의 문체는 프랑스인들조차 가장 아름다운 프랑스어를 구사한다고 감탄할 정도로 빼어나다. 그는 신학자일 뿐만 아니라 프랑스가 자랑하는 프랑스 학술원 Académie française 회원이었다. 이는 드 뤼박의 글이 외국인에게는 그만큼 어렵다는 뜻이다. 역자는 프랑스어의 아름다움을 고스란히 재현하지 못해 안타까운 적이 많았으며, 어려운 문장을 어떻게 옮길지 고민하느라 진땀을 낸 적이 한두 번이 아니었음을 고백한다. 그럼에도 이 책을 통해 한국 교회의 신학이 발전하고, 신자들이 영적으로 성장하길 바라는 마음으로 번역에 임했다. 마지막으로 이 책을 한국에 소개하는 데 큰 힘을 보태 준 가톨릭출판사 김대영 사장 신부님과 편집부에 깊이 감사드린다.

곽진상 신부

소개글

이 역설 모음집은 앙리 드 뤼박의 신학 사상과 방법, 내용을 발견할 수 있는 가장 훌륭한 입문서가 될 것이다. 중요한 주제를 중심으로 엮은 이 단편 모음집은 고전적이면서 아름다운 문장으로 되어 있다.[6] 인간의 위대함과 그 한계, 그리스도의 신비가 인간 역사에 가져다준 공헌에 대한 예리한 의식, 그리고 기도 안에서 내적인 체험을 해야만 표현할 수 있는 신학의 풍미를 간직한 증언들이 담겨 있다. 독자들은 이 모음집에서 예수회 신학자의 내적인 일기, 그리스도인을 위한 신학자의 '생각'(팡세, Pansée), 각고의 노력을 기울여 발전시키고 구성한 여러 작품의 밑그림[7], 영적 스승의 금언, 경고를 받은 신학자의 인식론적 해석, 신학 박사의 가르침, 하느님의 말씀으로 빚어진 관상가의 증언을 볼 수 있다. 덜 체계적이고, 덜 무겁고 덜 현학적인 형태이자 사유가 취할 수 있는 가장 친근한 형태로 말이다. 더 엄밀히 말하면, 모든 편협함과 이념에서 벗어나 가장 순수한 그리스도교적 인본주의를 발견할 수 있다.

드 뤼박 작품에 대한 서론이며 그의 사상에 대한 입문이라 할 수 있는 이 역설들은 사변적이거나 그의 체계적인 사상이 내재된 신학 작품으로 불리기를 바라지 않는다. 이 책은 각 단편을 따로 떼어 묵상하거나 다른 유사한 단편들과 연결하여 묵상하면서 풍미를 음미할 수 있다. 그렇기에 어느 페이지를 펼쳐 읽든 독자에게 열려 있으며, 매일 읽을 수 있는 기도서나 묵상서로 여겨도 좋을 것이다. 또한 신자나 비신자, 평신도나 사제를 막론하고 모든 현대인을 위한 훌륭한 영적 도서가 될 수 있다. 이 책은 느긋하게, 욕심 없이 읽어야 한다. 어느 때든, 어디를 가든, 영적 쉼이나 여유가 필요할 때 읽을 수 있는 책이다.

《역설들Paradoxes》의 연속된 출판과 번역

드 뤼박은 1920년경, 철학을 공부하기 시작했을 때[8], 훗날 '역설들Paradoxes'이라고 이름 붙일 것들을 즐겨 메모하는 취미가 있었다. 그로부터 약 20년 후인 1943년 [나치즘과 공산주의에 대항한] '영적 저항Résistance spirituelle' 시기에, 그는 잡지 《시테 누벨Cité nouvelle》[9]에 '적응에 관한 역설들'을 '존재의 우선성'[10]이라는 매우 의미 있는 부제를 붙여 발표했다. 이 역설들은 1946년에 발행될 소책자를 구성하는 기초가 되었다. 그것은 '증언', '적응', '영의 요구'라는 세 개의 장이 된다.

드 뤼박의 동료인 장 다니엘루Jean Daniélou 신부는 새로 창간된 잡지, 《디외 비방Dieu vivant》[11]을 창간한 사람들과 자주 연락하고 있었다. 드 뤼박도 2년 뒤인 1945년, '역설들Paradoxes'[12]이라는 제목의 글을 이 잡지사에 맡겼고, 이 기고문은 1946년에 출간될 소책자에 삽입되어 '육화', '사회적인 것과 영원한 것'이라는 두 개의 장을 형성하게 되었다. 이 '역설들'은 잡지의 주요 당국자들이 심혈을 기울이는 육화와 종말론이라는 주제와 가까웠다. 그리고 드 뤼박에게 중요한 개념인 《가톨릭시즘Catholicisme》(1939)이라는 저명한 책[13]의 부제인 '사회적' 측면을 연상시켰다. 1946년 6월, 드 뤼박은 종말론과 사회 현실의 관계를 다룸으로써 다니엘루와 《디외 비방》의 편집장인 마르셀 모레Marcel Moré에게 주목을 받았다. 그리고 그해 9월에는 초월성과 육화를 하나의 제목 아래 하나의 장으로 통합하여 발행하자는 다니엘루의 의견에 동의했다.[14]

스타니슬라스 퓌메Stanislas Fumet는 이 두 글의 출판을 긍정적으로 평가했다. 드 뤼박은 회고록에서 이렇게 적는다.

"전쟁 중임에도 리옹에서 한가한 시간을 보낼 때, 퓌

메는…… 가톨릭 주간지 〈탕 프레장Temps présent〉을 만들었던 추억을 되새기며 파리에 새로운 총서 시리즈를 출판하고 출판사를 세우기를 꿈꾸었다. 그는 나에게서 《역설들》(1946)을 가져갔다. 이 책의 대부분은 이미 전쟁 전에 쓴 것이다. 내가 기억하기로는 이 책이 그가 만든 총서 시리즈 '카이유 블랑Cailloux blancs'의 첫 번째 책이었다."[15]

마르크스Marx와 니체Nietzsche에게 영감을 받아 많은 사람이 인간의 미래에 대한 다양한 희망을 가졌을 때, 드 뤼박은 신적인 생명(삶)으로 부르심받은 인간의 운명에 대한 성찰이 절실히 필요하다고 느꼈다.[16] 1946년에 발행된 그의 책 세 권 《신비 사상에 직면하여Affrontements mystiques》[17], 《하느님에 대한 지식De la connaissance de Dieu》[18], 《역설들》[19]은 모두 인간을 중심에 두려는 의도를 보여 준다. 곧 하느님을 생각하지 않고서는 인간을 생각할 수 없으며, 인간의 신적인 운명은 당시의 그리스도인에게 '그리스도인 프로메테우스Prométhée chrétien'[20]의 역설적 역할을 준비시킨다.[21]

1946년에 《역설들Paradoxes》이 출판되었으나 출간되자마자 시장에서 사라질 위험에 처했다. 드 뤼박은 자신의 회고록에 이렇게 적는다.

"탁월한 집필가이며 통찰력을 갖춘 비평가인 퓌메는 사업에는 큰 관심이 없었다. 결국, 그의 출판사는 머지않아 파산되었다. 나의 소책자는 여러 번 이동하다 마지막으로 세이유Seuil 출판사의 지하 창고에 묻혔다. 그곳에서 나오기는 무척 어려웠다. 그러나《새로운 역설들Nouveaux paradoxes》(1955)이 먼저 나오고, 이어서 이 소책자와 함께 지하 창고에 있던《역설들》(1946)을 한 권의 책으로 편집하여 출판하고 나서야(1959) 빛을 보게 되었다."[22]

드 뤼박은 '공개적으로 엄중한' 상황에서도 다소 '느슨해진' 것을 직감하고[23], 1955년에《새로운 역설들》[24]을 출간했고, 그 이듬해에는《하느님의 길에 관하여Sur les chemins de Dieu》[25]를 출간했다. 이 책은 이미 출간된《하느님에 대한 지식De la connaissance de Dieu》의 증보판이다. 사실 그는 1950년 이후 교회로부터 침묵을 강요받은 후[26], 주요 주제를 묵상하고 이를《새로운 역설들》에 실었다. 그 주제는 주로 생각과 진리 사이의 긴장에 관한 것이고, 심리학과 사회학으로 영적인 실재에 도달할 수 없는 인간에 관한 지식, 인간관계를 이어주는 사랑, 영적인 삶과 신앙적 삶의 고양과 연결된 고통에 관한 것이었다.

드 뤼박은 1959년, 첫 작품《역설들》과《새로운 역설들》을 한 권

의 책으로 출판했다.[27]

그러나 이것이 마지막은 아니었다. 1989년 파리 그르넬가街에 있는 연구실에서 드 뤼박은 타이핑된 원고와 또 하나의 원고 뭉치를 그의 제자인 벨기에 예수회원 조르주 샹트렌George Chantraine에게 건네주면서 "이건, 당신이 원하는 대로 하시오."라고 말했다. 다소 분량이 있는 이 초고에는 자필로 쓴 부분도 있었다. 초고는 드 뤼박이 샹트렌에게 유산으로 남긴 서류에 포함되어 있다. 이 원고는 세 개의 부록도 포함하고 있고, 훗날 《다른 역설들Autres Paradoxes》이라는 제목을 가진 책의 출판을 위해 사용된다. 《다른 역설들》은 네 개의 장으로 나누어져 있으며, 그 가운데 두 개의 장은 '다른 역설들'이라는 제목이 붙어 있었다. 이 《다른 역설들》[28]은 1994년에 출판되었다.[29] 이 책에 나오는 역설들은 1970~1980년대[30] 상황을 잘 보여 준다. 당시의 역설들은 신학과 이성의 약화에 직면하여, 그리고 세속화와 자신을 부정하는 환속에 직면하여, 복음과 신앙 그리고 공의회의 지성이 요구하는 것들을 식별한다. 몇몇 역설은 드 뤼박이 자신의 목소리를 내지 않으려는 듯 어떤 해설도 덧붙이지 않은 채 인용문만을 제시한다.

드 뤼박의 역설들은 여러 언어로 번역되어 출판되었다. 대부분 내용 전체가 번역되었지만 간혹 일부만 번역되기도 했다. 번역된 언어는 영어[31], 독일어[32], 이탈리아어[33], 그리스어[34], 카탈루냐어[35],

스페인어[36], 일본어[37], 폴란드어[38]다.

현재 이 총서는 《역설들》이라는 제목 아래, 세 권의 '역설들'을 한데 모았다. 그것은 1946년[39]의 《역설들》, 1955년[40]의 《새로운 역설들》(이 두 권은 1959년에 한 권으로 합본하였다[41]), 그리고 1994년의 《다른 역설들》(드 뤼박 사후 작품)이다.[42] 또한 이 총서는 다섯 개의 소논문을 포함하는데, 그중 네 개의 작품은 1942~1946년 사이에 쓴 것으로, 드 뤼박은 이것들을 1978년에 발행할 계획을 세웠으나 이루지 못했다. 네 개의 논문은 바로 '세계적 위기에 직면한 교회L'Eglise en face de la crise mondiale'(1942),[43] '거룩함의 의미가 경감되고 사라지는 내적 이유들Causes internes de l'atténuation et de la dispariton du sens du sacré'(1942)[44], '육화된 그리스도교Christianisme incarné'(1943)[45], '그리스도교적 요구Exigences chrétiennes'(1946)[46]이다. 마지막 다섯 번째 논문은 미간행 작품으로 1964년 9월에 저술한 종교의 자유에 관한 것이며, 이미 《다른 역설들Autres Paradoxes》[47]에서 다루어진 주제다. 이 주제와 관련하여 마르셀 르페브르Marcel Lefebvre 주교가 공의회에서 연설한 적이 있는데, 공의회에 참석한 몇몇 주교들은 이 연설 내용에 대해서 제2차 바티칸 공의회의 신학 자문위원이었던 드 뤼박에게 의견을 요청했고, 이 글을 작성하여 주교들과 나누었다. 드 뤼박은 이 다섯 작품에서 전쟁과 이데올로기에 직면한 프랑스의 영적인 상황을 식별하였다. 그는 "결코 순응주의적"[48] 방식을 취하지 않았다.

역설의 원천과 본성

드 뤼박은 《새로운 역설들Nouveaux paradoxes》[49]의 첫머리에 역설을 정의하고, 독자들이 묵상할 수 있도록 구체적이며 발전된 개요를 내놓는다. 그는 역설을 이용하면서, 교회 교부들과 중세 초기의 신학자들에게 영감을 준 성경의 원천에서 양식을 길어 온다.

"코헬렛Ecclesiaste이 말하길, 말할 때가 있고 침묵할 때가 있다."[50] (68쪽)

드 뤼박은 역설을 무엇과 연결시키는가.

"주장을 지지할 때가 있고 보완하는 주장의 가치를 부각할 때가 있다. 이 밖에도 이 두 주장을 동시에 지지해야 하는 때가 있다."[51] (68쪽)

성경의 지혜뿐만 아니라 복음도 대립되는 명제들을 모른다.

"복음이 역설로 가득 차 있다는 것을 생각하자. 인간 자체가 살아 있는 역설이고[52], 교회 교부들에 따르면, 육화야말로 최고의 역설이다. 모든 역설 중의 역설이다

Παράδοξος παραδόξων."⁵³(38쪽)

드 뤼박은 아우구스티노에게서 매우 중요한 역설의 깊은 감동을 느꼈다. 그에 따르면 인간의 마음은 하느님 안에서 "안식을 얻기까지 근심하기" 때문이다. 또한 파스칼의 얀세니즘적인⁵⁴ 모습에도 그에게서 예수님의 신비에 대한 반명제들을 인식했다.⁵⁵

반대로, 13세기부터 스콜라 신학자들에게 신학을 형성하는 데 도움을 준 개념적 사고는 변증법적 역할을 증대시켰으나 역설의 역할은 축소시켰다.⁵⁶ 루터는 자기 신학에서 이 가치의 관계를 바꾸어 이성의 사용을 거부해야 했고, 십자가의 역설을 칭송했다. 루터 이후, 19세기의 많은 독일 철학자들은 역설을 변증법 안으로 흡수하거나 역설적 사고를 통해서 모든 변증법을 극복하는 데 힘썼다. 그들은 사유에서 역설의 정당성을 인정하지 않았다.⁵⁷

스콜라 신학의 변증법에서, 하느님과 인간 사이의 루터적 양자택일에서 멀리 떨어져 있던 드 뤼박은 인간 역사 안에 들어온 그리스도의 새로움에 사로잡혀 있었다. (이때 스콜라 신학은 여전히 19세기와 20세기의 신토미즘으로 좁혀져 있었고, 신토미즘은 당시 독일 사상을 주도했다.⁵⁸) 1946년에 그는 지난 두 세기 동안 그리스도인 안의 "그리스도교 의식은 잠시"⁵⁹ 잠들어 있다고 느꼈다. 그 이탈은 사회적인 것이었다. "이는 내적인 이탈이다."⁶⁰ 그리스도인은 영원성에 대한 믿음을 저버림으로써 자기 시대를 저버렸다.[61] 그리고 마르크스와 니체의 항의로 분명해진 진리를 받아들이지 않았다. 그러나 복음 정신에 맞지 않는 이질적인 정신은 계시된 하느님 사랑의 힘보다 우세할 수 없다. 게다가 변증법적 작용은 그 시대 사람의 영적인 투쟁에서 대립적인 면들을 극복하는 데 충분하지 않다.

> "우리는 우리 안에 집단적으로 가져온 위대한 힘에 대한 의식을 되찾아야 한다. 그리스도 영의 새로운 힘을 항상 되찾아야 한다."[62]

그리스도인은 '자기 자신이 누구인지, 그리고 자신의 고유한 논리를 따라야'[63] 함을 알아야 한다. 이 논리는 관상되어야 하는 신비의 논리다. 바로 여기서 역설이 생겨난다.

> "역설은 생각 속에 존재하기에 앞서 현실 어디에든 존재하기 때문이다. 현실 어디에든 항구히 머물고, 항상 다시 생겨날 것이다. 우주 자체가, 우리가 만들어 가는 우주가 역설적이다. 우주의 종합은 아직 이루어지지 않았다. ……
> 삶이 더 높이 올라가고 풍요로워지며 내면화될수록,

역설은 더 많은 영역을 얻게 될 것이다. 인간 삶에서 이
미 최고의 영역을 차지한 역설은 영의 삶을 선택했다. 이
신비적 삶은 역설의 승리다.

역설이라는 단어는 사물에 관해 말하는 방식이 아니
라 사물 자체를 지칭한다. 만일 성찰의 의미가 부수적으
로 따라온다면, 진지한 문제를 다루면서 교의의 무거움
을 피하려는 고민을 보여 주고자 하는 것일 수 있다."[64]

역설들의 풍요로움과 다양성

드 뤼박의 주요 저서들이나 그가 《기회의 신학*Théologie d'occasion*》[65]
이라고 명명했던 책 외에도 '역설들'은 그의 첫 번째 작품이나 이후
의 작품에서 다시 만나게 된다. 그러나 이 역설들은 인용문이나 참
고 문헌으로 채워진 방대한 책이라기보다 격언이나 짧은 단편들이
주제별로 조화롭게 구성되었다고 할 수 있다. 각각의 단편들은 그
자체로 전체와 같다. 이는 마치 파스칼의 《팡세*Pensées*》나 키에르케
고르의 《일기*Journal*》와 같다. 이 저명한 책처럼, 역설들의 일부는 그
자체로 구체화되고 종합된 형태를 띠고 있으며, 신학적 방법의 작
은 특성들, 질문에 대한 검토, 신앙의 신비에 대한 성찰들로 이루
어져 있다. 역설들은 은총과 함께 모든 것을 쇄신한다. 또한 하나
의 주제를 단순화하지 않으면서도 주제 전체를 깊게 조명함으로써

새롭게 한다.[66]

드 뤼박은 이 역설들에서 하느님 앞에 있는 인간의 경탄할 만한 아름다움과 고통을 겪는 인간의 마지막 외침을 드러낸다.

각 장의 제목은 주제에서 벗어나지는 않지만 아주 희미한 구상, 실제로 아주 많이 발전시킨 주제에 관한 불완전한 구상만을 제공한다. 그중 겸손하게 정한 '제1장 역설들'의 '신앙의 삶'에서는 신앙 안에서의 지성, 권위, 전통, 애덕 등을 다룬다. 다른 많은 부분도 그렇다고 할 수 있다. 이 책이 다루는 주요 주제는 다음과 같다. 그리스도인의 증언, 사도의 적응, 영의 요구, 육화, 무관심, 사회적인 것과 영적인 것, 진리, 인간이란 무엇인가, 복음과 세상, 인간관계의 위대함과 어둠, 다양한 고통에 직면한 인간의 태도, 영적인 삶의 탐구, 신비들, 신앙의 전통과 신앙의 반석, 구체화되거나 발전된 성찰들, 상호 연관된 주제나 유사한 주제들, 예를 들면 영적인 고양, 교회의 감추어진 삶, 대다수의 성인과 예언자와 거짓 예언자를 식별하는 기준, 신비주의 보편적 가치, 모든 형태의 밀교적 신비주의ésotérisme에 대한 그리스도교적 보편주의의 근본적인 알레르기, 모든 형태의 사회 문화에 대한 그리스도교의 근본적 새로움 등이 있다.

여기서는 저자가 수십 년간 발전시키고, 전통과 현재 사이에서 신학적 성찰을 개진開陳하고 저술한 모든 주제에 관한 서평을 지양한다. 이 귀한 모음을 하나하나 다시 읽는 것은 의심할 수 없는 풍요로움과 끝없는 새로움을 발견하게 한다. 그뿐만 아니라 저자의 불타는 통찰력도 발견할 것이다. 발타사르는 그의 《역설들》에 대해 이렇게 말한다.

> "간접적으로나마 다른 작품들보다 더 깊게 저자의 영혼을 꿰뚫어 보게 하며, 그가 택한 주제들이 보여 주는 것처럼, 그의 개인적인 태도에 근본이 되는 분야를 알게 한다."[67]

이 짧은 단편들은 모순적이면서 중대한 특징을 보여 준다. 바로 이 특징을 통해 저자는 역설을 특징짓는다.

> "변증법 사고를 하는 미소 짓는 형제, 더 현실적이고 더 겸손하며, 덜 긴장하고 덜 급한 이 형제는 새로운 단계를 맞이할 때마다 항상 자기의 누님 옆에 나타나, 누님 스스로 보여 준 필수적인 움직임(노력)에도 불구하고 실제로는 한 걸음도 전진하지 못했음을 늘 상기시킨다."[68]

어떻게 역설들이 구성되고 독자에게 제안되었는지와 관련하여,

저자가 1995년에 쓴 《새로운 역설들》의 서론 마지막 부분을 다시
인용하고자 한다.

"이 책 안에 비판이 전제되어 있다고 생각한다면 이
책의 정신을 오해하는 것이다. 오히려 독자들은 이 책에
공감할 것이다. 사실 오늘날 교회에서 이루어지는 다양
한 분야의 연구가 더 능동적으로 진행되길 바라는 의도
가 담겨 있기 때문이다."[69]

나무르-파리, 1998년 7월 6일

조르주 샹트렌
브뤼셀 예수회 신학대학 교수

미셸 살
파리 예수회 대학 철학부 조교수
파리 대신학교 교수

차례

이 책을 시작하며 – 그리스도교 신앙 진리의 역설성 • 5
소개글 • 19

제1장 역설들

1. 신앙의 삶	• 39
2. 증언	• 50
3. 적응	• 57
4. 영의 요구	• 66
5. 육화	• 74
6. 무관심	• 83
7. 사회적인 것과 영원한 것	• 91

제2장 새로운 역설들

1. 생각, 진리	• 106
2. 인간	• 127
3. 복음과 세상	• 142
4. 인간관계	• 159
5. 고통	• 178
6. 영적인 삶	• 197
7. 신앙	• 218

제3장 다른 역설들

1. 복음 •245
2. 공의회, 단체성, 반-공의회와 공의회 이후 •272
3. 신비, 교의, 전통, 신앙 •297
4. 신앙의 반석 •338

부록 •355
십자가의 예수님께 •360

세계적 위기에 직면한 교회

1. 인간과 하느님 •367
2. 인간과 인간들 •368

거룩함의 의미가 경감되고 사라지는 내적 이유들
1. 우리 신학 작업의 네 가지 결함 • 385
2. 세 가지 실천적 결론 • 406
3. 유일한 치료약 • 413

육화된 그리스도교
1. 언어의 최선과 최악의 의미 • 416
2. 중대한 일탈 • 419
3. 그리스도교 신비의 리듬 • 421

그리스도교적 요구
1. 배교의 두 증인 • 424
2. 그리스도 영의 새로운 힘 • 435

마르셀 르페브르 주교의 발언에 관하여
주교님들께 드리는 의견
(1964년 9월 24일 제2차 바티칸 공의회 87차 총회 발표문)
1. 마르셀 르페브르 주교의 발언 • 449
2. 앙리 드 뤼박의 의견 • 452

주 • 457
인명 색인 • 481

제1장

역설들

역설(paradoxe, 逆說)이라는 단어 자체가 역설적이다. 그러므로 역설의 역설성을 그대로 두자. 대부분 부분적인 성찰로 구성된 이 소책자를 어떻게 정의할까? 독자가 결정할 일이다.

나는 이 책의 성찰이 모두 굳건한 정신의 창작품이 되길 바라지 않는다. 복음이 역설로 가득 차 있다는 것을 생각하자. 인간 자체가 살아 있는 역설이고, 교회 교부들에 따르면, 육화야말로 최고의 역설이다. 모든 역설 중의 역설이다Παράδοξος παραδόξων.

1
신앙의 삶

    신앙 행위가 모든 행위 가운데서 가장 자유로운 것처럼, 신앙의 표현은 모든 표현 가운데서 가장 개인적이다.
    계시된 진리와 초자연적인 대상에 대한 복종은 초자연적인 것들을 표현하기 위해서 그 자체로 받아들이는 것을 방해하지 않고 피하게 하지도 않는다. 표현이라는 이 중개자를 벗어나면 진부함과 언어주의에 빠질 뿐이다.

    순수 신앙 또는 **벌거벗은 신앙**을 문자화된 신앙 조문을 기계적으로 반복하는 앵무새 증상[70]과 혼동해서는 안 된다. 낱말의 반복은 그 정신을 알려 주지 않는다. 이런 신앙은 완전히 외부적이지만 순수한 신앙은 영혼의 깊은 비밀에까지 도달한다.

신앙은 포기다. 신앙인은 여러 이론의 혼잡함에 빠져서는 안 된다. 그 이론을 유용하게 사용한다면 그보다 더 좋을 수는 없다. 자기의 신앙에 대해 생각하길 바란다면 이론들은 꼭 필요하다. 그는 이론들이 견고하고 참되길 바란다. 그러나 자기 지성의 고유한 유익과 관련하여, 이론들에 집착하지 않도록 조심해야 한다. 신앙은 사랑의 특권에 참여해야 한다. 신앙은 그 대상을 취하고 독점하려 하지 않으면서 그 대상 안으로 들어가는 것이다.

신앙은 철학자들보다 더 아름다운 이론을 제시하지 않는다. 그렇지만 그 이론을 넘어서도록 우리를 들어 올리고 우리의 틀을 부순다. 우리 영혼이 갖는 한계를 넘어서 하느님을 깊이 바라보게 할 뿐만 아니라 하느님께 이르게 한다. 신앙은 우리를 존재 안에 세운다. 가장 중요한 것은 신앙만이 그렇게 한다는 것이다.

어린아이의 영은 놀라운 은총이다. 하늘나라는 어린아이를 위한 것이고 어린아이와 닮은 사람들을 위한 것이라는 복음을 항상 기억해야 한다. 그러나 유치함은 어린아이의 영이 아니다. 영적인 천진함은 지성적 결핍과 전적으로 다르다. 바오로 사도가 "어른이 되어서는 아이 적의 것들을 그만두었습니다 Evacuavi quae erant parvuli."(1코린 13,11)라고 한 말도 새겨들어야 한다.[71] 교회는 어머니

다. 그러나 아이가 무한정 어린아이로 남아 있길 바라지 않는다.[72]

시대의 발전을 거부하면서 과거의 모든 보물을 유산으로 받을 것이라고 믿는 것은 자신을 기만하는 것이다.

전통이 쇠약해지는 것을 피하려면 가장 먼 과거로 되돌아가야 한다. (그러면 가장 가까운 현재가 드러날 것이다.)

인물이 없으면 전통의 정신을 만들지 못한다. (주도성이 없어서 복종하는 것이 아닌 것처럼, 창의성이 없으면 이성이 활약하지 못한다.)

'부르주아적 도덕morale bourgeoise'은 참된 그리스도교의 도덕이 아니며, 많은 '올바른 사상가들'의 지성이 진정한 지성이 아닌 것처럼, 참된 신앙인에게 순응주의적 '정설orthologie'[73]은 충분하지 않다.

모든 정식, 정통성에 세심한 주의를 기울이는 것, 문학적 순응에 대한 모든 조심성, 한마디로 모든 장애물은 신앙의 순수성을 보존하는 데 무력할 뿐이다. 만일 영이 없어지면 교의는 신화mythe일 뿐이고, 교회는 한낱 정당이 될 뿐이다.

파스칼은 말했다. "신심을 지나치게 맹신하는 것은 신심을 파괴하는 것이다."[74] 정통을 보수주의intégrisme에 이르기까지 고수하는 것은 정통을 파괴하는 것이다.

맹신, 한쪽으로 치우침, 게으름, 이 세 가지는 인간의 본성이기도 하다. 그런데 이것을 너무나 자주, 고상한 단어로 신성시한다.

"단단해서가 아니라 올바르기 때문이며, 어리석어서가 아니라 건강하기 때문이다."(아우구스티노, 《신국론 De Civitate Dei》, 제1부, 14권, 9장)

신앙은 의심에 흔들리지 않고 '0'을 향해 나아갈 수 있다. 신앙은 자신을 비우면서, 자신에게서 벗어나면서, 그리고 삶의 여러 단계를 거치면서 견고해지고 마침내 견고한 아름다운 외관을 가질 수 있다. 겉은 점점 단단해졌으나 속은 텅 비게 되었다.

전통 종교에 대한 애착이 내적인 동기보다 우선시될 때, 어떤 사람에게는 맹신의 형태가 될 수 있고, 다른 사람에게는 회의주의의 형태가 될 수도 있다. 이로부터 양극단의 역설적인 만남이 생겨난다. 이 '거룩한 동맹'에서, 어느 한쪽이 살아서 숙고된 신앙에 대항하여 다른 한쪽을 의심스러운 것으로 일으켜 세우며 조종할 것임은 두말할 필요도 없다.

복음은 먼저 마음을 흔드는 역설로 가득 차 있다. 구세주는 가장 교육적인 방법을 사용하신다. 그러나 그분은 또 이렇게 말씀하신다. "나에게 의심을 품지 않는 이는 행복하다."(마태 11,6) 여기서 질문이 제기된다. 모든 영적인 가르침은 필연적으로 역설적 형태를 취해야 하는가?

표현의 역설이 있다. 사람들은 어떤 것을 **부각하기** 위해서 과도하게 표현하기도 한다. 그런데 실제 역설이 있다. 이러한 역설은 대립을 전제한다. 우리를 불편하게 하는 진리가 있고, 균형을 이루게 하는 진리가 있다. 진리는 대립을 제한하지 않고 오히려 자리하게 한다. 우리는 "이것만 있었어."라고 말하지 않을 것이다. 역설적 진리는 자기 계획에서 제한이 없다.

그리하여 예수님도, 바오로 사도도 역설에 대해서 균형을 맞추려 하지 않았다. 그들은 역설이 잘못 해석되는 것보다 그 해석이 역설의 영웅적 특성을 무너뜨릴 것을 더 두려워하였다.

모든 합리주의자는 사람들에게 빵 대신 돌을 준다. 그런데 신학자들과 교회의 사람들은 자신들이 나눠 주어야 할 진정한 빵을 혹시 돌로 바꾸는 데까지 이르지 않는가?

과학적 지식에 부합하도록 종교 문헌들을 해석하는 일종의 화해주의concordisme는 하루살이다. 그러나 전승은 다년생이다(쥘 르브룅J. Lebreton).

아무런 노력 없이 온전하게 보존되는 것은 없다. 신앙 정식들을 반복하는 것은 생각의 전수를 보장하지 않는다. 교의적 보물을 기억의 수동성에 맡길 수 없다. 이를테면 지성은 그 보물을 재창조하면서 그때그때 보물을 보존하는 일에 참여해야 한다.

전승Tradition의 강이 우리에게 도달하려면 끊임없이 강바닥의 모래를 퍼내야 한다.

요한 사도가 말한다. "하느님은 사랑이시다." 우리는 이 제안을 거꾸로 말할 수 있다. "사랑은 하느님이시다." 진정으로 사랑할 수 있는 사람은 하느님과 결합한다. 그는 자신 안에 세 가지 대신덕을 가지고 있다. "이웃에 대한 사랑이 있는 곳에 반드시 하느님에 대한 사랑이 있다."(아우구스티노, 《설교집》, 83)

진리와 정의 그리고 지혜의 실재처럼, 사랑의 실체적이고 신적인 실재를 믿어야 한다. 말브랑슈Malebranche와 플라톤주의자들이 이데아의 실체적 실재를 믿은 것처럼 말이다.

"사랑 안에 머무르는 사람은 하느님 안에 머무릅니다Qui manet in caritate, in Deo manet."(1요한 4,16)

우리는 사랑을 통해서 우리 안에 하느님을 소유한다. 사랑의 삶, 하느님과 일치하는 삶은 다름 아닌 영원한 삶이다. 사랑은 그 자체로 가치가 있다. 사랑은 항상 사랑으로 남아 있을 것이다. 사랑은 상대적인 것도, **부분적인 것**partiel도 아니며, 따라서 **일시적인 것**provisoire도 아니다. 바오로 사도가 부분적인 것ἐχ μέρους과 완전한 것τέλειον을 상호 대립시킨 것은 옳은 일이다. 절대적, 완전한, 결정적, 영원, 이 모두가 하나다.

절대적 가치를 소유한 모든 것은 곧바로 절대 안에 들어 있다.

영원한 삶은 '미래의 삶'이 아니다. 우리는 사랑을 통하여 지금 여기서부터 영원으로 들어간다. 사랑은 [늘] 머무른다Manet caritas(1요한 3,17 참조).

우리는 하느님께서 도덕적 의무의 원인이나 의무에 따른 처벌

역설들 45

이라기보다는, 선善의 실체라는 것을 보는 데까지 나아가야 한다. 그런데 '도덕적 증명'이라고 부르는 것은 우리를 일거에 사랑의 하느님으로 계시하신 참된 하느님께로 인도한다.

우리가 하느님 법에 대한 순종을 정당화하기 위해서 하느님께서 참으로 최고의 스승임을 보여 주는 것으로 충분하지 않다면, 이 순종이 참된 순종이 되기 위해서는 참으로 최고의 어떤 스승에게 드려야 하는 복종soumisstion 이상을 요구하는 것이다.

우리는 우리 자신을 하느님께 자유로운 선물로 드려야 한다. 그분께 내적인 동의와 사랑을 드러내야 한다. 하느님께서는 사랑이시고, 그분이 먼저 우리를 사랑하셨을 때에만 이것은 정당화되고 가능한 것이 될 것이다.

신앙이 지성의 원리인 것처럼, 순종은 자유의 원리여야 한다. 자기 주도권을 행사하는 데 지쳐 단념하는 사람처럼, 또는 폭풍우를 뚫고 마침내 고요한 항구에 도착하여 기뻐하는 항해사처럼, 권위에 모든 것을 내맡기지 못한다. 그러나 어떤 사람은 '깊은 곳에 던지시오Duc in altum,'(루카 5,4 참조)라는 말씀을 권위로 받아들인다. 아름다운 여행과 위대한 모험을 위해 항구를 떠나는 배처럼 이 권위에 자신을 맡긴다.

모든 권위는 교육적이다. 우리를 부르시는 하느님 아버지 안에서, 우리는 우리에게 명령하시는 스승을 분명하게 식별해야 한다. 우리가 아직 여정 중에 있기 때문에 소위 말하는 의무감만을 느낀다. "우리가 어떻게 될 것인지는 아직 드러나지 않았다nondum apparuit quid erimus."(1요한 3,2) 이와 같은 이유로, 교회 안에는 교계 제도의 권위가 있다. 하느님께서 교계 제도 안에서 모든 것이 되실 때, 승리하는 교회와 선택받은 이들의 나라에서는 다른 교계 제도가 아니라 사랑의 교계 제도만 있을 것이다.

권위의 궁극적인 토대는 사랑이다. 권위의 존재 이유는 교육이다. 그러므로 권위를 가진 사람들이 그 권위를 행사하는 것은 그것이 무엇이든지 간에 교육학적으로 이해되어야 한다.[75]

일부 사람들은 이러한 관념을 두려워하는 것 같다. 권위라는 관념을 잘못 이해하기 때문이다. 권위를 행사하는 데 조건을 강요하는 것은 권위를 다만 권리로 인정하는 대신, 교육적 역할을 통해서 수단으로만 정당화하는 것이다. 그리하여 그들은 스스로 묻는다. 권위를 기능으로 여기는 것은 순종을 뒤흔드는 것이 아닌가?

아니다. 그와 정반대다. 왜냐하면 때로는 권력의 남용을 거부하는 것이기도 하지만, 그보다도 순전히 외부적인 복종, 곧 모든 것을 단순히 명령으로 다시 받아들이는 것이 진정한 순종이 아님을

역설들 47

보여 주기 때문이다. 그것은 진정한 순종의 전제 조건일 뿐이다. 그것은 하느님 자녀들이 자유 안에서 성숙하길 기다리면서, 심판에 대한 순종에까지 이르는 복종의 이상향을 보여 주는 것이다.

명령만을 아는 순종은 (비록 명령을 완벽하게 수행하기 위해서 의지와 판단에 호소한다 해도) 확실히 부족하다. 특히 외적 몸짓으로 이루어지지 않는 영적인 삶에서는 더욱 그렇다. 종교적 권위의 명령에 충실하게, 엄격하게, 그리고 완전하게 수행하는 것은 좋은 일이다. 그러나 만일 거기에 머무른다면 아직 순종하기를 시작한 것이 아니다. 아직 목적을 달성하기 위한 수단만을 취한 것이며, 행동을 위한 조건만을 취한 것이다. 이것은 가톨릭시즘의 관념을 왜곡한다.

모든 본질적인 질문과 관련하여, 답하기보다는 반론하기가 더 쉽다. 동물적 인간은 항상 자신을 영적인 인간이라고 생각한다. 그래서 가끔 지성적인 존재로 나타나는 데 필요한 섬세함과 세심함이 부족하다.

그러나 구체적으로 이 편리함은 어려운 주제에서 나에게 의심을 품게 한다. 그리고 이 명료함은 신비적 주제에서 의심을 품게 하며, 또 분명한 말은 반성과 탐구를 요하는 주제에서 의심을 품게 한다……. 참으로 위대한 인간은 문제에 직면하여 우선 당혹감을 느껴야 한다. 이것이 바로 지성인이 되는 방식이다.

모든 질서 안에서 생명은 전혀 그럴 것 같지 않은 것, 불가능한 것의 승리다. 살아 있는 신앙도 그렇다. 살아 있는 신앙은 산도 옮긴다. 악순환을 부순다. 신앙은 독毒에서 양분을 얻고, 장애물의 힘으로 발전한다. 그러나 신앙이 온전히 진실 속에 머물더라도 다시 넘어진다. 신앙이 약해지기도 하고 단단해지면 이 모든 것은 오히려 후퇴의 기회가 되기도 한다. 약해지면 방어는 더 이상 역할을 하지 못하고, 단단해지면 동화는 더 이상 일어나지 않는다.

순응주의자는 영의 요소들을 외부에 의해 취한다. 순종하는 사람은 지상의 요소들을 내부에 의해 취한다.

2
증언

예수님의 다음 말씀은 모든 증언에 온전히 적용된다. "너희는 먼저 하느님의 나라와 그분의 의로움을 찾아라. 그러면 이 모든 것도 곁들여 받게 될 것이다."(마태 6,33)

생각하라, 살아라, 그리고 그렇게 되어라. 당신이 생각하는 것, 당신이 사는 것, 그리고 당신이 그런 존재인지를 세밀하게 표현하도록 노력하라.

대중화vulgarisation처럼 **증언**témoignage의 관념과 대립하는 것은 아무것도 없다. **전파**propagande처럼 **사도직**apostolat과 다른 것은 없다.

"친한 친구가 오는 것을 볼 때 '그를 선전propagander하기 위해 내

가 어떻게 해야 하는가?'라고 말하지 않는다."(샤를 페기Charles Péguy)

영적인 행동의 깊이는 그 행위자의 투신에 비례한다.
"누구도 자신이 참여하지 않은 것을 증언할 수는 없다Nullus potest de aliquo testificari, nisi eo modo quo illud participat."(토마스 아퀴나스Saint Thomas d'Aquin, In 1 Jo, lectio 4, 1)

사도가 자신의 삶을 통해서 증언해야 하는 것처럼, 호교론자는 자신의 생각을 통해서 증언해야 한다.

우리는 과학을 대중화하는 것처럼 종교를 대중화하지 않는다. 창의적인 방법도, 문학적인 재능도 종교를 대중화하는 데 성공할 수 없다.

교의와 영성이 우리를 힘들게 한다는 것은 자주 회자되는 진리가 아닌가? 우리는 이것을 감성적인 경건함으로 대체하려 한다. 만일 우리가 지성적이라면, 스스로 심오한 사람, 인격적이며 조화로운 사람이라고 믿기에, 종교 철학의 관점으로 대체하려 한다.
그러나 종교 철학의 관점에서 종교는 더 이상 살아 있는 종교가 아니며, 스스로 정복할 힘을 갖고 있지 않다. 그래서 우리는 여러 방법과 '수단들'을 찾는 데 안간힘을 쏟는다. …… 증언과 사도직은 너무나 빨리 개종prosélytisme이나 포교propagande로 대체된다.

진정한 빛은 구심력이다. "모든 것을 내게 집중시킨다." 따라서 사도직의 본질적 문제는 사도의 존재 문제다. 호교론의 본질적 문제는 교리의 존재 문제다. 물론, 교리의 존재 '자체'의 문제가 아니라 호교론자의 영(정신)의 문제다.

"성인들은 존재하기만 하면 된다. 그들의 존재가 부르심이다."(베르그송Bergson)

생명은 기쁨과 같이 끌어당긴다.

그 어떤 탁월성도 **대중**을 우선으로 겨냥하는 사람에게서 나올 수 없다.
대중은 대화 상대가 아니다. **대중**을 향해 말하면서 어떤 한 사람에게 말하지 않는다.
대중이 추구하는 모든 일에는 인위적인 것이 있고, 이미 시작된 일을 오염시키는 위장술이 있다.

사도는 자기 마음의 풍요로움을 말하면서 군중의 마음에 다가간다.

사도는 군중에게서 불안을 느낀다. 그러나 그들에게서 하느님의 모상이며 인격체로서 구체적인 인격을 본다. 사도는 하느님처럼 그들의 이름을 통해 (그들 자신도 모르는 이 비밀스러운 이름, 그들이 누구인지를 계시할 이 비밀스러운 이름을 통해) 그들을 부를 수 있기를 바란다.

먼저 **인간 존재의 본질**l'homme에 도달하지 못한다면, 많은 사람들에게도 다가가지 못한다.

대중과 **저자**는 상호적이다. 인간은 인간과 상호적이다.

대중의 범주는 객관적이며 인위적이다. 특히 수의 놀음이 아니다. **대중**은 더 이상 엘리트도 아니고 군중도 아니다. **대중**은 군중처럼 동물이다. 동물처럼 영혼을 갖고 있지 않다. 여러 사람들이 **대중**을 형성하지만, 이 사람들은 그들 밖에 있다. **대중**이라는 범주에서 사람들을 생각한다는 것은 결국 인간에까지 관통해 들어가기를 거부하는 것이다. 또 다가가려는 사람들의 가치와 요구를 당연히 모르는 것이며, 그것이 더 적합하다고 믿을수록 무모한 일에 자신을 맡기는 것이다.

대중에 다가가길 절대적으로 바란다면, 가장 영적이고 가장 엄격한 엘리트가 아닌 다른 사람들을 대상으로 하는 것은 악한 음모다. 이것은 기술적, 추상적 언어, 비의적인 ésotérique 가르침의 문제도 아니며, 또는 민감한 문제 제기도 아니다. 그것은 영적인 자질과 순수성의 문제다.

세상 곳곳에는 강한 영향력을 발휘하든 미약한 처지에 있든 신비주의자들이 널리 퍼져 있다. 누구보다 그들에게 먼저 다가가야 한다. 그들은 본래 **대중**에 속하지 않는다. 마음이 마음에게 말한다 Cor ad cor loquitur.[76]

신앙인이 비신앙인과 접촉하려면 대화의 형태를 취해야 한다. 순수하고 거룩하며 전지전능한 행동만이 여기서 면제된다. 모든 법을 피하기 때문이다. 그러나 이 대화는 자신과의 대화가 선행되지 않는다면, 절대로 이루어지지 않는다.

"그들은 자연에 속하지 않는다고 해서 은총에 속한다고 믿는다. 자신의 시대에 속하지 않는다고 해서 영원에 속한다고 믿는다. 전문가의 지식, 신학자의 가르침, 그리고 신비주의자의 열성만으로는 멀리까지 증언을 전하는 데 충분하지 않다. 그러나 이와 같은

자질이 없거나 이로부터 거리가 있는 것 역시 그 일을 가능하게 하지 못한다."(폐기)

증언의 관념과 부르심의 관념은 자매지간이다. 각 사람은 자기 고유의 부르심에 따라 증언한다. 신학자는 신학자로서 증언한다. 그의 증언은 다른 증언들보다 더 우월하지 않다. 그의 증언은 고유한 것이고, 그에게 요청된 것이기 때문에 그 요청에 충실해야 한다. 다른 누구도 그 자리를 대신할 수 없다.

만일 신학자가 자신의 전문적인 신학 연구 안에 갇히지 말아야 한다면, 그것은 자기가 증언하는 것 **너머로 드러내면서**이지, 자기가 증언하는 것 안에 머물면서가 아니다. 그렇다고 자기 일을 소홀히 하거나 옆으로 제쳐 두어서도 안 된다. 교회에서 요구되는 지성적 임무를 면제받기 위해서, 영혼들의 요구를 내세우거나 적합한 언어의 필요성을 내세우거나 또는 추상적이고 전문적인 언어보다 구체적이고 살아 있는 말씀의 우위성을 내세우는 것은, 그리고 자신만이 이 일을 성취할 능력이 있다고 내세우는 것은 증언하는 것이 아니라 오히려 배반하는 것이다.

이러한 환상을 없애기 위해서는 이냐시오 성인의 《영신 수련 *Exercices spirituels*》에 나오는 '세 부류의 사람들'에 대한 묵상을 다시 읽어야 한다.

가장 널리 퍼져 있고 가장 탁월하게 적용된 가르침일지라도 가르침 자체는 그 자체로 증언이 아니다. 비록 가르치면서 증언할 수는 있지만 말이다. 가장 특별하고 중요한 문제와 거리가 멀어 보이는 학술적 탐구도 증언이 될 수 있다.

오랫동안 속일 방법은 없다. 신앙의 언어만이 신앙을 낳는다. 그리고 사랑의 몸짓만이 사랑을 낳는다.

증언에서 효과적인 것은 증언 자체이며, 무익한 것은 효과성을 추구하는 것이다.

그럼에도 증언의 논리는 보조 작업을 요청하는데, 바로 거기서 방법의 효과성 문제가 제기된다. 증언은 행동의 결과를 무시하면서 이루어지는 것이 아니다. 예를 들어 좋은 감정이나 아름다운 몸짓만으로 만족하는 그리스도인은 효과적으로 사랑의 존재가 되길 바라지 않는 것이며, 절대로 사랑의 증인이 될 수 없다. 그는 실제로 사랑할 줄 아는 사람이 아니다.

고통은 실이고, 그 실로 기쁨의 천이 만들어진다. 낙천주의자는 결코 기쁨을 알 수 없을 것이다.

3
적응

사람들은 어떻게 **적응되어야 하는가**를 묻는다. 그렇지만 우선 어떻게 **존재하는가**를 알아야 한다.

지나치게 적응하다 보면 유행에 뒤처질 수 있다. 적응은 항상 표면적이다. 그리고 항상 뒤늦게 따라온다.

이는 적응할 필요가 없다는 것이 아니라 계속 적응해야 한다는 것이다. 본질적인 적응은 자발적이고 무의식적이며 사전 준비가 되어 있어야 한다. 즉각적인 적응은 마지막 순간의 노력만으로 이루어진다.

"어떻게 소개할 것인가?"는 우선되어야 할 문제가 아니다. 오히려 "어떻게 보아야 하는가?" 그리고 "어떻게 생각하는가?"가 우선

되어야 한다. 그렇지 않으면 소개는 인위적이고 위선적일 뿐이며, 대중화 방법procédé de vulgarisation[77]보다 높은 수준으로 올라가지 못한다. 이 경우엔 저속한 방법procédé vulgaire[78]이 될 뿐이다.

의도적으로 대중에게 전파하고, 적응시키며, 많은 사람에게 도달하고자 하는 것은 불법적이거나 항상 쓸모없는 것은 아니다. 그러나 이는 반드시 평범하고 진부하며 무의미한, **저속한** 작품을 만들어 내게 된다. 이는 모순의 법칙과 마찬가지로 예외를 허용하지 않는 법칙이다.

"어떻게 그리스도교를 소개할 것인가? 내가 복음화해야 할 사람들에게 그리스도교를 어떻게 적응시킬 것인가?" 이는 정당하고 필요한 고민이다. 그러나 이런 질문이 너무 빨리 드러나고, 이 고민이 사도의 자기 양성과 자기 복음화에 대한 관심보다 너무 우선시된다면, 그는 자신의 순진한 교만을 숨길 수 있다. 심지어 두 번째 질문이 '어떻게 나에게 적용시킬 것인가?'라는 더 정통적인 질문으로 대체될 때라도 그렇다. 본질적인 질문은 항상 다음과 같은 것이다. 그리스도교란 무엇인가? 나는 그리스도교에 대해 무엇을 이해하고 있는가? 어떻게 그것을 나 자신에게 표현할 것인가? 어떻게 내 영의 모든 영역을 그리스도교에 개방할 수 있는가? 이런 질문들에 대답하려면 끝이 없다. 그리스도교는 우리가 손에 넣을 수 있는 대상objet이 아니라 신비mystère다. 이 신비 앞에서 우리는 항상 무지하고 문외한이다.

다음과 같은 질문을 볼 수 있다. "온유한 사람은 행복하다……. 폭력이 난무하는 현시대에서 어떻게 이 행복이 적용되는가?"

이 질문을 제기한 사람은 과연 그리스도 시대의 온유한 사람들이 오늘날의 난폭한 사람들보다 더 자연스럽게 그 시대를 장악했다고 생각하는가? 또한, 그 당시에는 우는 고통, 가난한 사람이 되는 고통, 심지어 박해받는 고통까지 기쁘게 받아들였다고 믿는가? 결국 그는 우리가 과거와 똑같은 의미로 행복 선언의 가르침을 받아들일 수 없다고 평가할 것인가? 아니면 이제야 복음을 **적응**adapter할 시간이 도래했다고 평가할 것인가?

생명은 주위 환경에 적응되는 것보다 훨씬 더 주위 환경에 잘 적응한다.

이처럼 그리스도교를 사람들에게 적응시키는 것이 아니라, 사람들이 그리스도께 적응하는 것이 중요하다.

예전에는 그리스도교를 **방어**하길 바랐다. 오늘날에는 그리스도께 적응하길 바란다. 두 가지 바람 모두 훌륭하다. 그러나 그리스도교를 방어하는 데 집중함으로써 그리스도교가 무엇인지 묻는 것을 생각하지 못했다. 오늘날 우리가 적응하는 것에 너무 몰두하면 같은 위험이 우리를 위협할 것이다.

가장 필요한 진리들, 인간의 가장 깊은 곳에서 필요로 하는 진리는 종종 자신에 의해서 의식하지 못한 채 요구되는 것이며, 그것 없이도 지낼 수 있다고 믿는 것들이다. 그리고 그는 그런 것에 관해서 이야기하지 않기를 요구한다.

인간이 자신이 믿고 생각하는 것에 어느 정도 적응하는 것이 적절한 일이라면, 이것은 오로지 자신의 환상을 없애면서 자기 자신에게 설명하려는 목적에서만 그렇다. 또한 이것은 자신의 문제라고 믿는 문제들을 해결하기 위해서가 아니라 진정한 문제들을 제기하도록 하기 위해서다. 이 경우, 너무 지나치게 적응하려는 것은 충격이라는 필수 요소를 없앨 위험이 있다.

진정한 인격성은, 탐구하는 가운데 의도된 비인격성과 희생 덕분에 얻을 수 있다. (이런 의미에서 비인격적 광범위한 영향력은 인격성을 통해서만 얻을 수 있다.)

시대와 함께 살아가는 것. 이것은 일상의 유행을 따르거나 대중의 열광을 함께 나누는 것을 의미하지 않는다. 깊은 흐름만이 표면적 동요를 설명하고, 대규모 행동을 통해서만 비난을 허용한다.

깊은 이유에까지 거슬러 올라가지 않는 사람은 깊이 있게 행동하지 못할 것이다.

깊이 있는 삶을 대신하려는 장식적인 스타일에 대한 혐오!

일상적이고 대중적인 비난에만 시선을 둔다면, 일상적이고 대중적인 답변만 하게 될 것이다. 그러나 이것은 답변이 아니다. 비난의 원천에까지 거슬러 올라가지 않고 일상적이고 대중적인 무관심에만 시선을 둔다면, 신앙과 논거와 일상적이고 대중적인 설명들로만 대응할 수 있을 뿐이다. 그러나 그것은 깊은 영향을 발휘하지 못할 것이다.

불신과 무관심이 몇몇 반대의 흐름에도 불구하고 세계 곳곳으로 확산되고 있다. 흔히 그 원인을, 거의 매년 암울한 비극적인 일 때문에 지방이나 파리의 고등 사범 학교 입시 준비반[khâgnes][79]이나 그와 유사한 환경에서, 우리의 젊은 엘리트들 가운데서 중요한 자리를 차지하는 젊은이들이 그리스도교가 없는 세계univers를 발견하면서 신앙을 잃어버린 것이라고 생각한다. 그렇다면 내일에는 청소년 교육자, 지혜의 스승, 대중 작가도 그렇게 될 것이다. 그러면 사람들은 그들과 대항하려고 뒤늦게 어설프고 소심하게 논박하려 할 것이다. 그리고 교황청의 개입을 바랄 것이다. 늘 그래 왔듯이 대중화를 목표로 하는 호교론을 급히 만들 것이다. 대중은 그들의 예리한 비판적 행동을 어쩔 수 없이 받아들일 것이기 때문이다. 그러나 고등 사범 학교 입시 준비반의 학생들은 똑같은 역사를 다시 시작할 것이다.

만일 당신이 동시대의 사람 중 한 사람으로서 그들과 함께 살지 않고 그들과 함께 생각하지 않으며 그들과 함께 아파하지 않는다면, 그들에게 말해야 할 순간이 왔을 때 그들이 잘 알아듣도록 당신의 언어를 적응시키겠다고 주장하는 것은 헛된 일이다.

"현대인의 어려움과 기대에 부응하기 위해서는 현대인을 알아야 한다." 이는 감동적인 지향이다. 그러나 이런 식으로 현대인을 대상으로 투사하는 것과 그들을 밖에서 고려하기 위하여 그들과 구별 짓는 것은 이 좋은 뜻을 헛되게 한다.

자신을 다른 것에 너무 많이 적응시키려다 보면 그것에 끌려갈 위험이 있다.

소개하는 모든 노력을 칭찬하자. 그러나 이 일은 다른 노력을 한 다음, 마지막에 해야 한다. 진실한 사람은 세속적인 사람들이 자신들 안에 남아 있을지 모르는 마지막 실체의 한 방울까지 모두 비우면서 남의 눈에 **보이게 하는 것**을 싫어한다……. 그렇다고 그가 디오게네스Diogène를 모방하는 것이 아니다. 그는 자기 친구들을 받아들일 줄 안다.

사도는 비록 멀리 있더라도 영혼들에게 접근하기 위해서 생업에 종사하는 일도 소홀히 하지 않는다. 어떤 형태의 글이나 어떤 문학적 유형도 소홀히 하지 않는다. "이런 것들을 실행해야 하지만, 저런 것들도 무시해서는 안 된다Hæc opertet facere, et illa non omittere."[80]

형제를 가르칠 때, 실제로 내가 그를 가르치는 것이 아니라 그와 나, 우리 둘 다 하느님께 가르침을 받는 것이다. 진리는 내가 소유하고, 조작하며 내 기분에 따라 나누어 주는 재산이 아니다. 남에게 주면서 내가 계속 받아야 하고, 발견하고도 다시 계속 찾아야 한다. 그것을 받아들이면서, 나는 계속해서 그것에 적응해야 한다.

파리에서 가장 지성적인 잡지였던 《뤼마니테 *L'Humanité*》는 처음부터 대중적 침투를 위해 창간되었다. 바로 이것 때문에 창간된 것이다. 물론 판매 부수는 상당했다. 그러나 판매 부수는 잡지가 어느 정도 보급되었는지를 설명하는 데에는 충분하겠지만 사람들의 마음까지도 사로잡았는지는 결코 설명하지 못한다. 잡지의 판매 부수가 많든 적든 잡지는 사람들의 정신에 새로운 가치를 창조하지도 못하면서 대중의 열정을 부풀리고, 이쪽저쪽으로 향하게 하며, 잠재우거나 지나치게 흥분시키는 일만 한다. 하지만 지금 우리는 정치적 차원, 가장 '경건하지 않은' 차원에 있다!

이런 제도와 표징을 이해하지 못한다면 그 제도와 표징이 쇠퇴했기 때문일지 모른다. 또 나 자신이 너무 미개하거나 새롭기 때문일 수도 있다.
그러므로 만남을 성사시키려면 두 가지 수렴의 노력을 기울여야 한다.

나는 한 사람을 알고 있다. (신부였다.) 그는 방, 성당, 강의실에서 거의 같은 말을 했다. 어린 고아들 앞에서나 철학자들 앞에서도,

또한 현대 사회의 비신앙인, 극동 지방에서 온 이교도, 오래된 신앙인에게도 같은 말을 했다. 그의 말은 설득력이 없었다. 그는 증거를 도구로 활용하는 일도 적었으며, 토론도 하지 않았다. 낯선 사람들 앞에서도 친한 친구를 만나는 듯 자유로웠다. 그는 섬세한 예의를 갖추었지만 호의를 불러일으키지는 않았다. 어떤 의미에서 보면 이보다 **적응력**이 떨어지는 사람은 없었다. 그러나 그는 모든 이에게 모든 것이었다. 그의 충만함에서 모든 사람이 자기 몫을 취했다.

4
영의 요구

가장 지성적이고, 대중에 가장 잘 적응된 문학이라 하더라도, 대중 문학으로는 그리스도교 사상을 펼칠 수 없을 것이다. 특히 그리스도교 사상을 알지 못하는 한 적응이라는 작업은 이루어질 수 없다. 그런데 그리스도교 사상은 그 자체로 존재하지 않으며, 교리라는 객관적 실체도 갖고 있지 않다. 오로지 주어진 것에 대한 그리스도인의 사색적 노력으로 탄생한다. 교부들로부터 주어진 사색의 노력을 우리도 해야 한다. 생각은 마치 재산을 모으듯 축적되는 것이 아니다. 생각은 살아 있다. 그리고 굳어지고, 경직되며 빨리 죽는다.

어려운 작품들을 비방하지 말자. 그 작품들이 어려운 이유는 미래를 예측하고 이루기 때문일 것이다. 어떤 작품은 대중화되는 순간에 침투력을 잃는다. 그러나 위대한 작품은 변형되지 않아도 스스로 대중화될 수 있다. 그 작품의 이미지대로 인간의 영을 빚기 때문이다.

내가 네 안에서 변화되는 것이 아니라 네가 내 안에서 변화되는 것이다non ego mutabor in te, sed tu mutaberis in me…….[81]

생각은 본질적으로 매우 드물기 때문에 그 생각의 발현을 발견할 때마다 맛보고 싶어 할 뿐만 아니라 인정하고 싶어 한다.

나중에 전문가에게 넘길 문제가 있다고 믿는 것은 큰 착각이다. 그들의 해결책은 우리가 유지하겠다고 결정한 계획에 아무 효과가 없기 때문이다. 그것은 문제가 서로 외부에 있다고 믿는 것이며 영의 본성을 모르는 것이다.

영의 생명은 총체적일 수밖에 없다.

의미를 이해하기 어려웠던 추상적인 문제들을 어느 날 갑자기 깨닫는 날이 온다. 이 문제들은 어떤 사람에게는 귀찮은 문제이며, 다른 사람에게는 흥미와 열정을 갖게 하는 학교의 연습 문제가 아니다. 이 문제들은 현실적인 문제, 곧 삶의 현실에서 제기되는 문제들이다. 삶 전체에 관심을 가지므로 그것을 해결하는 일은 대단히 중요하다. 이날부터 철학적 성찰은 다른 특성을 띠게 된다. 철학적 성찰은 더 이상 다른 일들과 같지 않다. 학교에서의 강요된 공부 시간 외에 철학적으로 성찰하는 일에서 벗어날 권리가 더 이상 없다고 느낀다. 자신의 내적인 삶의 출구를 닫을 (가능성이 아니라) 권리도 더 이상 없다고 느낀다. 그렇다고 이전처럼 경솔한 태도로 그 성찰을 다룰 권리는 더 이상 없다. 구축하거나 파괴하는 것을 즐길 권리도 없다. 자신의 고유한 통찰력을 신뢰할 권리도 더는 없다. 자신이나 다른 사람에게 동요를 불러일으킬 위험을 무릅쓰고, 어떤 사람과 어떤 방식으로든 심도 있는 토론을 할 권리도 더는 없다. 이제 필수적인 덕일 뿐만 아니라 어려운 덕인 진실성sincérité이 나타난다. 중요한 모험을 시작한 사람은 기도하면서 성찰할 의무가 있고, 최고의 존경심과 함께 진리를 다룰 의무가 있다.

복음서의 말씀paroles de l'Evangile만이 **복음의 말씀**paroles d'evangile이다. 여러 회칙의 말은 회칙으로서의 말이다. 회칙의 말은 지극히 당연하고 매우 중요하다. 그러나 [복음서의 말씀과는] 다르다.

코헬렛Ecclesiaste이 말하길, 말할 때가 있고 침묵할 때가 있다. 주장을 지지할 때가 있고 보완하는 주장의 가치를 부각할 때가 있다. 이 밖에도 이 두 주장을 동시에 지지해야 하는 때가 있다.

생각에도 생명이 있다. 내가 말하고 싶은 것은 생각에 고유한 생명이 있다는 것이다. 이것은 모든 감각적 생명 이상의 생명이다. 그러나 생각이 무엇인지 모르는 사람은 살아 있는 생각과 죽은 생각을 구분할 수 없기 때문에 생명이라는 이름으로 모든 생각을 거부한다. 그래서 일부 사회 질서를 수호하는 사람들은 예언자와 노상강도를 무분별하게 뒤쫓는다…….

문제를 **본** 사람에게는 그것을 보지 못한 사람이 말한 가장 아름답고 가장 진실한 것들도 단지 또 다른 말일 뿐이다.

반면, 이 문제를 본 사람이 말하는 가장 현실적이고, 핵심을 찌르고, 날카롭고, 신랄하고, 정확히 주제에 들어맞고 가장 '필요한' 것은 문제를 보지 못한 사람에게는 헛된 것, 상상, 복잡함, 아무 소용 없는 섬세함, 독특성의 추구, 근거 없는 추상일 뿐이다…….

후퇴 없이, 이탈이나 도피처럼 보이는 일시적인 거부 없이 이루어지는 진지한 연구는 없다. …… 그렇다고 항상 일상에서 일어나는 사건을 고려하거나 길거리에서 보는 사람들의 구호와 최근에 일어나는 반대의 결정적인 형태와 토론하면서 시대를 살아가고 어떻게 행동할지 준비하는 것은 아니다.

뿌리를 내린 것만 살아 있다. 그러나 진정으로 뿌리내리기 위해서는 가끔 분리될 필요가 있다.

우리가 종교의 필요성을 모른다면, 종교적으로 깊이 뿌리내린 사람을 만나지 못했거나, 그들을 적으로 대하면서 충돌했기 때문이 아닌가? 그러나 예상하지 못할수록 우리는 경험을 통해 [그 필요성을] 부정할 자격이 있다고 여긴다. 사람은 자신에게 빛을 주는 사람이 아니라고 느끼면 본능적으로 그 사람에게서 등을 돌린다.
"사람들은 결단코 대답할 수 있는 질문만 듣는다."(프리드리히 니체)

신학 연구와 사도직 수행, 영적인 삶 사이에서 연속성은 필수적이다. 이 연속성은 일방통행이 아니다. 행동과 반응, **교환**échange이 있어야 한다. 신학, 사도직, 영성, 이 세 가지 기능은 모두 필수적이다. 이 중 어떤 것도 다른 두 요소의 도움과 지지 없이는 올바르게 수행될 수 없다. 만일 신학자가 신학 연구를 하는 데 사도직과 영적인 것에서 단절된다면, 자신의 일을 올바르게 성취할 수 없다. 반면, 신학자가 없다면, 사도와 영성가에게 위험한 일이다! 정도에서 벗어나고 결핍이 생긴다! 신학자는 받아들인 다음 내어준다. 그는 표현하고 안내한다.
"모든 사물은 원인이 되기도 하고 결과가 되기도 한다."(파스칼)

그리스도교의 소개가 현대 세대에 적응될 수 있기 전에, 그리스도교는 본질적으로 그 자체로 존재해야 한다. 그 자체로서 존재해야만 시대에 적응할 수 있다. 그리스도교는 본질상 살아 있는 실재이고, 항상 현재적이기 때문이다.

그러므로 그리스도교를 충만함과 순수성 안에서 **재발견하려는** 노력이 필요하다. 교회 안에서 개혁이 계속되어야 하는 것처럼, 그리스도교를 재발견하려는 노력도 끊임없이 계속되어야 한다. 만일 그리스도교가 영원하다면, 우리는 결코 그것을 결정적으로 획득할 수 없기 때문이다. 본성적 경향에 따르면 우리는 그것을 계속 잃을 것이다. 하느님께서 어디에나 현존해 계시듯 그리스도교는 항상 거기에 있지만 우리는 늘 거기에 있지 않기 때문이다. 우리가 그리스도교를 소유한다고 믿는 한, 그리스도교는 우리를 피한다. 습관과 관례는 낭비하고 파괴하는 힘을 가지고 있다.

그러나 그리스도교의 원천으로 거슬러 올라가지 않고, 당시의 활력을 다시 파악하려는 노력을 기울이지 않는다면, 어떻게 그리스도교를 재발견할 수 있겠는가? 교리와 제도의 완성인 창조적 사고와 연결하려는 노력도 없이, 우리로 하여금 죽음의 추상화와 형식주의로 기울게 하는 그 많은 교리와 제도의 의미를 어떻게 재발견할 수 있겠는가? 역사에 대한 탐구는 얼마나 많은 탐구를 필요로 하는가! 역사적 접근에 선행하는 이 고통스러운 재건! 한마디로 말하자면 '고고학'이 필요하다! 이러한 노력은 모든 사람이 할 수는 없다. 그렇지만 당연히 해야 할 일이다. 이 일은 반드시 해야 하고, 반복해서 해야 한다. 힘들이지 않고 목적을 이룰 수 있다고 생각하는 사람은 없다. 이를 부추기는 것은 일종의 사기이며, 본질적인 것들을 사기로 엮는 순간, 사기꾼은 결코 행복하지 않다.

약속의 땅으로 들어가기 위해 40년간의 사막 생활이 필요했다. 생명수의 샘을 다시 솟아나게 하려면 매우 무미건조한 고고학이 가끔 필요하다.

작품이 심오하면 심오할수록 앞서 나온 작품으로 그 작품을 설명하기 어렵다. 작품을 이해하려면 그 작품에서 앞으로 무엇이 나올지를 물어야 한다. 그것이 너무 이르다면, 적어도 그것이 무엇인지를 짐작해야 한다.

생각 안에 있는 대립은 창조 안에 있는 대립을 표현한다. 이것은 역사의 움직임을 가능하게 하고 이 움직임은 대립의 극복을 목적으로 한다. 그 목적에 결코 도달하지 못하지만.

진실성은 곧 충실성이다. 인간은 의무를 지는 존재devoir-être다. 인간은 단지 소명을 가질 뿐만 아니라 그 자체로 **소명**이다. 진실함은 곧 자기 소명에 대한 충실성이다. 왜냐하면 진실함은 자신에게 충실한 것이기 때문이다.

거기에서 벗어나면 표면적이고 대립적인 경향, 심리적 딜레마 또는 마비와 붕괴만 있을 뿐이다.

그리스도인이 늘 지성적인지 아닌지는 문제가 아니다. (우리는 아니라는 것을 잘 알고 있다.) 오히려 그리스도교가 과연 참된 것인가 하는 것이 문제가 된다.

그리스도인이 항상 고대하던 일이나, 남들이 기대했던 일을 행했느냐는 것은 문제가 아니다. (우리는 아니라는 것을 잘 안다.) 그리스도교가 과연 세상에 필요한가 하는 것이 문제가 된다.

5
육화

어떤 단어가 단번에 모든 의미를 갖는다면, 그 단어는 아무 의미 없는 것이 된다. 오늘날 모든 사람은 삶 안에서 그리스도교의 **육화**incarnation를 바라며, '육화된' 그리스도교를 내세운다. 그러나 이 일치된 의견은 바벨의 혼돈을 감춘다.[82]

치명적인 혼란을 경계하자. 오늘날 그리스도교가 시대에 맞게 변화되어야 한다고 말하는 사람은 실제로는 그리스도교 자체를 바꾸고 싶어 하는 것이다. 그리스도교가 더 잘 **육화**되길 바라는 사람은 그리스도교를 매몰시키고 싶어 하는 것이다. "(그리스도교는) 사람들이 바라는 대로 행하는 종교가 아니다."(프란츠 오버벡Franz Overbeck)

그리스도교가 **육화**하길 바라면서, 실제로는 그리스도교에서 그리스도교를 비워 내면서 탈육화désincarne에 이르게 한다. 우리는 그리스도교를 잃어버리고, 정치나 사회학, 특히 도덕에 파묻는다.

가장 가련하고 버림받은 사람들을 향한 애덕의 긴급한 노력을 회피하는 그리스도교, 또 현재 위협받는 '신경Credo'의 구체적인 조항에 대해 침묵하는 데 동조하면서 증언하길 거부하는 그리스도교, 이것이 바로 탈육화된 그리스도교다. 나머지는 객설일 뿐이다.

우리는 영적인 삶의 맛을 잃은 살과 피의 본능에 굴복하고 자연주의의 착각에 빠진다. 그리고 이를 **육화된 그리스도교**라 칭한다.

'아리아족의 그리스도교'는 완전히 육화된 그리스도교다. 거기서는 육에 따라 태어난 그리스도인이 된다.

사탄이 광야에서 예수님께 제시한 육화된 그리스도교는 얼마나 아름다운 계획이었는가! 그러나 예수님께서는 십자가를 진 그리스도교를 선호하실 것이다.

우리는 육화하는 것을 바오로 사도의 언어로 '성령의 불을 끄는 것'(1테살 5,19 참조)이라고 불리는 것에 동의하는가?

역설들 75

대중을 구원받게 해야 한다는 집착이 그들을 세속의 스승들이 사용하는 저속한 매력으로 사로잡으려는 유혹이 될 수 있다는 것에 주의하자. 이러한 명성은 세속의 스승들이 사용하는 것과 유사하다. 베드로 사도와 바오로 사도가 로마에 도착했을 때 그들은 이교도 군중에게 제공할 원형 경기장의 대체물을 찾지 않았다…….

육화된 말씀의 신비에 준거를 두는 것이 과연 십자가에 못 박히시고 부활하신 말씀의 신비를 모독하는 수단이 될 수 있는가? **아니다**Absit!

그리스도의 신비는 우리의 신비이기도 하다. 머리에서 성취된 것은 지체에서도 성취되어야 한다. 강생, 죽음, 부활은 곧 뿌리내림, 분리, 변모다. 이 세 가지를 포함하지 않는 그리스도교 영성은 없다. 우리는 그리스도교를 인간적 실재의 가장 깊은 곳까지 관통해 들어가게 해야 한다. 그것은 그리스도교의 영적인 실체를 비우거나 탈자연화[83]하기 위한 것이 아니다. 오히려 영혼 안에서, 사회 안에서 마치 밀가루를 부풀게 하는 효모와 같이 모든 것을 초자연화하기 위해서다. 모든 것의 중심에 새로운 원리를 넣기 위해, 높은 곳에서 들려오는 부르심과 긴급함을 사방에서 들을 수 있도록 하기 위해서다.

만일 예수님께서 참으로 여인에게서 잉태되고 태어난 사람이 아니었다면, 참으로 우리의 구세주가 되지 못하셨을 것이다. 그분이 참으로 죽고 부활하지 않으셨다면, 우리의 신앙은 헛된 것이 될 것이며, 우리는 구원받지 못할 것이다. 죽음과 부활은 육화의 업적을 파괴하지 않고 오히려 완성한다. 죽음과 부활은 탈육화하면서 뒤로 후퇴하는 것이 아니라, 육에 이르기까지 영적으로 변화시키면서 목적을 향해 나아간다. 이처럼 영적인 그리스도교는, 곧 모든 것에 십자가의 표지를 새기고, 인간적 가치를 변모시키려는 걱정 없이는 그 어떤 인간적인 가치도 받아들이지 않는 그리스도교는 탈육화된 그리스도교가 아니다. 이 영적인 그리스도교만이 진정한 그리스도교이며, 육화는 속임수가 아니다.

그리스도께서는 **육화의 업적**을 이루기 위해 오시지 않았다. 오히려 구속救贖의 업적을 이루기 위해 말씀이 사람이 되어 오셨다.

육화된 하느님께서는 십자가에 달린 하느님이시다. 육이 되신 말씀은 육체 안에서 죽어 가는 하느님이시며 **성령 안에서** 다시 태어나는 하느님이시다.

우리는 **삶 옆**에 있는 종교를 바라지 않는다. 좋은 생각이다. 그런데 삶이란 무엇인가? 삶 전체를 취해야 한다. 어떤 삶이 우리의 사랑과 배려에 합당한가? 영원한 삶과 만나는 것이 아닌가? 우리는 육화된 종교를 바란다. 이것 역시 좋은 생각이다. 우리는 그리스도 강생의 표징 아래서, **육화된** 종교가 되기를 바란다. 그러나 반 정도만 논리적이지 않도록 하자. 강생이 우리를 끝까지 인도하는 길을 따르자. 서로를 부르며 연결되어 있는 그리스도교 신비의 리듬을 깨뜨리지 말자. 하느님의 말씀은 육화되어 오시면서 영원히 계속되는 일 중에서 첫 번째 행동을 하신다. 그분은 죽음과 부활, 그리고 마침내 승천하심으로써 계속하신다. 우리가 그리스도께 충실하길 바란다면 육화되어 인간의 삶에 거처를 둔 우리 종교는, 우리를 살게 하는 죽음을 가져오도록 십자가를 심어야 한다. 이 죽음 없이 영광스러운 부활은 없다. 그러나 우리는 심히, 그리고 거의 고칠 수 없을 만큼 육체적이기 때문에, 부활 자체를 잘 이해하지 못할 위험이 있다. 그래서 부활 다음에 승천이 있는 것이다. 승천은 우리의 최종적 의미를 보여 주고, 우리의 시선을 높은 곳에 두도록 하면서, 마침내 현세적 지평과 본성적 상태에서 오는 모든 것을 넘어서게 한다. 이처럼 승천의 가르침은 육화의 가르침과 대립하지 않는다. 오히려 승천은 육화의 가르침을 연장하고 심화한다. 그리고 우리를 현세에 두지 않고 인간의 삶 옆에 두지 않는다. 우리를 저 너머로 향하게 하면서 육화를 완성하도록 의무를 부여한다.

그리스도교화 이전에 인간화하기? 만일 이 계획이 성공한다면, 그리스도교는 너무 늦게 자기 자리를 차지할 것이다. 그런데 그리스도교가 인간화하는 가치가 없다고 생각하는가?

사도직이 초자연적인 것이라고 잘못된 환상을 갖고 있는 현상과 특권층의 바리사이적 사상에 대항하여, 경제적이고 사회적 조건을 강조하는 것은 과거에도 현재에도 꼭 필요한 일이다. 이러한 조건 없이 그리스도교 덕의 실천을 대중에게 선포하는 것은 헛된 일이다. 더 깊은 차원에서 모든 신앙의 천적이라 할 수 있는 비인간적인 사회 구조에 맞서 대응하는 것이 좋다. 그러나 사람들은 이 장애물이 제거된 사회에서 그리스도교 신앙과 덕이 자동으로 꽃을 피우리라는 것을 생각하지 말아야 한다! 강력한 씨앗은 가장 척박한 땅에서도 열매를 맺을 것이며, 씨앗이 없으면 아무리 좋은 땅이라도 열매를 맺지 못할 것이다. 그러므로 씨앗의 문제가 항상 본질적인 물음이 될 것이다. 종교 문제는 언제 어디서나 항상 영적인 질서의 문제다. 탈그리스도교화의 근본적인 원인과 재그리스도교화의 깊은 요인은 항상 영적인 질서에서 온다.

이 영적인 씨앗이 생명력을 잃고 종교적인 원칙이 무너진다면,

종교에 대한 마르크스주의 이론은 진실이 된다. 종교적 활력이 줄어드는 시대에, 비록 종교가 표면적으로 중요한 자리를 차지한다고 하더라도, 종교는 다른 어떤 것보다 더 진실하다. 영적인 삶은 계속적인 창조다. 영적인 삶이 약해진 이상, 물질주의적 설명은 영적인 삶에 반하여 옳다.

유물론을 공개적으로 선언한 시기가 있었다. 이는 고결한 영혼들이 위선적이거나 무기력한 공식적인 영성주의에 대항하는 반응이었다. 육화에 진정으로 충실하기 위해서 너무 많이 사용된 언어와 단절해야 할 때가 다가오고 있지 않는가? (그 단어를 너무 남용했기 때문이다.) 그에 대한 반응으로 좀 더 '영혼들'에 대해서 다시 언급해야 할 것이다.

"당신은 예수님께서 가난한 사람들을 위해 오셨다고 말한다. 그렇다! 그러나 예수님께서는 부자들을 위해서도 오셨다. 사랑을 통하여 가난해지기 위해서 말이다. 당신은 수십만에 이르는 성인들이 순종했다는 사실을 잊어서는 안 된다. 예수님께서는 **영혼들**âmes을 위해 오셨다는 점을 말해야 한다."(레옹 블루아Léon Bloy)

영적 사도직에 대해 말하기 시작하면서 몇몇 사람들은 순수주의angélisme를 외쳐 댄다. 그들은 바오로 사도에게 너무 매이는 것 아닌가? 영적인 사람을 찬양하는 것만이 순수주의라고 생각하는 것은 아닌가? "주님은 영이시다."(2코린 3,17 참조)라고 선언하는 것만이 그리스도교를 탈육화하는 것이라고 생각하는 것은 아닌가?

영혼들을 사랑하는 것은 추상적인 것도 아니고 과장하는 것도 아니다. 다른 사람 안에 있는 영혼을 사랑하는 것은 그 사람의 고유한 소명을 사랑하는 것이다. 하느님께서 있는 그대로의 그 사람, 유일한 그 사람을 사랑하셨듯 사랑하는 것이다.

영혼âme이라는 단어를 되살려야 한다. "자기 영혼을 구원하라." 이 구절 속에 자기 구원에 대한 이기적인 걱정을 담거나, 비겁하고 유치하게 세상일을 경시하는 생각을 담기도 했다. 그러나 이것은 영혼 구원에 대한 복음적 의미가 아니다! 나의 임무는 세상을 구해야 하거나 그리스도를 얻어야 하는 것이 아니라, 내 영혼을 구하는 것이다. 사도직의 성공이라는 유혹에 맞서 항상 기억해야 할 것은 바로 이것이다. 그래서 나는 부정한 수단을 피할 것이다. 우리의 사명은 진리가 승리하도록 하는 것이 아니라 진리를 위해 증언해야 하는 것이다.

신앙이 부족하면, 우리가 살고 있는 영적인 세계가 경제적, 사회적, 정치적, 지성적 조건에 달려 있다고 믿고, 실제로 그렇게 된다. 착각이 일어나고, 착각이 현실로 변한다. 거기서 피해자가 된 사람은 자신의 현실적인 통찰력을 자랑스럽게 생각할 수 있다.

그런데 이것이 바로 군중을 향한 마르크스적 설명의 유혹이다. 인간은 목적으로 주어진 존재이거나 불변의 존재가 아니다. 인간은 무의식적으로 자신이 만든 이상理想을 모범으로 삼고 따른다. 만일 자신 안에 있는 영을 더 이상 주인이자 영감의 원천으로 여기지 않는다면, 실제로 그는 이상의 노예가 되거나 적어도 그러한 이상을 따르는 사람이 된다. 그렇다면 결과적으로 그것은 더 이상 영이 아니다. 영이 다른 곳으로 갔기 때문이다. 영은 다른 쪽으로 방향을 바꾼 사람들에게서 자기 주도권을 되찾는다. 이처럼 영은 어떤 점에서는 지각될 수 없지만 항상 첫 번째로 머문다. 인류가 나아가는 새로운 길의 초입에는 영의 발견, 영의 창조가 있다. 또한, 다른 어떤 것에 의해서가 아니라 영 자체로 설명할 수 있는 선택, 영적 선택이 있다.

6
무관심

모든 문화는 [어떤 목적에] 무관심하다. 모든 관상도 마찬가지다. 그러나 실제로 모든 영향력은 이 무관심에서 나온다. 이 영향력은 결과이지, 목적이 될 수 없다.

영의 차원에서 풍요로움은 실용적 탐구로는 얻을 수 없다. 실질적이고 지속적인 영적 풍요로움의 열매를 맺기를 바란다면 모든 실용주의적 근심에서 벗어나야 한다.

한편으로는 신중함과 조심성이 요구되며, 다른 한편으로는 주제에 따라 요구되는 치환의 법칙을 고려하면서, 자신 안에 담고 있는 것을 밖으로 드러내야 할 필요에 의해서만, 그리고 그것을 '밝히고 갱신하면서' 거기서 해방될 필요가 있을 때만, 자신에 대해 쓰는 것이 이상적일 것이다.

"많은 독자를 초대하려고 너무 걱정하지 말라Ne cures invitationem turbae legentium."(아우구스티노)

내재주의 방법[84]은 환심을 사려는 호의적인 방법과 정반대다.

"그는 자신을 위해서만 글을 썼다."(블레즈 파스칼,《팡세Pensées》의 서문) 만일 이 말의 첫 번째 의미가 통상적 의미라면, 이 말에는 매우 심오하고 진정한 또 다른 의미가 함축되어 있다.
"그는 자신에게, 자신을 위해 말하고 쓰기 때문에 정직하다."(니체가 쇼펜하우어에게 한 말)

적응에 대한 탐구는 마치 그림자처럼 성공에 대한 탐구를 동반한다. 그러나 무엇이 성공의 척도인가? 모든 사람을 만족시킬 때, 모든 사람에게 이해받을 때, 사람들을 놀라게 하지 않고 걸림돌이 될 만한 일을 하지 않을 때 성공한 것인가? 이러한 성공은 비효과적이라는 신호가 될 위험이 크다. 전혀 강하지 않고, 새롭지도 않으며, 급하지도 않은 것은 저항을 통해서만 사람에게 파고들기 때문이다. 그렇다면 그리스도교의 설교가 세상의 눈에 더 이상 '걸림돌'과 '어리석음'이 되지 말아야 한다고 생각하는가?

    상당히 높은 대중화의 성공이 종교적 질서에서는 가끔 불행이 되기도 한다. 예를 들어 어떤 저명한 교수가 자기 강의에 많은 수강생을 끌어들이고 그들에게 그리스도교를 전파한다. 그러면 모든 사람이 그를 보고 그리스도교의 영향에 대해 말한다. 그러나 덜 온순하고 까다로운 몇몇 젊은 남녀들은 매번 이러한 열광적인 분위기에 맞서, 감히 자기 생각을 겉으로는 밝히지 못하고 '주머니 속에서 주먹을 불끈 쥐고' 있기도 하다. 그런데 이들은 내일 선생님이 될 것이다.

    1830년대 유행하던 호교론자들의 글을 읽었던 프루동Proudhon 같은 청년들이 느꼈을 '억눌린 분노'를 생각하자!

    [샤를 페기가 창간한] 잡지 《카이에 드 라 캥잰느Cahiers de la Quinzaine》는 서점가의 성공과 완전히 반대다. 잡지의 첫 번째 특집 《잔 다르크》는 단 한 권만 팔렸다. …… 스스로 잘난 체한다는 비난을 받지 않고 페기의 책을 즐겨 읽는다고 고백할 수 없었던 시절이 있었음을 나는 알고 있다. 피에르 라세르(Pierre Lasserre, 페기의 동료)는 여전히 페기를 추종하는 사람들의 작은 모임, **문학의 소성당**[85]을 만들었다. 교양 있는 사람들은 그를 믿고 따랐다. 어떻든 그의

작품을 읽은 사람들은 이러한 이상주의가 구체적인 현실에서는 아무런 영향도 끼치지 못했고, 원저자(페기)가 대중 속에 널리 퍼져 나가기 위해서는 모든 이로부터 덜 주목받았음을 생각했다.

오늘날 페기는 고전이다. 어느 곳에든 침투해 있다. 우리가 손쉽게 접근할 수 있는 저자다. 그가 프랑스와 그리스도교에 대해 다룬 대주제들은 곳곳에서 울림을 준다. 사람들은 다른 많은 저자들에게서 발견되는 것처럼, 왜곡된 '지성주의'가 그를 막지 못한다는 것에 감탄한다. …… 이미 사람들은 이 점을 읽어 낸다. 다만 문학에 문외한인 사람들에게만 닫혀 있다. 너무 빨리 넓은 독자층을 찾으면 문학에 문외한인 독자들만 만나게 될 것이다. 나는 그것이 두렵다.

미래가 어떻게 될지 예측하는 것보다 현재 자신에게 무엇이 필요한지를 보는 것이 중요하다. 지금의 기회를 계산하기보다 자신의 의무를 생각하는 것이 더 중요하다.

"친구여, 자네처럼 가치 있는 사람이 자기 삶과 죽음의 가능성을 계산해야 한다고 주장하는 것은 잘못된 생각이야. 아니, 이와 관련하여 우리가 생각해야 하는 것은 그가 한 행동이 옳은지 그른지, 그가 선한 사람처럼 행동하는지 겁쟁이처럼 행동하는지 그뿐

이지."(플라톤, 《소크라테스의 변론》)

가톨릭 사상가가 이렇게 말한다.

"당신은 불행한 사람들을 돕고 있군요."

"조심하십시오! 이 사람들은 당신에게 고마워하지 않고 내일이면 당신을 반대할 것입니다."

이 말을 비방하지 않기를 바란다. 그런데 과연 무엇이 중요한가? 내 종교는 나에게 그들을 도와주어야 할 의무를 부과하는가? 이것이 유일한 질문이다. 그리스도인은 이익을 얻으려고 이웃에게 봉사하지 않는다. "그런 것은 다른 민족 사람들도 하지 않느냐Nonne ethnici hæc faciunt?"[86] 복음을 한 부족의 도덕으로 이끌어야 하겠는가?

"악은 세상에서 물을 거꾸로 흐르게 하는 노예다."(클로델Claudel)

가톨릭 교회는 '**복된 탓이여**Felix culpa!'라고 노래한다.

이것은 결코 악이 악으로 남아 있지 않다는 말이 아니다.

정치에서 차용된 **성공**이라는 개념을, 경제에서 차용된 **생산성**이라는 개념을 합리화하여 사도직 수행의 방법과 목적의 측면에서 사도직의 육화라고 할 수 있는가?

목적을 엄중하게 생각하지 않는다면, 방법도 엄중하게 여기지 않을 것이다. 목적이 비인간적일수록 (그만큼) 방법은 분명 더 비인간적이 될 수 있다. 목적과 방법은 점차 혼합될 것이기 때문이다.

모든 **인간적인 효과**는 적어도 사심 없는 활동을 전제로 한다. 그 외 다른 종류의 효과는 찾을 가치가 없다. 게다가 비인간적이기 때문에 해로울 수 있다.

성공은 어디에 '도달하는 것'인가? 아니면, 도달해야 할 적합한 그림을 만들어 놓고 그 아름다운 계획을 '실현하는 것'인가?

그리스도교는 결코 승리하는 것이 아니다.

그리스도교는 지도자들 즉, 지상의 temporel 건축가들을 양성해야 하는 것이 아니다. 비록 그리스도교 공동체에서 끊임없이 요구하더라도 그렇다. 오히려 그리스도교는 성인들, 곧 영원한 증인들을 탄생시킨다.

성인의 효과는 지도자의 효과가 아니다. 성인은 지상적인 아름다운 업적을 이룰 필요가 없다. 어둡고 유한한 시간을 사는 우리에게 어렴풋이나마 영원을 볼 수 있도록 하는 사람이다.

시간적 또는 지상적 효과는 올바른 그리스도교의 표징이어야 한다. 이 표징은 항상 제한적이고, 불확실하며, 세심한 해석이 필요하다. 지상적 효과를 먼저 추구하는 그리스도교는 진정한 그리스도교가 아니며, 추구했던 결과도 얻지 못할 것이다.

우리가 '그리스도교화된 세계'의 시작이 중세에 이루어졌다고 말할 수 있는 것은 당시 믿는 이들이 영원한 것Eternel을 바라보았기 때문이다.

이기적이며 구체적인 목적을 위해 인간의 본능적 충동을 이용하는 것이 관건이 될 때, 인간에 대한 경멸은 통찰력 있고 효과적이다. 이와 반대로 인간을 일깨우고, 들어 올리고, 변화시키는 것(불가능한 일이 아니다)이 관건이 될 때는 맹목적이고 비효과적이다.

자신을 위해서 생각하고, 자신을 위해서 탐구한 사람은 엄중하고 성실하게 자신이 생각한 것과 자신이 믿는 바를 표현하려고 노력했기 때문에 그토록 많은 청중을 만났다. 물론 애초에 그것이 목적은 아니었다. 그는 자신의 그리스도교 신앙과 신비로운 영혼, 학자로서의 문화, 만족스럽지 못한 지식인으로서의 이성적 요구를 모두 동원하여 실행에 옮겼다. 그는 살아 있었고, 살아 있는 사람들에게 다가갔다. 더 나아가 그들에게 생명을 불어넣었다. 그는 갈

림길에서 머뭇거리는 영혼들이 그의 길을 따르도록 만들었다. 그것은 먼저 그가 당시 몇 사람의 마음을 사로잡았기 때문이다. 물론 그들의 영은 이보다 앞서 그의 영과 비밀스럽게 일치해 있었고, 이어서 그의 소리가 매우 빠르게 대중이라 불리는 사람들에게 깊은 반향을 일으켰기 때문이다. 그는 그동안 자신이 찾지 못했던 것을 발견했다. 이는 그의 사상적인 노력의 원천에 사도적 열정이 많지 않았다는 것을 의미하지는 않는다. 가장 깊은 내적인 노력 안에서 찾는 그리스도인은 모든 이와 함께 그리고 모든 이를 위해서 찾는 것이다.

7
사회적인 것과 영원한 것

'여러분은 먼저 하느님의 나라를 찾으십시오.'(마태 6,33 참조) 만일 그리스도교 사회 질서가 미래에 추구해야 할 이상이라면, 하느님 나라는 이미 거기에 신비롭게 현존한다. 미래 너머에 있는 영원성은 미래처럼 현재와 동떨어져 있는 것이 아니기 때문이다. 그리스도교의 사회 질서는 객관적이고 시간 속에서 일어나는 외적인 것이며, 지나가는 세상의 모습에 속한다. 하느님 나라는 영적이고 내적이며 영원한 실재다. 사람들은 사회 질서를 시간 안에서 발전해 나가면서 현실화하려고 노력한다. 그러나 하느님 나라는 하나의 과정을 통해서 들어간다. 이는 어느 정도 단절을 의미하지만, 성취이며 시간에서 영원으로 넘어가는 것이다.

영원 속에서 산다는 것과 우리가 가능한 한 영원성의 관점에서

만물을 관상한다는 것은, 결코 시리우스의 관점[87]에 서는 것이 아니다. 그렇다고 아무런 일에도 관여하지 않겠다는 것도 아니며, 거만하게 '분쟁을 초월한 위치에' 오르겠다는 것도 아니다. 하느님께서 만물의 중심에 현존하시는 것과 같이, 가장 구체적인 현실의 중심으로 들어가는 것이다. 그리고 가능한 한 자신의 판단을 하느님의 판단에 맞추어 형성한다는 것이다. 그러므로 그것은 필요한 경우, 늘 상대적인 시간의 관점에 머무르는 것보다 훨씬 더 철저하게 자신을 내어놓는 것을 의미한다.

완전한 사회의 상태란 사회 질서가 완전하게 이루어진 상태가 아니다. 오히려 우리가 사회 질서라고 더는 부를 필요가 없는 상태일 것이다. 다시 말해 이 개념은 종말론적이다.

가장 완전한 사회 질서는 죽은 영혼들의 세상이 될 수 있다. 이 질서는 이 세상의 질서가 되는 것과 전적으로 다른 세상이 될 기회를 갖는다.

사회 질서는 단순히 영혼들 내부에 있는 그리스도교 신앙이 사회 안에서 외부적으로 발현된 것만이 아니라, 여전히 그리스도교 내부에 있는 이교 사상에 대한 보호 장치이기도 하다. 그러므로 이 질서는 새로운 인간의 승리를 말하는 것이 아니라 낡은 인간에 대한 영원한 투쟁의 필수적 형태들 가운데 하나다.[88]

우리는 복음의 사회적 영향에 관심을 두는 행동이 항상 복음의 본래 정신에 충실하도록 주의해야 한다. 그렇지 않으면, 이상적 행복주의의 환상에 빠지거나 공상적 부분이 큰 사회적 인본주의의 환상에 빠질 위험이 있으며, 결국 '그리스도교의 사회 질서'와 '하느님 나라'를 혼동하게 될 것이다.

죄에 대한 교리는 우리를 유토피아에서 보호한다. 그러나 그것이 사회적 발전을 추구하는 데서 등을 돌리게 해서는 안 된다. 그것은 오히려 우리에게 사회적 발전의 필요성을 보여 주며 그 일을 하도록 용기를 준다. 만일 인간이 본성적으로 선하다면, 일이 되어 가는 대로 내버려 둘 것이다. 그러나 인간은 무절제하고 나약하기에 이에 맞서 우리는 최대한 사회적 기구를 통하여 조직망을 구축해야 한다. 이것만으로는 충분하지 않다. 교육적 과업과 함께하지 않는다면 실패할 수밖에 없다! 진정한 사회 질서는 순전히 외적인 것으로만 존재할 수 없다. 그렇지만 필수적인 과업이다. 죄에 대한 교의의 이름으로 이를 거부하는 사람들은 교회에 대한 충실성에서도 벗어나고, 그리스도교 교의에서도 벗어난 사람이다.

그리스도교 제도는 모두에게 보수적이고 기회주의적인 권력으로 보인다. 반면 **그리스도교 성찰**은 그것이 순수함에서 이행된다면, 가장 혁명적이고, 가장 불만족스럽고, 가장 절대적인 힘으로 드러난다.

여기에는 우선 역설적 대립이 있다. 그런데 이 대립은, 외면에 대한 해석으로 설명할 수 있는 것처럼, '제도'가 막중한 이해관계에 부담을 가지면서 동시에 기존의 모든 권력과 본성적으로 친밀감을 갖고(고결한 모든 방식을 포함하더라도) 질서 유지를 선호하는 데 반해, '성찰'은 최고로 자유로운 상태에서 세상을 판단하고 세상에 군림하는 모든 불의와 거짓과 타협을 거부한다는 사실 때문만은 아니다. 진정한 설명은 이와 전적으로 다르며, 실제로 대립은 없다. 그리스도교의 제도와 성찰은 각기 고유한 방식으로, 정당하고 필요한 구분에 따라서 근본적으로 동일한 태도를 보인다. 그 이유로 유일한 그리스도교는 제도적이고 교의적인, 그리고 사회적이고 성찰적인 이중의 관점에서, 한편으로는 보수적이고, 다른 한편으로는 혁명적이다. 그리스도교는 제도와 성찰이 각기 최고의 의미를 갖는다. 그리고 양자는 **동시적**이다. 그리고 이 이중적 특징은 하나의 본질을 드러낸다.

그리스도교는 이 세상에서 온 것이 아니라는 사실을 안다. 그리고 이 세상에는 다소 나쁜 것들이 있지만, 그리스도교는 **모든 것**을 달게 받아들여야 한다. 물론 그리스도교는 악에 대항하여 증언하는 일을 결코 중단하지 않는다.

그 결과 투쟁이 나왔다. 처음에는 권력자나 사회적 틀과 그리스도교적 성찰을 요구하는 영혼들 사이의 비극적인 투쟁이었다. 그러나 더 깊이 들여다보면 같은 그리스도교 안에서, 분리와 집착, 복종과 단죄, 수용과 거부 사이의 투쟁이었다. 정권, 정부 그리고 지상적 행동의 차이로 인해 분명히 태도도 달라지지만, 그것을 넘어서 동일한 본질적인 태도도 대립하는 듯 보이며, 항상 새로운 분열의 원천으로 남아 있다.

쉬운 해결책, 사실 고려할 수 있는 유일한 해결책은 저 높은 곳으로 도피하는 것, 신비적인 도피다. 그러나 어떤 의미에서 개인들이 도피한다면 이들을 모든 사람의 모범으로 제시할 수 없다. 교회는 도피하지 않는다. 그리스도에 의해 세워진 교회는 세상 한가운데서 자신의 과업을 성취해야 한다. 이 과업은 이 세상에서 오는 것이 아니다. 그러므로 교회는 세상 안에 머물며 항상 투쟁적이며, 내적으로 분열되어 있다. 항상 정당하지만, 항상 낯설다. 항상 여기 있지만, 항상 다른 곳을 바라본다. 사람들은 교회가 기존 권력과 **함께** 협력하거나 기존 권력에 **대항하여** 협력하는 것을 목격할 것이다. 기존 권력과 협력할 때는 대낮에 이를 드러내며 여론에 타격을 주거나 자주 빈축을 사며, 기존 권력에 대항하여 협력할 때는 정부 관계자들 사이에서 날카롭다는 사람들에게 끊임없이 걱정을 끼친다. 교회가 항상 교회의 지도자들이나 예언자들 사이에서 완전히 여유롭고 지혜롭다고 가정한다면(인간적으로는 불가능하지만) 교회는 교회의 내적인 본질을 간파하지 못한 사람들의 눈에 종속되거나 반항하는 것처럼 보여도 회피하지 않을 것이다.

교회는 항상 동맹을 꿈꾸는 혁명가들의 의욕을 꺾을 것이다. 교회는 항상 초연하다는 비난과 그들의 대의에 대한 관심이 부족하다는 비난을 받을 것이다. 비록 교회의 목적과 혁명가들의 목적이 상호 부합할 때라도 그렇다. 그러나 교회는 보수주의자나 권력자에게 신뢰를 두지 않을 것이다. 그들은 항상 교회가 본질적으로 자신들을 외면한다고 느낄 것이다. 비록 교회가 그들의 지지자로 나타나더라도 그렇다. 교회는 그들의 명령을 절대적인 것으로 여기기를 거부하고, 끊임없이 불만족의 원리를 불어넣는다.

이 세상의 모든 사람, 특히 그들 가운데 훌륭한 사람들만 이 세상에 존재한다면 그들은 교회를 걸림돌로 여길 것이다. 그 사람들이 변하든 변하지 않든 항상 미온적인 태도의 교회를 보는 것을 인내하지 못할 것이다. 그러나 교회는 사실상 더 참여적이고 더 열정적이다. 그러면서도 사람들에게서 벗어나 있다. 교회는 **하느님의 교회**다. 교회는 사람들 가운데 신성한 것들의 증인으로서, 영원성 안에 이미 살고 있다.

교회와 정부 사이의 해결할 수 없는 갈등을 영원히 없애는 것이 얼마나 간단할까! 두 권력 가운데 하나가 다른 하나를 흡수하면 안 되는 이유가 무엇인가? 교회는 왜 모든 사람을 책임질 시민적 차원 또는 국가적 차원의 규모가 될 수 없는가?

그렇게 되면 훨씬 더 간단할 것이다. 그러나 인간의 본성이 이중적이라면 단순한 해결책이 반드시 옳은 것일까? 독재 정치의 폭정이 자유보다 간단하다. 환자의 모든 고통을 없애기 위해 그를 죽이는 의사처럼, 폭정은 모든 부적절한 것을 제거한다. 만일 모든 갈등이 없어진다면 인간은 어떤 존재가 될 것인가? 사회는 무엇이 될 것인가?

사회적 낙원은 영적인 지옥이 될 수 있다. 더구나 영적인 지옥이 되면 사회적 낙원은 매우 빨리 중단될 수 있고 단순히 영적인 사막이 될 수도 있다. 만일 영적인 사막으로 계속된다면, 그것은 축소되고 위축된 인류에만 도움이 될 것이다. 또한 사회적 업적을 소홀히 여기는 위선이 있을 수 있는 것처럼, 영적인 교육이 완성되지 못하고 성취되지 못한다면, 그리고 인간의 가장 높고 고귀한 것을 잊게 하고, 그것에서 등을 돌리게 하며, 인간의 신적인 부분에 대한 향수를 질식시킨다면, 꼭 필요한 사회적 업적은 성취되지 못할 것이다. (이 사회적 업적은 아마도 영원히 이루어지지 않을 것이다.) 여기서 마르크스의 명령으로 되돌아와 이 점을 적용해 보자. 마르크스의 명령에 따르면, 혁명적 행위와 반종교적 투쟁은 전적인 해방을 위해서 서로 도와야 한다. 이 사회적이고 영적인 노력은 함께 가야 하며, 함께 갈 수밖에 없다. 사회적이고 일시적인 결과들에 대한 근심 없이 영적인 삶은 변질된다. 영적인 심화가 없는 모든 사회적 발전은 인간에게 합당하지 않으며, 결국에는 인간을 거스르는 사회적 해악이 되어 돌아올 것이다. 하느님을 위해 창조된 인간은 사회와 영성을 결합함으로써 하느님께 도달할 수 있다.

영원성에 대한 믿음은, 사람들이 우리에게 우리 자신을 꿈속에 잃어버리도록 하는 것이라고 간혹 말하지만, 우리를 현재에서 떼어 내지 못한다. 완전히 반대다. 오히려 그리스도인은 영원성에 대한 믿음을 잃었을 때 현재를 홀대하게 되었다. 오직 지상의 미래만을 고려하는 사람들도 비록 다른 방법이긴 하지만 그리스도인들 못지않게 현재를 잃을 위험이 있다. 그 미래는 현재 밖에 있는 미래이기 때문이다. 그들은 자신들에게서 멀어져 가는 인류를 섬기려 하면서, 현실의 사람들, 곧 살과 피로 이루어진 사람들, 그들 안에 **영원의 필요성과 무한한 힘**을 가진 사람들을 소홀히 여기고, 멸시하며, 이용하고, 희생시킴으로써, 동시대인들에게 비인간적인 사람이 될 위험이 있다. 특히 그들의 육적인 삶을 희생시키는 것만을 중시한다면, 다시 말해 그들 존재의 동물적인 부분만을 중시한다면 더욱 그렇다!

[사회] '참여engagement'라는 단어가 유행이지만 실제 참여하는 일은 드물다. 진실한 믿음과 규칙적인 실천, 그리고 진정한 신심조차도 아직은 온전한 그리스도교적 참여에서 멀리 있다.

참여는 깊은 신앙과 살아 있는 신앙을 전제한다. 깊고 살아 있는 신앙은 순전히 복종만 하는 신앙으로 머무르지 않고, 내면에 기쁨을 주며 과감한 행동의 원천이 된다. 참여는 이론과 실천 사이에 언제나 존재하는 간격을 좁히며 인내를 전제한다. 참여는 우리의 중대한 잘못인 '말의 남발'과 어울리지 않는다. 옛 로마 전례는 기도에 전념하는 것과 엄격한 절제도 가르쳐 준다. 그리스도교 신앙과 감정은 절제 안에서 표현되어야 하지만, 우리는 마침내 행동할 준비, 증언할 준비가 되어 있다는 것을 느껴야 한다.

게다가 그리스도교 참여와 현세적 참여를 혼동하지 말자. 현세적 참여는 하나의 의무일 수 있고, 때로는 그리스도인에게 긴급히 요청될 수 있다. 그러나 그리스도교적 참여와는 다른 것이다.

그리스도인의 신앙고백은 무엇보다 영적인 참여를 요구한다. 영적인 요구는 그리스도인의 첫 번째 도시인 하느님의 도성을 향한 참여의 요구다. "우리는 이 땅에 영원한 도성을 갖고 있지 않습니다. 우리는 하늘의 시민입니다."[89]

영원한 생명은 미래를 위한 희망이기 전에 현재를 위한 요구다.

한 사제가 자신의 높은 영적 사명을 인식하고 그것에 충실하면 할수록, 그는 순전히 정치적이고 인간적 이해관계의 문제에서 멀어질 권리가 있다. 그것이 그의 의무이기 때문이다. 그러므로 권력에 대한 그의 태도는 수용적이며 충성하는 모습으로 보이거나 냉정하다는 판단을 받을 정도로 무관심하게 보일 것이다. 사람들은 그가 체제의 변화를 너무 쉽게, 그리고 빠르게 받아들이고, 변화하는 정치적 정통성에 복종한다고 비난할 것이다. 사제는 독립성을 유지해야 하기에, 반대자뿐만 아니라 선한 의지를 가진 사람이나, 때로는 그와 가까웠던 성실한 사람들에게 오해를 받는 일도 받아들여야 한다. 그의 태도는 인간적인 대의를 배반하는 것도, 변절하는 것도 아니다. 사람들도 때가 되면 그의 태도가 지닌 의미를 알아차리게 될 것이다. 이러한 그의 태도는 '하느님의 사람'으로서 본분에 맞는 능동적인 충실함이 될 것이다. 사제는 그리스도께서 파견하신 자로서 그리스도의 모습을 따라 하느님의 일을 하면서, 자기 형제들을 하느님의 일에 참여시킨다.

제2장

새로운 역설들

◇

생각의 표현이 어쩔 수 없이 부분적이라면, 그 생각을 담론 형식으로 전개할 경우 때때로 오해를 불러일으키고, 편향적으로 보일 수 있다. 사람들은 이러한 위험이 단편적 소개를 통해서 어느 정도 벗어날 수 있기를 바란다. 하지만 어떻게 단편들이 부분적이라는 것을 의심할 수 있는가?

이 단편에서는 영적인 삶과 사도직에 대한 문제가 많이 제기된다. 사람들은 유혹과 거리를 두기 위해 노력한다. 그러나 유혹은 항상 있었고, 지금은 더 강렬한 듯하다. 그렇다고 지상 활동의 필요성이나 지상 활동이 그리스도인에게 제기하는 문제들을 모른다고 명시할 필요가 있을까? 다른 한편, 이 책 안에 비판이 전제되어 있다고 생각한다면 이 책의 정신을 오해하는 것이다. 오히려 독자들은 이 책에 공감할 것이다. 사실 오늘날 교회에서 이루어지는 다양한 분야의 연구가 더 능동적으로 진행되길 바라는 의도가 담겨 있기 때문이다.

역설은 뒷면이고, 종합은 앞면일 것이다. 그러나 이 앞면은 항상 우리를 피해 도망간다. 우리는 각자 자기 존재를 통해서 직물을 짜는 데 기여하지만 이 훌륭한 직물은 아직 한눈에 보이지 않는다. 사실적 측면에서나 정신적 측면에서도 종합은 탐구될 수 있을 뿐이다. 우리가 살아 있는 한, 우리는 항상 탐구해야 한다 Quamdiu vivimus, necesse habemus semper quaerere. 역설은 탐구이며, 또는 종합의 기대다. 늘 불완전한 관점의 일시적인 표현이지만 충만을 향해 나아간다.

변증법 사고를 하는 미소 짓는 형제, 더 현실적이고 더 겸손하며, 덜 긴장하고 덜 급한 이 형제는 새로운 단계를 맞이할 때마다 항상 자기의 누님 옆에 나타나, 누님 스스로 보여 준 필수적인 움직임(노력)에도 불구하고 실제로는 한 걸음도 전진하지 못했음을 늘 상기시킨다. 옛 교부들이 영원한 생명에 대해서 말한 것처럼, 물론 그것과 다소 다른 의미이지만, 우리는 항상 '시작 가운데 시작'할 뿐이다. 역설은 생각 속에 존재하기에 앞서 현실 어디에든 존재하기 때문이다. 현실 어디에든 항구히 머물고, 항상 다시 생겨날 것이다. 우주 자체가, 우리가 만들어 가는 우주가 역설적이다. 우주의 종합은 아직 이루어지지 않았다. 진리가 하나씩 밝혀질 때마다 역설의 새로운 영역이 열린다. 그러므로 역설은 부정적 의미에서 자기 자리를 내주지 않는 생각, 다시 말해 보편적인 자리를 인정하지 않는 생각일 것이다. 역설은 긍정적 의미에서 객관성이다.

삶이 더 높이 올라가고 풍요로워지며 내면화될수록, 역설은 더 많은 영역을 얻게 될 것이다. 인간 삶에서 이미 최고의 영역을 차지한 역설은 영의 삶을 선택했다. 이 신비적 삶은 역설의 승리다.

역설이라는 단어는 사물에 관해 말하는 방식이 아니라 사물 자체를 지칭한다. 만일 성찰의 의미가 부수적으로 따라온다면, 진지한 문제를 다루면서 교의의 무거움을 피하려는 고민을 보여 주고자 하는 것일 수 있다.

1
생각, 진리

신학이 모든 생각을 속박하여 축소시킨다고 그동안 많은 비난을 퍼붓지 않았는가!

그 이유와 관련하여, 우선 신학이 구축한 상황이 그러했다고 답할 수 있다. 사실 신앙인은 자기 지성이 신앙에 복종했다고 강하게 부르짖는다. 얼마나 많은 이른바 자유로운 생각들이 위선적인 속박에 갇혀 있는가!

또한 신학은 속박을 풀어주는 데 실패한 적이 없었다는 점에 주목해야 한다. 신학이 가진 진리의 힘과 일치에 대한 믿음은 그럴 만큼 충분히 위대했다. 신학은 철학에 대해, '시녀가 아니라 자유인 non ancilla nisi libera'이라고 부르짖었다. 개인적인 환상이 무엇이었든 신학의 이런 주장은 플라톤주의적인 상태에 머물러 있기를 바라지 않았다.

오늘날, 우리는 관심이나 열정에 부합시키려는 의도로 만들어진 '교리들'을 얼마나 많이 볼 수 있는가! 그리고 우리는 애초에 바랐던 무신론의 명령에 따라 생각이 노예 상태로 전락하는 것을 자주 보지 않는가! 이미 생각 밖에서, 모든 게임이 끝났다. 그것을 시인해야 한다.

우리의 관념들은 우리와 함께 노쇠해져 간다. 그래서 우리는 그것을 경계하지 않는다. 우리보다 젊은 영혼들이 우리처럼 사랑에 빠지지 않는 것을 보면서 우리는 놀란다.

어떤 것을 이해하지 못하면, 빈정거리며 조소한다. 그것이 이해할 가치가 없는 것일 수도 있고, 반대로 이런 조소가 완전히 어리석은 일일 수도 있다. 잘못이 그것 자체에 있든 비웃는 자에게 있든, (반론이 제기되지 않는다면) 거기에는 최소한 (아니, 실제로는 그 이상일 수도 있다) 역사의 심판이 있다.

그러나 역사 또한 심판받을 것이다.

관념은 빠르게 낡는다. 단어는 더 빨리 부패한다. 그런데 생각이 오염되면, 그 생각을 바로잡겠다는 희망으로 사용한 모든 단어도 부패하게 된다.

이와 관련하여 우리 시대가 명확한 예시를 제공한다. 특히 공동체, 육화, 초월이라는 위대한 세 단어가 그렇다. '유일한 필요'를 소환하기 위해서 초월이라는 오래된 단어에 다시 영광을 부여했으나, 시간이 지나면서 그 시대가 매혹하는 사상에 의해 받아들여지고 왜곡되어 '유일한 필요'를 멀리하려는 사상에 의해서 외면당하고 있다.

중요한 변화는 결코 그냥 주어지지 않는다. 이 변화는 독창적인 대답을 요구하는 새로운 질문들에서 생겨난다. 거기에 근대주의의 속물근성은 아무 소용이 없다.

이처럼 모든 사상은 필연적으로 어떠한 상황에 자리한다. 새로운 대답은 곧바로 새로운 문제를 낳기에 사상은 항상 진행 중이다. 그러니 모든 지성은 필연적으로 개방적이다. 자기 안에 갇힌 지성은 부를 쌓았더라도 자기 보물을 온전히 지킬 수 없다. 그 보물은 메마르거나 증발하거나 부패한다. 이것은 사상이 영원에 가장 많이 참여할 때도 마찬가지다. 신앙을 표현할 때, 그것이 5세기든, 12세기든, 19세기든 상관없이 영원히 특정한 단계에 머물러 있기를 주장한다면, 그 신앙인은 살아 있는 교회와 함께 믿고 생각하기를 중단하는 것이며, 새롭게 등장한 뉘앙스와 의미만을 잃는 것이 아니라 결국 신앙의 실재와 실체까지도 잃는 것이다.

관념은 전차를 따라간다. 놀랄 만큼 기쁘게, 놀랄 만큼 빠른 속도로 따라간다. 그러나 관념은 전차에서 생긴 것이 아니다. 관념이 전차의 보호 아래 모든 교차점에 자리하다 높은 연단에서 쏟아져 나올 때, 전차 부대원들의 모든 계략을 무의식적으로 간파해 내는 어두운 외딴 헛간에서 승리가 약속된 새로운 관념이 태어난다.

단 한 걸음이면 가장 진실한 진리에서 가장 거짓된 오류로 갈 수 있다. 사람들은 그럴 만한 이유가 있다고 확증한다. 이처럼 사실에 대한 확증에서 위험하리만큼 진리를 오류와 가깝게 여기며 단죄하는 데까지도 한 걸음에 불과해서 자주 한계를 넘어선다. 이런 경우 큰 오류에 빠지기도 한다.

그러나 오류에 빠지는 것에 대한 두려움은 진리로 가는 것을 절대 막지 못한다. 한계를 넘어서는 것, 그 너머로 가는 것은 대담하게 오류를 범하는 일이다. 그렇지만 소심한 오류도 있다. 이것은 한계 안에 머물면서 진리의 반까지만 가는 것이다.

진리에 대한 사랑은 용맹 없이는 결코 갈 수 없다. 진리가 사랑받지 못하는 이유이기도 하다.

……우리는 항상 더 나아가고 있다. 이것은 사실이다. 그리고 새로운 결과를 도출하며 더 새롭고 세밀하게 구분한다. 그렇게 '문

제에 더욱 가까이 다가간다'. 그것에 덧붙이고 구체화하며, 한술 더 떠서 완전하게 한다. …… 그러나 우리를 실제로 발전시키지 못하는 기적은 무엇인가? 오히려 왜 우리가 수렁에 빠지는지 다시 질문을 제기하지 않거나 관점의 변화가 없다면, 또 과거와 단절하고 과거를 돌아보지 않는다면, 그리고 처음 주어진 것의 근원으로 돌아가지 않는다면, 발전은 없다. …… 영의 발전은 확장이 아니라 쇄신으로 이루어진다.

진정한 사색가는 순수한 무엇을 가지고 있다. 모든 강한 사상 안에는 단순하고 새로운 것을 지니고 있다. 어떤 것은 전달되지만 또 어떤 것은 사상과 함께 다시 시작하기도 한다.

우리는 각자 자기만의 필터를 갖고 있다. 언제 어디서나 이 필터를 지니고 다닌다. 그리고 이 필터를 통해서 아직 규정되지 않은 여러 사실에서 자신의 선입관을 확인해 주는 것들을 수집한다. 그런데 같은 사실이라도 다른 필터를 통과하면 다른 양상으로 나타나 다양한 의견을 확인하게 된다. 늘 그래 왔고, 앞으로도 그럴 것이다.

자신의 필터를 검증하는 사람들은 드물다, 참으로 드물다.

이익을 공범자로 삼을 때, 영은 무엇이든 무엇과도 맞추는 데 전혀 어려움을 느끼지 않는다.

현대의 '변증법'은 영의 이러한 활동에 편리함을 제공하여, 영이 전혀 거리낌 없이 가장 대립적인 입장을 번갈아 가며 그리고 거의 동시에 차지할 수 있게 해 준다.

20세기에 헤겔Hegel의 '변증법'이 어떻게 되었는지를 보는 것은 헤겔에게 아마 연옥과도 같을 것이다.

어떤 사람은 이렇게 말한다. "우리는 편향적 태도를 거부하며 객관성을 주장합니다. 이것만이 정직한 태도입니다."

다른 사람들은 이렇게 말한다. "우리는 딜레탕티즘dilettantisme[90]을 거부합니다. 우리는 헌신을 주장합니다. 이 태도만이 인간에게 합당합니다."

······어떤 사람들은 너무 자주 아무것도 믿지 못하고, 그 어떤 것도 평가할 용기가 없다. 그들은 끊임없는 중립에 갇혀 있으며, 선택할 능력도 없고, 그 어떤 것에 자신을 내어줄 능력도 없기에 깊이 있는 이해에 이르지 못한다. 반면, 다른 사람들은 자신의 열정을 너그럽게 받아들이고, 자기 선택을 정당하다고 여기지만 그 열정에 굴복하면서 끊임없이 불공정하고 광신도적인 사람이 되어 간다.

우리는 동시에 딜레탕티즘과 편향주의에서 벗어나야 한다. 또 정의와 진리를 위한 봉사에 깊이 참여해야 하고 동시에 냉정함을 유지해야 한다. 완전한 성공은 드물다. 비록 성공과는 거리가 멀다 해도 완전한 성공을 추구하는 사람은 누구나 칭찬받아 마땅하다.

지성은 본래 '지적인 것'을 추구하지 않고 진리를 추구한다. 지적인 것들을 추구하면서 지성의 목적에서 멀어지는 사람은 더 이상 진정한 지성인이 아니다. 그가 아무리 명석해 보일지라도, 그의 지성은 비뚤어진 것이다. 이는 단순히 지성이 결핍된 경우보다 더 심각한 오류다. 그가 지성으로 멋을 부려도 그에게서 지성은 더 이상 견고하지도 건강하지도 않고 자기의 풍요로움을 잃는다.

지성은 진리에 대한 능력인가, 아니면 어떤 대가를 치르더라도 명료함, 질서, 체계화에 대한 욕구를 충족시키는 능력인가? 현실의 핵심을 꿰뚫어 보는 힘인가, 혹은 정신적 건축물을 구축하는 도구인가? 자신과 다른 어떤 것을 발견하는 수단인가, 아니면 단순히 자기만족을 위해 자신이 선호하는 형태들을 창조하는 것인가?
　지성을 숭배하는 것은 실제로는 지성을 배반하고 조롱하는 것이다. 그것은 진리를 숭배하는 것이 아니기 때문이다.

건강한 몸의 견고함은 코르셋을 착용했을 때의 뻣뻣함보다 낫다. 살아 있는 존재의 유연함은 시체의 뻣뻣함보다 더 강하다.

가장 경직된 생각들이 가장 변하지 않는 것은 아니다.

진리를 찾았음에도 여전히 더 찾아야 한다는 사실을 인정하지 않으면서 진리에 대한 숭배를 고백하는 것보다 진리를 더 모독하는 것은 없다.

추종자들이나 반대자들에게 완전히 조직된 사고의 체계는 존재하지 않는다. 그들에게 사고 체계가 깊은 충실성의 열매이거나 통찰력 있는 적대감의 열매인 경우는 매우 드물다.

무지할수록 자신을 똑똑하다고 생각한다.

자신의 취향, 생각, 열정, 선입관, 열광, 강박관념을 따르면서 '시대와 함께 걷는 일' 외에 다른 것에 관심이 없는 사람은 빨리 늙고, 시대에 뒤떨어진 사람이 될 것이다. 사람들이 말하는 것처럼 그들은 '최신 유행'을 따른다. 그러나 그 유행은 빨리 바뀐다.

비판 이전의 상태로 돌아가려는 것은 헛된 일이다. 오히려 비판을 철저히 하면서 비판에 대한 비판을 세워야 한다.

우리는 모든 것에 대한 답을 선험적으로 알고 있는 사람들, 그들의 생각이 미리 모든 것을 넘어 있어, 다가올 사람들에게 반론뿐 아니라 창의적인 생각의 여지조차 남겨 두지 않는 그런 이들에게 감탄한다. 아무것도 그들을 놀라게 하지 않고 혼란에 빠뜨리지 않지만, 동시에 어떤 것도 그들에게서 뉘앙스나 발전을 끌어내지 못한다. 그들은 반쯤 열린 문으로 미지의 영역을 살짝 엿보는 일조차 하지 않는다. 그들에게 세상은 분명하고, 모든 것이 확실해 보인다. 그들이 마음속에 품은 체제, 그들이 너무 잘 알고 있는 체제는 빈틈이 없다. 그것은 이미 모든 것이 영원 안에 자리 잡고 있다는 만족스러운 생각을 갖게 한다. 그런데 이 영원이 과연 진정한 영원인가?

위대한 영혼들, 진정한 신앙인들은 자신의 무지를 더 잘 안다.

"……이와 관련하여 자주 제기되는 모든 질문에 내가 어떻게 만족스럽게 답변할 수 있을지 나는 모릅니다."

"……성경(하느님 말씀) 자체는 우리가 접할 수 있을 뿐, 깊이 파고들 수는 없습니다. 대부분의 구절에서 우리는 마음을 집중할 수 있는 명확한 의미를 찾기보다는 우리가 이해할 수 있는 것을 찾습니다. 이러한 깊은 신중함의 유보적 태도가 경솔한 단언보다 더 낫습니다."[91]

보쉬에Bossuet가 말하는 것처럼, '우주에서 일어나는 모든 일의 끈'을 '잡고' 있다고 믿는 이들은 행복하다(《보편 역사에 관한 연설Discours sur l'histoire universelle》, 머리말).

모든 것에 대한 해결책을 원하는 사람은 생각을 포기해야 한다. 그러나 이 경우 아무것도 해결하지 못하는 해결책이 될 것이다.

우리 신앙의 기원으로 거슬러 올라가게 하는 문헌을 접하면, 똑같이 중요한 두 가지 태도가 서로 맞선다.

비평가들은 항상 문헌에서 '말하는 것보다 더 많은 것을 말하면서' 문헌을 **과대평가하는 것**을 두려워해야 한다. 또 후대에, 문헌에서 도출된 모든 것에 의해 무의식적으로 영향받는 것을 경계해야 한다. 종교인은 그 문헌을 온전히 알아듣지 못하는 것을 두려워해야 한다. 비평가는 임의적인 해석을 하지 말아야 한다. 종교인은 표면에 머물러 있지 않아야 한다. 문헌을 창의적으로 해석하는 일은 후대의 관념이나 감정이 투영된 것이다! 반면, 문자 그대로 해석하는 것은 진부하고 결실이 없다! 심오한 진리를 깨닫고, 경험이나 생각의 풍요로움을 얻으려면 그 문헌에서 나온 전통을 탐구하는 것이 중요하다. 세상의 모든 비판이 역사를 상기시키는 가장 위대한 힘과 결합되어 있더라도, 아브라함의 신앙, 티스베 사람 엘리야의 투쟁, 예레미야의 예언이 가지는 영향력 등을 이해시키지 못한다. 비판은 산상설교의 이해 속으로, 예수님께서 지니신 전율 속으로 안내하지 못할 것이다.

주제를 역사적으로 연구하지 않은 사람들의 진부한 도덕적인 해석과 영적으로 깊이 들어가지 못한 사람들의 역사주의적 좁은 해석이 있다. 중요한 주제가 이 두 가지 유형의 해석 중 하나에 해당되지 않는 경우는 매우 드물다. 초라한 양자택일적 해석에 해당되지 않는 경우도 매우 드물다.

우리가 매우 중대하고 심오한 문헌을 접할 때, 사람들이 내놓은 해석이 저자의 생각과 완전히 일치한다고 할 수 없다. 비록 그 해석이 가장 올바르고, 그것만이 정확하다 해도 그렇다.

문헌texte과 해석interprétation은 같은 차원에 있지 않고, 같은 관점에서 발전되지도 않으므로 서로 대응될 수 없다. 문헌은 자발적이고 종합적이며, '미래지향적prospective'인 지식, 어떻게 보면 창조적인 지식을 표현한다. 해석은 일종의 해설로서, 반성적이고 분석적이다.

즉, 전자는 존재를 포착하고, 후자는 설명하는 이론을 사용한다.

어떤 의미에서 보면 해석은 문헌을 파고들기 때문에, 항상 문헌보다 **더 멀리** 나아간다. 문헌에서 발견된 것을 분명하게 하기 때문이다. 만일 해석이 더 멀리 가지 못한다면, 아무 소용이 없다. 그 문헌이 분명하게 해명되지 않기 때문이다. 그러나 더 중요한 의미에서 보면, 문헌은 구체적인 풍요로움으로 인해 항상 해석을 넘어선다. 그리고 해석은 문헌으로 되돌아올 수밖에 없다. 문헌에는 끝없는 힘이 있다.

영적인 삶이 발전함에 따라, 불가피하게 새로 주어진 것과 충돌하고 새로운 문제를 낳는다. 어떤 새로운 영역으로 우리를 몰아넣을지 모르는 상황에서 새로운 문턱을 넘어야 한다. 멈춰 서거나 후퇴하는 것은 불가능하다. 그것은 겸손이 아니라 회피다. 확고함이 아니라 방황이다. 보호가 아니라 자살행위다. 이와 마찬가지로 모든 영적인 삶과 지성적 삶은, 영혼의 삶과 같이, 모험의 요소를 포함한다. 모든 전통은 창작을 요구한다. 지성과 영혼을 위해서도, 성실성은 필연적으로 창조적이다.

발전이 있든 없든, 영적인 삶에는 모든 삶과 마찬가지로 되돌릴 수 없는 것이 있다.

새로운 기여에 대해서, 그리고 새로운 비판과 반대에 대해서도 비판할 수 있고, 자주 비판해야 한다. 그러나 그것들을 고려하지 않을 수 없다. 이를 완전히 '거부'하더라도 모든 것이 이전의 안전 상태로 되돌아가는 것은 결코 아니다.

'수 세기 동안 속이는 것'은 있을 수 없다. 단 10년도 속일 수 없는 법이다.

하느님께서 우리의 정신적 습관의 단조로움을 당신의 진리와 절대 혼동하지 않도록 지켜 주시길!

모든 것은 항상 생각보다 오래되었다. 그러나 새로운 것으로 보이는 모든 것을 거부하는 사람은 이 원칙을 수용하지 않는 것이다. 오히려 이 원칙이 그를 단죄한다. 그는 오래된 것에 집착하는 것이 아니라 단지 낡은 것에 집착하는 것이다. 그리고 오래된 것에서 자신을 지탱할 힘이 없거나 새로운 모습으로 다시 나타날 힘이 없는 것에 집착한다. 죽은 것, 살아 있지 않은 것에 집착하는 것이다.

우리는 다음의 사실을 미리 확증할 수 있다. 자기 시대의 요구들에 가장 잘 답하는 사람은 그것에 답하기 위해 탐구한 사람이 아닐 것이다. 자기 자신을 위해서, 자기 자신의 내면 깊숙한 곳에서 발견한 것은 타인들을 위해 꼭 필요한 치료제이고 본질적인 양분이 될 가능성이 있다.

사려 깊은 생각은 모두 겸손하다. 그런 생각은 어느 학파에 속하기를 주저하지 않으며 거기서 오랫동안 머무르는 것에도 망설이지 않는다. 그것은 비인격성의 힘으로 얻게 되지만, 그것을 추구하지 않아도 인격적인 것이 된다.

영적인 삶에 자신을 여는 젊은이들을 만나는 것은 기쁨, 그 자체다. 그들은 사치나 정신적 즐거움을 위해서 영적인 삶을 취하지 않는다. 오히려 진지하고 순수하게 진리를 찾는다. 또 자신들을 안내하는 사람들에게 엄격하게 대해 주기를 요구한다. 그들은 뛰어난 사람이 되기를 바라고, 자신에게 엄격하지 않으면 그런 사람이 되지 못한다는 것을 안다. 첫 번째 성공에 만족하지 않고 사람들이 그들을 듣기 좋은 말로 구슬리기를 기대하지도 않는다.

그러나 이런 사람들은 드물다!

"우리 영의 약점은 큰 문제가 생겨도 느끼지 못하는 것이다. 그 문제가 가장 가까운 곳에 있기 때문이다."(피에르 테이야르 드 샤르댕 Pierre Teilhard de Chardin)

우리의 진실함을 보여 줄 수 있는 첫 번째 표시는 거짓말을 고백하는 것이다.

심미주의esthétisme와 딜레탕티즘dilettantisme에서 멀어지는 것보다 더 유익한 것은 없다. 그러나 이러한 편협성으로, 사심 없이 진리를 추구하는 것과 사랑하는 것을 혼동하는 것보다 더 해로운 것은 없다.

'진실은 때때로 진실이 아닌 듯 보일 수 있다.' 그러나 만일 그것이 진실처럼 보일지라도 사람들의 의견은 그 진실이 대개 거짓으로, 진실처럼 보이지 않기를 선호한다. 가장 단순한 질문에서 또는 가장 쉽게 통제하기 쉬운 일들에서 진실이 쉽게 드러난다고 믿지 말자. 그것은 인간을 잘못 이해하는 것이다. 자신이 기만당하는 능력뿐만 아니라 자신을 허위의 공범으로 만드는 모든 비밀스러운 힘들을 무시하는 것이다.

르낭Renan은 말했다. "진리는 슬픔일 수 있다." 그리고 더 완고해진 모라스주의자들maurrassiens[92]은 "가혹한 진리를 사랑해야 한다."라고 말했다.
아우구스티노 성인은 우리에게 말한다. "진리의 감미로움은 영

원하다Æterna est dulcedo Veritatis."(《설교집Sermon》, 103, 4,5)

지금 우리 시대의 사람들에게 가장 당황스러운 역설은 이것이다. "너희는 말할 때에 '예.' 할 것은 '예.' 하고, '아니요.' 할 것은 '아니요.'라고만 하여라."(마태 5,37)

오늘날 바오로 사도는 갈라티아 신자들에게 보낸 서간에서 썼던 것처럼, "내가 여러분에게 진리를 말한다고 해서 여러분의 원수가 되었다는 말입니까?"(갈라 4,16)라고 말하며 놀라지 않을 것이다.

진실sincérité이 아니라 진리가 우리를 자유롭게 한다. 진리는 우리를 변화시키기 때문에 우리를 자유롭게 하는 것이다. 진리는 우리를 내면의 속박에서 벗어나게 한다. 진실을 추구하는 것은 우선, 마음 깊은 곳에서 변화되기를 바라지 않는 것일 수 있다. 이는 자기 자신에게 집착하는 것이며 자신을 병적으로 사랑하는 것, 곧 거짓말쟁이로 남는 것이다. 자유롭게 되기를 거부하는 것이다.

진실은 행복과 같고 어쩌면 아름다움과도 같아서 추구하지 않을 때만 발견되는 것이다.

진실은 생각하지 않을 때만 진실인 것이다.

자기 자신을 잊고 참된 것을 찾기보다 진실을 찾는 사람은, 사랑에 자신을 여는 대신 무관심을 추구하는 사람과 같다. 그는 아무런 열매를 맺지 못하는 복잡성 안으로 끝없이 나아갈 뿐이다. 그리고 모든 문제가 삶의 순간마다, 그의 울타리 안에서, 그에게 다시 제기된다.

"사람은 모두 거짓말쟁이다Omnis homo mendax."(시편 116,11) 진실은 간절히 청해질 뿐이다.

"거짓말은 악을 행할 때만 악덕이고, 선을 행할 때는 매우 큰 덕이다." 만약 이 금언의 저자로 추정되는 사람이 이 금언을 만든 것이 맞다면, 그는 이런 말을 만들 만큼 염치없는 사람이었을 것이다. 그러나 다른 사람들은 이 금언을 실천해도 결코 입으로 고백하지 않고 비밀로 할 것이다.

"훌륭한 사람이 부패를 저지르는 것이 가장 나쁘다." 그러나 인간사에서 훌륭한 사람은 항상 부패를 저지른다. 모든 일 가운데 이것이 최악이다.

진리의 나라를 추구하는 일은 훌륭하다. 그러나 진리의 나라가 왔다고 선포하는 일은 끔찍하다. 진리와 위선의 숙명적인 동일화를 통해서 '진리의 나라'는 위선의 나라가 된다. 마치 몸에 비해 그림자의 크기가 다양한 것처럼, 이 둘의 비율도 실로 다양하다. 그러나 그림자가 몸을 숙명적으로 따를 수밖에 없듯이, 위선도 진리를 따를 것이다. 위선이라는 그림자는 점점 커지고 더 두터워지며, 진리라는 몸이 그림자 자체가 될 때까지 흡수할 것이다. 그리하여 진리의 나라가 결국 굳건히 세워지면, 진리의 나라는 위선의 나라가 될 것이다.

"진리의 나라가 온 이후로……." 이 말은 1792년 탈레이랑 Talleyrand의 말이다.

"오, 거짓이여, 거짓이여, 우리가 그 안에 있다!"

(키르케고르Kierkegaard)

위선이라는 의심에 정직함만큼 자신을 방어할 수 있는 것은 없다. 정직하지 못한 사람들은 다른 사람에게 정직하라고 강요할 수 없다. 정직한 사람들은 불평불만을 예측할 만큼 충분히 계산적이지 않으며, 그것에 대비할 만큼 능숙하지도 않다. 곧 모든 것이 그들에게 걱정스러운 징후가 되고, 징후가 없는 것이야말로 모든 징후 가운데서 가장 화나게 하는 심각한 징후가 된다.

일부 '지성인들'의 화려한 경력은 마치 애완동물의 화려한 삶과 같다. 그들이 봉사하는 사회는 그들을 소중히 여기는 일을 중단하지 않았다. 그들의 주요 임무는 거울처럼 사회의 모습을 비추는 것이었다.

영이 널리 퍼져 나가고 꽃피우기 위해서는 너무 유리하지 않은 조건이 필요하다. 지나친 자유는 영을 약화시키고 영의 진지함을 빼앗는다. 만일 영이 실제로 널리 퍼져 나가지도 않고 꽃피우지도 않는다면, 그것은 영이 너무 빨리 만난 장애물 때문이라고 설명해서는 안 된다. 내부적 결핍 때문이라고 진단하는 것이 낫다.

사람들은 자연스럽게 영을 퍼뜨릴 삶의 조건들을 꿈꾼다. 그러나 이것은 큰 착각이다.

영을 위해 가능한 유일한 존재는 '방황하고 항상 위협받는 삶'이다. …… 영에게 가장 교묘한 위협은 호의 아래 숨겨진 것이다.

진리는 특정 관계에 대한 올바른 주장만으로 이루어진다고 쉽게 믿는다. 깊이 생각하지 않고도 말이다. 또한 질문과 대답으로 진리를 얻을 수 있다고 믿으며, 진리의 소유는 올바른 정보의 총합을 소유하는 것일 뿐이라고 믿는다. 진리를 위해 지성이 만들어졌기에 진리를 온전히 소유할 수 있다고 믿는 것이다. 한마디로 **진**

리는 깊이가 없다고 믿는다. 진리는 단지 오류와 대립한다고 믿고, '허영vanité'과 대립하는 것은 보지 못한다. '존재와 진리는 일치한다 ens et verum converluntur.'라는 전통 철학 초기에 자리한 명쾌한 이 주장이 잊히는 듯하다. 이 명제에서 곧바로 진리를 소유하는 것은 존재를 소유해야만 완전해질 수 있다는 결론이 도출되기 때문이다. 그런데 존재는 지상에 있는 우리 영의 능력을 무한히 뛰어넘는다. 존재는 우리 영을 통해 도달하지만, 진정으로 소유할 수는 없다. 진리는 존재만큼 광대하고 깊어서 우리의 지성을 넘어서야 한다. 그래야만 지성이 끊임없이 진리로부터 양분을 공급받을 수 있기 때문이다. 그러나 이토록 단순한 추론이 열매를 맺기에는 얼마나 어려울 것인가!

"신앙은 진리의 가치가 있다Fides meretur veritatem."(생티에리의 기욤 Guillaume de Saint-Thierry)

"진리의 기쁨이 당신의 기쁨입니다. 당신이 진리이십니다Gaudium de veritate, gaudium de Te, qui Veritas es!"(아우구스티노 성인)[93]

"……인간과 하느님 사이의 이 논쟁은 그들 사이의 거리 때문에 적절하지 않은 것으로 보일 수 있다. 그러나 다음의 사실을 숙고해야 한다. 사람의 차이는 진리에 어떤 변화도 주지 않음을 말이다. 어떤 이가 진리를 말할 때, 누가 그 진리를 반대하든 반박할 수 없다."(토마스 아퀴나스 성인Saint Thomas d'Aquin, 《욥기 강해Sur Job》, ch. XIII, leçon 2ᵉ.)

"관념은 겉으로 드러나는 혁명 없이, 눈에 띄지 않게 성장한다. 우리는 종종 누군가에게 저항한다고 믿고 난 후, 마치 자신의 생각인 듯 그 누군가와 같은 생각을 하게 된다."(모리스 블롱델Maurice Blondel)

"모든 본질적인 생각은 변하지 않은 채 지지자나 반대자 집단을 통과한다."(마르틴 하이데거Martin Heidegger)

"지식의 불꽃을 타오르게 한 영혼은 늘 앞으로 나아간다. 유목민들이 천막을 가지고 사막을 이동하는 것처럼, 그는 사막으로 나간다. 영혼이 스스로에게 시간을 주고 휴식을 취할 순간은 결코 오지 않는다."(오리게네스Origène, 《민수기 강론Homélie XVII, sur les Nombres》 17,1)

진리의 길은 외롭고,

그 길에 들어선 사람들은 고독하다.

(압둘 와히드 이븐 자이드'Abd Al-Wahid Ibn Zayd)

2
인간

우리는 인간이 무엇인지 모른다. 아니, 그것을 잊는다. 인간을 연구할수록 인간에 대한 지식을 상실한다. 그저 동물처럼, 기계처럼 연구한다. 다른 존재자들과는 다른 신기한 대상으로만 보는 것이다. 우리는 생리학, 심리학, 사회학 그리고 그와 관련된 것들에 매료되어 있다.

그렇다면 우리가 이런 학문들을 연구하는 것이 잘못된 것인가? 분명 그렇지 않다. 그 연구 결과가 오류이거나 소홀히 여길 수 있는 것인가? 더더욱 그렇지 않다. 오류는 학문 자체에 있지 않고 우리 안에 있다. 우리가 그러한 학문을 어떻게 설정하고 판단해야 하는지 모르기 때문이다. 우리는 깊이 생각하지 않으면서 인간에 관한 '과학적' 연구가 적어도 올바르고 보편적이며 철저하다고 믿는다. 그런데 과학적 연구는 자기 성찰에 대한 강박이나 정체된 진실성의 탐구와 똑같은 착각을 일으키는 치명적인 결과를 가져온다. 이 연구가 발전할수록 더 위험해진다. 인간을 괴롭히고 파괴한다.

니체나 프로이트Freud에게 향하는 모든 비판과 그 통찰력은 의심할 여지가 없다. 그러나 여러 세기 동안 교회 안에서 우리가 행한 비판을 보라. 영적인 세계를 거슬러서가 아니라 그 세계 내부에서 행한 비판을 보라. 우리는 혼동하지 않고, 영들을 식별한다.

오히려 우리의 선조들, 영적 스승들은 영을 어떻게 식별해야 하는지 알고 있었다. 우리는 그들을 너무나 소홀히 대했고 그들의 가르침을 잊고 있었다. 우리 시대의 냉철한 과학은 우리가 옛 영적 스승들을 더 잘 읽는 데 사용할 때만이 유용하고 유익할 것이다.

옛 영적 스승들은 현대 심리학자들처럼, 아니 이들보다 더 환상을 발견해 내는 일에 능숙했다. 그러나 그들은 현대 심리학자들과는 다른 목적을 가지고 있었으며, 그것을 성취하는 방식도 달랐다. 오늘날 많은 심리학자가 착각이라고 부정하기 시작하는 그 영성의 이름으로 했다. 옛 스승들은 후계자들이 고갈시킬 원천을 정화하였다.

보지 못하는 사람들은 어디에 있는가? 혜안을 가진 사람들은 어디에 있는가?

심리학자들은 무의식을 탐구하고 있다. 참 좋은 일이다. 이런 사명을 가지고 아마도 새로운 것들을 계속 발견할 것이다. 그러나 지금도, 앞으로도 항상 긴급한 것은 이 무의식을 변화시키는 일이다. 이 일에서 심리학자들의 방법은 무력하고 불충분하다. 게다가 발견에 대한 근심은 변화의 필요성을 약화시키기도 한다.

심리 분석을 남용하면 그것을 활용하여 치료하는 것보다 더 큰 피해를 줄 것이다.
   첫 번째 피해는 그것이 오로지 치료를 위한 것이라고 설득하는 것이다. 많은 경우 회개를 촉구하는 것이 더 중요한데도 말이다.
   도덕주의moralisme는 큰 혼란의 원인이다. 그러나 주체의 판단에 따른 도덕의 붕괴는 얼마나 더 나쁜가!

   분별없이 실행되는 심리학, 특히 심층심리학은 본래 현실을 왜곡하는 것으로 시작하기 때문에, 환영을 발견한다고 믿고 모든 것을 진단으로 확증한다. 오늘날 인간학이라 불리는 여타의 학문도 그렇다. 특히 학문을 넘어서는 것에 학문을 적용할 때, 그리고 학문의 대상이 될 수 없는 것에 학문을 적용할 때 그렇다. 인간은 하나의 대상이 아니기 때문이다.
   그렇다면 이제부터 우리는 다시 과학의 실패를 외쳐야 하는가?

아니면 심리학에 의해 알려진 환영의 보호 아래서 스스로 좋은 의식이라고 판단되는 것을 키워야 하는가? 그렇지 않다. 우리는 무엇을 하고 있는지 알아야 하고, 각 학문의 한계를 존중해야 한다. 그리고 파스칼이 말한 것처럼 '질서들ordres'을 혼동해서는 안 된다.

순수 심리학은, 적어도 매우 민감한 경우에, 진짜와 가짜, 영적 실재와 환영의 차이를 구별하는 데 적합하지 않다. 심리학은 이것들을 똑같이 짓밟고, 둘 다 당당히 이겨 낸다. 심리학은 포도주에 취한 것과 마약에 취한 것 그리고 성령에 취한 것을 혼동한다.

종교 사회학은 종교 심리학처럼 매우 흥미로운 분야다. 유용한 학문이기도 하다. 자기 자리에서, 다시 한번 말하지만, 자기 자리에서 활용되는 한 그렇다. 또한 종교 연구의 모든 지평을 독점하지 않고, 겸손하게 부차적인 과학으로서의 지위를 인정하는 한, 종교나 비종교가 세속적으로 주어진 것에서 유래한다고 주장하는 세속적 사회학으로 환원되지 않고, **참된 종교 사회학**으로서의 존재 권리를 행사하는 한 유용한 학문이다.

오늘날 이 두 가지 위험 가운데 어느 것도 공상이 아니다. 위에서 말한 두 번째 위험은 가끔 출발 지점부터 사회학적 조사(통계) 방법에서 드러난다. 사회학은 지성적 불충분성과 교의적 무관심 또는 편협한 실용주의에 의해, 본질적인 문제를 벗어나는 어느 한 세대의 놀이가 되어서는 안 된다. 사회학은 결코 지성적 탐구나 복음 묵상을 대신해서는 안 된다. 신자들에게 신앙을 해체하려는 세속적 침투의 도구로 변모되어서는 안 된다.

사람들은 너무 쉽게 무신론에 대해 말한다. 특히 현대 노동자의 생활 조건 때문에 무신론이 널리 퍼진 것처럼 말이다. 물론 이것도 일리는 있지만, 이러한 설명은 너무 미흡하다. 무신론은 노동자 집단에 속하지 않았던 지성인이 먼저 고백하고, 조직하고, 전파하였다는 사실과 지금도 노동자 집단 밖에서 끊임없이 주입된다는 점을 잊고 있다. 사회학이 주장하는 현실주의의 이름으로 소위 '추상적'인 토론을 비판한 다음, 사회학적 고려의 용이함에서 벗어나 지성적 토론과 진리에 관한 직접적인 탐구로 다시 돌아와야 한다.

세상에 있는 모든 것이 과학의 대상이다. 그것이 현실적이든 가능한 것이든 그렇다. 과학을 구축하는 영을 제외한 모든 것이 과학의 대상이다. (보이지 않고 만져질 수 없으며 차원이 없는 이 영과 함께 얼마나 많은 것이 생겨나는가!) 과학이 마침내 포착했다고 믿는 바로 그 반대편에서, 늘 작용하고 늘 빠져나가는 이 힘, 포착할 수 없는 왕복선처럼 움직이는 이 일하는 힘을 제외한 모든 것이 과학의 대상이다.

사람들은 영이 붙잡히는 것을 즐긴다고 말할 것이다. 이 경우 우리는 그것을 붙잡아 단단히 고정시키고, 측정하고, 분석하고, 그 깊이를 잰다. 우리는 거기서 온갖 것을 발견한다. 그리고 외부적 본성이나 사회적인 본성을 탐구했을 때 성공한 방법들을 그 대상에 적용한다. 이런 경우, 그 결과는 놀랍다! 그렇다, 아름다운 결과다. 그러나 당신의 손에 있는 것은 결코 영이 아니다!

영의 신비는 일시적이 아니며, 겉보기에 좋아 보이는 모든 시도를 한 다음에도 여전히 순결한 것으로 재발견되는 신비. 신비는 탐구되지 않는 것이 아니라 탐구할 수 없는 것이다. 가장 잘 정의되고 잘 포착된 과학의 대상보다 더 빛나고 더 직접적이고, 더 내적인 지식으로 파악된다. 그럼에도 신비는 언제나 끊임없는 수수께끼이며 항상 자극적이다. 이 수수께끼 때문에 인간은 숨 쉴 틈이 없다. 항상 그것을 찾아야 하고, 그것 때문에 놀라게 된다. 이 놀라움은 자연의 수수께끼 앞에서 느낄 수 있는 놀라움과는 전적으로 다른 것이며, 외면을 뒤쫓는 것과는 전적으로 다른 탐구다…….

사람들은 죄에서 의식이 깨어난다고 말한다. 적어도 우리는 성찰을 통해 의식은 처음부터 죄에 대한 의식을 가지고 있었다고 더 확실히 말할 수 있다.

복된 앎, 복된 부끄러움! 하느님께서는 단지 몇 가지 악에서 몇

가지 선을 끌어내시는 것이 아니라 첫 창조 때 작용한 힘보다 더욱 경탄할 만한 힘으로, 당신의 창조적 거룩함의 힘으로 **악에서 선을 끌어내시는 분**이심을 우리에게 계시하신다. 이것은 파스칼을 완전히 매료시킨 가장 역설적 예다. 우리의 비참함이 위대함의 근원적 이유다. 의식의 첫 순간의 신비인 비참함은 풍요롭다! 오, **복된 죄여**Felix culpa! 하느님 사랑이 아직도 우리를 매혹하지 않는가? 우리가 악하기 때문에, 하느님의 사랑에서 강압적인 명령만을 보고 그 명령을 배반할 위험이 있지 않은가? 보라, 여기에 죄의식이 즉시 개입한다. 죄의식은 우리로 하여금 머리를 숙이게 한다. 그 첫걸음은 수용의 길에서 이루어졌고, 그 길은 자유의 길이다. "당신은 이미 조명을 받기 시작했습니다. 고백이 있었기 때문입니다Jam illuminari cœpisti, quia inest confessio."(아우구스티노 성인,《고백록》10,1)

가장 올바르다고 하는 심리학의 모든 설명도, '죄책감'은 극복해야만 하는 것이라고 믿는 일부 사람들의 모든 비난도 이 호의를 거슬러 우세하지 않을 것이다.

냉소주의cynisme를 바꿔 말하면 위선이다. 냉소주의는 인간에 대한 진리를 말해 주지 않는다.

역사는 심리학처럼 탐욕스럽다.

……그는 극단주의자도 아니고 편파적인 사람도 아니다. 지혜롭다. 공정하다. 모든 열정을 경계한다. 게다가 경험이 있어서 어떤 일에서든 잘못을 공유하며 잘못을 너무 자세히 지켜보면 아무것도 얻을 수 없음을 안다. 또한 그는 살아야 하며, 상호 양보와 '바른 중용' 없이는 살아가기 불가능하다는 것도 알고 있다. 그는 모든 논쟁에서 '서로 공격하는' 두 사람을 보며 고통을 느낀다. 또한 어떤 의견이든 일단 받아들여졌다면 그 의견에 반대하는 것은 언제나 위험을 수반한다는 것도 그의 좌우명이다. 사람들은 그의 중재에 의지한다. 그 사람을 증인으로 택한 두 사람 가운데서 한 사람이 2+2=5라고 말하고 다른 사람은 2+2=4라고 말한다면, 그는 조심스럽게 2+2=4.5정도일 것이라고 중간 해결책을 제시한다.

어떤 수준부터는 '바리사이인Pharisien'라고 말해서는 안 된다. '속물Philistin'이라 말해야 한다.

'절대의 순례자'는 아름다운 제목이다. 그러나 첫 번째 명사와 두 번째 명사가 갖는 정확한 가치를 보존하는 데 주의를 기울여야 한다.

"심리학자들은 다른 사람을 싫다고 느끼는 부분이 우리의 결점이라고 확신한다. 당연히 그럴 수 있고 경험상 사실이기도 하다. 그러나 그 반면에 우리가 갖지 못한 것을 가진 다른 사람의 특성을 높이 평가할 수도 있다. 이를 위해서는 적어도 '씨앗과 뿌리'를 우리 안에 갖고 있어야 한다. 그러나 우리 각자는 얼마나 미성숙한 씨앗인가! 얼마나 줄기 없는 뿌리인가!"(르네-조셉 투른민René-Joseph de Tournemine)

"희망할 수 없는 것을 희망하지 않는다면, 사람들은 그를 인정하지 않을 것이다."(헤라클레이토스Heraclitus)[94]

"참으로 특이하다! 어떤 사람이든 사람의 도덕적 가치는 타인에게 무엇을 요구하는지가 아니라 자기 행동으로 증명된다고 나는 늘 생각해 왔다."(Z..., 블라디미르 솔로비요프Vladimir Solovyov의 대변인)

가장 자질이 없는 사람을 가장 높이 평가하는 일은 드물지 않다. 때때로 더 많은 것을 맛보는 것은 우리가 가장 할 수 없는 일이기도 하다. 각자 자기 직업이 있고, 직업이 그 사람을 제한하기 때문이다. 각자 바꿀 수 없는 자기 기질이 있다. 누구에게나 고유한 능력이 있는 것처럼, 각자 자기만의 스타일이 있다. 자신의 스타일을 모델로 제시할 수 없고, 자신이 능력으로 처리할 수 있는 대상을 다른 대상들보다 우위에 둘 수도 없다. 더 나아가, 어떤 대상을 다룰지 선택할 자유가 있음에도 때로는 가장 소중하게 여기는 대상을 피하거나, 처음에는 열심히 노력하지만, 나중에 포기하기도 한다. 수치심이 욕구를 방해하고 계속 나아갈 의욕을 꺾는다. 너무 열등감을 느낀다. 주변에 원을 그리고 접근할 방법을 찾는다. 나무 기둥에서 나뭇가지 몇 개를 떼어 내고, 아무도 손대지 않은 덩어리에서 부스러기 몇 개를 떼어 내는 정도다. 사람들은 문제의 핵심에 도달하지 못한다는 것을 미리 안다.

철학자 중에서 인간 실존의 문제를 보지 않으려는 이들이 있다. 고전적 합리주의자들의 모든 노선이 그렇다. 그 문제가 해결되었다고 전제하는 사람들도 있다. 소위 신비주의적 경향을 지녔다고 하는 모든 이들이 그렇다. 반면 해결책을 바라지 않는 사람들이 있다. 원칙적인 결정을 내리는 많은 불가지론자들이 그렇다. 또한 오늘날 '실존주의자'라고 불리는 많은 사람들이 그렇다. 오로지 이성을 통하여 이 문제를 해결하려고 노력하는 사람들도 있으며, 이성에 희망을 두지 않으면서 너무 일찍 신앙이라고 믿는 무언가로 이성을 대체하는 사람들이 있다. 마지막으로, 문제가 아니라 다른 것이 더 중요하다고 인정하는 사람들이 있다. 이성은 그들을 위해 작용한다. 그러나 그들 마음 깊은 곳에서는 다음과 같은 외침이 항상 터져 나온다. "나는 나의 구원자에게 도움을 청한다."

참된 것의 순수 관념을 요구하는 데 그토록 무감각한 사람들이 많은 것을 볼 때, 아름다움의 빛에 닫혀 있는 사람들이 이토록 많다는 것을 볼 때, 어떻게 놀라겠는가?

기본적인 것은 또한 본질적인 것이다. 미묘한 새로움을 탐구하기에 기본적인 것을 평범하다고 치부하기보다 그 새로움을 파헤치기 위해 기본적인 것으로 항상 돌아와야 한다.

이미 죽은 것들에 대한 맛 때문에, 살아갈 수 없는 어떤 무능력 때문에, 또는 모든 창의적 힘과 미래에 관한 확신에 죽음을 가져오는 경직성 때문에 과거에 갇히고 빠질 수 있다. 반면에 신적인 힘의 증가로 과거를 되살리고 새롭게 되찾을 수 있으며, 현실에 대한 더 깊고 더 확실한 맛을 끌어낼 수 있다.

"하느님께서는 필연적으로 당신께 찬미를 드리는 인간을 창조하셨으니, 기계로 자신을 칭송하는 노래를 읊는 축음기의 제조자와 닮았다."(오귀스트 발랑생Auguste Valensin)

무엇보다도, 그리고 직접적으로, 보쉬에Bossuet의 선포가 의미하

새로운 역설들 137

는 것은 종교적 지식이다. "사랑으로 돌아가지 않는 지식은 불행하다!" 그러나 페늘롱Fénelon이 말했듯, "그리스도인이 아니라 오로지 그리스도교에만 관심을 가지는 철학자들을 만드는" 성찰과 토론, 연구가 있다!

"이 세상은 그가 바라는 대로 끝날 것이다."라고 [프랑스 철학자] 샤를 르누비에Charles Renouvier가 말했다. 우리도 그와 같이 말할 것이다. 가톨릭의 운명은 다음 세대가 바라는 대로 될 것이다. 우리가 사회학의 가르침을 듣고 역사적 진화의 위대한 법칙에 주의를 기울이는 것은 옳다. 그러나 그것에 반응하는 조건에서만 그렇게 해야 한다. 그렇지 않으면 자신을 덫에 빠뜨리는 것이다. "각자의 행동은 보편적 역사의 전환점이다."라고 블롱델은 말한다.

"거울이 없다면, 자기 얼굴을 볼 수 없다. 적이 없다면, 자신의 결점을 깨달을 수 없다."(니치렌Nichiren, *Kaimokusho*, c. VII)

"사람들은 자기가 **해야 할 것**을 생각하는 것이 아니라, **어떤 존재가 되어야 하는지**를 생각해야 한다." 마이스터 에크하르트Meister Eckhart의 통찰이 인간의 행동을 방해해서는 안 된다. 오히려 행동하는 인간은 다른 무엇보다도 이 통찰을 자기 것으로 삼아야 한다.

진정한 통찰력은 늘 순진하다.

어떤 사람이 비효율적이라고 경솔하게 말한다. 그러나 그들은 뛰어난 효율성을 갖고 있었다. 그들은 인간의 섬세함, 고결함 등을 유지해 왔다. 그런데 이런 것들은 저절로 유지되지 않는다.
너무 칭송받는 다른 효율성은 오히려 우리를 비인간화하지 않았는가?

한쪽 편을 드는 것과 그것에 참여하는 것은 별개의 문제다. 전자는 폭력적일 수 있고 피상적일 수 있다. 반면에 후자는 존재의 깊은 곳에서 나오는 결단이며, 긍정이 이 결단을 지배하기 때문에 종종 반대를 포함하지 않는다.

평범함 중에서도 모든 형태의 우월함을 집요하게 뒤쫓는 평범함보다 더 교묘하고 완고하며 나쁜 것은 없다. 어떤 의미에서 보면 더 통찰력이 있는 것도 아니다.

만일 인간이 자신의 내면을 들여다보고, 예리하면서도 진솔한 관점, 단순하면서도 정의로운 관점에서 자신을 볼 수 있다면, 심리학적, 사회학적인 분석의 변명 안에 숨지 않을 것이다. 그리고 자신보다 더 강한 것에 의해 마음을 바꾸지 않는 한, 다른 어떤 것도 자신을 해방시킬 수 있다고 감히 상상하지 못할 것이다.

평범함의 취향보다 더 요구하는 것은 없다. 항상 절제된 외양처럼 보이지만, 그 아래에는 더 무절제한 것이 없다. 본능보다 더 확실한 것은 없다. 거절당하는 것보다 더 매정한 것은 없다. 그는 어떤 위대함도 인정하지 않고, 어떤 아름다움에도 감사하지 않는다.

욕망과 사랑, 필요와 사랑(에로스ἔρως와 아가페ἀγάπη)을 혼동하는 것은 큰 착각이다. 하느님에 대한 우리의 사랑이 피조물이라는 인간 조건에서 근본적으로 벗어날 수 있고, 벗어나야 한다고 믿는 것 또한 큰 착각이다. 또 우리의 본성적 사랑 중에서 가장 작은 것 안에는, 그것이 인간적 사랑에까지 들어 올려진다면, 이미 오래전에 사랑으로 드러난 것이 없다고 믿는 것도 큰 착각이다. 토마스와 살레시오 가르침의 본질적인 낙관주의는 여기서 유일하게 참되고 인간에게 합당한 유일한 것이며, 계시로 주어진 것들을 온전히 충족시키는 유일한 것으로 나타난다. 우리는 계시로 주어진 것들에 이어서, 죄 이후에 관한 성찰을 하도록 더 멀리, 포기함 없이 전진시킬 수 있다.

"……주님, 저희 위에 당신 얼굴의 빛을 비추소서 Signatum est super

nos lumen Vultus tui, Domnine!"(시편 4,7)

"자연에는 경이로운 것들이 많이 있다. 그러나 자연의 모든 것 가운데서 가장 경이로운 것은 인간이다."(소포클레스Sophokles,《안티고네 Antigone》)

우리는 왜 항상 자연의 위압감과 사막의 황폐함에 대해 불평하는가? 왜 오아시스의 비옥함과 곧게 돋아나는 풀 한 포기에 대해서는 감탄하지 않는가? 풀은 너무 드물고 사막은 너무 넓지 않은가. 이것이야말로 감탄할 것 아닌가? 생명은 항상 일어나지 않을 법한 것의 승리이며, 뜻밖의 기적이다. 우리는 인간이 무겁고, 어둡다는 것을 단 한 번도 알지 못하는가? 인간의 우물이 막혔다는 것을 모르겠는가? 거기서 기대할 것이 아무것도 없다는 것도 모르겠는가? 그러나 보라, 여기서 기적이 일어난다. 무겁고 바위투성이인 황량한 넓은 곳 한가운데서. 보라, 아주 작은 곳에서 물이 솟아나고, 풀이 돋아난다.

하나는 너무나 당연한 법칙이며, 다른 하나는 경이로운 예외다.

……그런데 우리가 잘 살핀다면 예외는 많다. 어디든 있다. 사막을 가로질러 보라. 다시 녹색이 되는 오아시스가 있다.

3
복음과 세상

"오! 제발 …… 사람들이 잘못 사용할 줄 알았다면 그리스도는 이런 말씀을 하지 않았을 것이다."(톨스토이, 《안나 카레니나 Anna Karenine》)

복음서의 모든 말씀에 대해서도 이렇게 말할 수 있을 것이다. 실제 예수님의 말씀을 그릇되게 사용하거나, 그 말씀이 인간적 지혜에서 볼 때 그릇되게 보이기 때문이다.

그러나 **예수님께서는 말씀을 선포하셨다**. 예수님의 말씀들을 잘못 사용하는 것에 대해서 두려워하자. 반면 그 말씀들이 우리의 마음을 건드리고 타오르게 할 때, 그 말씀을 잘못 사용하였다고 우리를 설득하는 것에 대해 더 두려워하자.

……예수님께서는 '완숙'의 나이에 이르지 못했다. 이제 막 자기가 할 일을 계획했다. 몰이해와 모든 형태의 악과 충돌했다. 곧 해

소될 극심한 오해를 겪고 있었기에 박수갈채를 받지도 못했다. 그분이 선택한 이들도 그분의 영에 둔감했다. 그분은 배신당하고, 버림받고, 비난받고, 조롱당하며 죽었다.

예수님께서 숨을 거두시는 순간, 이렇게 말씀하셨다. "다 이루어졌다."(요한 19,30)

이 사건은 그분이 옳았음을 증명했다. 모든 역사를 위해서, 영원을 위해서 모든 것이 참으로 성취되었다.

바오로 사도는 "그리스인에게는 그리스인처럼, 유다인에게는 유다인처럼 되었습니다."(1코린 9,20 참조)라고 말했지, "그리스인에게는 반유다인처럼, 유다인에게는 반그리스인처럼"이라고 말하지 않았다. 오히려 나는 "모든 이에게 모든 것이 되었습니다."(1코린 9,22)라고 말했지, 나는 "모든 이의 편견과 열정을 취했다."라고 말하지 않았다. 그는 "그들을 예수 그리스도께로 인도하기 위해"라고 말했지, "인간적으로 그들의 눈에 들기 위해서"라고 말하지 않았다. 그러나 "그리스인에게는 그리스인처럼, 유다인에게는 유다인처럼 되었습니다."라고 말한 것은 진실이다. 마음으로는 전혀 친교를 나누지 않으면서, 주변 환경에 따라 자기 언어와 풍습을 바꾸기만 하는 겉모습을 중시하는 사람들의 무관심한 말이나 멸시와는 정반대다. 바오로는 예수님을 따르는 사도로서, 가장 기본적인 태도를 취한

새로운 역설들

것이다. 그리하여 그는 이렇게 말한다. "그분께는 늘 '예'만 있습니다."(2코린 1,20 참조)

똑똑하고 지혜로운 사람, 진정으로 똑똑하고 지혜로운 사람이 자신의 판단에 갇히지 않게 하소서! 자신이 가진 교리가 확실하고, 방법이 정확하니 모든 정의와 진리를 가지고 있다고 믿지 않게 하소서! 자신의 지식과 지혜가 충분하지 않다고 외치게 하소서! 고통을 겪는 이들의 혼란스러운 호소뿐만 아니라, 무언가를 찾는 사람들의 근심에도 열려 있게 하소서! 이 모든 것 위에, 사랑을 진정으로 실천하는 사람의 가르침을 수용하는 데 동의하게 하소서! 비록 그의 말이 때로는 혼란스럽거나 그의 생각이 불명확할지라도. 형제를 판단하거나 단죄하기 전에 그와 협력할 준비를 하고, 어려울지도 모르는 이 협력 작업에서 비록 많은 토론을 해야 하고 바로잡아야 할 것이 많더라도 자신이 똑똑하고 지혜로운 사람이 아님을 믿도록 하소서! 가장 좋은 몫이 그에게 반드시 올 것입니다!

본성이 완벽하게 인간화되는 것이 가능하다면, 그렇게 완벽히 인간화된 본성에서 우리를 보호하자. 그 결과나 조건이 완벽하게 자연화된 인간이 되어야 한다면 말이다!

복음은 영적인 것과 현세적인 것, 종교와 정치, 영혼 구원과 도시의 이익을 구분함으로써 사회적 행동에서 멀어지게 하는 원리를 제시했다고 생각할 수 있다. 그러나 논리적으로 그 반대의 일이 일어났다. 이 구분은 각 개인의 깊은 곳에 있는 영적 자유의 씨앗을 일깨우면서, 제국 건설에 참여하거나 도시에서 역할을 수행해야 하는 시민으로서가 아니라, 관심을 가져야 할 인격적 존재로 보도록 하기 때문이다. 즉, 복음은 우리를 지상에서 떨어져 나오게 하였고, 현세를 벗어나게 하는 무언가를 우리 안에 출현시켜야 했다. 이것은 사회적 문제에 대한 관심 자체가 도시에 대한 관심과 고대에 만연했던 단결력에 대한 관심에서 벗어나게 하기 위해서였다.

도시와 단결력에 대한 관심이 사회적 문제에 대한 관심을 흡수해 버릴 위험은 항상 존재한다. 그러므로 우리는 그렇게 되지 않도록 복음에 대한 충실성으로 사회적 문제에 관심을 견지해야 한다.

실제로 그리스도교의 적응력과 변화시키는 힘을 더 이상 믿지 않는 것, 그리고 완전히 부정적이고 방어적인 체계가 될 것을 우려한 나머지 그리스도교의 신중함의 실천을 외면하는 것은 믿음이 부족해서 오는 가장 큰 불행이기도 하다. 이것은 그리스도교의 생명력을 더 이상 믿지 않는 것이며, 성령에 대한 믿음을 거부하는 것이다. 결국 그것은 그리스도교가 낡았다고 생각하는 사람들에게 기초적인 이유를 제공한다.

우리의 신앙은 하느님 덕분에 흔들리지 않는다. 신앙은 신앙으로 굳건히 머무른다. 그러나 **우리의 신앙에 확신**을 갖지 못하는 경우가 너무 자주 있지 않은가? 이것은 가장 큰 악일 것이다. 이것은 우리 안에 있는 생기를 억누르는 걱정스러운 표징이며, 약함의 근본적인 원인이다. 또한 외부에 있을지 모르는 진리를 솔직하게 받아들이지 못하고, 오히려 두려워하게 하며, 절뚝거리게 하고 얼굴을 붉히게 하며 끊임없이 곁눈질하게 한다.

어디서든 투쟁해야 하며 진지하게 싸워야 한다. 그리고 어디서든 승리를 의심해야 한다.

마지막 날까지 교회는 '투쟁하는' 교회일 것이다. (이는 행복한 일이다.) 각자는 자기 내부나 외부에서 항상 투쟁하는 존재가 되어야 하고, 우리 뒤를 따르는 사람들도 우리와 같이 투쟁하는 존재가 될 것이다.

그리스도교는 역사적인 위대함이 아니다. 역사가 바로 그리스도교적인 위대함이다.

예수님을 선포한 예언자들을 예수님과 대적하게 해서는 안 된다. 즉, 구약을 신약과 대적하여 왜곡해서는 안 된다. 예수님께서 저항하셨던 고대 메시아니즘에 의미를 부여하면서 그것과 결부시키면 안 된다.

현실에서 두 성경이 상호 연결되어 있다는 것보다 더 감탄할 일은 없다. 이러한 사실에 대한 정확한 인식보다 더 예민한 문제는 없다.

2천 년 동안 그리스도교 전통은 이를 묵상해 왔으며, 앞으로도 이 묵상을 멈추지 않을 것이다. 그리스도교 전통은 가장 현실적이고 외관상 가장 새로운 문제에 대하여 해결의 원리를 찾는 일을 대대로 멈추지 않을 것이다.

우리가 가난한 사람들을 선택했을 때는 항상 실수하지 않았다고 확신한다. 이념을 선택했을 때는, 적어도 실수는 하지 않았다고 확신할 수 없다.

우리가 어떤 이념에 복종했을 때는, 자신이 옳은 선택을 했는지 확신할 수 없다. 그러나 가난한 이들을 선택한 것은 항상 올바른 선택을 했다고 두 배로 확신할 수 있다. 우리가 예수님처럼 선택했으나 결국엔 예수님을 선택한 것이다.

"인간은 하느님의 모상으로 창조되었다. 그러나 인간을 이 모상으로 다시 인도하지 않고 그로부터 등을 돌리는 모든 것은, 그것이 인간의 즐거움이나 일, 생각, 열정과 관련된 것이라 할지라도, '도피'일 뿐이다!"(루이 부이에Louis Bouyer, "Conditions d'une prédication pastorale", La Maison-Dieu, 39, 57.)

'하느님'께 온전히 간청하기보다 카이사르에게도 자리를 내주었다고 예수님을 비난한다면, 그분을 보지 않고 우리가 그 자리를 차지하려고 준비하는 것이거나 카이사르에게 모든 자리를 차지하게 하는 것이다. 인간에게 반쪽의 자유만을 주었다고 예수님을 비난한다면, 이미 그분에게서 떨어져 나와 인간을 노예의 길로 돌아가게 하는 것이다.

역사적 사건이 늘 이러한 것을 보여 준다.

고리키(막심 고리키Maxim Gorky)는 자신이 만든 인물의 목소리로 말한다. "그리스도는 결단력이 부족했다. 이 잔을 제게서 거두어 주십시오, 라고 말했다. 그리고 **카이사르를 인정했다**. 하느님께서는 다른 사람들 위에 있는 한 사람의 권력을 인정할 수 없다. 그분만이 모든 권력이다! 그분은 '이것은 하느님께' '이것은 인간에게'라고 자신의 영혼을 나누지 않는다.

"그는 카이사르를 인정했다······." 그러나 이것이 과한 양보라고 여기는 사람은 카이사르와 하느님을 혼동하게 된다.

헌신적인 투사들이 항상 매우 합리적이지 않다고 해서 너무 놀라거나 불평할 필요가 없고, 매우 합리적인 사람들이 항상 헌신하는 투사들이 된다는 것에 동의하지 않는다고 해서 너무 놀라거나 불평할 필요도 없다.
다른 사람들은 매우 합리적인 사람들이 그들의 이성 안에서 가만히 있다고 불평할 수도 있다.

오늘날 사람들이 말하는 것처럼, 가톨릭 신자가 전투적인 태도를 보이는 것은 매우 위험하다. 자신과 싸우는 것, 즉 내적인 삶의 투쟁을 제외하고는 투쟁할 때 누군가를 상대로 싸우지 않기가 매우 어렵기 때문이다. 그러나 공정과 사랑, 인내, 겸손, 정의, 그 외 다른 덕목을 위반하지 않고 누군가와 싸우는 것이 덜 어려운 것도 아니다. 이 덕목들이 없다면, 이 덕목들을 추구하지 않는다면 진정한 가톨릭 신자가 아니며 투쟁하는 가톨릭 신자도 아니다.

참을성 없는 사람이 되어서는 안 된다. 너무 쉽게 일치를 바라서도 안 된다. 그러면 온전히 하나가 된 사랑의 가면을 쓴 허울뿐인 일치만을 얻게 될 것이다.

실천가는 물질의 저항을 존중한다. '강요'해서는 아무것도 얻을 수 없음을 알기 때문이다. 그러므로 사람들의 저항을 존중해야 한다. 덜 쉬운 질서, 덜 일관된 세계, 더욱 힘든 조화와 더욱 느린 감화는 성공보다도 낫고, 억압으로 얻은 겉보기에만 더 좋은 것보다 낫다.

만일 불의를 이용할 상황이 아니고 유혹을 이기려고 노력할 필요도 없다면, 다른 사람의 불의와 싸우는 방식은 완전히 온건해야 한다. 또한 정의의 이름으로 주장하는 많은 사람은 순전히 선의로, 자신이 가장 강력한 사람이거나 가장 특혜를 얻은 사람이기를 바란다는 사실을 잊지 않는 것도 중요하다.

복음에 대한 최악의 배신은 사랑을 가장하여 불의를 은폐하고 성취하는 것이다.

환경에 따라 진화하는 질병은 치료제와 교묘하게 투쟁하고, 질병이 정복되었다고 믿는 순간 다른 형태로 다시 생겨나듯, 인간의 내면 깊숙이 자리한 근본적인 악은 사회가 변화함에 따라 예측할 수 없는 형태로 다시 나타난다.

가장 인간적인 행복을 위해서는 마르크스나 다른 어떤 이의 분석보다 묵시록을 묵상한 다음에 얻을 것이 더 많다.

그렇다고 묵상이 모든 분석을…… 대체한다고 결론을 내리지 말자.

노동: 인간에게 노동은 동물적 필요에 의해 생겨났으며, 동시에 동물성을 뛰어넘기 위한 도구이기도 하다. 가혹한 속박이고 동시에 자유로운 힘이다. 오늘날에도 노동은 이처럼 모호한 특징으로 남아 있다.

노동이 고통이 되어서는 안 된다는 것을 보여 주면 보여 줄수록, 그리고 노동이 인간에게 본질적으로 고통이라고 여기는 노동 이론에 충격적인 무엇이 존재한다는 것을 보여 줄수록, 이 고통이라는 특성이 여러 측면에서 더 많이 드러날 것이고, 이 특성을 완전히 없앨 수 없음이 명확해질 것이다.

"그렇게 되어서는 안 된다." 이 말은 모든 인간 고통의 근원이 되는 판단이 아닌가? 라틴어 라보르labor[95]에 새겨진 고통의 특성을 인정한다고 해서 이것이 노동에 대한 정의定義가 되는 것은 아니다. 오히려 그 정의에 따르면 노동에 담긴 고통의 특성을 인정한다

새로운 역설들 151

해도 노동과 고통은 동떨어져 있다. 그러니 노동에 담긴 고통의 특성을 인정하는 것이 노동의 필요성과 노동의 모든 객관적인 장점뿐만 아니라 더 본질적으로는 노동의 고귀함과 인간적 가치를 보여 주는 교리를 개발하는 데 방해가 되어서는 안 된다. 또 이 인간적 가치를 충분히 발휘할 최상의 조건을 찾는 데 방해가 되어서는 안 된다. 오히려 우리가 그렇게 해야 할 의무가 있다.

영적인 차원에서 걸림돌scandal로 드러날 때만 진실인 것을 사회적 차원에서 정당화하길 바라는 것은, 순수 궤변이나 이중의 궤변일 것이다. 여기에 하나를 더 첨가하자면 그것은 영적인 차원에서도 분명히 정당화되지 않는 것처럼 보이는 조건에서만 진실로 걸림돌로 드러난다는 것이다.

"아픈 사람은 항상 있을 것이다." 이것은 의과대학을 폐쇄하라는 말이 아니다. 그 반대다! "여러분 가운데 가난한 사람은 항상 있을 것이다." 이것은 우리가 가난에 대항하여 싸우는 것을 그만두라는 말이 아니다. 그 반대다! 이 역시 마찬가지다.

지금 하느님의 뜻을 재발견하느라 바쁘다며 내 형제에게 물 한 잔 주기를 거부할 것인가?

"이것이 복음의 모든 결론이다!" 그렇다. 그러나 무엇보다 이것은 복음의 실체이며, 복음의 모든 요구다. 더 겸손하게 표현하자면, 복음이라는 문자 그대로다.

그렇지 않으면, 나는 결과로 치닫는 경쟁이 실제로는 도피가 될까 두렵고, 충만함이 배신이 될까 두렵다. 또 최초의 문자를 잊음으로써 문자 안에 있는 영을 잃어버리게 될까 두렵다.

복음은 간접적으로 전 세계와 전 역사적 규모에서 인간의 광대한 계획을 비춘다. 그러나 복음의 직접적인 빛으로, 시편이 우리에게 말하는 것이 매일 나의 것이 되길 기다린다. "당신 말씀은 제 발에 등불, 저의 길에 빛입니다lucerna pedibus meis et lumen semitis meis."(시편 119,105)

진실한 자선 활동을 할 때마다 복음은 승리하고, 이미 그리스도교가 효과를 발휘한 것이다.

복음에 충실하기 위해 그리스도교의 사회적 실현을 추구해야 한다. 그렇다고 사회적 실현을 위해 복음을 이용해서는 안 된다. 이러한 태도는 복음을 도구로 축소하면서 복음을 변질시키는 것이다. 반대로 그리스도교의 사회적 실현을 추구하는 태도는 외적인 결과가 어떠하든 우리에게 요구되는 태도다. 이 태도만이 복음의 절대성을 존중하는 것이다.

우리는 복음의 사회적 실현이 무엇인지 알지 못한다. 그러나 그것이 우리에게 나타나길 그토록 바랄지라도, 우리는 그리스도교가 그것에 갇혀서는 안 된다는 것을 미리 알고 있다.

복음의 사회적 실현과 복음을 따르는 삶은 각각 다르다. 복음의 사회적 실현은 어떤 수준에 도달하든 복음에 따르는 삶을 배제하지 않으며 저절로 생기게 하지도 못한다. 복음을 따르는 삶을 실천하고 꽃피우기 위해서 복음의 사회화가 될 때까지 기다려서는 안 된다.

최근 호의적인 논조의 신문에서 영화 시사평을 읽었다. "이 영화에서 비극은 사회적이지 않고 내적이다. 그런 측면에서 덜 비통하다. 멜로드라마melodrama는 비극보다 더 강력하기 때문이다."
이렇듯 모든 내적인 드라마는 멜로드라마다. 비극은 오직 사회적인 것뿐이다. 내적인 삶에만 해당하는 것은 아무것도 진심으로 '비통하지' 않다……. 그래서 나는 이것이 내적인 삶을 풍자했다고만 이해한다. 분명히 말해서 왜 풍자한 것만을 고려하는가? 이것은 사회화된 시대의 증거다. 그러나 인간의 반격은 더 강력한 것이 될 뿐이다. 마치 개인의 삶이 공공의 삶에 억압당하듯, 내적인 삶은 사회적 삶에 억압당하는 것처럼 보일 수 있다. 내적인 삶은 죽지 않는다. 인간에 대해서 절망하지 말아야 한다.

과거에 우리가 하느님의 작품인 세상에 대한 감탄을 멈추지 않으면서도 세상에 대한 관상에서 벗어나야 했던 것처럼, 지금 우리는 하느님께서 우리에게 맡기신 일을 끊임없이 추구하면서도 세상을 만드는 일에서 벗어나야 한다. 그리스도교 신앙이 이 대가를 치렀던 것처럼, 그리스도인의 희망도 이 대가를 치러야 한다.

마치 고대 그리스도인이 세상에서 벗어나 하느님께로 나아가기 위해 세상을 관상하는 데에 투신했던 것처럼, 오늘날 우리도 세상에서 벗어나 하느님의 품 안에서 쉬기 위해 역사에 투신해야 한다.

그 어떤 '긴급한 명령'도 본질적인 일을 오랫동안 방해할 수 없다. 우리는 가련함을 짓밟도록 내버려 두는 것에 동의할 수 없다. 우리는 인간을 자신에게 다시 불러오기 위해서 지상의 모든 일이 잘될 때까지 기다릴 수 없다. 그리고 대부분 지금 겪는 실패를 불러온 것이 타인의 비천함이 아니라 우리의 비천함, 곧 신앙의 부족이라는 사실을 받아들여야 한다.

인내는 효과의 누이다.

그리스도인 일치를 추구하는 것은 외교적 협상이나 정치적 공작과는 다르다. 그들은 어떤 형태로든 합의에 이르지 못하면 아무 것도 하지 않은 것이다. 그러나 영적인 영역에서는 모든 노력이 이미 효과를 발휘했다. 열성적으로 일치하려는 모든 의지는 일치를 향해 내딛는 진정한 발걸음이다. 또한, 이 일치가 완전한 형태에서 벗어났고 또 그렇게 될 수도 없다고 가정하더라도 일치를 위한 한 걸음 한 걸음은 절대적인 효과가 있다. 감탄할 만한 역설이다! 일치를 위한 준비는 일치에 가까이 간 것이다. 이 준비는 사랑을 증가시킨다. 사랑은 그 자체로 이미 일치이기 때문이다.

가난한 사람들의 물질적 가련함보다 그 많은 부자들의 영적인 가련함에 더 깊은 연민의 정을 느끼지 않고, 진정으로 사랑하려는 연민의 정을 느끼지 않은 사람은 진정한 그리스도인이 아니다. 그러나 두 연민 가운데 부자들의 영적인 가련함에 대한 연민은 가난한 사람들의 물질적 가련함에 대한 연민을 없애기 위한 구실이 될 수 없다.

"하느님에 대해서 기억으로 말하지 말고, 하느님께서 부재한 것처럼 말하지도 마라."(모리스 블롱델)

상황이 '적절할' 때까지 복음을 선포하기를 기다린다면, 우리는 모두 죽는 날까지, 세상 마지막 날까지 기다리게 될 것이다. 불가능하겠지만 만일 우리가 꿈꾸는 적절한 상황이 된다면, 그 상황이 최악은 아니라고 확신할 수 있겠는가?

예수님의 설교에 비추어 본다면 팔레스타인의 상황은 적절해 보이지 않는다. 그러한 상황이 적절했다고 생각한다면, 더 중대한 오해의 대가였을 것이며, 예수님의 강력한 거절만이 이 오해를 해소할 수 있었을 것이다. 항상 그럴 것이다. 사도는 이와 같은 환상을 늘 경계해야 할 것이다. 인내와 기나긴 기다림 속에서도, 항상 '여기서 그리고 지금hic et nunc', 사도와 함께 "내가 복음을 선포하지 않는다면 나는 참으로 불행할 것입니다."(1코린 9,16)를 늘 반복해야 한다.

복음을 충실히 따르려는 사도는 항상 두 그룹의 적대자들 사이에 놓여 있다. 우선 사도가 무능하다고 판단하는 사람들이 있다. 사도가 지상적인 일이나 전파에 전념하려는 자기 사명을 배반하는 데 동의하지 않기 때문이다. 다른 한편, 사도가 방해자라고 여기는 사람들이 있다. 사도가 그들을 흡족하게 하기보다 그들의 양심을 계속해서 괴롭히기 때문이다.

어떻게 사도가 이런 것에 놀라겠는가? 그는 예수님의 영에 부합하기를 바라기 때문에 그분처럼 심판받고, 그분처럼 대우받는 것을 수용하였다. 파스칼이 예수님과 예수님의 설교에 대해 말한 것은 시대마다 반복된다. "모든 사람이 이것에 반대한다."

4
인간관계

　다르다는 것은, 그 다름이 심할지라도, 서로 적이 되는 것이 아니다. 그것은 존재하는 것이다. 다름을 인정하는 것은 교만이 아니다. 타인의 다른 점을 받아들이는 것은 나약함이 아니다. 만일 일치가 이루어져야 한다면, 그리고 일치가 의미를 준다면, 일치는 서로 다른 사람들 사이에서만 존재할 수 있다. 무엇보다도 다름의 인정과 수용 안에서만 다름은 극복되고, 일치가 이루어진다.

　우리가 어릴 때부터 직업을 구분하는 기본 원칙과 이 원칙이 전제하고 이끄는 모든 것, 예를 들면 재능, 취향, 직업, 성향, 습관, 자질 등을 확신한다면, 우리는 사람들을 더욱 관대하게 대하거나 더욱 사랑하고 존경할 것이다. 우리의 토론은 엄중하게 이루어지지만, 오히려 평화로울 것이다. 토론은 탐구와 수렴을 위해 공동의 노력을 기울이는 방향으로 나아갈 것이다. 그리하여 창조주께서 모든 인간 본성에 부어 주신 선물은 사실상 상호 파괴적인 것이 아님을 더 잘 알게 될 것이다. 그리고 인간 세계도 자연 세계처럼 다양하며, 이러한 사실이 얼마나 아름다운 것인지 이해할 것이다.

실제적이고 두드러지며 심오한 이러한 다양성에는 서로 수용하려는 노력에서 생기는 여러 의문과 모호함, 상호 간의 어려움, 일시적인 대립, 부조화, 갈등이 담겨 있다. 그러나 더욱 풍요롭고 더욱 세심한 일치를 위한, 또 고생해서 얻을 수 있는 합의를 위한 존경과 상호 신뢰가 담겨 있기도 하다.

그리고 이러한 일치는 내세에서만 온전히 드러날 수 있음을 받아들이는 것이 우리 신앙의 형태이기도 하다.

우리는 모두 하느님 앞에서 어린아이다. 하느님에 대해 이야기할 때 말을 더듬는다. 우리는 모두 우리의 가장 깊은 곳에서 하느님의 얼굴을 뵙고자 노력한다. 모두 같은 빛의 하느님을 통해서 깨달음을 얻었기에 하느님의 신비를 고백한다. 우리는 모두 같은 신앙, 같은 희망을 품는다. 각자 시행착오를 겪고 의견이 다름에도 하느님 앞에 있다는 우리의 상황과 하느님을 향해 나아가는 우리의 방향에 담긴 근본적인 정체성이 우리를 하나로 묶어 준다.

인간 영역에서 함께할 수 없는 것은 상호 보완적이라는 것을 믿어야 한다. 이는 우리의 행동과 성향을 결정한다는 데 깊은 확신이 있어야 한다. 이것을 피할 수 없는 사실로 인정하고 받아들이는 데 그치지 말고 이것 자체를 사랑해야 한다. 우리는 이 점에서 행복한 사람이다. 그리고 이 하느님의 뜻에 투신한다. 바로 상호 이해가 우리가 지불해야 하는 값이다. 인간의 충만함이 그 값이며, 우리가 함께 창조주께 노래해야 하는 찬미가 그 값이다. 진리에 대한 사랑이 그 값이다.

모든 선입견을 내려놓는 것이 궁극적으로는 모든 다름을 포기하는 것은 아닌가? 모든 사람을 충만하고 완전하게 이해하는 것이 인류를 집단의 상태로 축소하는 것은 아닌가?

사람들은 결코 서로를 이해하지 못할 것이다. 본질적인 진리에 대해 의심의 여지 없이 동의할 때도 여전히 분열되어 있다. 영과 영혼과 기질이 얼마나 다른지! 서로 마음이 일치하는 관계에 이르기까지 돌발적인 위협은 너무 많다.

공동으로 생활하는 데서, 사람들이 평화롭게 경제 활동을 하는 데서, 문제 해결을 위한 유일한 해결책은 일시적일 것이다. 그것은 상호 대립하는 힘이나 생각들을 항상 불안정하게나마 균형을 이루게 하는 것이다. 적대적인 힘이 폭력적이거나 파괴적인 투쟁이 되는 것을 막기 위해서는 이 적대적인 권력을 정비해야 한다. 가능하다면 균형과 조화를 이루게 해야 한다. 이는 매우 민감한 일로서 항상 다시 해야 하는 일이고, 완전하게 해야 하는 일이다. 하지만 그것을 한순간에 제거하길 바라는 것을 경계해야 한다. 그렇지 않으면 모든 것이 다름이 없는 상태로, 먼지로, 무無로 다시 떨어질 것이다.

만일 이러한 관점이 일부 진리를 포함한다면 많은 고통스러운 반대에 대해서도 우리를 충분히 위로할 수 있을 것이다.

인간성 없는 인간이 존재하지 않는다면, 인간 없는 인류도 존재하지 않을 것이다.

복음은 우리를 내면으로 다시 부르면서 끊임없이 인간관계에 대한 진리를 상기시킨다. 그러나 모든 이념과 정치는 이 진리를 숙명적으로 왜곡한다.

'선한 노력은 결함 없는 원인을 전제하고, 악은 결함 있는 것에서 나온다 Bonum ex integra causa, malum ex quocumque defectu.' 참으로 가혹한 공리다. 이 공리는 올바로 적용할 수 있지만 이를 실천할 때는 남용될 소지가 있다. 이것은 단순 무기다. 이 무기로 모든 것을 멈추고, 단죄하고, 파괴할 수도 있다. 작은 결점도 없다면 결코 인간다운 인간이 아니기 때문이다. 자연에 완전한 원이나 정사각형이 존재하지 않는 것처럼, 종합적인 것 안에도 절대적으로 일관된 것은 없다. 그런데 왜 인간의 생각과 활동은 일종의 사과 바구니처럼 상한 과일 하나만 있어도 바구니 안에 있는 내용물이 모두 썩는다고 늘 가정할까? 왜 생각의 결함 요소가 항상 지배적인 요소이고, 악성 요소이며, 내일 다른 모든 것을 흡수할 것이라고 확신하는가? 왜 진리와 선의 힘, 회복 가능성, 심오한 변화를 믿지 않는가? 더욱이 더 좋은 요소들의 작용으로 덜 좋은 요소들이 **바뀐다**는 것을 왜 믿지 않는가?

이 공리는 비관적이다. 사실들은 하느님 덕분에 정당화하지 못한다. 지금도 우리가 누리는 그리스도교 2천 년간의 모든 업적 가운데 이토록 빨리 숨 막히게 한 것이 이것 하나일까? 이 공리를 큰 소리로 말하는 사람이나 이것에서 영감을 받은 사람이 과연 그들 스스로 완벽하게 옳고, 선 안에서 완전한 종합과 균형의 모범이라고 확신하는가? 아마도 그것은 속이 빈 종합, 허무의 균형일 것이다. 삶의 자원들에 대한 신뢰의 부족은 어쩌면 이미 그들에게 죽음의 사건일지도 모른다. 성령의 인도를 받으며 영적인 삶을 살았던 프란치스코 살레시오 성인은 반대의 의미로 말한 바 있다. "선한 일에서 생기는 모든 결함은 본질적인 선을 해치지 않는다."

자기 자신만을 생각하는 듯한 사람들을 이기적이라고 말하는 비난은 사랑이 부족한 것이다. 그들은 내적인 부르심, 자신에 대한 의무에 충실할 뿐이다. 그들에게는 이 의무가 이웃을 향한 자신들의 첫째 의무일 수도 있다. 그들은 자기 자신을 찾고 표현하고 싶은 강렬한 필요성을 느낀다. 자신을 더 잘 잊고, 이기적인 자아로부터 더 잘 빠져나오며 적극적인 일에서 특히 그러하므로 겉으로는 더욱 무관심해 보일 것이다. 어쩌면 그들은 자신의 내면 깊은 곳에서 태어나길 기다리는, 숨겨진 요소를 드러내라는 사명을 가진 것일 수도 있다. 그리고 이 숨겨진 요소는 모든 이에게 선이 될 것이다.

이러한 외면적 이기주의자들이 없다면 인류는 빈곤하리라!

사람들은 대부분 서로를 두려워하기 때문에 서로에게 그렇게 못되게 구는 것이다.

사람들은 관용의 발전을 보고 있다고 믿지만, 비관용이 다른 관용을 대신한다는 사실을 깨닫지 못한다.

"성소의 개념이 자신에 대한 의무를 통해 다른 사람에 대한 의무를 이행하는 것이기에 의미가 있음을 우리는 너무도 자주 잊고

있었다."(에티엔 보른Étienne Borne)

"관념의 영역에서 투쟁은, 낯선 사람들로 이루어진 집단들이 서로 심하게 대립하게 하는 절대적으로 강력하고 불가해한 몰이해의 알맹이 없는 거품일 뿐이다."(마르셀 레고Marcel Légaut)

소심한 영들. 이들은 자신들이 주장하는 근본적인 관념들을 사람들이 신중하게 생각하기 시작하면, 그리고 그들이 가르치는 것을 사람들이 조금이라도 깨닫기 시작하면 불안해한다. 그 어떤 관념도 그들의 마음에 들지 않는 것처럼 보이고, 관념의 역동성이 약해지며 불이 꺼지는 것처럼 보인다. 그들은 앵무새 증상처럼 반복하는 것에서만 편안함을 느낀다. 그들은 관념을 사랑하지만 위험하지 않은 상태, '작동을 멈춘' 상태, 곧 죽은 정식의 상태에 있는 관념을 사랑한다.

잘못 변질된 영들. 이들은 먼저 비판하고 조롱하며 비난할 대상을 얻으려고 풍자에 열광한다. 그러다가 참된 의미를 바로 세우는 모든 설명에서 벗어나기 위해 거부하는 데 열을 올린다. 법을 세우고 신앙을 갖게 하고 '지배하는' 것은 풍자다. 그들은 결코 이런 일을 단념하지 않을 것이다.

팸플릿, 풍자, 조잡한 대중화, 정치적 조작, 증거 역할을 하는 오만함과 난폭함, 마음을 상하게 하는 암시, 저급한 정신분석학, 이 모든 것은 오늘날 일반적으로 '참여 철학philosophie engagée'이라는 아름다운 이름으로 미화된다.

인간이 겪는 악습의 고통에 대항하기 위해서 신앙인이 될 필요는 없다. 그것을 없애거나 줄이기 위해 애쓸 필요도 없다. 그러나 악습의 원천이 말라 버린 새로운 영역에서는 신앙만이 인간에게 스며들 것이다.

아무리 긴급한 사회 문제가 있더라도 항상 흔들리지 말고 인간을 우선시하는 것을 유지해야 한다. 사회 문제는 인간 안에 포함되어 있기에 소홀히 여길 수 없다. 그러나 인간은 사회 문제에서 배제되거나 희생될 수 있으며, 그렇게 되면 인간 문제는 가치를 잃게 될 것이다. 그리고 곧 고대의 사회 문제로 되돌아갈 것이다. 새로운 몰록Moloch[96]에 지나지 않을 것이다.

사람들이 경멸하듯 부르는 '도덕주의자'들은 흔히 생각하는 것처럼 항상 순진한 사람들이 아니다. 그들은 입법 개혁이나 혁명의 필연성에 맹목적이지 않다. 또한 좋은 감정이나 옳은 도덕만으로는 더 나은 사회를 만드는 데 충분하지 않다고 여긴다. 그러나 현실의 모든 체제에서는 부패의 근원이 항상 작용하고 있으며, 그 근원은 공동의 근원에서 파생되고, 결과적으로 모든 인간의 마음 깊은 곳에서 결코 마르지 않는 유사한 근원을 유발한다.

"심연이 심연을 부른다Abyssus abyssum invocat······."[97] 그들은 두 방향에서 스스로 통찰력이 있기를 바란다. 우선 그들은 인간이 양심에 따라 제도의 미덕이 무엇이든 거기에 수동적으로 자신을 맡겨서는 안 된다는 것을 깨닫는다. 또한 그들은, 인간에게 끊임없이 경사면을 다시 올라가도록 호소하지 않는다면 원칙적으로 훌륭한 사람이 실천적으로 가장 나쁜 사람이 될 수 있음을 깨닫는다.

인간을 괄호 속에 두지 않는다. 그의 훌륭한 목적도 괄호 속에 두지 않는다. 어떻든 그 어떤 것도 이보다 위험하지 않으며, 이보다 더 해롭지 않다. 왜냐하면 인간이 질식당하여 죽을 위험이 있거나, 또 그것을 피한다면 이 훌륭한 목적을 희생시키는 것이며, 마침내 테러 안에서 위태롭게 되기 때문이다. 그에 따라 사회적 진보도 그만큼 늦어진다.

사람은 빵만으로 살지 못한다. 영은 기다리지 않고 기다릴 수도 없다. 영혼의 굶주림은 육체의 굶주림처럼 가혹하다. 또한 죽음에 이르게 하기도 한다. 육체적 굶주림으로 죽는 사람들에게는 조금이라도 관심을 기울이지만, 영혼의 굶주림으로 죽는 사람에게 어떤 관심도 기울이지 않는다…….

정의를 실천하기 위해서 말의 설득력에 의존하고, 사랑의 통치를 확립하기 위해서 법의 힘에 의존한다. 이는 서로 대립시키는 착각으로, 모두 치명적이다.

인간은 일하고 선한 목적을 위해 싸울 때 아름답다. 그러나 마침내 승리한다면, 그 아름다움은 끝나는 것이 아닌가?

역사는 끝없는 실망감을 안겨 주지만 유토피아를 실현하기를 멈추지 않는다.

사람들은 나에게 자본주의 사회에서 마르크스주의 투쟁을 벌인 사람을 존경하라고 한다. 나는 그에게 찬사를 보낸다. 그에게서 마르크스주의와 무관한 많은 인간적 특성을 파악하고, 그의 일에서 몇몇 중대한 왜곡을 발견한다. 이 사람을 따라 투쟁해야 할지, 아니면 단지 그의 미덕을 모방하려고 해야 할지 알아보기 위해서 내가 가장 흥미롭게 보는 것은 결과다. 즉 그가 마르크스주의 사회에 복종하고 만족하는 인간임을 생각해 보는 것이다. 하지만 이런 사람은 그렇게 아름답지 않은, 전혀 다른 사람이다.

인간의 행복은 미래에도 추구할 수 있지만 인간의 존엄성은 현재에서만 존중받을 수 있다. 갈등으로 위협을 느낄 때 우리는 자신뿐 아니라 타인을 위해서 행복보다는 존엄성을 선택해야 한다. 이것이 바로 두 가지를 모두 구원하는 방법이다. 우리가 '행복'을 얻는다 해도 존엄성 없는 행복은 인간의 행복이 아니기 때문이다.

사람들이 그들의 편파성을 지지하지 않는다면, 반대편의 편파성을 지지하기 때문이 아니라는 것을 간파할 정도로 성숙한 사람은 드물다. 그들의 진영에서 당신을 보지 못하면 당신이 반대 진영에 있다고 생각하지 않는 사람은 드물다. 그들은 정의에 대한 고민을 자신도 모르게 베푸는 호의로 여기지 않거나, 약간의 냉철함이라도 배신의 시작이라고는 여기지 않는다. 완전한 자율성을 부끄러운 무관심이라고 여기지 않는 사람도 드물다……. 우리 시대의 모든 위대한 말은 집단적 사고방식이나 집단의 도덕성에서 자유롭다는 것을 의미하지는 않는다.

사랑이 기술이 되면, 매우 단순하고 기본적인 작용을 제외하고는 더 이상 그 목적을 달성할 수 있을지 확신하지 못하게 된다. 똑같이 사랑할 수 있는 두 존재에서, 사랑은 상반된 길을 택할 수 있다. 바로 그 순간부터 두 존재는 대립한다. 바로 그 순간부터 그들은 모두 서로의 다른 목적을 이루기 위해 일치했던 그들의 궁극적인 뜻과 첫 영감을 잊고자 한다. 수많은 투쟁이 나타난다……. 신성한 사랑의 특성을 목적에서 수단으로 바꾸도록 조금이라도 허용한다면, 거기서 새로운 악이 발생하는 끔찍한 편파성을 보게 될 것이다. 이것은 고귀함이 없는 영적인 투쟁의 가혹함이다. 다른 방법을 선택하는 사람은 저급한 감정에 굴복하거나 저급한 감정에 놀아난다고 비난받는다. 이제부터 비난을 곧바로 가라앉히려고 모든 수단이 필요하고 그것이 좋다고 판단한다. 오로지 효과적이라고 판단된 계획을 따르고, 어떠한 대가를 치르더라도 사랑의 왕국이 도래한다는 것을 보장해야 한다. 이 계획은 성공해야 하고, 이 선한 뜻은 승리해야 한다. 대중을 집결시켜야 하고, 반항하는 사람에게 그 계획을 강요해야 한다…….

그렇게 승리를 가져온다면, 과연 사랑의 승리인가? 사람들은 그렇게 믿기를 바라고, 기술적 사랑이 효과적이었다고 말할 것이다. 그러나 그 과정에서 두 가지 불행이 생겨난다. 우선, 기술적인 사랑은 사랑할 수 있는 것이 되기를 멈춘 것이고, 또 하나는 달성했다고 자랑하던 그 효과가 애초에 바라던 것이 아니라는 것이다. 꿈꾸었던 목적에 도달하지 못한 것이다. 목적에 가까이라도 다가갔던가? 아마도 '중간'이라고 믿고 싶은 위치만 정복했을 뿐이다. 이는 마치 프롤레타리아 혁명 방법과 비슷하다. 프롤레타리아 혁명은 정부가 없는 사회의 도래를 약속했다. 그러나 이것은 사실 전체주의 정부의 형태인 '프롤레타리아의 독재'였다.

……이것은 사랑이 기술적이어서는 안 된다고 말하려는 것이 아니다. 그러나 그 위험을 신중히 고려해야 한다! 무한한 어둠에게 약간이라도 먹이를 주지 않도록 주의하기를! 실제적이고 즉각적이며 일상적인 현재가 미래에 대한 환상에 의해 매일 희생되지 않기를! 사랑이 기술적인 것이 되더라도, 사랑은 무엇보다도 그리고 언제나 사랑으로 남아 있어야 한다!

형용사가 명사를 갉아먹지 않도록 하자! 안감이 겉감을 잡아먹지 않도록 하자!

정의와 사랑을 이야기하는 이데올로기에 헌신적으로 봉사하는 것과 실제로 정의롭게 사랑할 수 있는지는 다른 일이다. 후자의 일은 모든 사람에게 어렵다. 그러나 전자를 실천하는 사람들은 아마도 후자의 일을 실천하는 데 더 어려움이 있을 것이다. 이데올로기를 섬기는 데 헌신한 그들의 뜨거운 열정은 착각을 불러일으키는 원천이기 때문이다.

"위대한 이유는 그것이 요구하는 희생으로부터 강해지는 것이지, 보잘것없는 이들을 붙잡기 위해 그들에게 양보하는 것이 아니다."(이브 드 몽쇠이Yves de Montcheuil)

"받으려면 마지막 자리를 차지하고, 주려면 아무도 원하지 않는 자리를 차지하라."(마르셀 레고)

"세상이 당신에게 미소를 지으면, 그 미소를 세상에 되돌려주지 마십시오."(안셀모 성인, Ep., 1,4,2)

많은 사람은 모든 것에서 기존 체계의 단점과 이를 대체하려고 체계의 장점만 보는 사람이 되었다. 또 적지 않은 사람들은 그 체계에 대해 반성조차 하지 않고, 기꺼이 모든 악으로 가득 찬 기존의 제도를 파괴하는 것으로 충분하다고 생각한다. 모든 좋은 것으로 둘러싸인 이상적인 제도가 폐허 위에 곧바로 세워지게 하기 위해서다. 그런 제도를 생각하지도 않고, 준비하지도 않고 말이다. 마지막으로, 이미 존재하는 단점 가운데 항상 불의한 것이 있거나, 불의를 향해 열린 문들이 있기 때문에 실제로 이를 해결하려고 노력하기보다, 불의를 은폐하고, 불의와 타협하며, 정의의 통치에 반대한다는 환상에 굴복하지 않는 사람을 비난하게 된다.

오! 부정적인 의미에서만 옳다면, 너무 옳은 것은 불행이다! 오! 좋은 원칙이 삶의 원천이 아니라면, 이 좋은 원칙을 따르는 것은 나쁘다! 오! 그리스도의 온유와 겸손에 마음이 닫혀 있다면, 악습을 비난하는 것은 불행하다. 오! 자기 형제가 추문에 걸려 넘어지는 것을 볼 때, 승리하는 것은 슬픈 일이다! 오! 스스로 법원의 정신을 간직한 채, 법정에서 잘 지내는 것은 해롭다!

모든 불행한 사람들보다 더 불쌍하게 여겨야 할 사람들은 다름 아닌 승리자들, 교조주의자들, 보기에만 좋은 이론가들, '법정에서 잘 지내는 이들'이다! 누가 이들에게 복음을 전할 것인가?

우리가 기도 없이, 사랑 없이, 복음 없이 옳다고 한다면, 우리의 '옳음'은 단지 열매를 맺지 못할 뿐 아니라 죽음의 열매를 가져다준다. 완벽하지 않은 사람이 행동이나 생각이 옳다고 주장하기는 너무 쉽다. 때로는 너무 매력적이다.

우리는 얼마나 사람들에게 너그러워야 하는가! 너그러움이 없는 사람은 불의하다. 오늘날 일부 역사가들은 탈레랑Charles Maurice de Talleyrand-Périgord을 복권시키려 하거나 그가 했던 지탄받을 행동에 영광을 부여하려 한다. 이는 잘못된 것이다. 물론 지탄받을 만한 행동을 하는 사람이라도 짓눌러서는 안 된다. 바리사이처럼 되는 것을 경계해야 한다. 다른 사람들과 같이, 다른 사람들보다 더 이런 사람들에게 자비로워야 한다. 탈레랑-페리고르Talleyrand-Périgord 가문의 장자였던 이 젊은 귀족은 어릴 적 불의의 사고를 당해 절름발이가 되었다는 이유로(또는 기형적인 발을 갖고 태어났다는 이유로), 그리고 성소와 신앙이 전혀 없는 그에게 성직을 강요하였기 때문에, 유산도 받지 못하고 영예도 없는, 장자의 권리가 없는 아들로 대접받았다. 그에게 원한의 감정을 채우고, 그를 위선으로 선동한 것이 아닌가?

거짓 예언자들은 잘못된 설교를 하거나 오류만을 말하는 사람이 아니다. 그들은 진리가 최고의 기준이 아니고, 하느님의 소리를 듣기보다는 세상의 소리에 더 귀 기울이며, 자기 집단의 열정을 정당화하기 위하여 말한다. 그들은 대중의 의견에 아첨하였다. 대중의 의견은 시간과 상황에 따라서 때로는 '왕'의 의견이고 때로는 '위대한 사람들'의 의견이나 '대중'의 의견이었다. 사람들은 관대한 생각이 부패하기 시작할 때 그 생각을 모은다. 그들은 자신들의 투신이 위험보다는 더 많은 이점을 주기 시작하는 그 구체적인 순간에 '투신'한다. 정의와 진리에 대해 과도하게 말하는 이 사람들은 항상 '유행의 첨단을 걷기' 위해서 또는 '부화뇌동附和雷同' 하기 위해서 준비하는 사람이다. 이들은 항상 오류나 거짓을 말하는 사람이 아니듯, 항상 악을 행하는 사람도 아니다. 그러나 그들의 행동은 헛되다. 그들의 행동은 누군가를 고양하는 것이 아니라 비하한다. 그리고 그들의 행동은 자신들의 행동이 담긴 부패의 위험을 식별하는 진실을 사람으로 하여금 그들이 말하지 못하도록 막는 경우가 많다. 그들은 항상 참된 예언자들을 대항하여 음모를 꾸민다.

사람들은 종교, 특히 그리스도교 신앙이 맹신을 불러일으킨다고 하며 이를 비난한다. 많은 사람에게 위선이 있는 것처럼, 많은 그리스도인 사이에 과거에도, 때때로 지금도 맹신이 있다. 이는 너무도 분명한 사실이다. 그것은 그들이 인간이기 때문에 일어나는 일일 뿐이다. 그러나 그런 점에서 그들이 그리스도인임을 드러내는지는 다른 문제다. 실제로 삶으로 사는 믿음, 논리적으로 사는 믿음, 내적으로 사는 믿음은 우리를 모든 맹신에서 구한다.

종교적 신앙이 없는 '이 세상 사람'은 이기주의적 회의주의라는 반대되는 함정에 빠지지 않고 맹신을 피하기는 어렵다.

우리가 양도할 수 없지만 전할 수 있는 보물인 예수 그리스도에 대한 믿음, 소망, 사랑이 훼손되도록 내버려 둔다면 사람을 사랑하지 않는 것이다. 만일 이 보물이 온전히 살아 있도록 지키고, 안팎으로 열매 맺도록 하려면 시대의 필요와 부르심에 개방적인 모습을 보여 주는 만큼 더욱 전통을 따르는 그리스도인이 되어야 한다. 이는 정복하는 신앙과 용감하게 동화되는 신앙에 대해 위대한 그리스도교 사상가들 가운데 첫째인 알렉산드리아의 클레멘스 성인이 상기시키는 것이다. 그는 우리에게 이 목적을 위해 "복된 전통을 한 방울도 흘려 버리지 않도록 보존하기를 바라라." 하고 말한다.

"사람들은 하느님 사랑을 위해서 하느님 안에서 사랑하는 것은 차갑고 의례적인 일처럼 보인다고 말한다. 이는 하느님 안에서 사랑하는 것이 무엇인지를 모르는 것이다. 이보다 더 심오한 것은 없다."(피에르 바세Pierre Basset)

하느님 안에서 이웃을 사랑하는 것은 자기 소명 안에서, 그리고 그를 구성하는 하느님의 부르심 안에서 이웃을 사랑하는 것이다. 결과적으로 이웃을 사랑하는 것은 그 사람의 모습 안에서 사랑하는 것이다. 파스칼이 말한 사랑의 '특성들'을 뛰어넘어, 가장 생생하고 유일하게 축소될 수 없는 사랑의 단수성에 도달한 단 하나의 사랑으로 이웃을 사랑하는 것이다. 이는 하느님께서 이웃을 사랑하신 것처럼, 이웃을 사랑하는 것이다. 그 사람을 존재하게 하시고, 바로 그런 존재로서 만드시며, 그에게 인격성의 유일한 바탕을 주신 하느님의 사랑 안에서 그를 사랑하는 것이다. 사실 파스칼은 이러한 인격성의 유일한 바탕을 필사적으로 찾았지만 발견하지 못했다고 말했다. 사실 우리도 하느님 안에서 사랑하지 않는다면 이것을 발견하지 못한다.

이것은 동시에 보편적으로 머무르는 사랑으로 이웃을 사랑하는 것이다. 사랑의 개별적 성소는 구체적인 일치를 목적으로 하는 위대한 공동의 성소 안에 항상 새겨져 있기 때문이다.

5
고통

　사람들은 점점 세련되고 인간화가 되어 감에 따라 상대에게 고통을 주거나 스스로 괴로워하는 수많은 방식을 새롭게 만들어 낸다. 고통은 항상 그것을 없애려는 모든 일에서 더 활발히 다시 생겨난다.

　모든 고통은 유일하고, 모든 고통은 공통적이다. 내가 고통을 받을 때는 두 번째 진리를 되새겨야 하고, 다른 사람이 고통받는 것을 볼 때에는 첫 번째 진리를 되새겨야 한다.

　임종의 고통: 죽음과 투쟁의 의미에서 모두 옳다. 상대의 창이 심장을 관통한다. 창이 심장을 뚫고 들어간다. 그런데 역설적으로 투쟁은 창의 끝을 밀어내지 않는다. 오히려 그 끝이 확실히 찌를

수 있도록 심장을 여는 것이다. **그렇게 이루어지소서**Fiat. 이것은 최고의 행동으로서 죽음에 동의하는 것이다. 그런데 고통은 이 일을 완성한다. 불타는 그 끝은 깊은 곳에서 죽어야 할 것을 불태운다.

고통을 받아들인다는 것은 고통을 즐기는 것이 아니다. 고통 그 자체를 사랑하는 것도 아니다. 그것은 겸손한 존재가 되는 것에 동의하는 것이다. 피할 수 없는 선善에 개방하는 것이다. 마치 하늘에서 내려오는 물이 땅속까지 침투하도록 그대로 두는 것과 같다.

고통의 예술이 있다. 그러나 고통을 가꾸는 예술과 고통을 피하는 예술을 혼동해서는 안 된다.

고통에 대해 연민을 느끼고 슬퍼하는 사람은 곧바로 고통의 유익을 잃어버린다. 자신에게만 틀어박혀서 쓴맛을 음미하려는 비뚤어진 취향을 가진 사람도 마찬가지로 고통의 유익을 잃어버린다.

고통이 닥쳐올 때, 우리는 고통을 밀어내거나 고통에 굴복해서는 안 된다. 고통과 싸우거나 잔꾀를 부려서도 안 된다. 냉정하게 고통을 받아들여야 한다. 그러나 이러한 수용은 결코 최종적인 것이 아니다. 자유의 지고한 훈련으로 이루어진다.

고통과 기쁨은 비례한다. 고통이 크면 기쁨도 크다. 양자는 상호적이며, 아니 상호성을 넘어선다. 고통은 옷감의 속면이고, 옷감의 겉면은 기쁨이거나 앞으로 기쁨이 될 것이다. 그러나 먼저 저절로 드러나는 속면을 받아들여야 한다. 옷감을 뒤집으려 하거나(불가능한 일) 아직 그 겉면을 알지 못한 채 말이다. 기쁨의 실체는 고통의 형태로 이미 거기에 있다. 그것은 어느 날 나타날 것이다.

그런데 그리스도인은 예수님의 약속으로 그것을 이미 깨닫지 않았는가?

행복해지는 유일한 방법은 고통을 무시하거나 피하는 것이 아니라, 오히려 고통의 변모를 받아들이는 것이다. "너희의 슬픔은 기쁨으로 바뀔 것이다Tristitia vestra vertetur in gaudium."(요한 16,20)

진정한 행복은 연금술의 결과일 뿐이다.

고통이 절정에 달했을 때, 고통이 서서히 퍼트리는 독을 피하기 위해서 가끔 유머를 하는 너 자신의 모습을 보라. 그리고 자신을 믿어라. 이 치료약은 영웅적 투쟁보다 더 효과적이다. 또한 평상시에 네가 조금이라도 인간의 희극에 예민하다면 게임에 뛰어들지 않는 편이 훨씬 더 쉽다.

고통을 받아들이기 위해 고통의 소란이 끝나기를 기다려서는 안 된다. 우리가 마음속 깊이 저항하던 고통이 더는 고통이 되지 않기를 기다려서는 안 된다. 대상에 변화가 생기거나 그에 대한 반감을 품었던 가치 판단에 변화가 생길 때까지 기다려서는 안 된다. 달리 말해, 고통이 사라지거나 더 이상 고통으로 나타나지 않기를 기다려서는 안 된다는 것이다. 이는 공상적 기다림이지 갈망할 기다림이 아니다! 대상적인 악, 악의 내부적으로 연결된 소동, 악의 결과인 고통, 이 모든 것은 우리가 아무것도 할 수 없는 한 수용이 관건이지, 단순히 어쩔 수 없이 받아들여야 하는 것이 아니다. 이 모든 것을 구별하지 말고 **당신 뜻대로 이루어지소서**Fiat voluntas tua, 라고 말해야 한다. 그렇지 않으면 고통이 경감되지 않고, 악과 소란이 우리에게 악한 일을 할 것이다. 악과 소란은 비논리적으로 솟아난다. 그것은 우리의 본성 가운데 새겨진 비논리로 하느님과의 관계를 방해한다. 그와 반대로 악은, 수용의 은총으로 고통받는 사람을 더 겸손하게 하고, 더 사랑하게 하며, 더 인내하게 한다. 그를 악에서 벗어나게 하고 더 강하게 만드는 것이다. 이것이 악으로부터 감염되지 않기를 바라는 사람들을 위한 유일한 출구다.

"만일 네 영혼이 괴롭다면, 성당에 가서 머리를 숙이고 기도하라."

"만일 네 영혼이 아직도 괴롭다면, 가서 너의 영적인 아버지를 보라. 그의 발치에 앉아 너의 영혼을 그분께 열어 보여라."

"그런데도 네 영혼이 여전히 계속해서 괴롭다면, 너의 작은 방에서 나와 자리를 깔고 누워라. **그리고 잠을 자라.**"

모든 고통은 어둡다. 그 의미를 파악하자마자 고통은 날아가 버린다. 그러나 심한 고통은 어둠보다 더하다. 이 고통은 갈기갈기 찢는다. 살아온 것과 모순된다. 고통은 휴식을 취하도록 내버려 두지 않고, 수용을 허락하지 않는다. 그러나 밤을 받아들일 수 있다. 이 모순과 싸우지 않을 수 없다.

고통이 영혼을 사로잡고자 할 때, 이 고통은 모든 분야에서 한꺼번에 공격한다. 고통의 군대는 집중 공격을 통해 그 공간의 한복판에까지 침투한다.

사나운 짐승을 쫓아냈다고 믿는 순간, 그 짐승이 방구석 어두운 곳에 숨어서, 다시 먹이를 노리는 것을 발견하게 된다.

정말 고통스러울 때, 우리는 항상 아픔을 느낀다.

고통에 대처하는 방법은 매우 단순해야 한다. 고통에서 도망치거나 고통을 계속 가지고 있어서는 안 된다. 고통을 즐기지 않으면서도 사랑해야 한다. 교만하지 않게 지배해야 한다. 고통이 악하다고 느끼지 않으면서도 고통이 주는 유익을 믿고, 좋은 일을 하도록 놔두어야 한다.

고통을 받아들이기 위해서는 수동적으로 행동하면 충분하다. 오히려 이런 수동성보다 더 적극적인 것은 없다고 믿는 것은 환상이다. 그것은 오직 싸움의 결실일 뿐이다. 최고의 고통은 최고의 투쟁인 임종이다.

자신을 너무 진지하게 받아들이는 사람은 결코 자신의 고통을 통제할 수 없다. 그가 고통스러워하는 것이 합당한 듯 보이더라도 결국 그를 지배하는 것은 고통이다. 고통은 그 사람을 긴장시키고 경직시키며 시들게 한다. 그것은 그에게 가혹한 철학을 강요한다. 철학의 가장 아름다운 형태인 스토아학파 사람은 완전히 자유로운 사람이 아니다.

실망은 위험한 적이다. 그것은 슬픔과 경멸을 낳는다. 그럼에도 가장 숭고한 승리는 아침의 신선함과 기쁨을 간직하는 것이다.
실망은 단순히 쓴 음료가 아니다. 독이다. 그것을 삼키지 않는 것은 우리의 의지로 할 수 없다. 그러나 그 독을 정복할 수는 있다.

고통은 기도와 사랑과 더불어 우리를 감상주의에서 벗어나게 하는 세 가지 길 중 하나다. 사실대로 말하자면 이 세 가지 길이 합쳐져 하나의 길이 된다. 고통 없이는 기도나 사랑으로 들어갈 수 없고, 사랑은 사랑을 청하지 않는 사람에게는 닫혀 있기 때문이다.

그러나 감상주의에서 벗어나는 길은 감정의 깊은 원천으로 접근할 수 있는 길이기도 하다.

초보적인 고통이 있고, (이렇게 말할 수 있다면) 고결한 고통이 있다. 그러나 이러한 구분은 외부에서 보는 사람에게만 의미가 있다. 그 어떤 고통도 실제로 그 고통을 겪는 순간에는 고결하지 않다.

폴 클로델에 대해서 이렇게 말했다. "그는 시인이고 십자가를 바라만 볼 뿐이다." 누가 자유롭게 십자가에까지 올라갔다고 말할 수 있겠는가? 사람의 아들과 그분의 (흔치 않은 몇몇) '증인들'이 아니겠는가? 그 시인을 바라보는 사람들은 저 십자가 위에서 그를 바라보는 것인가?

"그 사람은 자기 영혼에 큰 벽난로를 갖고 있다. 그러나 아무도 몸을 따뜻하게 하러 그 집에 들어가지 않는다. 행인들은 높은 굴뚝에서 나오는 약간의 연기만을 보고, 제 갈 길을 간다."(빈센트 반 고흐 Vincent Van Gogh)

"불행을 벼락처럼, 폭포처럼 포착해야 한다. 이것을 하늘의 힘

으로 여겨야 한다."(세르티앙쥬A.-D. Sertillanges)

"하느님 아버지의 모든 탄원이 이루어지는 죽음, 찬미받으소서!"

하느님의 품으로 너무 빨리 피신하는 것이 항상 좋은 것은 아니다. 이 도피는 은밀한 교만이나 마취제의 탐욕스러운 추구를 감출 수 있다. 고통받는 사람은 그리스도인의 삶의 법칙을 실현할 가장 아름다운 기회를 포착한다. 그는 '고통의 인간'(예수님)을 닮는 것과 그분께 의지하는 것을 부끄러워하지 않는다.

고통의 원인이 상상력일지라도 고통은 상상이 아니다. 하지만 우리는 상상의 상태에 대해 책임질 수 있다.

고통은 결코 한순간에만 국한되지 않는다. 고통은 순수하게 받아들여지는 것이 아니다. 고통은 의식의 삶에서 다른 모든 것과 마찬가지로 항상 느껴질 뿐만 아니라 자각되는 것이다. 다시 말해 능동적으로 이루어진다. 고통은 항상 기억이고 예측이다. 이것은 가장 가벼운 육체의 고통에서도 확인된다.

동물의 고통인 순간적인 고통은 인간의 고통과 너무 달라 고통이라고 부를 자격조차 없을지 모른다. 동물은 자기 자신을 고통스럽게 하지 않기 때문에 실제로 고통스럽지 않다. 동물은 충격을 받아도 기억과 예측이라는 두 가지 반응을 여기에 더하지 않는다. 모든 곳에서와 마찬가지로 바로 여기서, 인간의 위대함은 인간의 비참함을 만든다.

오로지 순간을 살기 위해 안간힘을 쓰면서 자신을 고통에서 보호하려고 노력해야 하는가? 이는 신체적 고통의 경우에만 어느 부분까지 가능하다. 때로는 본성적으로 그렇게 할 준비를 한다. 동물적 고통은 인간을 동물적 삶으로 축소한다. 어느 정도 자기 마취를 초래하기 때문이다. 그러나 인간의 고통이 관건이 될 때, 이와 같은 비결은 인간에게는 적합하지 않다.

"그날 고생은 그날로 충분하다."(마태 6,34) 그러나 기억과 예측에서 온전히 벗어나는 일은 가능하지도 않고 바람직하지도 않다. 이러한 차원도 없는 동물적 순간에 도피하는 것은 가능하지도 않고 바람직하지도 않다. 그러나 인간은 원한 속의 기억을 품고, 두려움이나 걱정 속에서 예측함으로써 자신의 고통을 자발적으로 해롭게 만든다.[98] 고통의 예술은 고통의 순간에 경험한 과거와 또한 미래를 상당 부분 정화하는 예술이다. 고통에 실체를 부여하는 두 가지 차원을 제거하지 않고 그 내용을 되돌리는 것이다. 원한을 수용으로, 두려움을 희망으로 변화시켜 주소서! 그러기 위해서는 하느님의 현존 안에서 고통을 살아야 한다.

고통은 없어지지 않지만, 고통이 주는 독은 없어진다. 고통은 영혼을 더는 중독시키지 않고 정화한다. 고통은 불안의 전달자가 아닌 평화의 전달자다.

"고요한 하느님께서는 모든 것을 고요하게 만드신다. 고요함을 바라보는 것이 곧 고요 속에 있는 것이다Tranquillus Deus tranquillat omnia, et quietum aspicere, quiescere est."(베르나르도 성인Saint Bernard)

"고통받을 일만 있을 뿐이다." 이것은 너무 성급하게 한 말이기도 하고, 잘못 말한 것이기도 하다. 그리고 휴식에 대한 거짓 약속이다. 이 말을 순수한 수동성이자 정당한 포기로 알아듣는다면, 결코 고통받을 일만 있는 것은 아니다. 고통을 받아들이는 것은 능동적 수동성이며, 모든 행동의 문제는 더 내면적이고, 더 민감하게 능동적 수동성에서 다시 발견된다.

분열되고 찢어지고 균형을 잃은 사람, 그렇게 되지 않은 사람을 행복하다고 말해야 하는가?

역설은 역설이다. 역설은 **찬성**에 의해서 **반대**의 일반적이고 합리적인 배제를 조롱한다. 그러나 역설은 변증법처럼 **찬성에서 반대로**의 교묘한 전환이 아니다. 그뿐만 아니라 하나가 다른 하나에 의해서 조건 지어지는 것도 아니다. 역설은 상호 동시적이다. 역설은 심지어 그 이상의 어떤 것으로서, 그렇지 않다면 그저 평범한 모순contradiction에 불과할 것이다. 역설은 논리에 반하지 않으며, 논리 법칙은 철저히 지켜지지만, 그 범위를 벗어난다. 역설은 **반대**에 의해서 양육된 찬성이며, 이 **반대는 찬성에 동화되기까지 나아가는 반대**다. 찬성과 반대, 이 두 움직임은 다른 것 안에서 없어지지 않고 계속 대립하면서도 다른 것에 활력을 준다.

이것이 바로, 하나의 예시를 들자면, 연옥의 역설이다. 연옥에서 고통받는 영혼만이 기뻐하는 것이 아니라, 연옥의 고통이 오히려 그들에게 기쁨을 가져다준다. 고통의 술, 압생트absinthe는 그 영혼에게는 부드럽다.

……나의 사랑 넬라는

계속되는 울음을 통해서

나를 부드러운 고통의 압생트를 마시도록 이끌었다.[99]

연옥의 기쁨과 비교할 수 있는 유일한 기쁨은 천국에서 복된 이들이 향유하는 기쁨이다. 제노바의 가타리나 성녀는 단테의 뒤를 이어 말했다. 그 말은 심오한 교의적 관점을 드러낼 뿐만 아니라 성녀의 깊은 체험에서 얻은 열매이기도 하다. "이 영혼들은 자신의 고통을 자발적으로 견뎌 냈기에 고통의 가장 작은, 티끌 하나도 떨어져 나가길 바라지 않았습니다. …… 그들의 기쁨이 지나치더라도 그 고통의 가장 작은 부분도 없애지 않으며, 그들의 고통이 아무리 심하더라도 그 기쁨의 가장 작은 부분도 없애지 않습니다. …… 나는 천국에 있는 성인들이 느끼는 만족감을 제외하고는 이와 비교할 수 있는 만족감이 존재하지 않는다고 생각합니다." 여기서 고통 찬양론dolorisme이나 너무 민감한 우아함의 흔적을 보려는 사람은 아직 자기 영혼을 탐구한 것이 아님을 보여 주는 것이리라.

모든 시대가 가장 고통스러웠다. 진실로 더 괴로웠던 시대가 있었다면, 그 시대는 위대한 업적을 낳은 시대이기도 했다.

아우구스티노 성인, 지금까지도 우리를 비추는 이 빛은 그의 생애 마지막에, 이민족들에게 포위된 작은 주교로서, 세계 역사처럼 보였던 위대한 제국의 몰락을 목격하고 있었다. …… 또 6세기 '항구한 위협과 슬픔의 시대', 이탈리아가 고트족과 랑고바르드족에 넘어간 때는 경이로웠던 로마 전례가 가장 풍요로울 때였다. 13세기 중반, 위대한 그리스도교 시기이며 가장 위대하고 유일하며 더 이상 다시 올 수 없다고 여겨지는 유일한 이 시기는, 그리스도교 스스로 마지막 날이 왔다고 믿었던 때다. 세상의 어떤 비탄의 외침도 인노첸시우스 4세가 1245년 리옹의 성유스티노 식당에서 행한 연설과 비교할 수 없다. 고위 성직자와 신자들의 역겨운 풍습, 사라센인들의 오만, 그리스인들의 분리주의, 타타르인들의 학대, 반종교인 황제의 박해, 이 다섯 상처는 교회를 죽도록 괴롭혔다……. 타타르인들에 맞서, 구원받을 수 있는 몇몇의 사람을 구원하기 위해서 모든 사람이 유일한 방책인 참호를 파야 했다.

"이 세기는 불의 세기다!"라고 15세기, 플로렌시아에서 마르실리오 피치노Marsilio Ficino가 한탄했다.

바로 여기서, 우리에게 용기를 주는 무엇이 있지 않은가?

신음할 일은 항상 있을 것이고, 울어야 할 일도 항상 있을 것이다. 그리고 나는 생시몽주의자[100]의 커다란 착각을 믿지 않는다. 사실 그들은, '눈물의 골짜기'가 '되찾은 천국'이 되어야 한다고 주장한다. 그러나 지상 천국은 결코 되찾을 수 있는 것이 아니다. 그들이 제시하는 '행복'에 대한 많은 약속과 원대한 계획은 사기이거나 유치한 꿈에 불과하다. 그렇다고 발전에 대한 인간적 희망을 버리지 말자. 오히려 온 힘을 다해 모든 분야에 걸쳐 발전을 위해 일하자. 그러나 발전이 반드시 인간적인 악과 비극을 줄여 줄 것이라고 믿지 말자. 오히려 더 증가시킬 것이다. 발전이 물리적 조건이나 사회적 조건의 많은 굴레에서 벗어날 때, 인간은 자신을 더 잘 알고 자신에게 더 주의를 기울일 수 있는 위치에 서게 되며, 인간 조건의 비극을 더 잘 발견할 것이다.

역사는 문명의 수많은 단계에서 진보가 이루어질 때도 사람들의 의식에 비관론의 위기가 나타난다는 것을 보여 주고 있지 않는가? 또한 인류가 걸어가는 방향에 놓인 가장 위험한 유혹은 절망의 유혹이 아닌가?

세상의 발전이 영의 발전이라고 말한다면, 이 발전을 보고 평가하는 영으로 무엇을 할 것인가?

이 세상의 모든 고통과 부분적인 실패가 전체와 최종적 성공을 고려함으로써 정당화되고, 비극의 주인공을 고려하지 않고 공연 전체를 고려할 수 있는 관객을 제거한다면, 그런 낙관론이 무슨 가치가 있는가? 그 공연 자체의 가치가 모두 희생되는 것인가? 인간 영혼도 없고 하느님도 없는 이 새로운 '신정론神正論'은 무슨 의미가 있는가?

우리가 무한한 사슬로 이루어진 하나의 고리라고 설명하면서, 각 고리를 차례로 부수면서 풀리거나 풀리는 듯 보이는 사슬로 이루어진 하나의 고리라고 설명하면서, 우리에게 어떤 열정을 불러일으킬 것인지, 또 어떤 동의를 얻을 것인지 기대하는가?

고통의 모든 사회적 구성 요소는 여전히 피상적이다. 자존심 강한 영혼은 다소 쉽게 경멸과 모욕 또는 비방을 견딘다. 유일한 위험 요소는 영혼이 이런 것을 교만으로 변환하는 것이다.

이기주의는 고통을 지속시키고 무관심은 고통을 증가시킨다. 개인은 자신에게 가해진 모욕도 고통스럽지만, 그보다 더 큰 고통은 그 모욕에서 느끼는 객관적 무질서로 인해 마음속으로 느끼는 고통이다.

"예수 그리스도는 세상 끝 날까지 고통 중에 계실 것이다." 여기서 파스칼이 끌어낸 견고한 교훈을 우리는 잘 안다. "그 시간에 잠자서는 안 된다." 그러나 예수님의 신비는 다른 관점이고, 다른 열매다. 더 직접적이고 더 부드러운 열매다. 세상 종말까지 예수님께서는 고통 속에 계실 것이다. 십자가 위에서 못이 박혀 피가 흐르고, 팔은 벌려져 있을 것이다. 내 실존의 어느 순간에, 그게 언제든, 나는 항상 올리브 동산에 갈 수 있다. 그리고 거기서 실제로 예수님을 만날 수 있다. 그분의 고뇌 아래에 나의 고뇌를 피난시킬 것이다. 예수님의 극한 고뇌는 나의 고뇌를 지탱해 준다. 베드로가 예수님께서 변모하신 산에서 순수한 열정으로 말한 바람은 받아들여질 수 없었고, 지금도 내가 올리브 동산에서 "주님, 제가 여기서 지내면 좋겠습니다."(마태 17,4)라고 말해도 그 바람은 받아들여질 수 없다.

혼자서 남몰래 감당하지 못한 고통에는 항상 부족한 것이 있기 마련이다. 침묵만으로는 충분하지 않다.

너무 성공한 삶은 허무하고 무미건조하며, 그보다 더 나쁘게 말하자면 거짓이다. 루이 뒤퐁Louis Dupont은 말한다. "하늘나라는 목숨을 잃은 사람들, 낙담한 사람들, 슬퍼하는 사람들, 멸시당한 사람들의 나라다." 여기에는 예외가 없다. 그것을 의심하게 하는 것은 다음과 같은 관점의 착각이다. 진실로 성공한 삶은 회상을 통해서만 성공한 삶이 되는 것은 아니다. 또 우리는 육체적이든 도덕적이든, 드러나든 드러나지 않든 "슬퍼하고, 낙담하며, 멸시당하고, 목숨을 잃게 된" 여러 방식이 있다는 것을 잊어버린다.

"주님께서 이렇게 말씀하셨다. '가난한 사람들, 슬퍼하는 사람들, 배고픈 사람들은 행복하다. 박해를 받는 사람들은 행복하다.'"(마태 5,3-12 참조)

영의 질서에서, 무통분만의 방식은 결코 발견하지 못할 것이다.

"고통의 양식을 매일 먹읍시다. 오늘의 고통을 통해서, 내일과 모레, 그리고 변화의 시간이 올 때까지, 고통을 겪을 준비를 합시다."(토르콰토 타소Torquato Tasso)

우리는 어느 정도까지 고통을 감수할 수 있을까? 고통에 맞서 삶을 대비하거나 조정할 권리나 의무가 있는가? 이런 질문은 개인적인 대답만을 허용할 것이다.

"이 세상에 있는 모든 고통은 임종의 고통이 아니라 분만의 고통이다."(클로델) 그렇다, 하지만 어떤 측면에서 보면, 가장 깊고 가장 본질적인 것은 분만인 임종의 고통 그 자체다.

"비올렌[101], 당신은 8년간 고통을 받았어!"
"헛된 것이 아니에요. 많은 것이 마음의 불 위에서 탔어요."

우리를 괴롭히는 악은 항상 가장 참기 힘든 악이다. 우리에게 닥친 시련은 언제나 피하고 싶었던 시련이다. 시련을 겪으며 그것으로 고통을 받는 사람에게는 그 시대가 최악이다.

우리의 마지막 순간에, 과연 영원한 삶이 있는지 사랑으로 심판받을 것인지 아니면 증오로 심판받을 것인지에 대해서 아는 것보다 과연 우리의 동물적 고통은 무엇인지에 대해서 아는 것이 더 불안하다고 생각하는 것이야말로 끔찍한 일이다.

똑같은 불이, 어떤 물질은 액화하고 어떤 물질은 고체화한다. 고통이 단단하게 만드는 것은 영혼이고, 부스러트리는 것은 다른 것들이다.

고통은 어디에나 있다. 고통이 어디에서든 치유될 수 없다면, 어디에서나 존중되어야 한다. 우리는 먼저 고통이 무엇인지를 알아야 하겠지만, 그 고통을 보는 일에 영향을 주어서는 안 된다.

인간에 대한 존중은 많은 부분 그가 겪는 고통에 대한 존중을 바탕으로 한다.
"……그런데 당신은 인간이 발견한 것을 알고 있다.
모든 기억은 고통의 지점이고,
모든 미래는 불행의 우물이며,
모든 상처는 현재하며, 다시 열린다."(샤를 페기, '하와Eve')
"밤의 어둠을 느끼지 못했다면 빛이 좋다는 것을 누가 알 것인가?"(오리게네스, 《민수기 강해 9편 Homélie IX sur les nombres》, n.1)

마침내 구속救贖의 세계로 들어가려면 절망 속에서 다른 모든 길이 막혔다는 것을 우리가 분명히 깨달아야 한다. 우리는 돌아갈 마음이 없다! 만일 그리스도의 수난이 모든 것의 실체를 변화시킬 힘이 없다면, 그분의 뒤를 따르는 가련하고 부끄러운 실패자들을 끌고 가지 않았을 것이다!

"어떤 것을 고통 없이 받아들이는 사람은 그것을 사랑 없이 돌보는 것이다."(토마스 성인Saint Thomas)

"내 아들아, 여기를 보라. 그리고 기뻐하라! 너는 죽어 없어질 것들을 관상한다. 나는 이제 막 태어난 것들을 관상한다."(셰익스피어, 《겨울 이야기Le conte d'hiver》)

6
영적인 삶

"기쁨은 발전에 있는가, 발견에 있는가, 아니면 승리에 있는가?"(야코프 뵈메J. Böhme)

만일 기쁨이 발전이나 발견에 있다면, 모든 현실적 발전과 발견은 악에서, 장애물에서, 추문에서, 고통스러운 밤에서 거둔 승리다.

악에는 긍정적인 실재가 없다고 말할 때, 악이 아무것도 아니라거나 덜 선하다고 말하는 것이 아니다. 더욱이 선의 실재가 투사하는 것이 실체 없는 그림자일 뿐이라고 말하는 것이 아니다. 우리는 악이 모든 조화에 꼭 필요한 구성 요소라고 말하는 것이 아니다. 또한, 이 조화를 이해하는 경지에 오른 사람의 눈에 보이는 악처럼 악이 사라진다고 말하는 것도 아니다. 이와는 반대로 악은 부정의 모든 가혹하고도 어두운 실재를 갖는다고 말하는 것이다. 악은 단순한 결핍이 아니라, 긍정의 반대다. 악은 적대적인, 부정否定의, 거부의, 반대의, 반란의 순수한 힘이다.

기도에 대한 두려움. 이것이 과연 환상에 대한 두려움인가, 진리에 대한 두려움인가? 심리적 합병증에 대한 두려움인가? 아니면 하느님에 대한 두려움인가?
자기 발견과 동시에 자기 잃음에 대한 두려움은 아닌가?

바다를 한 번도 본 적 없는 사람이 바다보다 단조로운 것은 없다고 생각한다. 그런데 바다보다 다양한 것도 없고 더 놀라운 것도 없다.
내적인 삶과 하느님에 대한 관상도 이와 같다. 주제넘게 '왕권을 탐구하는 것'을 추구하지 않고는 신적인 무한함을 찾는 일을 끝낼 수 없다. 우리는 놀라움을 멈추지 않는다. 무한한 단순성 안에서 전진하고, 발견에서 발견으로 나아간다. 거기서 드러난 경이로움은 항상 새로운 감탄을 불러일으킨다.

무익한 세심성. 이 단어는 보쉬에가 말라발François Malaval과 다른 신비가들을 반대하려고 사용한 단어다. 이것은 그가 신비가들에게 필요한 관상을 전혀 이해하지 못했기 때문이다. '과도한 형이상학'은 '사람들을 미지의 나라로 던져' 버린다. 모험은 늘 있다. 신비가들만이 그 피해자가 아니다. 특정한 체험이 없고 이런 종류의 방해를 받지 않은 사람들은 다른 사람들이 근거 없이 일을 꾸미고 더 복잡하게 만들기를 즐긴다고 생각할 준비가 되어 있다.

생각의 긴 전개보다 단순한 신비적 감정에 더 많은 것이 담겨 있을 수 있다. '박학한 무지'는 '박학한' 존재가 되었던 방법이나 또는 그렇게 되는 방법을 지니고 있다. 불교 신자들의 '공空'은, 그들이 말하는 것처럼, '향기 나는 공空'이며, 이 향기는 고유한 방식으로 인간 체험과 영적인 모험으로 정리된 모든 것을 요약할 수 있다. 페늘롱의 매력과 힘은, 그의 '순수한 사랑'에 드문 본질에서처럼 오랜 종교의 역사가 응축되어 있고, 동시에 모든 미래가 구체화되어 있다는 것이다.

쇠퇴, 불안정, 붕괴, 부패, 반대의 움직임, 이 모든 것은 우리가 …… 이런 것을 지속하기 때문에 그렇다. 지속적으로 자신을 비판하지도 않고 쇄신하지도 않으며 끊임없이 적응하지도 않고 내 안에 있는 무언가가 죽도록 내버려 두지도 않기 때문에 그렇다. 우리도 모르는 사이에 단순히 좋은 위치와 의식에 몰두하기 때문에 그렇다. 매우 예외적인 일이지만, 어떤 놀라운 은총으로 악의 원리를 쉽게 정복하지 못한다면 주의를 기울이는 힘을 통해서만 치명적인 쇠퇴와 전복을 힘겹게 극복하게 된다.

바로 여기서 역설의 필요성이 나온다. 거짓으로 기우는 진리에 집착하는 사람에게 새로운 상태에서 진리가 가진 역설의 항구한 맛이 나온다.

영적인 주검은 부패하기 전에 현세적 주검보다 더 오래 메마른 상태에 있다. 그렇지만 그것도 주검과 다를 바 없다.

영적인 진리는 그 실체가 역설적이며 그 리듬도 역설적이다. 우리는 방금 그 진리를 마치 손에 넣듯 붙잡았다. 그러나 첫 번째 만족한 시선으로 그 진리를 내려다보기도 전에 이미 진리는 도망갔다. 바리사이의 역사는 우리 각자에게서 다시 시작한다. 우리에게서 도망쳐 나간 진리를 재발견하려면 그 반대에서 찾아야 할 것이다. 그 진리가 표징을 바꾸었기 때문이다. 그러나 우리는 부패한 진리의 시체를 껴안고 놓지 않으려 한다. 그 결과, 우리는 그와 함께 부패한다.

모든 부류의 사색가, 현명한 관리자, 인습에 젖은 영혼, '명령'의 동료, 본성적으로 양심적이거나 의심이 많은 사람, 정직한 시민 등

많은 훌륭한 사람들이 모든 영, 곧 영 자체와 성령까지도 '악한 영'과 혼동한다. 고대 희극 작가 아리스토파네스가 그랬던 것처럼 소크라테스를 소피스트와 혼동한다. 마찬가지로 어제의 교회 성직자들이 뉴먼을 자유주의자, 아직 미완성의 근대주의자와 혼동하는 것처럼……. 영은 측량할 수 있는 견고함과 확인할 수 있는 안전성을 사랑하는 사람 누구에게도 결코 견고하거나 확실한 것이 될 수 없다. 영은 무게가 없으며, 부동의 힘이 아니다. 항상 자유롭고 항상 창의적이며, 그로 인해 항상 불안정한 힘이다.

가장 큰 타락은 유용성이라는 관념에서 선의 관념을 없애는 것, 수단과 목적을 분리하여 서로 이질적으로 만드는 것, 진실한 말로 진리를 공경하는 것과 어느 날 진실의 나라를 세우기 위해 운이 따르는 효과를 기대하는 위선적인 행동을 같은 수준으로 놓는 것(수단보다 목적을 더 선호하지 않을 때)이다. 어느 날 복음이 효과를 발휘하기를 바라는 열망으로, 매일 복음을 소홀히 하는 것이다.

환상을 예리하게 파헤치려 했던 옛날 우리의 영적 스승들은, 오늘날 환상이 두려워 감히 기도를 하지 못하고 하느님 생각도 하지 않으며 예수 그리스도를 사랑하지 않고 영원한 생명을 희망하지 않는 사람들의 환상에 관하여, 오늘날 아름다운 한 편의 글을 쓸 수 있을 것이다. 이 스승들은 '환상'이 아니라 '신비화mystification'를 말한다. 그럼으로써 그들은 자신들의 불안감의 기원을 드러내며, 자신들조차 알아채지 못한 채 (그들의 언어를 빌려 말하자면) 가장 근본적인 신비화의 희생자임을 보여 준다.

가장 놀라운 신비화는 사람들에게 영적인 삶이 곧 신비화라는 사실을 이해시키는 데 성공하는 것이다.

당신은 영적인 삶의 아름다움을 믿는다. 그것은 그 삶을 적절한 거리에서 바라보지 않기 때문이다. 마치, 인간의 얼굴도 너무 가까이에서 보면 아름답지 않은 것처럼!
마치 인간사에서 **진실**을 보려면 **최적의** 거리가 필요한 것처럼!
영적인 삶에 이용되는 모든 요소는 불경한 것일 수 있다. 그러나 그 삶은 [변화와 정화의] 연금술鍊金術이다.
환상을 좇는 미세하고 은밀한 방식들에는 많은 환상이 깃들어 있다.

우리가 계속 용기를 가지고 만족하기 위해서는 두 가지 원칙이 있어야 한다.
1. 가치 있는 모든 일은 항상 장애물에 부딪친다. 행동하는

모든 것은 반응을 불러일으킨다. 아무것도 쉽게 바꾸지 못하는 것만이 그 어떤 노력도 없이 태양 아래서 자신의 자리를 발견한다. 만장일치의 박수갈채는 자기 자신을 미화한 거울을 대중에게 보여 준 사람들이나 자기 목소리를 대중에게 친절하게 빌려주는 이들, 곧 대중의 생각을 쉽게 받아 주는 이들에게만 향한다.

2. 영의 승리는 가장 겸손한 삶의 승리처럼, 그럴 것 같지 않은 것의 승리다. 그런 일이 드물고 일시적인 것은 자연스러운 일이다. 그러므로 영에 맞서 죽음의 저항을 나타내는 광범위하고 음침한 순응주의에 슬퍼하기보다, 조금이라도 영적인 승리가 있을 때 더욱 기뻐해야 한다. 순수한 기적을 보는 것과 같이, 중력도 거스르는 작은 새순을 보며 경탄해야 한다. 마찬가지로 작은 영이 솟아나는 것에 경탄해야 한다. 그것이 성령이 아닐지라도.

무미건조한 마음으로 사랑할 수 없거나 닫힌 마음으로 사랑하지 않기로 결심하는 것은 마음에서 초연해지는 것이 아니다. 기도와 영적인 것들에 대한 혐오는 영혼의 선행에서 초연해지는 것이 아니다. 마찬가지로 투쟁에 대한 두려움과 메마른 은둔처로 도망치는 것은 세상으로부터 초연해지는 것이 아니다. 인간적인 감정에서 초연해지는 것은 사랑하는 사람에게만 가치가 있다. 영적인 것의 맛들임에서 초연해지는 것은 하느님을 찾는 이에게만 가치가 있다. 행동에서 초연해지는 것은 자신의 노력을 용감히 성취하는 이에게만 가치가 있다.

"죄와 불완전함은 그것에서 해방된 사람만이 알 수 있다. 죄를 아는 사람은 죄인이 아니라 성인聖人이다. 초라함을 아는 사람은 보잘것없는 사람이 아니라 영웅이다. 우리에게 요구된 것이 점점 더 우리 눈에 드러날 것이다. 그러면 우리가 이미 그리스도의 영을 가졌다고 믿었던 사실에 부끄러워할 것이다."(이브 드 몽쇠이)

"현재 순간에 대한 단순한 충실성은 마음의 보물이다. 그것은 또 다양한 요구에 따라 모든 맛을 지니고 끊임없이 만족시켜 주는 사막의 만나다. 우리는 원하는 모든 것을 가지고 있다. 왜냐하면 우리가 갖고 있는 것만을 바라기 때문이다. 현재의 순간은 영원의 공간이다. 진정한 것을 준비하고, 미리 맛보는 것이다."(페늘롱)

모든 영적 가르침은 모호함에 기초한다. 논리적 과정이 전혀 아닌 완전히 다른 차원의 현실을 엿볼 수 있도록 감각적 체험, 관습적인 관념, 즉각적인 욕구, 일상적이고 평범한 삶이라는 사실에 기초를 두며, 또 그래야 한다. 이 모든 것은 전제가 아니라 발판 역할을 한다. 그것은 수평적 발전이 아니라 수직적 움직임을 일으킨다. 옛 사람들은 이 수직적 움직임을 '신비적인 것'이라 칭했고, 오늘날은 '초월'이라 부른다.

"나는 그들이 **생명**Vie을 얻게 하려고 왔다."(요한 10,10) "내가 주는 **물**을 마시는 사람은 영원히 목마르지 않을 것이다."(요한 4,14)

그런데 놀라운 것이 있다. 그 안에 있는 것은 은밀히 서로 통하는 것, 비밀스럽게 놓인 것, 신비롭게 이끌리는 것과 관련이 있다. 그것은 적어도 어떤 경우에는 모호한 것을 효과적인 것으로 만들어 준다. 나중에 가서야 완전한 정당성을 발견하게 된다. 혹은 들어 높여지고 난 뒤에, 그것이 다른 것이고, 모호함 이상의 어떤 것임을 이해하게 된다. 이 다른 차원으로의 이동은 일종의 반대적 추론이 아니다. 예를 들어 **생명**은 단순히 출발 당시의 생명보다 더 상위의 삶을 의미하지 않는다. 이 둘은 어느 정도는 유사하지만, 실제적인 동일성을 뜻하지 않는다. 그것은 생명의 충만함이다. 모든 생명을 포괄하는 충만함이다. 모두가 생명이라고 칭하는 모든 실재 가운데서 이 생명은, 본래적이고 근본적인 의미에서, 상징적 관계를 구축한다.[102]

우리 시대에 그리스도교의 '부적응'과 '비효율성' 등에 관한 많은 논의와 조사가 진행되는 가운데, 잘 진행된 토론과 조사는 매우 유용하고 그 자체로 활력의 표징이 될 수 있다. 그리고 매우 단순하지만 가끔 기억하는 것이 좋은 생각도 있는데, 그것은 가장 살아 있고 진실된 그리스도인들, 그리고 가장 열심히 활동하는 그리스도인이 일반적으로 그리고 어쩔 수 없이 지식인과 학식 있는 사람들 사이에 속하지 못한다는 점이다. 특히 지식인과 정치인, 권력이나 부를 가진 사람, '사회적 권력'을 가진 사람들 사이에 속하지 못한다. 결론적으로 그들의 목소리는 어떤 토론이나 언론에서 거의 드물게 반향할 뿐이며, 그들의 행동은 보통 아무 광채도 발산하지 못하고 대중을 사로잡지도 못한다. 그들의 삶은 세상의 시선에서 벗어나 있다. 만일 그들이 인기를 얻는다면, 그것은 예외적으로 제한된 범위에서 혹은 뒤늦게 나타난다. 교회 안에서도 마찬가지다. 그들은 거의 눈에 띄지 않는다. 비판할 마음을 가진 신자는 그들이 곁에 있음에도 선의로 그들을 모르는 척할 것이다. 많은 성인은 죽은 후에야 알려졌다. 물론 죽은 후에도 알려지지 않은 성인이 많다. 이처럼 알려지지 않은 성인들 가운데 중요한 역할을 맡았던 성인들조차 훌륭한 시도를 했음에도 대다수 사람에게 무시당했고, 반박을 받거나 외면당했다. 그러나 이들은 누구보다도 우리 세상이 지옥이 되지 않도록 하는 데 공헌하였다. 그런데 오늘날 사람들은 성인들의 신앙이 과연 '적응된' 신앙인지, 또는 '효과적'인 신앙인지 묻지 않는다. 그들은 언제나 가장 현실적이고 현재적인 것에서 삶을 영위하는 것만으로도 충분하며, 거기서 나오는 열매들은 종종 숨겨져 있지만 그 자체로 아름답고 영양분이 풍부하다. 세상의 상황이 어떠하든, 이 열매는 우리를 보존하고 우리에게 희망을 주는 데 항상 필요하다.

사람들은 예언자들을 찾는다. 이상한 예언자들을 찾는다. 만일 그들이 존재한다면, 그들에게 권리를 주고, 법적인 지위, 대중의 인정, 일종의 자격을 부여하길 원하겠지만 그런 예언자들은 결코 없었고, 있었다면 그것은 잘못된 일이다. 당신은 그런 일을 두둔하는 것이 두렵지 않은가? 여러분은 이미 그런 일이 늘어나고 있다고 믿지 않는가? …… 진정한 예언자들이 나타나면, 그들에게는 보호가 적용될 수 없음을 알아야 한다. 참된 예언자들은 조롱과 모함, 모욕을 당하는 사람들임을 알아야 한다. 이들은 인류를 거스르는 죄를 저지른다고 고발당하는 사람들이다. 플라톤의 의인처럼, 거부와 치욕의 낙인이 찍힌 사람들이다. 이 사람들이 그들을 모욕하는 사람들을 거슬러 모든 사람을 일으킨다는 것을 알아야 한다. 진정한 예언자들은 거물들의 일시적인 변덕에 저항하듯 대중의 열광에 저항하고, 때에 맞지 않는 진리들을 설파하며, 사람들이 열망하는 것은 일절 말하지 않고, 홀로 거꾸로 나아가며, 우리를 열광시키는 생각을 조롱한다. …… 만일 그들을 만난다면, 우선 그들의 언어를 이해하지 못할 것이다. 그리고 그들을 증오하거나 경멸하듯 흘겨볼 것이다. 혹은 너무 시대에 뒤떨어진 사람들로 바라볼 것이다. 아니면 대적해서 싸울 적들에게 봉사할 사람들로 보거나 그들의 작전에 바보같이 넘어갔다고 비난할 것이다. 더 단순히 말해, 그런 예언자들을 알아보기 힘들 것이다.

……어느 날 당신이 예언자로 불리는 부르심을 들었다면, 이 자극은 받아들이기 힘들 것이다. 그것을 거역하는 데 성공을 거뒀을 때, 남루한 옷과 재 속에서 회개해야 할 것이며, 습관적인 관점들을 버려야 하고, 이웃의 비난과 친구들의 이탈을 시작으로 모욕에 익숙해져야 할 것이다.

다음과 같이 말해야 하는 경우들이 있다. "우리는 하느님께 영적인 은총만이 아니라 현세적인 은총도 청해야 한다." 이렇게 말해야 하는 다른 경우도 있다. "우리는 현세적인 은총만이 아니라 영적인 은총도 청해야 한다."

"신비는 우리가 안다고 생각하는 것 안에서나 모른다고 생각하는 것 안에서나 똑같이 존재한다."

"하느님께서 함께 계실 때, 우리는 하느님의 현존을 식별하지 못한다. 그러나 그 후 우리의 시선을 거꾸로 가져갈 때, 곧 과거로 되돌아갈 때 …… 하느님의 현존을 식별한다."(뉴먼Newman, 《설교집 Sermons》)

하느님께서는 참된 행복을 위해 우리를 창조하셨다. 그런데 우리는 제대로 행복을 찾지 못한다.

행복은 우리가 잉태하는 것이고 무의식적으로 갈망하는 것이다. 행복은 우리에게 합당한 것이 아니다. 우리의 가장 깊은 본성은 행복을 물리친다.

참된 행복은 하느님이다.

그리스도인은 행복을 요구하지 않는다. 예수님께서는 그리스도인에게 아버지의 이름이 거룩하게 되고, 그분의 나라가 오게 하며, 그분의 뜻이 이루어지도록 청할 것을 가르치신다.

그리스도인은 행복을 기다리지 않는다. '정의가 살아 있는' 새로운 하늘과 새로운 땅을 기다린다.

그리스도인은 행복을 갈망하지 않는다. 정의에 굶주리고 목말라한다. 그리고 영원한 생명에 갈증을 느낀다.

그리스도인은 행복을 기대하지 않는다. 하느님의 영광을 보길 기대한다. "당신의 영광이 나타날 때 저는 흡족하리이다Satiabor cum apparuerit gloria tua."[103]

…… 이 모든 것이, 아니 이것만이 행복일 수 있다.

영성에 관한 연구(및 영성 생활)는 맹목적으로 심리학의 침입을 허용할 때 치명적인 결함을 갖게 될 것이며, 종교에 관한 연구(및 수도 생활)는 맹목적으로 역사 비평의 침입을 허용할 때 치명적인 결함을 가질 것이다.

눈먼 학문들이 있다. 눈먼 학문들은 그들의 분야에서가 아니라 다른 분야의 질서에서 볼 때 그렇다. 이런저런 학문을 이용하지 말라는 것이 아니다. 그들의 질서 안에서 끝까지 가도록 해야 한다는 것을 의미한다.

소심한 심리학도, 절반의 비판도 없다. 그러나 같은 사람이 그들에게 **완전한 몫**을 준다는 환상에 빠지지 않고서는 그들에게 그들의 **몫**을 준다는 것은 실제로 어렵다.

어떤 영적인 도약도 특정한 심리학이라는 부식성 도구 앞에서는 견딜 수 없다.

그런데 왜 우리가 파괴하는 것을 [마치 처음부터 존재하지 않았던 것처럼] 부정해야 하는가?

모든 인간의 행위는 두 개의 법을 따라야 하고, 이 두 운동에 힘입어 발전되어야 한다. 그것에 필요한 리듬은 구별과 일치이고, 객관화와 내면화다. 구별과 객관화의 운동 없이, 도덕적 삶은 허공에 머물 뿐이며, 진실하지도 않고 효과적이지도 않다. 아름다운 감정으로 증발하고, 추상화되어 없어진다. 이러한 도덕적 삶은 진실로 적용된 것이 아니다. 반면, 내면과 일치로 되돌아가는 반대의 운동 없이는 도덕적 삶은 외부적이고 형식적이며 탈인간화된다. 그 삶은 극단으로 치달아 체계화된다. 훈련을 완벽하게 해도 복음의 명령에 문을 열지 못한다. "하늘의 너희 아버지께서 완전하신 것처럼 너희도 완전한 사람이 되어야 한다."(마태 5,48)

우리는 '성스러움의 의미를 재발견하고' 성스러움을 '삶의 모든 곳에' 있게 하도록 초대받았다. 이 두 운동은 상반되는 것처럼 보인다. 사실 모든 실재가 거룩하게 될 수 있고(거룩하게 되어야 함에도), 또 모든 우주가 거룩한 궁극적인 목적을 가짐에도 불구하고, 또 예수님의 부활이 하느님 안에서의 부활에 대한 약속임에도 불구하고 그렇다.

말하자면, 모든 것이 본성적으로 거룩한 것은 아니다. 거룩함이 곳곳에 있다면 어느 곳에도 존재하지 않는 것이 될 위험이 있다.

또는 매우 모호한 '성스러움'으로서 '재발견'되기보다 피해야 할 대상이 될 수도 있다.

페기는 우리 시대에 대해 매우 심오한 진단을 내렸다. 그는 당대의 악은 '영원한 것에 대한 기억 상실'이라고 정의했다. 우리는 강생의 신비의 진정한 의미를 묵상하면서 이 기억 상실을 치료할 것이다. "시간성이 더 우세하던 때에 마침 영원성이 분명히 나타났다."(베르나르도 성인)

모든 사람은 자신이 처한 환경과 기능, 책무에 따라 다양하고 구체적인 의무를 진다. 그날그날 해결해야 할 문제들은 조상의 것도 이웃의 것도 아니다. 그러나 모든 사람은 본질에서 똑같다. 그리고 하느님 앞에서 똑같다. 또한 사람 앞에서도 똑같다.

추상적인 도덕은 존재하지 않는다. 따라서 특수화되어야 한다. 그러나 영성에서 가장 나쁜 추상화는 외적 인간의 조건에 따라 영성이 다양화되도록 내버려 두는 것이다. 영성은 그 목표와 도약, 본질적인 법칙에서 하나이고, 그렇지 않으면 영성이 아니다.

인간이 특정 동물을 집에서 길들여 키웠던 것처럼, 사회는 끊임없이 영을 길들이기 위해 노력한다. 예로부터 이러한 노력은 길들이는 기법에서 폭넓고 많은, 그리고 지속적인 성공을 이뤘다.

그런데 너무도 어설프게 혼동한 탓에, 마르크스주의적 이론이 알고자 하는 것은 이 길들여진 영, 이 '반영'이다. 그리하여 마르크스주의적 이론은 항상 예외적인 유의미한 경우들을 보는 것을 거부한다. 또한, 영의 영원한 전복에 눈을 감는 것처럼 영의 용솟음에도 눈을 감는다. 그리고 영의 폭발 소리를 듣지 않는다.

내면은 과연 현실의 모든 근심에서 해방된 소수의 개인에게 유보된 사치품일까? 몽테뉴Montaigne가 말하는 것처럼, '하느님께서 자연적이고 위급한 필요성에서 보호해 주신' 사람들에게 유보된 것인가? 키르케고르처럼 놀고먹는 사람에게 유보된 것인가? 보쉬에나 페늘롱에게, 그리고 그 밖의 대중에게(비록 여러 다른 방식으로 처신한다 해도) 유보된 것인가? 가난하지만 모든 것에서 벗어난 몇몇 수도자들에게 유보된 것인가? 영적인 삶에서 가장 진실해 보이는 것은 모든 '사회적 거짓말'보다 더 민감한 거짓말에 상처받지 않는가?

이에 대한 답이 여기 있다. 원칙적으로 거짓과 진실을 구분하는 도구가 있다. 그리고 진실의 정당성뿐만 아니라 필요성까지 인정하는 방법이 있다. 다만 조건이 있다. 일단 질문이 제기되면, 그 질문을 받은 사람은 마치 성가시게 구는 파리를 잡는 듯, 그 질문을 멀리하지 않는 것이다.

우리는 영원한 것들, 영혼의 고귀함, 내적인 삶의 비극, 심지어 하느님까지도 몇몇 '과거의 예언자들'의 손에 내맡길 것인가? 그것들을 마치 죽은 것처럼 다루도록 내버려 둘 것인가? 그것들에 대해 우리가 무관심하다는 의심을 받도록 그냥 둘 것인가? 열정과 충실성 사이의 분리나 인간을 사랑하는 것과 하느님을 섬기는 것 사이의 분리가 선언되는 것을 우리가 받아들일 것인가?

복음적 인간은 모든 사람 가운데서 가장 대담하고 항상 새로우며 항상 준비된 사람이다. 그가 독립적이기 때문이며, 그의 시선이 거짓을 낳는 모든 변형과 모든 타락을 늘 식별하기 때문이다.
"진리가 너희를 자유롭게 할 것이다."(요한 8,32)

가장 충실한 사람이 가장 담대한 사람이 되리라! 충실성이 완전하기 위해서 담대함 없이 나아갈 수 없음을 이해하길 바란다!
가장 담대한 사람이 가장 충실한 사람이 되리라! 올바르게 담대하기 위해서는 충실함 없이 나아갈 수 없음을 이해하길 바란다! 그의 담대함이 더 엄하고 더 깊고 더 긴급한 충실성에서 영감받기를 바란다!

위대한 신비가들은 모든 차원에서 과거의 위대한 스승들의 특권에 참여한다. 사람들은 그들을 예외로 취급하여 무시할 수 있다고 생각하지만 그들의 매우 특별한 가르침은 보편적 영향력을 가지고 있고, 그들의 사상이 난해하고 매우 드문 경우일 때에도 그 영향력은 영원히 모든 이의 양식이 된다. 모든 영적인 삶은, 가장 기본적인 것까지도, 그들의 가르침에서 유익한 것을 발견한다.

　십자가의 성 요한이 '초자연적 인식'에서 초연하도록 한 조언은 심지어 그 인식이 하느님에게서 온 것임을 영혼이 확신할 때조차도 중요하다. 이러한 가르침은 여러 영역에서 쉽게 적용될 수 있으며 풍요로운 결실을 가져다준다. 우선 이것은 모든 기도 생활에 관한 교훈이다. 우리는 이를 통해 너무 감성적인 취향에서 초연해지는 법을 배우고, 쉬운 신심 안에서 만족하지 않는 법을 배우며, 하느님께서 바라시는 것에 수반되거나 그와 유사해 보이는 모든 심리적인 맥락 속에서도 믿음과 희망과 사랑으로 하느님께서 실제로 바라시는 것을 식별하는 방법을 배운다. 이 가르침은 가장 겸손한 영혼에게 필요한 것이다. "감성적 신심의 부드러움에 만족하는 영혼은 결코 영의 강한 감미로움에까지 오르지 못한다." 이와 같은 조언들은 지식인에게도 매우 적합하다. 이 조언들은 그들이 자기 생각에 집착하는 것을 하느님의 사랑이라고 여기지 않도록 하며, 멋진 생각을 해낸 결과 지성에 도취된 것을, 하느님을 섬기는 열정이라고 여기지 않도록 도움을 줄 것이다. 또한 그들에게 진정한 지식, 유일한 실제적 지식은 벌거벗은 순수 신앙, 벗겨진 신앙, 어두운 신앙임을 가르쳐 줄 것이다. 이 조언들은 그들이 인위적으로 만든 빛을 끄고, 그들을 노리는 악으로부터 구원할 것이다. 악은 하느님을 소유했다고 믿으면서 그들의 영의 산물을 끌어안고 그들 안에 영원히 갇혀 있기 때문이다.

그리스도교 전체가 그렇다. 그리스도교는 은밀한 비밀 종교 ésotérisme와 무관하게 여러 층의 의미들이 서로 연결되어 있고 소통적이다. 몇몇 상징적 대용물이 아니라 그 본질에서 가장 겸손한 사람에게 접근한다. 가장 영적인 것과 가장 빛을 발하는 것은 고갈되지 않는다. 예수님의 산상 설교는 제자들에게만 하신 말씀으로 군중을 위한 설교가 아니었다. 그러나 교회는 곧바로 여기에 충만한 이유와 더불어 보편적인 의미를 부여했다.

신앙의 일치, 그리스도교 영성의 일치는 모든 사람 안에서, 언제나 가장 감추어진 보고寶庫에서 길어 올린 가장 순수한 영양분으로 스스로를 양육함으로써 그 본래의 힘을 되찾는다.

"영혼의 내적인 작업은 세상의 투쟁만큼 중요하다. 아니, 오히려 보편적 노력은 더 멀리 나아가기 위해서 개인적 의식의 차원에 도달한다."(테이야르 드 샤르댕)

"……아마도 그들은 십자가에 못 박혀 움직이지 않는 이 사람, 또는 기도하는 이 사람을 보면서, 그의 활동이 잠자고 있다거나 이 세상에서 떠났다고 생각하지 않을 것이다. …… 이것은 오류다! 세상에서 생각과 기도보다 더 강렬하게 살아가고 작용하는 것은 없다. 그것들은 우주와 하느님 사이에 고요한 빛처럼 떠 있다. 그것들의 평온한 투명함을 통해서 창조적 물결이 넘쳐흐르고, 자연적 덕과 은총으로 충만하다. 동정 마리아가 바로 이런 것이 아니면 무엇이겠는가?"(테이야르 드 샤르댕)

"오 저의 하느님, 모든 것보다 더 멀리 계시고, 모든 것보다 더 깊이 계신 당신께서는 저를 붙잡기 위해서, 세상의 무한함과 저의 내면성을 가져와 결합하십니다."(테이야르 드 샤르댕)

"오! 오로지 당신의 마음 안에서 저는 생명을 만날 것입니다."(하산 보스리 Hasan Bosri)

"저녁에도 늘 아침의 신선함을 갖자."(모리스 블롱델)

"이집트인을 섬기는 것보다 사막에서 죽는 편이 더 낫다."(오리게네스, 《탈출기 강해 5편 Homélie V sur l'Exode》, n.4)

7
신앙

"내가 눈을 감아도 태양은 없애지 못한다."
우리는 모두 항상 눈을 감고 있고, 눈을 감은 채 이 사실을 거부하면서 고집스럽게 눈을 크게 뜨고 있다고 우겨 댄다. 자신을 보지 못하게 방해하는 것이 무엇인지 보지 못하는 죄를 범한다.

나의 빛은 밤일 뿐이다. 이것을 역설로 빛나는 밤이라고 말할 수도 없다. 그러나 어둠은 그 어떤 빛보다도 더 잘 식별한다. 어둠의 친구가 될 수 없는 모든 빛에서, 모든 잘못된 빛에서, 어둠은 나를 떼어 놓는다. **빛 속으로.**
"오 밤이여, 너는 정오의 빛보다
더 확실히 나를 안내한다."[104]

하느님이 멀어지고 문제적이며 비현실적으로 느껴질 때, 아마도 이러한 인상의 효과를 극한까지 밀어붙이는 상상의 노력이 유익할 수 있다. 그러면 아마도 하느님이 없는 세상이 너무 비현실적이라는 사실이 드러나고, 상황은 저절로 역전될 것이다.

사람들은 신비적인 하느님을 바라지 않는다. 인격적인 하느님도 바라지 않는다. 그러나 인격적인 하느님의 신비만큼 두려워하는 것도 없다.

스스로 어떤 사람이 되기보다는 인격이신 하느님을 만나시오!

"어떻게 그리스도교를 소개할 것인가?" 답은 단 하나다. 당신에게 보이는 것처럼.

"어떻게 그리스도를 소개할 것인가?" 당신이 그분을 사랑하는 것처럼.

"어떻게 신앙에 대해 말할 것인가?" 당신에게 신앙이 무엇인지에 따라서.

이러한 질문들이 너무 귀찮아진다면, 거기에는 적극적인 이중의 답이 있는 것이 아니라, 진실이 없는 계략이 있는 것이다. 신앙이 부족하기 때문이다.

새로운 역설들

사람들은 그리스도교는 이것이어야 한다거나 이것이 바로 그리스도교라고 한다거나 이것은 아직 유다교적인 것이라고 말한다. 그리고 이것을 차용했으며, 이것이 바로 그리스도교다. 이것은 아직 헬레니즘적이라거나 또는 에세네파의 것이라고 한다. 이 모든 것이 그리스도교가 생겨날 때부터 저당잡혀 있었다.

……초자연적인 것에 관하여 자세히 연구하기도 전에, 초자연적인 것은 모든 지상적 뿌리와 모든 인간적 기원을 배제한다고 믿는 순진함을 갖고 있지 않았는가? 그러나 지금은 눈을 떴음에도 본질에 대해서는 눈을 감는다. 좀 더 정확히 말하자면 모든 것에 눈을 감는다. 그리스도교는 예수님을 어디서 빌려 온 것인가?

그런데 예수 그리스도 안에서 '모든 것이 새롭게' 되었다.

만일 신앙의 근거가 필요하다면, 신앙을 부르는 이성보다 신앙에 저항하는 이성에 더 근거를 둘 것이다.

사실 이성의 끝에는, 그것이 믿음의 이유라 하더라도, 부름과 저항이 내적으로 연결된 채 머무른다. 또한 부름과 저항은 똑같이 하느님 앞에서 피조물이다. 신앙이 충만함이라면, 그리고 신앙이 승리라면, 부름과 저항은 모두 필요하다.

우리가 그리워하는 곳이 아버지의 동산인가 아니면 따뜻한 어머니의 품인가?

종교는, 그리고 현대의 수많은 그 대용물은, 우리에게 따뜻함을 되돌려주려 한다. 우리의 노화를 치료하기 위해서, 종교는 우리를 유아기로, 심지어 태어나기 전으로 데려간다. 종교가 되돌린 시간은 우리의 역사다.

그리스도교는 우리를 동산으로 다시 들어가게 하며, 시간의 승리자로 만든다. 시간을 부정하고 시간의 흐름을 거슬러 올라가면서가 아니라, 시간에 그 의미를 부여하면서 말이다. 우리를 세상의 젊음뿐만 아니라 영원의 젊음으로 새롭게 참여시킨다.

어느 날 마르셀 에베르Marcel Hébert 신부가 말했다. "내가 인격적인 하느님을 믿지 않지만, 선을 향한 내 생각과 노력의 불멸성을 믿는 것을 결코 멈추지 않았다."

그러나 나는 하느님의 실재에 대한 믿음 없이 '선을 향한 내 생각과 노력의 불멸성'을 믿기가 훨씬 더 어려웠을 것이다. 그리고 이 인격적인 하느님에 대한 신앙 없이는 내 고유한 생각과 고유한 노력에 대한 불멸성을 믿을 수 없었을 것이다.

비판에 진지하게 동조한다고 생각하면서 자신들이 비판하는 신앙보다 더 일관성이 없고 근거가 없는 신앙을 제안하는 사람들이 얼마나 많은가! 만일 그들이 신앙을 비판했다면, 그 신앙은 그들 안에서 충분히 성찰되지 않았기 때문이다. 그 신앙을 깊이 파고들기보다, 그리고 그 신앙을 바로 잡기보다, 그들 안에 있는 신앙을 있는 그대로, 곧 고칠 수 없는 신앙으로 여겼다. 사실 그들은 위대한 가톨릭 전통의 학파에 몸담았어야 하지만, 그 전통이 그들에게 거의 또는 전혀 알려지지 않았으니 안타까울 뿐이다! 그들은 자신들의 신앙만을 진정하고도 정통한 것으로 믿기를 바랐다. 그들은 이 매우 부족한 것을 '교의의 문자적 해석'이라 불렀고, 그들 편에서 행한 성찰의 노력은 신앙의 길에서 벗어났고, 그들의 신앙을 거슬러 또 다른 비판이 제기됐다.

현대 무신론의 위대한 주역들 가운데서 각 사람은 자신과 함께, 자신을 기점으로, 인류가 반신론反神論의 협소한 관점을 최초로 극복한다는 것을 증명하는 데 명예를 거는 듯 보인다. 그로부터 결국 인류는 해방될지어다. 그 덕분에 이제부터 하느님에 관한 관념에 대항하여 무신론의 부정의 가치에 의문을 품는 원망도 없어지리라. 또 더 이상 하느님에 관한 물음이 언급되지 않을 것이며, 더 이상 하느님에 대한 신조信條와 투쟁할 것이 없으리라. 환상은 영원히 사라질 것이다. 우리의 후손들이 이 환상을 과거의 호기심으로만 이해하게 하소서.

콩트A. Comte가 그랬고, 마르크스가 그랬으며, 최근에는 사르트르J. P. Sartre와 몇몇 사람들이 그랬다. 이들 각자는 앞선 사람보다 한술 더 떴다. 그리고 앞선 사람을 자신의 부정否定에서 온전히 자유롭지 않은 사람이라고 비판한다. 마지막에 등장한 사람들이 자신을 선구자라고 고백한다. 그들은 이 문제에 마침표를 찍으면서 정말로 자신들이 새로운 시대를 연다고 생각한다.

그러나 동시에 그들을 모두 괴롭히는 하느님에 대한 관념은, 그리고 자신들이야말로 이번만은 인류를 결정적으로 구원할 것이라고 말하면서 하느님에 관하여 관심을 두는 것은 이 하느님에 대한 관념이 그들을 괴롭힌다는 상징이며, 이 상징은 늘 다시 생겨난다. 이보다 더 신랄한 논쟁도 없고 이보다 더 반-유신론자有神論者도 없으며, 몇몇 사람들의 등장으로 슬픔의 감정을 다시 일깨우는 것도 없다. 그들 각자는 앞선 사람들과는 반대로 무신론 속에서도 평온하며, 하느님을 '반박'하기 위해서 하느님을 생각할 필요를 전혀 느끼지 않는다는 것을 앞선 사람들보다 더 잘 증명할 것이다. 그리고 '하느님 없이', 하느님에 대해 말할 필요도 없이, 온전히 평안하다는 것을 증명할 것이다. 그러나 실제로 이것은 여러 가지 많은 논쟁을 하게 만든다. 그리고 수많은 예민함과 점점 더 커지는 조심성으로 드러나는 근심은 결국 그를 배반한다.

다음과 같은 광고는 '하느님에 대한 관념'에 대해 오만한 어조로 선언한다. "나는 이 주제에 전혀 관심이 없습니다. 하느님을 만든 건 사람이었다고 생각하는 한에서만 하느님에 대해 관심이 갈 뿐입니다. 이 생각은 아름다운 예술 작품과 시가 불러일으켰습니다."

이러한 인본주의humanisme의 공언보다 인간을 더 경멸하는 말은 없다. 이것은 인간이 만든 작품을 찬양한다고 했던 사람들이 지닌 가장 진지한 고민을 경멸한다는 뜻이기 때문이다. 왜 이런 감정을 가질까? 어떤 전혀 다른 주제들이 있다고 할 때, 그 주제에 관심 없는 사람은 그와 관련된 것들을 말할 필요도 느끼지 않을 것이다. 그와 반대로 많은 무신론자는 하느님에 대한 관념에 무관심하다고 하면서 관심을 기울인다. 참으로 이상한 무관심이다!

그러나 하느님에 대한 관념을 다룬 작품에 대해서 일절 말하지 않겠다는 그들의 의지에는 무관심 속에 감춰진 열정이 엿보인다.

신앙은 불순함에 대한 비판을 피할 수 없다. 이 비판은 신앙 내부에서만, 신앙의 이름으로만 제기될 수 있다. 신앙의 요구만이 그 비판을 건전하게 할 수 있다.

불신앙과 신앙에 대한 대략적인 검토와 둘 사이의 중재에 대한 욕망, 실제로는 불신앙에 양보하는 이 욕망에서 나온 모든 비판은 허구일 것이다. 신앙은 **그 자체로** 우리의 근본적인 모습과 생생한 태도를 끊임없이 방해하는 우상 숭배적인 요소나 미신적인 요소에 대하여 항구하고 철저하며 **선험적인** 비판을 항상 허용한다. 이 신앙은 믿음의 명예를 실추시키는 사람들의 위장과 위선을 거부하는 신앙이다. 이 신앙은 스스로 바로 서고, 정화되며, 신앙인들 영혼 안에서 생명력을 준다.

당신은 무신론이 우리의 신앙과 투쟁하면서 필요한 역할을 수행하고, 긍정적인 가치를 가져다준다고 말하는 것인가? 나도 그렇게 되길 바란다. 적어도 몇몇 경우에는 그렇다. 경험이 그것을 보증해 준다. 그러나 신앙이 무신론과 대립하면서 필요한 역할을 수행하고 긍정적인 가치를 가져다준다는 점도 생각해 보라. 당신 생각이 일방통행이 아니길 빈다. 영의 무기들로 무신론과 투쟁하는 것 대신 무신론을 일방적으로 '이해'하라고 강요받고 싶지 않다.

항상 나를 어느 정도 비신앙인으로 인정하는 것, 나의 믿음에 내재된 결함을 비판하는 것, 현재 나의 신앙이 지닌 좋은 점에 절대 만족하지 않는 것, 신앙과 행동에서 모든 바리사이적 모습을 물리치는 것, 이 모든 것은 불신앙이 어느 정도 옳다는 것을 말하는 것이 아니다. 불신앙이 온전히 나에게 달린 만큼, 그것이 틀렸음을 몸소 행동으로 보여 주는 것이다.

마음을 여는 길이 용기의 길인지, 편리함의 길인지 단번에 결정하는 것은 실로 과감한 일이다. 그것이 영웅적인 부르심이든 나쁜 유혹이든 말이다.

가장 절박한 해결책이 반드시 용기 있는 해결책은 아니다.

비겁하고 어리석은 길과 현명하고 용기 있는 길 중 하나를 선택하는 방법이 있다. 이와 유사한 정신적인 혼미함 때문에 어느 쪽으로든 넘어질 위험이 있다. 개인적인 생각은 어떤 기준도 제공해 주지 못한다. 선택은 객관적인 검토에 달려 있을 뿐이다. 어느 쪽으로 가야 할지 망설인다면 최고 진리Verité에 대한 순수한 사랑에 양보해야 한다.

나는 그들의 모든 학문을 수용한다. 그러나 그들은 나의 모든 신앙을 거부한다. 나의 처지가 그들보다 얼마나 더 좋은가!

비신앙인들에게 우리는 신앙의 '포로'다. 우리에게 비신앙인들은 **신앙에서 유배된 자**fidei exsules다. 암브로시오 성인이 말했다.(《루카 복음 강해in Lucam》, l. 7, c.134)

"신앙은 외침이 아니다." 그러나 제 신앙을 외쳐야 할 경우가 적지 않다. 신앙은 토론에 개입해서는 안 된다. 그렇다고 항상 신앙을 '괄호 속에' 넣는 것도 좋지 않다.

사람들이 '의식 안에서 신앙의 조건과 사회 안에서 복음적 이상 理想의 조건'이라고 명명한 것을 연구하는 것이 유용할 수 있다. 또한 그러한 조건이 되는 것에 관하여 착각이 일어나기도 한다. 그러나 신앙과 복음적 이상을 실제로 살기 위해서 이 두 가지가 '조건화'되기를 기다려서는 안 된다. 그러나 이 두 가지가 마침내 조건화되는 순간, 그것들은 둘 다 불가능해지는 것을 기다릴 수 있다.

만일 당신이 "초월적이라고 판단되는 실재, 하느님, 그리스도, 초자연적 신비, 영원한 나라에 대한 당신의 모든 신조는 환상일 뿐이다."라고 말한다면, 나는 그것에 공감하지 않으며, 환상에서 깨어난 당신의 판단은 슬픈 일이라고 이해할 것이다. 마치 너무 아름다운 꿈을 꾸다 몹시 기분 나쁜 상태로 깨어난 것과 같이.

그러나 당신이 이렇게 말한다면, 곧 "이 모든 것이 아름다운 상징일 뿐이다. 그것은 상상력의 투사이며, 예견된 형태이고, 인간 영의 발전과 지상 사회의 발전에 필요한 단계였으며, 이제 우리는 지금 상징적 꿈에서 현실로, 곧 살고 있거나 또는 최소한 생각되는 현실로 넘어갔다."라고 말한다면, 나는 이 현실, 곧 더욱 진실하고 아름다운 현실을 보여 달라고 요구할 것이다. 나에게 그 현실을 실제 현실에서, 또는 관념에서라도 보여 주기를! 그 현실은 그림자를 위해 놓아둔 먹이가 아닌가?

살아 있는 복음으로 드러나는 단 하나의 사실만으로도 언제나 복음을 정당화하는 데 충분하다.

신앙의 문제에서 모든 것을 복종으로 축소하는 것은 우리가 진리를 조롱하는 표현 방식일 수 있다. 이것은 가장 깊은 복종인, 영의 복종이 부족하다는 뜻이다. 영은 의지에서만이 아니라 지성에서도 자기를 포기하면서까지 복종하지 않는다. 영은 토론하는 것이 금지된 죽은 교리들의 잔여물을 '경건하게 따로 보관하면서' 신앙의 희생을 제공하지 않는다. 오히려 영은 그것에서 어떠한 영감도 받지 않는다.

"우리 신자 대부분은 종교에 대한 반대를 반박하겠다며 스스로 나서기에는 너무 열의가 없고, 무관심하다."라고 페늘롱은 지적하였다. 오늘날에서도 많은 사람이 '희미한 신앙'만을 갖고 있다. 이 신앙에 대해 네르발G. de Nerval은 이렇게 말한다. "약간의 외적인 실천에 만족하고, 신앙에 무관심한 태도를 보이는 것은 이단이 주는 모독보다 더 큰 잘못이다."

정통성: 세상에서 가장 필요하면서도 가장 충분하지 않은 것이다. (나는 이것을 신앙의 관점에서 신앙 자체에 관한 것으로 이해한다.)

교의적인 자료를 활용하여 우리가 세운 많은 가설에 저항하는 것은 쉬운 생각을 피하는 데 매우 탁월하다.

계시에 대한 영의 온전한 순종은 **풍요롭게** 하는 순종이다. 신비에 대한 순종이기 때문이다. 그러나 인간 제도에 대한 영의 온전한 순종은 고갈시키는 순종이다. 전자의 경우 나는 내 생각을 확장해야 한다는 조건을 받아들인다. 후자의 경우 나는 그 조건을 거부한다. 그러므로 사람들이 요구하고 모든 초자연적인 계시를 거부하는 교의적 순응주의를 호교론적 관념에서 가톨릭 신앙의 일치와 유사하다고 생각하지 말 것이다.

철학을 시작하면서, 우리는 성찰이 무엇인지 아직 알지 못했다. 아마 신학을 연구하기 시작하면서는 신앙이 무엇인지를 알지 못할 것이다. 적어도 신앙에 대한 모든 것, 영적인 삶을 훈련하기 위해 신앙에 함축된 모든 요구를 알지 못한다.

모든 종교 철학의 위험은 자신을 종교라고 생각하는 것이다. 하느님 신앙을 인간의 성찰로 조금씩 대체하는 것이다. 깊이 연구하고 있다고 믿으면서 자연화naturaliser하는 것이다.[105]

모든 시사성 있는 신학의 위험은 지적인 신심이 되는 것이다.

종교학 교수들은 항상 그리스도교를 교수들의 종교로 변형시킬 위험이 있다.

교회는 학교가 아니다. 교회는 초등학교가 아니다.

사람들은 말한다. "갈릴레오Galilée 사건은 과학의 발전을 지연시키지 못했다."

그렇다고 하자. 그러나 그 사건은 오랫동안 과학이 신학과 결별하는 데 일조했다. 그로 인해 과학이 고통받지 않았다면, 또는 가벼운 고통만 받았다면, 신학도 그러했을 것이라고 똑같이 말할 수 있을까?

종교 간 대립이나 영성 간 대립은 각 종교와 영성의 전통에서 뒤늦게 등장한 철학적 체계나 신학적 체계의 대립으로 축소되지 않는다. 예를 들면, 힌두교와 그리스도교의 대립을 샹카라Sankara와 토마스 아퀴나스 성인의 예민한 관념의 대화로 축소하는 것은 오류다. 이러한 대화는 분명 매우 흥미롭지만, 그것은 전문가가 확립하는 것이 좋다. 그러나 그 대화에서 모든 영향력을 보기 위해서는, 그리고 그 주제를 오해하지 않기 위해서는 현재의 주장에 대해 토론하는 단계를 넘어서 그 주장을 각 전통의 깊은 근원에서 탐구해야 할 체계화된 표현으로 고려할 필요가 있다. 힌두교와 그리스도교의 차이가 무엇이든, 그 차이는 서로의 다름을 두드러지게 보여 주지만 두 종교 사이에는 적어도 공통적 특성이 있다. 각 종교의 대표자, 예컨대 샹카라와 토마스 아퀴나스 성인은 서로를 오직 '그들 안에서'만 판단하거나 비교하는 것을 수용하지 않을 것이다. 이들은 모두 자신들의 방식대로, 그리고 서로 다른 전제에 따라 자신을 훨씬 뛰어넘는 어떤 '계시'나 '신앙'의 해석자로만 존재하려 했기 때문이다.

세상이 교회에 침투하면, 그것은 한마디로 세상 자체보다 더 나쁘다. 교회로 침투한 세상은 환상적인 광채 안에서 위대함이 없고, 세상의 법으로 이미 인정된 거짓과 악의와 욕망에는 일종의 신의도 없다. 교회가 세속적일 때, 그것은 세상의 희화戲畫에 불과하다. 교회의 세계는 더 보잘것없는 세계일 뿐만 아니라 더 추한 세계다. 그러나 바로 그 세계는 가장 암울한 순간에서도 결코 완전히 승리하지 못한다. 여전히 감추어진 섬, 생기를 주는 오아시스, 진실하고 부드러운 위대함, 세상이 알지 못하는 성령의 감추어진 경이로움이 얼마나 많은가!

우리 자신은 이런 것을 인식하는 데 합당하지 않은 사람이 되는 것을 항상 두려워해야 한다.

우리는 자주 종교가 도덕을 위해 존재하도록 만든다. 그러나 이 종교는 적어도 불완전한 종교다. 그러나 진실로 도덕이 종교를 위해 존재하도록 한 적은 얼마나 되는가? 도덕을 깎아내리지 않아야 종교가 존엄성을 회복할 수 있다. 그런 다음에서야 종교는 무가치한 수많은 반대를 피할 것이다.

과거에 이단자들이 우리 조상들에게 공포를 주었지만, 오늘날에는 더 이상 공포를 주지 않는다면, 우리 마음속에 더 큰 사랑이 있기 때문인가? 아마도 우리가 더 이상 분쟁의 대상, 즉 신앙의 본질 그 자체에 관심이 없기 때문에 감히 말하지 못한 채 그렇게 있는 것은 아닐까? 습관화되고 수동적인 신앙인에게 교의는 우리가 살고 있는 신비도 아니고, 우리 안에서 성취되어야 하는 신비도 되지 못할 것이다. 그 결과, 이단은 더 이상 우리에게 충격을 주지 않는다. 적어도 더는 영혼을 앗아 가려 했던 것처럼 우리 마음을 혼란에 빠트리지도 않는다. …… 그 결과 우리는 이단자에게 좋은 존재가 되는 것이 어렵지 않고, 이단자와 함께 길을 개척해도 반감이 들지 않는다.

실제로, '이단자'에 대한 편견은 오늘날에도 여전히 존재한다. 조상들이 이단자에게 양보했던 것처럼 많은 사람이 이단자에게 양보한다. 다만 조상들은 정치적 반대자에게는 등을 돌렸다. 그에게만 공포를 느꼈기 때문이다. 반대자하고만 길을 개척하기를 거부하였다. 이 종파주의는 대상을 바꾸고 다른 형태를 취할 뿐이다. 가장 중요한 관심사가 달라졌기 때문이다. 우리는 감히 묻는다. 과연 이 변화를 진보라고 말할 수 있는가?

슬프도다! 항상 그런 것은 아니다. 사랑은 성장했고 또는 빛나게 되었다. 그러나 퇴보한 것은 신앙이었으며, 영원한 것에 대한 관심이었다. 항상 불의와 폭력이 다스리지만, 그것들은 약해진 열정을 섬긴다.

과도한 열성으로 교의와 신학을 혼동하는 경향이 있을 때, 신학의 부당한 과대평가라기보다 교의의 신성모독적 '과소평가', 곧 몰이해를 가져온다. 교의는 그런 식으로 어느 정도는 분명한 관념의 체계로 떨어진다.

마찬가지로 교의와 신학 사이의 고전적 구분을 받아들일 때, 우리는 이와 유사한 착각에 빠질 수 있다. 교의를 일종의 **최소한의**

것, 다시 말해 모든 신자가 엄격히 믿어야 할 것으로 여긴다. 그렇게 되면 교의는 신앙 질서에서 결의론적決疑論的 관점에서 고려된 도덕에 중대한 계명과 같아진다. 이제 계명들을 위반하면 죽을죄를 짓는 것이다. 오 가련한 신앙의 율법주의!

하지만 자세히 들여다보면 정확히 그 반대다. 교의와 신학이 항상 친밀한 관계에 있고, 결코 분리할 수 없음에도 불구하고, 이들은 완전히 같은 옷감(차원)이 아니다. 교의는 신학이 완전히 파헤칠 수 없는 광대한 분야다. 교의 전체를 구체적으로 살펴보면, 즉 신적 계시의 대상인 교의는 '계시에 대한 인간의 학문'인 신학이라는 이성적 분석과 연구의 산물보다 더 무한하다. 신학은 훨씬 더 이성적으로 개진된 것이기 때문에, 본질적으로 교의에 부적합한 것이 될 수밖에 없다. 신학은 설명이지, 충만함이 아니기 때문이다. 이러한 결함은 본디 타고난 것이다. 참된 신학자는 그것을 안다. 그는 질서를 혼동하지 않는다.

신앙은, 만일 그것이 참으로 신앙이라면, 항상 하나이고 전부다. 신앙은 대상의 전체성을 함축한다. 아직 명백하게 밝혀지지 않은 부분이나 아직 개진되지 못한 관점까지도 함축한다. 그러나 신학에 대해서는 똑같이 말할 수 없다.

신학의 위대함. 그러나 신앙의 유일한 초월성. 진정한 신학자는 신앙 안에서 행복해한다. 신학자는 신앙인이라는 신분에 겸손한 자부심을 느끼고 있다. 그는 신앙인 위에 다른 어떤 것을 두지 않는다.

"이성만 따르려는 사람은 사람들 대부분이 보기에 증명된 바보일 것이다."(파스칼) 오직 신앙만을 따르고자 하는 사람은 많은 사람에게 입증된 이단자임을 스스로 드러내는 것이다. 정통성에 대해 가장 질투를 느끼는 사람들이 취한 기준은 신앙의 질서에서 도출된 것이 거의 없다.

신앙의 일에서, 신앙에 의해서만 이끌리길 바라는 사람은 어떤 경우에도 홀로 걸을 준비가 된 사람이다.

그러나 그의 외로움은 겉으로만 드러난다. 보이지 않는 현존으로 채워진 외로움이다. 가장 깊고 가장 순수한 친교의 고통스러운 조건이다.

우리는 평온해지길 너무나 갈망하여 낯선 것을 직면하지 못한다. 그래서 소심한 종교를 만들고 소심한 구원을 추구한다. 복음의 역설들은 우리가 마시기엔 너무나 독한 포도주이기에 우리를 위한 구원의 부르심에 귀를 닫는다. 우리는 생명으로 들어가는 데 꼭 필요한 관문인 모든 유형의 죽음 앞에서 용기가 없다. 우리의 가련한 우유부단함으로 그리스도교의 새로움과 자유를 왜곡하는 사람들에게 역설들을 내어준다. 이는 우리가 그리스도교를 외면하는 구실이 되기도 한다. 우리는 그리스도교를 대변해야 하지만, 기생충처럼 그리스도교에 기생하면서도 변화를 이식받지 못한 채 사람들에게 그리스도교를 왜곡한다. 그리스도교를 가장 자연(본성)적인 인간을 섬기는 자리에 놓음으로써 그리스도교의 가장 높은 매력을 빼앗고, 결국에는 모독한다.

이것이 바로 모든 시대의 역사다. 오 하느님, 이것이 바로 우리의 일상적인 역사이기도 합니다. 이것을 인정하자.

그러나 그리스도교는 어떻게 되었는가? 그런데도 미약하게나마 빛이 계속해서 스며들고 있지 않은가? 오 경이로움이여!

우리는 우리의 영적 지도자들 안에서 그들이 하느님으로부터 받은 진정한 모습, 곧 아버지임을 볼 수 있기를 바라며, 그들의 직무가 모든 이에게 모든 것을 줄 수 있기를 바란다! 신앙의 영에 의해, 그들에 대한 행동과 온순한 요구로 그들이 그렇게 있을 수 있도록 돕고, 필요한 경우 그들에게 촉구할 수 있기를! 그들에게 '의견, 위로, 의식의 방향'을 구하는 데 익숙해져서 필요하다면 그들이 우리 주변에서 교부의 역할을 익숙하게 수행하게 되기를 바란다! 우리가 그들이 필요하듯, 그들 또한 우리가 필요하기 때문이다. 겸손하게 이러한 노력을 기울이기도 전에, 목자들을 비방하거나 의지하지 않으려는 사람은 누구나 이중으로 죄를 짓는 것이다.

교회의 개혁을 이루고자 하는 열정은 초자연적 삶과 반비례한다. 이것이 올바른 개혁이 거의 나오지 않는 이유다.

"교회의 위대한 개혁가들이 교회를 쇄신해야 하는 화염을 내뿜은 것은 교회에서 비롯되었다. 교회를 슬프게 하는 죄의 치료제는 교회의 거룩함 속에만 존재한다."(이브 드 몽쇠이)

주님, 저희가 '성숙한 종교'를 믿게 하소서! 주님, 그보다 더 중요한 '성숙한 종교'를 갖게 하소서!

바리사이파를 비판하신 예수님의 모습을 과감하게 이어받을 권리를 가지려면 그분과 같이 '바리사이적인 것'을 소유하지 말아야 할 것이다. 또한 그분처럼, 사람들에게 모욕을 주는 행동으로 바리사이가 되지 않도록 경계해야 할 것이다.

각자 스스로를 시험하고 하느님께 시험받도록 하라. 만약 말해야 할 때가 오면, 말하게 하라.

교회의 모태는 가장 위대하고 다양한 영들을 품을 만큼 충분히 넓다. 모든 사람이 그곳에서 피난처를 발견할 수 있다. 마찬가지로 모든 사람은 자신의 필요에 따라, 교회의 모태에서 생명을 주는 힘을 얻는다.

순수한 영의 종교나 성령의 순수한 교회를 꿈꿀 때, 이 큰 꿈이 주는 위협을 깨닫지 못한다. 즉, 문자의 영 대신 영의 문자만을 보는 것이다.

교회는 우리 모두에도 불구하고 유지된다. 신적인 힘으로 유지된다. 교회 밖에서는 아무것도 유지될 수 없다. 우리는 매일 교회를 향해 새로운 불신, 분노, 멸시, 원한, 모독 등을 퍼붓는다. 매일, 같은 하느님 영의 힘으로 이런 것들은 신앙 정화의 도구로 바뀐다.
우리는 매일 교회를 위협하고, 매일 교회를 부패시킨다. 그러나 교회는 매일 이 위협과 부패에서 벗어난다. 이 모든 것에도 불구하고, 하느님께서는 매일 교회에서 우리를 부르신다. …… 매일 새로 선택받은 많은 사람이 신앙의 예리한 첫 시선으로 겉모습들을 간파하면서 교회에 생명을 요구하러 온다.

당신은 교회를 아름답게 그려 내고, 이상적인 교회, 곧 그렇게 되어야만 하는 교회, 하느님께서 바라시는 교회를 관상한다. 그런 교회는 당신의 환상 속에 존재한다. ······

그래서는 안 된다. 아직도 온전하지 않지만, 나는 교회를 보여 준다. 신비 안에 있는 교회, 곧 가장 현실적인 교회를 신앙의 관점에서 보여 주는 것이다. 나는 여러 차원, 도덕적이거나 그 밖의 다른 차원에서 지난 모든 시대에 영향을 끼치고 오늘날에도 우리 각자에게 영향을 끼치는 교회의 비천함을 부정하지 않는다. 오히려 그것을 주장하고 선언하며, 그것은 교회 구성 자체에 내재되어 있는 역설이고 걸림돌이라고 말한다.

이러한 비천한 일들을 상세히 묘사하고, 이 상처를 펼쳐 보이는 것은 교회의 신비에 대한 우리의 지식을 발전시키지 못할 것이다. 그러므로 각자가 가진 고유한 임무에 따라 과거에 대해서는 역사가에게, 현재에 대해서는 설교가에게 일임해야 한다. 이 일이 유용하다는 생각이 들면 현재에 대해서는 조사관이나 '사회학자', 또는 개혁가에게 일임해야 한다. 그렇지만 그보다 훌륭한 영적 지도자에게 일임하는 것이 더 낫다. 그들은 대중을 향해 외치는 습관이 없기 때문이다. 나머지는 단순한 비방과 경솔한 비판이 될 것이다.

더욱이 교회는 우리 모두다. 따라서 나 자신이다. 나는 어떤 권리로 그 무대 밖에 있을 수 있는가? 하지만 나는 공개적으로 고백할 욕구가 없다.

《티보가家의 사람들 Les Thibaut》에서 비카르Vicart 신부가 앙투안 티보Antoine Thibaut에게 한 말은 단지 비신앙인이나 믿음이 약한 신앙인, 그리고 교육을 제대로 받지 못한 신자뿐만 아니라, 성직자, 신학자, 가장 영성적이고 사려 깊은 가톨릭 신자, 예외 없이 우리 모두에게도 해당된다. "친구여, 부디 내 말을 믿으시오. 가톨릭은 지금까지 많이, 훨씬 더 많이 당신이 볼 수 있도록 당신에게 주어졌습니다."

당신의 마음속 깊은 곳에 성령의 정배이며 살아 있는 이들의 어머니를 위한 사랑의 불길이 있습니까? 그대는 약속의 유일한 상속자에게 매여 있듯 성모님에게 결연히 매여 있습니까? 예수 그리스도를 낳아 준 어머니를 생각하면서 성모님을 위해 죽을 준비가 되어 있습니까? 만일 그렇다면 당신의 열정을 가로막는 굴레를 벗을 수 있습니다. 개혁을 갈망하고, 제안하고, 호소할 수 있습니다. 다시 찾을 수 있고 비판할 수 있습니다. …… 아마도 당신은 서투르고, 폭력적이며 과도하고 불의할 수도 있습니다. 아마도, 더 나은 것을 바라고 추구하면서 오류를 저지를 수도 있습니다. 당신이 옳다고 말하는 것이 아닙니다. 당신을 크게 걱정하지는 않습니다. 당신의 잘못은 너무 습관화된 신자들의 사랑 없는 만족보다 더 좋기 때문입니다.

아우구스티노는 이렇게 말한다. (당신은 이 말을 잘 이해해야 한다. 이 말을 쉽게 이해할 수 있다고 확신하지 마라.) "당신이 원하는 것을 사랑하고 행하십시오 Ama et fac quod vis."

똑똑하고 훌륭한 자질을 갖춘 젊은 사제가 '교계 제도에서 비롯된 태도'에 분노했다고 선언하며 신앙을 배반하고 교회를 떠났다고 내게 말한다. 나는 어떤 '태도'가 문제였는지 알고 싶지 않고, 다만 오히려 눈을 감은 채 그 '태도'가 유감스러운 태도였을 것으로 추측한다. 아니, 그보다 더 나쁜 상황일 수도 있다. 그런데 이런 파국에 이르기 전, 이 젊은 사제의 신앙은 과연 무엇이었는가? 교회에 대한 관념은 무엇이었는가? 교회에서 받은 생명에 대해 어떤 의식을 가지고 있었고, 어떤 평가를 내렸는가? 그 생명의 역사를 조금이라도 알고 있었는가? 그의 경험이 짧았다는 것에 놀라지 않는다. 그러나 《성무일도》에 나오는 그레고리오 성인의 강론[106]을 읽은 적이 단 한 번도 없다는 것은 놀랍다. 그 강론에서 성인은, 하느님 나라가 완성되기 전에 걸림돌이 없는 곳을 발견하기를 기대하지 말라고 하지 않는가? 그가 젊든 아니든, 인간이 인간 조건에 참여하는 것에 놀라워할 수 있는가? 그가 따라갔던 논리의 본성은 어떤 본성인가?

안티오키아 논쟁 때, 비록 바오로 사도가 여러 번 베드로 사도에 대한 불만을 토로했고, 또 옳고 그름을 떠나 '교회의 기둥들'이 택한 '태도'가 터무니없다고 여러 번 평가했음에도 바오로 사도가 그리스도에 대한 신앙이 조금이라도 흔들렸다고 상상할 수 있는가? 아니면, 그 걸림돌이 그리스도의 유일한 교회에서 그를 떠나게 할 수 있었는가? 오늘도 우리의 신앙은 같고, 그 기초도 같다. 같은 불에 의해 밝혀졌고, 같은 성령께서 그 불을 우리 마음에 계속해서 주입하신다. 마찬가지로 교회도 항상 같은 교회다. 교회는 우리 고유한 비천함과 유사한 모든 비천함으로 우리에게 분노를 자아내도록 하며 우리를 저버리고, 참을 수 없게 하고, 끊임없이 낙담시키지만, 동시에 우리 가운데서 대체할 수 없는 본연의 사명을 이어 가며, 예수 그리스도를 내어주는 일을 단 하루도 멈추지 않는다. 성부 하느님께서는 그리스도 안에서 "우리를 어둠의 권세에서 구해 내시어, 당신께서 사랑하시는 아드님의 나라로 옮겨"(콜로 1,13) 주신다.

"무엇이 우리를 그리스도에 대한 믿음과 희망과 사랑에서 갈라놓을 수 있겠습니까?"(로마 8,35 참조)

제3장

다른 역설들

1
복음

　예수님께서 사셨던 유다와 갈릴래아라는 작은 세상의 역사적, 사회적, 정치적, 종교적 상황에 대한 특수성을 알지 못하는 독자가 전문가보다 복음의 깊이를 이해하는 데 더 나은 상황에 있다는 것은 분명 역설이다. 그렇지만 전문가는, 비록 그가 신앙인이라도, 구체적으로 이 땅에 온전히 뿌리를 둔 예수님의 메시지를 최고의 보편성을 지닌 것으로 보는 데 어려움이 있다.

　복음에서 신적인 단순성은, 하느님의 복잡성처럼, 신적인 복잡성이다. 비평가들은 명시적이든 비명시적이든 자신들이 파악할 수 없는 **선험적인 것**a *priori*에서, 또 교의적이든 방법론적이든 **선험적인 것**에서 출발하기 때문에, 예수님의 인격이 주위 환경에 영향을 받는 인간의 한계를 넘어서지 못한다는 관념에 이끌린다. 그래서 그들은 몇몇 특징을 선택하고 다른 특징을 배제하면서 그럴듯한 예수님의 모습을 끌어낸다. 결국에는 발타사르Balthasar가 보여 준 것처럼[107] 단순화한 일련의 개요들, 곧 편협한 모습에만 도달할 뿐이다. 각 모습은 일반적인 인격의 외면만 가지고 있고, 서로 대립하기도 한다. 더 나아가, 이 모습은 예수님의 '객관적' 역사의 재건 작업에 대한 갈망에도 불구하고, 자주 저자의 철학과 생각, 그 시대의 재건 작업을 미리 알 수 있을 듯한 특징을 내포한다.

예수님께서는 '유일'한 분이시며, 하느님의 '아드님'이라는 핵심 주장은 예수님 시대의 문화와 아무런 관련이 없고, 유다 문화와 그리스 문화와도 관계가 없다. 그분은 "유다인들에게는 걸림돌이며, 다른 민족들에게는 어리석음"(로마 14,13)이다. 가능한 한 합리적 설명을 위해서, '그리스도교'를 하나의 '문화적 사실'로 축소하려면, 곧 시공간 안에서 이루어진 중대한 사실로 인정받으려면, 먼저 이 주장을 비상식적이라고 반박해야 할 것이다.

모든 진지함과 요구사항, 그리고 모든 결과를 포함하는 예수님에 관한 이 주장을 다른 공간이나 시간 안에서 표현한 사람을 나는 결코 본 적이 없다.

나는 가능한 한 인내와 온순함으로 각 복음서와 각 구절 사이의 직접적이거나 간접적인 관계, 구절의 원천에 대한 재구성, 문헌의 변형 등에 관한 주석가들의 모든 분석, 모든 비판적이고 문헌학적인 설명을 따를 준비가 되어 있다. 그러나 나는 우선적으로 인위적이지도 않고 전문적이지도 않은 아주 간단한 대화를 통해서 오늘날 네 개의 형태로 우리 손에 놓인 복음서들이 무엇을 이해하였는지 확인하고 싶다.

나는 여기저기서 신약 성경 저자들 사이의 신학이 서로 **불일치**한다는 말을 듣는다. 하지만 나는 그들의 신학이 서로 **일치**하는 것에 감탄한다.

"신약 성경에는 한 분 그리스도만 계시다. 그러나 많은 그리스도론이 존재한다."(하인츠 자른트Heinz Zahrnt)[108] "많은"이라는 단어는 분명히 과도한 표현이지만 개의치 말자. 저자의 말을 곡해하지 않는다면, 이 말을 거꾸로 표현하는 것이 더 나을 것이다. "신약 성경에는 다양한 그리스도론이 존재한다. 그러나 그리스도는 한 분뿐이시다." 아직도 반대 의미의 접속사 '그러나'는 적확하지 않다. 이 다양한 그리스도론은 서로 대립적이지 않기 때문이다. 다시 말해 이 다양한 그리스도론은 우리에게 한 분이신 그리스도를 보도록 기여하면서 서로 수렴하기 때문이다.

각 저자가 자기 고유의 목표를 갖고 있다는 것이 놀라운 일인가? 어떻게 하나의 목표만으로 충분하겠는가? 그리스도인은 첫 세 대부터 그것을 잘 이해했다.

복음서 저자들 사이의 대립이 문제가 될 때, 치밀한 주석가는 "제자들은 가서 예수님께서 지시하신 대로 하였다."(마태 21,6; 26,19)라는 구절을 인용하면서 마태오가 두 번에 걸쳐 마르코의 문헌을 교정한 것을 지적한다. 주석가가 제시하는 분명한 예는 마태오가 이를 통해 지도자들에게 순종해야 하는 공동체에 교훈을 주었다는 점이다. 그런데 1세기 사도직에 관한 출판물에서 마태오에 관한 개별 연구에 집중한다면, 이 두 구절에 대한 어떤 암시도 나와 있지 않다. 그것은 다른 관심사가 첫 자리를 차지하기 때문이다. 무엇보다 먼저 보여 주고자 한 것은 바로 모든 권위, 또는 적어도 모든 권위주의는 '초대 교회'에는 없었고, 당시에는 수평적이고 '형제적인' 관계와 모든 형태의 '섬김'만을 알고 있었다는 것이다.

주석가들은 여기저기에서 어떤 의도들을 찾는다. 그러나 객관적이고 비판적인 자신들의 주장에서 자기 자신들이 약간 지나치게 자신들의 의도나 자신들이 영향을 받는 환경에 이끌린다는 것을 깨닫지 못한다.

몇몇 비평을 읽다 보면 비평가들에게 '집필 행위'는 단순한 '의사 표현'이 아니라 '창작'을 의미하는 것으로 보인다. 어떤 생각이나 의도가 없는 글인데도 여느 글처럼 중립적이지도, 피상적이지도 않은 글이라면 그들에게 모두 편파적이고 기만적인 글로 여겨지는 것 같다.

권터 보른캄Günther Bornkamm처럼 온건적인 어느 비평가가 줄곧 우리에게 말한다. "후기 공동체의 회고적 증언", "공동체가 전승을 만드는 데 참여하였다.", "신앙의 해석", "복음서 저자들이 그 장면을 공들여 구상했다." "전통이 여러 번에 걸쳐 예수님 자체와 사람의 아들 사이에 존재하는 차이를 없애 버렸다."[109] 등. 이 모든 표현은 넓은 의미에서 다소 실재와 부합한다. 그러나 이러저러한 말씀이나 이야기가 '진실이 아니고' '공동체의 창작'이라고 결론 내리려는 것은 도를 넘는 것이다. 저자 역시 이것을 잘 알고 있다. 왜냐하면 이러한 표현들을 '엄격한 의미로 받아들여서는 안 된다'고 신중하게 우리에게 경고하기 때문이다. 그렇다면 왜 그것을 수용해야 하는가? 그에게 '비판'은, 다른 비평가들과 마찬가지로, 항상 약간의 '부정적'인 것과 같은 의미다. 사람들은 약간의 비판을 좋아할 것이다. 공동체가 창작한 것이라는 신화에 가해지는 이 비판도 충분히 '부정적' 의미를 띨 것이다. 그런데 보른캄은 전승이 '역사와 역사의 의미 사이의 경계를 모른다'고 지적한다. 그러나 그는 여기에서 무의미한 역사라고 무조건 축소되지 않는다는 어떤 모순을 보는 듯하다. 게다가 "이러한 방식으로 예수에 대해 이야기하는 것은 예수의 인격과 행위가 비교할 수 없을 정도로 유일하고 특별하다는 것을 정확히 드러낸다."라고 첨언하면서 바로 이 점이 우리를 불확실성에 빠트렸을 것이라고 짐작한다.

보른캄은 예수님과 관련하여 우리에게 자신이 바라는 점을 계속해서 말한다. 그것은 "실제로 신앙을 해석하기 전, 우리에게 주어진 것이 변질되지 않은 처음 그대로라는 것을 실제로 도출하기 위해서 **엄격한 비판**을 적용하는 것"이다. 그렇다면 그는 왜 신앙이 실재(현실)를 변질시킨다는 결론을 도출하지 못하는가?

보른캄은 "그분께서 [율법 학자들과 달리] 권위를 가지고 가르치셨기 때문이다."(마르 1,22)라는 말을 인용하며 이 구절을 이렇게 주석한다. "이 '권위'라는 용어는 확실히 신앙에 의해 파악된 그대로의 예수의 인격과 영향력에 대한 모든 신비를 가려 버린다. 따라서 그것은 순수 '역사적'인 것을 넘어선다." 그렇다면 그는 왜 복음서 저자들이 언급한 예수님의 권위가 역사적 가치가 없다고 결론을 내리지 못하는가? 진정한 역사가는 '엄격한 비판'에 따른 기준으로 다음과 같이 진술해야 했다. "그분께서 권위를 가지지 않고 가르치셨기 때문이다." 그러나 보른캄은 다음과 같이 부연한다. 이 권위라는 용어는 "그 기원으로 말미암아 모든 해석 이전의 역사적 예수에게 속한 현실을 표현"한다. 그렇다면 이것은 무엇을 의미하는가?

"사물을 한눈에, 단번에 보아야 한다."(파스칼) 이 요구는 느리고 치밀한 접근을 배제하는 것이 아니다. 그러나 이 작업이 "한눈에" 보는 것에 이르지 못한다면 허무할 뿐이며, 마침내 그것을 못 볼 수도 있다. '비판적인' 많은 사람은 해결할 줄 몰랐다. 그들은 눈, 이마, 코, 입, 턱, 머리카락, 귀, 피부 등의 전문가일 수는 있겠지만 거리를 둔 채 얼굴 전체를 보아야 한다는 것을 **전혀** 생각하지 못한다.

"좀 더 멀리 떨어져서, 좀 더 통찰력 있는 시선으로 사물을 보라." 이것은 철저한 분석가이며 박식한 장 라드리에르Jean Ladrière가 준 조언이다.[110] 거리 두기와 꿰뚫어 보기, 이 두 가지는 함께한다.

바오로 사도가 테살로니카인들에게 보낸 첫째 서간. 이 편지는 그리스도인으로서 처음으로 쓴 작품이다. 그리스도인의 소리가 처음으로 우리 귀에 울린다. 세상 어디에도, 그때까지만 해도 이 편지와 같은 작품은 없었다. 인간 역사에서 유일무이한 새로움이다. 그 어떤 뛰어난 문학 작품도, 예술이나 사상도 이 편지와 공통적인 것이 없다. 모든 것이 예수님의 인격과 관련된다. 모든 것이 예수님 사건에서 유래한다. 바오로 사도는 예수님 사건이 모든 것을 흔들어 놓았음을 확신한다. 예수님과 함께 모든 것이 시작한다. 새벽녘 동터 오는 여명의 신선함, 새로운 도약이다. 그러나 벌써 풍요롭다. 이미 형성된 교회들, 그들 사이의 형제적 관계, 모교회를 모방하고 모교회와 일치를 이루고자 하는 근심, 벌써부터 시련과 박해를 받는 공동체, 그러나 삶이 완전히 달라졌고, 근본적으로 새로워졌다는 강렬한 감정. 바오로는 이것을 증언하는 것 외에 그 어떤 것도 바라지 않는 위대한 사도로서, 동료 증인들이 그에게 유례없는 권위를 부여한다. 아버지의 권위, 어머니의 권위, 아버지와 어머니의 온화한 사랑을 부여한다. 시의적절한 몇 쪽의 글에는 어떤 변증법도 없다. 매우 친근한 그의 편지 곳곳에 이미 충만함이 있고, 교의적 꿰뚫음이 있다. 그리스도교의 첫 번째 열이며, 지난 19세기까지 이어진 망망대해의 전주곡이다. 또한 믿음, 사랑, 희망의 대신덕에서 모든 그리스도인의 생활이 규정되고 요약된다. 이 대신덕은 같은 삶의 세 가지 모양이며 세 가지 얼굴이다. 이 삶은 하느님의 선택에서 온다. 그렇다고 해서 그리스도인에게 노력, 활동, 강한 긴장을 유발하지 않는 것이 아니다. 그리스도인은 "믿음의 행위와 사랑의 노고와 우리 주 예수 그리스도에 대한 희망"(1테살 1,3)으로 산다. 바로 성령께서 이 모든 것을 주재하시고, 고난 한가운데서 기쁨을 퍼트리신다. 처음에는 전혀 목가적이지 않다. 쉬운 것도 없지만 지루할 틈도 없다. 이미 곳곳에 투쟁이 있다. "우리는…… 격렬히 투쟁하면서 여러분에게 하느님의 복음을 전하였습니다."(1테살 1,3) 복음 선포는 투쟁 한가운데서 이루어졌다. 바오로 사도와 함께 이 투쟁을 지지하는 사람들은 보잘것없는 소수의 사람이다. 그러나 실제로 모든 외부의 악의 세력과 모든 마음의 우상에 대항하는 투쟁, "살아 계시며 진실하신 하느님"께서 승리하신 투쟁이다. 이 승리는 모든 존재를 당신께로 향하게 하는 움직임을 불러일으키는 하느님의 승리다. 그분의 아들 예수님을 기다리며 그분이 죽은 이들을 부활시키리라는 "하느님에 대한 여러분의 믿음"(1테살 1,8)이 우리에게 있다. 바오로에서 지금 막 탄생한 공동체까지, 그리고 테살로니카인들에서 그들의 조상에까지 기억들은 기도 안에서 끊임없이 교류한다. 바오로 사도는 첫 구절에서부터 그것을 암시한다. 기억은 교회 안에서 형제들과 소통하며 오늘날까지 계속 활용된다. 각자는 모두에 의해 이렇게 강화되어, 자신들을 부르시는 하느님께 합당하게 모든 일에서 살아간다. 사실 하느님께서는 당신의 나라와 당신의 영광을 모든 사람이 함께 누리도록 모두를 부르신다. 이것은 추상적인 비현실주의가 아니다. 이미 논쟁과 착각, 분리주의의 위협을 느낀다. 바오로 사도는 테살로니카 공동체에 갈 수 없었기 때문에 사랑하는 제자 티모테오를 보냈다. 아마도 자기 자녀들에게 자신의 사랑을 증언하고, 공동체를 잘 정비하기 위해서, 막 생겨난 논쟁을 가라앉히고, 다른 교회 공동체와 함께 공동체 안에서 일치를 보증하기 위해서일 것이다. 또한 "너무나 인간적인" 짐이 항상 그리고 빠르게 여파를 몰아 나타나며, 항상 유혹자, 악이 일함으로써 사도의 일을 헛된 것으로 만들 위험이 있기 때문이다.

나는 이 서간에 대한 어떤 주석도 다시 보지 않는다. 단순히 이 서간을 읽는다. 천천히 열과 성을 다하여 이 서간을 읽기 위해서 잘난 척하거나 우쭐거리지 않는다. 그렇게 읽는 것만으로도 단어의 무게감과 집약적 표현, 옛사람의 동요, 근본적인 새로움, 순수한 기쁨과 찬란한 희망의 새로운 분위기를 느끼는 데 충분하다. 마치 그리스도교 문학의 탄생과 같이. …… 이 모든 것은 여기에 마음을 열기로 동의한 사람에게는 과거나 오늘날에도 여전히 새로운 것이다. 예수님 없이는, 다시 말해, 자매 공동체에서 나온 복음서 저자들이 우리에게 알게 하는 **예수님이** 없다면, 이 모든 것은 아무것도 아니다. 복음서 저자들은 학자들이나 눈먼 '비평가들이' 주장하는 것처럼 그 새로움의 중요성을 과대평가하지 않았으며, 오히려 그들이 마음속에서 느낀 예수님의 인격과 그분 행적의 위대함, 힘, 유일한 새로움을 표현하는 데 분명한 무력감을 느꼈다.

복음서는 전기傳記가 아니라 신앙의 증언이다. 대립을 지나치게 강화하지 않는다면, 이것은 확실하다. (신앙의 증언은 선입관에 따른 신학이 아니라 본질적으로 전기적인 요소를 포함하기 때문이다.) 그러나 만일 복음서가 신앙의 증언이 아니라 전기라고 한다면, 이 복음서들이 예수님에 관한 정보를 더 많이 제공해 준다고 생각하는 것인가?

"우리는 초기 그리스도교 공동체의 신앙을 통해야 한다." 그렇다면 어떻게 역사적인 나자렛 예수의 실재에 도달할 수 있는가? 그러나 우리가 통하길 바라는 것이 곧 신앙이 아닌가? 그것이 가장 좋은 길 아닌가? 만일 예수님의 동료들이 예수님에 대한 믿음이 없었다면, 어떻게 예수님을 우리에게 알려 줄 수 있었겠는가? 그들은 온갖 자세한 정보, 예를 들면 그분의 일과 행적, 그분이 오고 가신 길 등을 우리에게 제공해 줄 수 있었을 것인가? (상상해 보자.) 그러나 그 정보들에 우리가 흥미를 가질 수 있겠는가?

내가 합당하게 예수님을 믿으려면, 그분을 내게 알려 준 사람들이[111] 믿지 않았어야 한다는 것인가! 사도들이 그분에 대해 증언하려고 하지 않았어야지만, 유효한 증인이 된다는 것인가!

예수님과 관련하여 "우리는 예수님 제자들의 신앙을 통해서만 예수님께 도달할 뿐이다."라는 '중대한 어려움'을 계속 상기한다. "오로지 ~할 뿐이다."라는 표현은 나에게 낯설다. 그렇다면 어떻게 예수님께 도달하길 바라는가? 무관심한 사람들이나 불신자들의 증언을 통해서인가? 이런 증언이 더 가치 있다고 전제하는 것인가? 증인의 신앙이 의심스러운 증언이라고 평가하려면, 예수님께서는 이런 신앙을 용납하지 않는다는 것을 선험적으로 전제해야 한다. 이것은 전제가 갖는 오류다.

어떤 사람이 복음서의 각 부문을 학자답게 나에게 설명한다. 이것은 공동체의 전례에서 온 것이고, 교리교육에서 온 것이며, 이단적 경향을 거스르는 반응에서 온 것이고, 복음서 저자의 고유한 신학에서 온 것이다. 모든 것이 참으로 기발하다. 몇몇 경우에는 진짜 그럴듯하다. 그렇지만 결국 다음과 같은 질문을 피할 수 없다. "이 전례는 어디서 왔는가?" "이 교리교육은 어디서 왔는가?" 그리고 이 공동체를 결속하게 한 '반응'은 어디서 왔는가? 또 이 신학의 원천은 무엇이었는가? '창작'을 말할 때, 무엇을 말하고 싶은 것인가? 창작이 과연 순수한 의미의 창작인가? 만일 순수한 의미의 창작이 그것에 기여해야 한다면, 생생한 모든 현실을 보존하는 불가피한 방법을 동원해야 하지 않는가? 한마디로, 가장 좋은 설명은 가장 단순한 설명, 모든 것을 예수님과 연결하는 설명, 또한 예수님께서 열두 제자들에게 준 인상과 연결해야 하는 것이 아닌가? 그러므로 나에게 가장 좋은 것은 불가능한 문자주의를 추구하지 말고, 순수하게 **복음**을 읽는 것이 아닌가?

오늘날에는 교회의 예수님을 거슬러 자신의 입맛에 맞는 '예수'가 만들어지고 있다. 에세네파 예수, 열성당원 예수, 영지주의자 예수, 계시를 받은 예수, 예비 마르크스주의자 예수, 아버지를 부정하는 예수 등……. 이것에 놀랄 필요가 없다. 그러나 현재의 '다원주의'를 그리스도교 첫 증인들이 우리에게 제공한 예수님의 모습의 '다원주의'와 동일시하는 것은 궤변이고 기만이다. 온갖 잡다한 물건들이 모인 시장과 마르코, 루카, 마태오, 바오로, 요한이 한 분이신 예수님을 우리에게 소개하는, 실제로는 서로 일치하게 될 다양한 관점 사이에 무슨 공통점이 있겠는가? 예수님의 모습들 중에서 어떤 사람은 "메시아"를, 어떤 사람은 "사람의 아들"을, 또 어떤 사람은 "야훼의 종"을 강조하는데, 예수님의 이러한 모습들은 대립적이지 않다. 만일 예수님께서 모습에 따라 우리에게 다른 메시지를 전해 주신다면, 구체적으로 그분을 아는 것은 불가능하다. 그렇다면 이처럼 다양한 관점에서 예수님을 바라봐야만 그분을 알 수 있다는 결론을 내려야 하는 것 아닌가? 만일 예수님께서 그러한 다양한 모습을 변모시키면서 참으로 이스라엘의 모든 희망을 성취하기 위해 오신 분이라면, 서로 대립되는 커다란 모습들은 예수님의 유일한 인격 안에서 궁극적인 일치를 이룬다는 것을 보여 주어야 하지 않겠는가? 그리고 이것은 여러 접근으로 달리 이루어질 수 있지 않은가? 곧 각각의 모습은 같은 초상을 풍부하게 할 뿐만 아니라 같은 형상을 정당화하는 데 기여한다는 것을 보지 못하게 하는 근시안적일 것이다.

우리 가운데 점점 증가하는 소수의 불트만계 학자들은 그들이 복음서 형성 과정을 '비평적'으로 재구성할 때, 다음과 같은 확실한 사실에서만큼은 교회 초기 공동체의 '창작물'이라든가 복음사가들이 신학적 선입관을 가지고 있었다는 고고한 사변 옆에 작지만 한 자리를 차지하도록 초대받을 수 있을 것이다. 예수님께서 가르치시던 환경에서는 '한 방울의 물도 새지 않도록 견고하게 세워진 저수탱크와 닮았는지'를 보고 좋은 제자인지 알아볼 수 있었다.

자신들이 발견한 것에 감탄을 금치 못하던 정직한 비평가들은 우리가 역사적인 오류의 희생자임을 알려 준다. 실제로 예수님께서는 교회를 설립하지 않았다. 교회를 설립한 행위의 흔적은 교회의 기원을 살펴봐도 그 어디서도 발견할 수 없다. 어떤 설립 증서도, 공증받은 문헌도, 설립 총회도 없었다.
다음과 같은 비판은 옳다. 교회는 마치 새로운 국가처럼, 혹은 산업체, 영리 업체, 유엔처럼 어떤 목적을 가지고 설립되지 않았다. 교회는 예수님에게서 **태어났다**. 예수님의 수난과 부활에서 태어났고, 그분이 보내 주신 영에서 태어났다. 예수님께서는 교회를 준비하셨고, 교회의 중심을 형성하셨다. 복음서는 열두 제자의 선택, 그들의 교육, 파견, 거룩한 삶의 입문, 베드로의 서임 등을 우리에게 전해 준다. 이 모든 것은 취소될 수 없다.

교회는 가시적이면서도 비가시적이다. 신비로운 실재이면서도 인간으로 구성된 사회다. 태어나고 설립되었다. 살아 있는 유기체이면서 설립된 조직이다. 이 두 측면 가운데서 하나를 강조하기 위해 다른 하나를 없앨 방도를 찾는 것은 소용없다. 즉, 현실의 복잡성을 줄이고 역설을 없애는 것은 불가능하다. 교회를 어떤 인간적 모델로 구상하려는 시도는 헛된 것이다. 교회는 처음이나 지금이나 항상 다르면서도 하나다.

과학과 '비판'으로 가득한 주석가들은 분석 작업에서 예수님이라는 개인이 다음과 같은 사람이라는 것을 스스로 납득할 만한 도구들을 발견한다. 그들에 따르면, 인간 예수님은 한낱 변덕스러운 존재, 편협한 시각을 가진 율법 학자, 계시받은 예언자, 또는 여러 정치인 가운데 한 사람, 게다가 한 집단의 우두머리, 신앙심 없는 제자들을 통해 부적합하게 확대 해석된 사람일 뿐이었다. 그런데 19세기를 지나 "기쁜 소식"과 《즐거운 지식*gai savoir*》(1882)을 대립시킬 필요를 느낀 사람이 있었다. 그가 바로 니체다. 니체는 자신의 마땅한 적대자로서 예수님 외에 다른 사람을 두지 않는다. 그가 비록 어리석어 보일지라도, 이 주석가들보다 예수님을 분명하게 보고 있다!

니체는 예수님께 도전하면서, 그리고 그분을 흉내 내면서, 감탄과 비난, 증오와 사랑이 섞인 채, 예수님에 대해 증언하였다. 그는 교리를 비판하지 않고, 존재자에게 도전하였다. 예수님을 먼 과거의 철학자로 여기지 않았다. 아리스토텔레스나 플라톤에 대해서 논하듯 그분에 대해 논할 생각이 없었다. 그는 소크라테스에게서 아주 큰 과오를 보았기 때문에 당연히 소크라테스에 대해 논하는 것처럼 그분에 대해 논하지 않았다. 예수님께서는 그에게 살아 있는 분이셨다.

우리는 스승이 죽은 다음 날부터 제자들이 그의 이상理想을 깎아내리고 물질적으로 구체화하며, 그의 의도를 가장 밋밋한 개념으로 대체하는 것을 자주 본다. 그러나 예수님의 경우에는, 몇몇 '비판적' 역사가들의 말을 믿지 않는 한, 그분 제자들이 시공간에 좌우되는 세속의 모든 허망한 관점을 살아 있는 유기체와 연결된 숭고하고 경이로운 교의들의 묶음으로 변화시킨 것을 결코 보지 못했다. 이런 교의들의 묶음은 영혼들을 변화시키기 위하여 어디든 관통할 수 있고, 유일한 새로움의 감정을 품게 할 수 있으며, 모든 시대를 가로지를 수 있다. 이 모든 것은, 그분의 첫 제자들로부터 최소한의 저항이나 스승의 참된 교리를 재건하려는 그들 중 누구에게서도 최소한의 관심도 받지 못한 채 이루어진 것이다. 오히려 제자들은 처음부터 스승을 잘못 이해하고 헛된 꿈, 육적인 관점, 주변 사람들의 관점에 빠져 스승을 난처하게 만들었다고 자책하였으나, 스승은 그런 제자들을 꾸짖었다.

나는 복음서 저자들이 우리가 알고 있는 형태로 예수님께 부여한 여러 말씀이 그들 자신이나 그들이 살았던 환경에서 유래했음을 인정한다. 나는 심지어 그들이 말씀을 각색하고 늘렸을 뿐만 아니라 창작한 것이라고 잠시나마 가정하고 싶다(실로 경이롭다!). 그러면 우리는 역사상 유례가 없는 사실에 직면할 것이다. 오랜 세월 영과 마음을 요동치게 하고, 이스라엘의 전통을 파괴한 것처럼 보이지만 실은 완성하고, 고대 문명을 변화시킬 단호한 영성을 도입하는 것과 비슷한 일을 자기 나름대로 만들어 낼 수 있는 사람들이라니, 얼마나 대단한 증인들인가! 게다가 그들은 이 모든 것을 어느 한 사람에게, 예수님께 부여하기로 동의하면서 저마다 다양한 의도 속에서도 모두 그분을 자신의 유일한 스승이자 주님으로 여겼다. 그들은 유례없는 이 새로움의 저자들이다. 그럼에도 그들은 이 새로움을 이해하는 데 상당한 어려움을 가지고 있었음을 많은 징표를 통해 보여 준다!

복음서들이 '단순한 보고서'가 아니며 '중립적'이지도 '공평'하지도 않다고 말하는 것은 옳다. 또 복음서 저자들이 작성한 문헌들은 '신앙에 의해 형성'되었다고 소개하는 것은 옳다. 이것은 너무나 분명한 것이므로 우리에게 상기시킬 필요도 없다. "복음", "기쁜 소식"(마르 1,1 참조)은 중립적이지도 공평하지도 않다. "이것들을 기록한 목적은 예수님께서 메시아시며 하느님의 아드님이심을 여러분이 믿게 하려는 것이다."(요한 20,31) 그렇다고 이 문헌들이 조작된 것이 아니다. 그러나 복음서의 여러 사실들이 신앙을 요구한다는 것을 가정한다면, 결국 '중립적' 보고서는 일종의 기만이 되거나 적어도 불완전하다는 것을 가정한다면(이런 가정은 선험적으로 배제할 수 없다), 어떻게 이 보고서가 '공평'하다고 말해질 수 있겠는가?

또한 복음서가 예수님의 직무에 대해 '역사적 실재를 넘어서는 설명'을 제공해 준다고 우리에게 말하기도 한다. 나는 이 표현이 진실을 포함할 수 있다고 본다. 마르코와 다른 복음사가들은 해석가이며, '순수 사실들faits bruts'로 이루어진 이야기와 다른 것을 우리에게 제공한다는 것은 분명하다. 그게 아니면 어떻게 달리 제공할 수 있단 말인가? 예수님의 직무에 대한 '역사적 실재'는 확실히 '순수한 사실'로 축소되지 않았다. 그것은 해석을 통하지 않으면 달리 파악될 수 없다. 그런데 왜 이 해석이 우리를 저 '너머'로 데려간다고 판단하는가? 아마도 우리를 여전히 그 '안에' 남겨 둔다고 말하는 달리 말해, 사랑받는 제자가 전한 모든 것은 그의 권위를 세우기 위한 것이 아니라 나중에 그의 권위를 설명하기 위한 것일 뿐이다. 이 권위가 언제 그에게 올 수 있었는지 우리는 한순간도 궁금해하지 않는다. 또 그가 '기본 원천'으로 여겨진 것은 아마 단순히 '십자가 사건'에 함께 있었던 예수님의 진정한 친구였기 때문이었을 거라는 일반적인 가설은 고려하지 않는다.

나폴레옹은 19세기에 위대한 장군으로 칭송받았다. 이것이 우리가 아르콜 다리 전투, 오스텔리츠, 이에나, 와그랭 전투의 승리 등에 대한 공로를 그에게 돌리는 이유다. 그에게 위대한 장군이라는 명성을 굳건히 해 준 것이 현실에서의 승리들이 아닐 수도 있다는 것에 혹시라도 의문을 품을 필요는 없다.

일부 주석가들에 따르면, 복음서에서 가장 진부한 평범함을 넘어서는 모든 것은 예수님의 것일 수 없다는 첫 번째 원칙은 논란의 여지가 없다. 그렇다면 복음서 저자들은 왜 덜 평범할 수 없었는지, 왜 항상 복음서 저자들과 그들이 대변하는 '공동체'를 예수님보다 더 우월하다고 평가해야만 하는지 궁금하다.

모든 비평가가 알다시피 하나의 문헌을 구축하는 작업에는 **어려운 독서**가 일반적으로 더 낫다. 그러나 무능한 독자, 나태한 사람, 깊이 숙고하지 않는 사람에게는 **쉬운 독서**가 더 낫다.

세상에 대한 **어려운 독서**는 신앙이 권고하는 바다. 그 독서가 제공한 만족감은 결코 도착점에 이르지 않지만, 인간이 만들어 낸 너무 쉬운 독서가 갖는 허망한 특성을 분명히 발견하게 해 준다.

그리스도의 사건도 마찬가지다. 그리스도의 사건을 평범한 것으로 만들고, 이미 만들어진 '모델'로 격하시키며, 공통적인 경험이 제시하는 개연성을 따라 해석하는 것이, 모든 유사한 일이나 일어날 법한 일과 모든 '합리적인' 기대에서 벗어나고 우리의 습관과 열정을 뒤흔들지 않을 설명에서 벗어나 그리스도의 사건을 축소될 수 없는 사실로 인정하는 것보다 더 쉽다. 그것이 이 유일한 경우와 충돌한다고 고백하기보다 더 쉽고, 축소하는 노력은 궁극에 도달할 수 없다고 고백하기보다 더 쉽다. 이것이 바로 **어려운 독서**, 성찰이 요구하는 독서다.

히브리인들에게 보낸 서간의 저자에게 "구약에 대한 그리스도교적 해석은 매우 분명하게 요청된다. 이와 같이 성경 문헌들은, 마치 철 가루가 자석에 끌려오듯, 그리스도에게 끌려온다. 성경 텍스트는 예수님의 신비에 온전히 적용되기 위해 온 것이므로 예수님의 신비에서 성경을 분리할 수 없다. 그분 안에서 성경의 결정적 의미를 발견한 것"이다(알베르 반오이Albert Vanhoye).[113]

이것은 바로 요한 사도에 대해서, 그리고 모든 그리스도교 전통에 대해서 말할 수 있는 것이다. 그리고 이것이 바로 그리스도인의 신앙을 위한 구약 성경의 전체적 영속성의 원리다.

"신약 성경에서 '현대적'인 울림을 주는 몇몇 구절을 선택하고, 그 구절이 '영속적인 요소'를 대표한다고 하는 것은 결코 복음을 선포하는 것이 아니다."(찰스 헤럴드 다드Charles H. Dodd)[114]

몇몇 사람은 "신약 성경에서 '오늘날'에도 '여전히' 받아들일 수 있는 것을 도출해야 한다."고 생각한다. "이 기준을 본성적인 무의식과 함께 받아들이는데, 현재 젊은 신학자들을 지배하는 이 사고방식은 나에게 가장 위험한 징후 가운데 하나로 보인다. 만일 그들이 시대의 정신과 경험을 기준으로 삼고 그것에 신학을 종속시킨다면, 모든 신학 행위는 어디로 불지 모르는 바람일 뿐이다."(한스 콘첼만Hans Conzelmann)[115]

"……예수 그리스도의 말씀들. 이 말씀들은 다른 사람들의 말과 같은 것인가? 숭고하지만 어린이가 하는 말처럼 유치한가? 후기 유다이즘과 에세네파 사람들에게서 본 것처럼 맹신주의적 표현인가? 믿는 사람들의 공동체가 후대에 이런 멋진 말을 스승의 입에 넣어 주며, 스승이 한 말이라고 하는 공동체의 창작인가? (만일 그렇다면 이 얼마나 대단한 공동체이며, 창조적인 단체인가!) 그러나 이런 주장 가운데 그 어떤 주장도 예수 그리스도의 말씀을 설명하지 못할 것이다. 외로움 속에서 홀로 말하는 사람은 그 어떤 대립이든지 온전히 고요함 속에서 대면하는 사람일 것이다. 그리고 그는 자기 계승자에게 아무것도 의지하지 않을 것이다. (그러나 그는 계승자를 모으고 파견할 것이다.) 모든 시대와 모든 백성을 통틀어 지혜로운 자, 철학자, 신학자, 신비가와 그 어떤 사안에 대해서도 경쟁하지 않을 것이다. 그는 그들 가운데 누구보다도 더 단순하고 더 대중적이며, 더 비밀스럽고, 더 비의적秘義的일 것이다. 이 세상을 끝까지 조마조마하게 하는 것은 예수님 말씀에 포함된 교리뿐만 아니라 말씀을 선포한 그 사람이기도 하다. "하늘과 땅은 없어질지라도, 내 말은 결코 없어지지 않을 것이다."(마태 24,35)라고 말한 그 사람, 누가 이런 사람일 수 있는가? 모든 그리스인, 인본주의자는 자만의 극치로 단어를 규정해야 했다. 그러나 그 단어들은 사람들 가운데 가장 겸손한 자에게서 나온다. 그가 누구인가? 그와 만나는 일은 피할 수 없다. 그에 비하면, 교회의 문제적 측면을 다루는 데 보내는 시간은 잃어버린 시간이다. …… 사람들은 하찮은 것에 궤변을 늘어놓는다. 가장 중요한 것과 마주하기가 두렵기 때문이다. 그런데 바로 이 사람에게 신비가 있다. 결국에는 그를 피할 수 없다. 매일 우회해야 하는 것은 결국 피곤하게 한다. 기다릴 줄 아는 중심으로 올바르게 방향을 정하고 정진해야 한다."(발타사르)[116]

"위대한 시인의 말은 철학적 비판을 받기 쉽지 않다. 시인의 말은 그대로 존재하고, 그 말처럼 작용한다. 문헌학자들의 찬양이나 힐난을 걱정하지 않는다. 찬양과 힐난은 사라지지만 괴테Goethe의 말은 남아 있을 것이다. 마찬가지로 하느님의 말씀은 그 말씀을 돕거나 족쇄를 채우는 주석, 곧 모든 분석적 주석이나 체계적 주석 위에 있다. 이러한 노력을 받아들이지만, 그 노력은 지나가고 하느님 말씀만 남아 있을 것이다."(발타사르)[117]

2
공의회, 단체성,
반-공의회와 공의회 이후

"쇄신 대책들은 대부분 과거에 대한 단순한 반발에서 많은 영향을 받으므로 나는 실패할까 두렵다."(시카고에서 로제 슈츠Roger Schutz에게 보낸 테제공동체의 한 형제의 편지)[118]

"한 시대가 자화자찬할 때, 그리고 순진하게 지난 과거보다 위에 있다고 말할 때…… 참으로 가련하다."(펠리시테 드 라므네F. de Lamennais)[119]

신앙교리성은 제2차 바티칸 공의회에 근거하여 교회 교도권과 가톨릭 사제에 관한 기본적인 가톨릭 진리를 상기시킨다. 다음 날 스위스 신문은 이러한 행위를 소련이 전차들을 동원해 체코슬로바키아를 침공한 것에 비유한다.

사람들은 '제2차 바티칸 공의회의 교회'에 관하여 많이 언급한다. 또는 '비오 10세의 교회'나 '트리엔트 공의회의 교회', '바오로 6세의 교회'에 대해서도 많이 말한다. 여기에는 용어의 남용이 있다. 이것은 지속되는 본질을 파괴하면서, 비연속성을 과장하여 비난하고 심지어 단절을 상상하며, 우연적이고 부차적인 특성을 과대평가하는 것이다. 또한 공의회와 교황이 권위를 행사하더라도 그들이 그리스도교 전통의 봉사자일 뿐이라는 사실을 망각하는 것이다. 나는 하나의 교회만 알 뿐이다. 영원의 교회, 예수 그리스도의 교회, 사도들의 교회만을 안다. 물론 교회의 역사는 분명 파란만장했다. 그러나 그대로 머무르려고 쇄신한 것은 절대 아니다.

오늘날 슬로건이 된 다른 문구가 있다. 이 문구를 어떤 방식으로 이해하고, 어떤 결론을 도출하는지에 따라 이를 싫어할 수도 있다. 사람들은 말한다. "제2차 바티칸 공의회는 도착점이 아니라 출발점이다." 물론 문헌들이 적용되고 때로는 예견할 수는 없지만 향후 열매를 맺기 위해서 이 문헌들이 만들어졌다는 의미에서는 출발점이다. 그러나 한편으로, 이 문헌들은 마치 19세기 동안 이어져 온 전통을 폐기하는 것처럼 절대적인 출발점이 아니다. 다른 한편으로는 공의회를 또 다른 무언가를 향해 열려 있는 문으로 간주하고 특히 '더 멀리 나아가야 한다'는 구실로 문헌의 문자와 정신 안에서 공의회를 실제로 부정한다면, 그것은 공의회에 대한 배반이다.

그때부터 공의회의 내용에 대해 더는 신경 쓰지 않는다. 사람들은 시대의 진정한 필요를 인식한 엘리트와(그는 이후에 무리를 형성할 수 없었다) 이 무리에서 뒤떨어진 사람들 사이에서 타협하기 위한 과도기적 효과처럼 간주한다. 공의회의 공로는 '돌파구를 연 것', '변화를 시작한 것'이라고 말한다.

완전히 과장된 다른 문구가 또 있다. 교회에 관한 교의 헌장 〈인류의 빛〉이 교회를 '하느님 백성'이라고 정의하면서 '코페르니쿠스적 혁신'을 이루었다는 것이다. 사실 그 당시까지 하느님 백성인 교회는 교계 제도로 간주되었다.

이것은 잘못된 고정관념이다. 단순화한 이 표현에는 역사적 오류가 있다. 이 문구는 신학자들이 승리의 환호처럼 제시한 것이다. 그러나 그들은 순진하게 자신들이 과거보다 더 큰 임무를 수행했다고 상상하며, 균형 감각을 잃어버렸다.

우선 몇 세기 전부터 중요한 논집이나 작은 교리서에서 교회에 대한 가장 통상적인 정의들은 교회를 주교와 일치를 이루고, 주교에 의해 교황과 일치를 이룬 신자들의 모임이라고 특징짓고, 하나이며 보편적인 사회를 형성한다고 이해하였다.[120] 물론 이것은 철저하고 완벽한 정의가 아니다(제2차 바티칸 공의회에는 이런 정의가 없다). 그러나 제2차 바티칸 공의회는 이 정의를 바꾸지 않았다. 다른 한편, 공의회가 교회를 하느님 백성으로 '정의했다'는 것은 진실이 아니다. 교회 헌장 〈인류의 빛〉에서는 교회를 신비라고 가르친다. 그리하여 하나의 문구에서 압축하여 정의를 내리는 모든 시도는 본질인 측면을 피해 간다. 그런 다음 문헌은 신비의 실재는 성경에서 여러 이미지로 표현된다고 설명한다. 이미지 가운데 '그리스도의 몸'이라는 표상은 특권을 가지고 있다. 그다음에야 비로소 '하느님의 백성'이라는 표상으로 넘어간다. 하느님의 백성은 교회 헌장에 원칙론적 관점을 제공한다. 그러나 헌장은 이 '백성'을 현세적 의미, 민족적 의미, 그리고 사회적, 정치적인 의미에서 이해하지 않는다. 더구나 차별화할 수 있는 무리로 이해하지도 않는다. 이어지는 장에서 헌장은 사목자들에 관하여 언급하면서 즉, 교황과 일치되고, 신부와 평신도에게 도움을 받는 주교들에 관하여 언급하면서, 이 백성의 다양한 요소를 분석한다. 이러한 것은 하나도 혁명적이지 않다.

또 사람들은 다음과 같이 말하기도 하였다. "공의회는 교회에 관한 신학에서 매우 심오한 변화를 불러왔다. 공의회는 교회를 교계적 사회라고 정의하기를 거부했으며, 우선 백성으로 고려했기 때문이다." 교회 헌장에서 이루어진 심오한 변화는 교회의 신앙에 대한 반역이 될 수도 있었다. 이러한 언어의 과장은 제2차 바티칸 공의회가 이단에 빠졌다고 주장하는 보수주의자에게 명분을 제공해 줄 뿐이다. 그러나 실제로, 넓은 의미에서 우리가 '정의'에 대해서 말한다면, 공의회는 교회는 신비이며 어떤 개념이나 이미지로도 이 신비를 표현하는 데 충분하지 않다고 명시하면서도 **우선** 교회를 그리스도의 몸으로 정의했다고 지적해야 할 것이다. 이어서 사람들은 하느님의 백성에 대해서 언급한 것이 "교회를 백성이라고 정의하는 것"이 아니라는 점을 망각한다. 이 문구에서 '하느님'을 없앤 것은 중대하다. 물론 이 문구의 저자인 주교는 이 단어를 배제하기를 원하지 않았을 것이다. 사실, '백성'이라고만 하면 그리스도교 용어가 갖고 있는 유비적이고 특별한 의미(옛 이스라엘 백성과의 연속성과 동시에 대조성)를 더는 암시하지 않기 때문이다. 앞에서 인용된 구절은 공의회가 말한 것과 공의회가 말한 순서를 불가피하게 정반대로 이해하게 한다.

나는 두 진술이 기억난다. 하나는 개신교 목사의 매우 흠 없고 솔직한 말이다. 그 목사는 어느 날 나에게 이렇게 말했다. "당신네 가톨릭 신자들은 진리를 배반하였습니다. 그렇지만 당신은 하나의 교회를 갖고 있습니다." 다른 하나는 동방교회의 고위 성직자의 말이다. "그리스도인 사이에 일치가 이루어져야 합니다. 이 일치는 로마 교황을 중심으로 이루어질 수밖에 없습니다." 이렇게 말한 뒤 그는 매우 슬픈 어조로 덧붙인다. "그러나 교황의 권위가 현재 가톨릭 교회 내부에서 의문시되고 있어 우리를 당혹스럽게 합니다. 이것은 일치를 늦추게 할 것입니다."

한 주교가 이렇게 적은 바 있다. "나는 우리 신앙의 핵심과 교회의 본질적 구조에 관하여 누구나 아무렇게나 쉽게 글을 쓸 수 있다는 것이 두렵다. 그것도 이 글들은 나름대로 '신중한' 상세 설명 외에는 다른 것은 논하지 않는데 이것은 스스로 충실한 신자이길 바라는 그리스도인에게 당혹감을 부추길 뿐이다."

한 평신도의 편지가 있다. "……차갑고 공허한 느낌 없이는 들어갈 수 없는 여러 교회가 있습니다. 그 교회에서는 미사가 수다스러운 두세 사람들의 활동처럼 보이고, 사제는 구석에 앉아 지루한 듯 체념한 채 미사에 참여합니다. 사제는 순간 잠에서 깨어나 미사의 축성 기도를 대충 바치기 위해 앞으로 오고, 그런 다음 슬며시 퇴장합니다. …… 우리 본당은 '전통주의적'인 본당으로 여겨집니다. …… 그러나 과거를 분간하지 못하고 우리가 완수할 막연히 좋은 의도로만 여겨지는 '위대한 일'에 열정을 갖고, 비판적 편집증에 굴복합니다. 다음과 같은 방식은 강론이 아닙니다. '옛날에는 이렇게 말했고, 믿었다. 그런데 지금은 마침내 이렇게 깨달았다.' 이런 강론은 저를 화나게 합니다. 왜냐하면 제가 받은 가르침은 소위 말하는 발견에서 기인한 것이지 '옛 교회'에서 기인한 것이 전혀 아님을 알기 때문입니다. 저는 일부 흥분한 사람들의 실수와 남용은 대부분의 우리 '착한 성직자들'의 맹목적인 정신에 비하면 그리 심각하지 않다고 생각합니다. 사실 이들은 시대에 뒤처지는 것을 두려워하고, 자신들이 찬성하지 않는 것에 관대하며, 세상의 모든 악을 교회의 잘못이라고 전가하고, '대중에게 흥미를 끌기' 위해 그리고 '세상에 적응하기' 위해 군중의 심리에서 차용한 '요령'을 추구합니다. 이 '요령'은 마치 기도에서나 언론과 라디오에서나 초라하고 저속합니다. 요령은 더 이상 성공할 수 없습니다! 저는 술탄 궁전의 비밀을 알지 못합니다. 그러나 우리의 용감한 시골 신부들은 피정 때문이 아니라 '재교육' 때문에 자리를 비웁니다. 그리고 돌아올 때 한 당파의 지지자처럼 '의기양양해져서' 사제가 없는 새로운 교회, 우리가 교회라는 이름 아래 알고 있는 것과 무관한 새로운 교회에 대해 열광적으로 말합니다. 사람들은 더는 거룩한 신부를 원하지 않고 효과적인 '책임자'를 원합니다. …… 이 모든 것은 참으로 고통스럽습니다. 주교가 교황의 말을 듣지 않고, 본당 주임 신부가 주교의 말을 듣지 않으며, 보좌 신부가 주임 신부의 말을 듣지 않을 때, 그리고 가장 낮은 신학자가 그와 동등한 권위를 자처할 때와 이런 성직자가 신자에게 자신의 생각과 행동을 강요할 때, 교회라는 개념 자체가 모호해집니다. 그렇다고 해서 제가 베드로의 교회에 애착을 느끼지 않는 것은 아닙니다. 그리스도께서 그 교회를 세우셨기 때문입니다."

우리는 **쇄신**을 온 마음으로 수용했다. 그것을 기대하고 기다렸다. 우리 가운데 많은 사람이 공의회 이전과 공의회 동안 쇄신을 준비하는 데 이바지하였다. 공의회 직후에도 온 힘을 기울이며 쇄신을 실행할 준비가 되어 있었다. 그들은 이 일의 어려움에도 불구하고, 공동체적 노력으로 유지될 것이라고 믿었다.

이처럼 그들은 공의회에 '예'라고 응답했고, 계속 그렇게 응답하고 있다. 그들이 공의회에 충실하게 머무르기 위해서, 이어지는 타락에 '아니오'라고 응답하기 위해서, 타락이 심해질수록 점점 더 강력한 '아니오'를 답하기 위해서 그래야 했다.

그러므로 여기저기서 말하는데 잘못 말하는 것처럼, 소심한 사람과 과감한 사람, 절제된 사람과 과도한 사람, 너무 천천히 나아가는 조심스러운 사람과 너무 급진적으로 나아가는 대담한 사람 사이의 거리 또는 대립이 관건이 아니다. 분명히 말하지만, 타락에 대한 거부가 관건이다. 배반에 대한 거부가 관건이다. 왜냐하면 공의회가 본연의 정신이나 문자에서 배반당했기 때문이다. 현재 프랑스 교회에서 벌어지는 일은 주교와 고위 성직자까지 끌어들이게 될 것이며, 공의회가 장려하고자 했던 것과 정반대다.

주교들이 교황을 중심으로 로마에 모여 있는 동안, 그리고 공의회 주요 문헌이 작성되는 동안, 여러 연합 단체가 하나로 수렴된 목표를 지향하며 조직되었다. 반-공의회적paraconciliaire 동요에 이어 하나의 학파가 구성되었다. 항상 그런 것처럼, 이 동요 안에 있었던 사람들 대부분은 자신들이 어디로 이끌려 가는지 보지 못하거나 그것을 보는 데 어려움이 있었다. 그러나 결단력 있는 우두머리들은 그들이 바라는 것을 알았다. 그것은 근본적인 '변화', 곧 교회의 세속화, 그것의 참된 이름인 배교였다. 배교는 '공의회의 정신', '세속화', 그리고 '다원주의' 등의 끊임없는 미사여구 아래 숨는다. 매년 위선이 견유주의cynisme로 대치된다. 견유주의는 아직 보기를 바라지 않는 눈이다.

공의회를 반대하는 사람들이 말하는 것과 반대로, 그리고 르페브르Lefévre 주교가 '종교의 자유'[121]에 관하여 말하는 것과 반대로, 또한 더 오래된 전통, 곧 교회의 첫 세기의 전통에 의지하는 사람들인 공의회 선언문의 열광적 지지자들이 인정한 것과 반대로 공의회 선언문과 18, 19세기에 관습적으로 받아들인 가톨릭의 의견에는 사람들이 말하는 대립이 없다. 이 두 세기 동안 많은 종교 저술가는 그들이 자주 말해 왔던 '관용'과 자유의 내적, 외적 두 가지 의미를 분명하게 구별했다. 전자의 경우, 교의에 대한 무관심, 진리

추구에 대한 멸시, 양심을 위한 모든 법규의 거부는 단죄되었다. 그와 반대로 후자의 경우, 시민적이고 사회적인 자유는 용인되었다. 내적인 관용이나 무관심의 단죄에 대해서는 많은 사람이 파스칼을 따랐다. 이들 가운데 중심인물은 《무관심에 관한 소고Essai sur l'indifférence》로 유명한 라므네다. 그보다 이전 시대의 사람들로는 자비에 드 펠레F.-Xavier de Feller, 뒤 부아쟁Du Voisin, 베르지에N.-S. Bergier, 보날드L. de Bonald, 프레시누Denis-Luc Frayssinous를 들 수 있으며, 크리스티앙 마레샬Christian Maréchal을 인용한 테세르Teysserre도 있다.[122] 이 주제와 관련하여 라므네를 옹호한 제누드A. Genoude도 있다.

칼 바르트Karl Barth는 지금 교회 안에서 계속되는 '세속화' 과정의 시작이 공의회가 아니기를 바란다고 말했다. 그는 1958년에서 1959년의 이 현상을 단지 칼뱅주의자를 위한 강연에서만이 아니라 이렇게 단언하며 적었다. "교회를 위협하는 내적인 세속화가 교회의 메시지, 교리, 질서, 사명을 위협한다." 이어서 그는 "**가르치는 교회**ecclesia docens와 **듣는 교회**ecclesia audiens 사이의 무익하고 정적인 차이에 대해서 공격받는다."고 말했다. 그러나 그렇게 함으로써 그는 "이러한 차이의 풍성하고 역동적인 의미에 질문을 제기하는 데까지 이른다. 거룩하지 않은 인간적인 말에 더 우선성을 강조하면서 하느님 말씀의 거룩한 우선성을 반대했고, 다소 성공에서 멀어졌기 때문이다. 또 '보편 사제직'이라고 말할 수 있었고, 이것을 통해서 개별 인간 혹은 대중 인간의 주권을 이해하였다. 신부와 신학자, 설교자를 떼어 놓을 수 있었지만 실제로는 모든 교회에서 주님을 떼어 놓았다. …… 성경과 교의를 설명하고 적용하면서(때로는 비판하면서), 또 불고 싶은 대로 부는 성령과 각자가 책임을 느끼는 양심을 내세우면서, 이론적으로는 그리스도 안의 형제애를 강조할 수 있었지만 실제로는 마침내 탐욕에 찬 **작은 사람들의**homunculi 생각과 말, 그리고 그들의 삶을 영광스럽게 하는 데에만 성공하였다. 그리고 그들이 교회의 중심을 다스리게 하는 것을 추구하였다. 게다가, '성직자'와 신학자가 '백성'에 대해 자주 닫혀 있던 모습을 보였지만, 그들 역시 너무 무기력하고, 백성에 대해 타협적이며, 백성의 욕구 앞에서 너무 빨리 굴복한다는 것을 증명하였다. 하지만 그들에게 요구된 것은 깨어 있고 굳건하며 확실한 안내자가 되라는 것이었다."

"교회사에 대해 편협한 견해를 가지고 있는 그리스도인이 많다. 그들은 전통에 맞서 자신들의 빈약한 상식과 산만한 상상력을 자유롭게 발휘하면서, 자신들의 주도권에 대한 목마름에서 질문을 과감히 단순화하면서 …… 영향력 있는 위치로 유입되면서, 다양한 오류와 혼란에 문을 활짝 열었다. 단지 옛 또는 새로운 '정교

orthodoxie'(정통 교리)만이 아니라 복음에 대한 이해와 발전을 위협하고 있다."(칼 바르트)[123]

교회는 "복음의 거울로 자신을 바라보는 것으로" 자기 **쇄신**을 시작했다. 세상과 대화하면서 자신의 변화를 시작할 것이다. 모세의 백성과 율법에 의존하던 갈릴래아 이단을 유다인, 그리스인, 이방인, 자유인, 종으로도 구분하지 않는 교회로 변화시켜 근본적인 혁명을 이룩하면서 설립자의 사랑의 율법의 모든 요구에 충실한 그리스도교가 세상의 언어와 갈망을 받아들이고 모든 문제를 수용한다면 모든 세상을 위해서 보편적 교회가 될 수 있지 않을까?[124]

"오 하느님, 이 시대에 우리가 얼굴을 들고 구원이 다가오는 것을 볼 수 있었으면 좋겠습니다. 교회가 지금처럼 밑으로 떨어진 적이 없다고 생각하기 때문입니다O Deus, si hoc nostro tempore levare possemus capita nostra et videre quod appropinquaret redemptio nostra, quia videmus Ecclesian unmquam ad eum casum devenisse, in quo nunc est."(니콜라우스 쿠자누스Nicolas de Cuse)[125]

"나는 우리를 기다리는 시련이 아타나시오 성인, 그레고리오 1세 성인, 그리고 그레고리오 7세 성인처럼 용기를 가진 이들의 마음을 공포에 빠트리고 혼돈을 줄 것이라고 생각한다. 이 성인들은 그 시대에 자신들을 짓눌렀던 관점의 모호함에도 불구하고, 우리의 관점이 이전의 모든 관점과는 다른 종류의 모호함에 있다는 것을 인정할 것이다."

"교부들의 가르침이 무시되고 사도 전승이 아무것도 아니라고 여겨지고 있다. 반면 교회 안에서는 개혁자들이 발견한 것을 매우 경청한다. 그들은 신학자가 되기보다 사변적인 사람이 되는 것을 배웠다. 세상의 지혜가 십자가의 영광을 밀어내고 명예의 자리를 차지했기 때문이다."(바실리오 성인Saint Basil)[126]

새로운 보수주의

스스로 다른 사람들보다 '앞서 있다'고 믿는 사람들은 실제로는 뒤처져 있다! 그들은 스스로 어제의 현실에서 오늘의 신화를 만들어 낸다. 실제적이고 효율적이며 공격적이고 자유의 적인 보수주의intégrisme는 몇몇 음모론자들 옆에서 교황청과 교회권에 무게를 두는 경직된 신학자들의 보수주의는 아니다. '진보주의적'인 신학자들의 보수주의다. 대중의 의견이라는 새로운 권력에 무게를 두면서 강력한 지지를 받는다. 그들과 대항하려면 첫 그룹의 신학자들과 맞서기 위해 가졌던 불굴의 용기를 가져야 한다. 마찬가지로 스스로 조명된 사람이라고 믿는 사람들 가운데 지금도 여전히 지배하는 로마 교황청의 신화가 있다. 교황청은 사목적인 것을 망각한 채, 옹졸하고 반계몽주의적이며 출세주의자들로 이루어졌다는 것이다. 이 반체제적인 지성주의자(위-지성주의자)의 집단에는 실제로 그리스도교 삶의 현실에 대한 무지가 있고 전제주의적 이데올로기가 지배하고 있다. 그 결과 로마 '권력'은 마비되었고, 교황청의 중요한 지위는 새로운 사람들로 채워졌다. 이들은 사목적 직무에서 자신을 드러내며 공의회를 성공적으로 끝내기 위해 효과적인 역할을 했다. 로마 교황청은 상대적으로 개별 국가의 기관보다 더 축소되었고, 그것의 수용은 더 간단하고, 정신은 더 열려 있다. …… 사람들이 로마적이라거나 정통파(잘못된 이해)라고 칭한 '파'가 가끔 의심스러운 방법과 함께 시대에 뒤떨어진 투쟁을 이끈 것이 사실이지만, 오늘날의 방향은 완전히 뒤바뀌었다. 만일 성경과 전통의 본질이며 교회의 본질이고 신앙의 미래를 보증할 수 있는 유일한 그리스도교 계시의 절대성을 보존하길 바란다면, 과감해져야 하고, 사상과 맞서야 하며, 비난받는 것에 동의하고, 억압받는 것조차 수용해야 하며, 새로운 유행과 수많은 타협에 저항해야 한다.

"공의회를 경험하고, 공의회의 업적에 기뻐한 나는 다음과 같은 것을 주장한다. 현재 교회에서 일어난 몇몇 현상은, 만일 교도권의 신적인 권한이 모든 사람으로부터 진실로 인정되고 충실히 존중받지 못한다면, 은사적 삶은 결국 파괴될 수 있음을 모두에게 상기시켜야 한다는 예감이 든다."(크리스토퍼 부틀러Mgr Christopher Butler)[127]

"주교는 자신들의 충만한 권한을 신자들이 아니라 그리스도에게서 받는다. 그러나 그들은 사제단에 둘러싸인 주교로서 '하느님의 봉사자들'(로마 7,22)이며, '신앙 공동체의 봉사자들'(에페 4,11-12 참조)이다."

"……교회 전체 회의에서 다른 교회의 소리가 들린다. 그리하여 요한 23세 교황은 성경의 관습에 따라 새로 주교들을 소집하길 원한다."(위트레흐트크, 1960년 성탄 전야)[128]

"공의회가 아니라 바로 그리스도께서 자신의 기쁜 소식을 통하여 세계 역사 안에 커다란 변화를 가져오셨다. 교회는 우리의 선익에 대한 모성적 근심에서 단 한 번 성취된 유일한 구원 행위에 계속해서 토대를 둔다."[129]

"공의회 승리 의식에 도취한 많은 모임에서 …… 외부적 어둠 속에 버려지지 않고는 …… 세상의 모호함에 대해 말하는 것은 불

가능한 것이 되었다."(파스칼 르네Pascal René)[130]

"유다인들을 눈멀게 한 베일이 그리스도인들에게 옮겨 가고 있다."(레옹 블루아Léon Bloy)[131] 예언적 말이다!

"공의회 이후 혼란이 뒤따르지 않는 경우는 드물다."(뉴먼)[132]

"이미 많은 논의를 불러일으킨 **예비 설명**Nota praevia explicativa에 관하여, 결론은 아직 언급되지 않았다. ······ 2차 자료로 얻은 간접 정보만 가진 많은 신학자는 피하기 어려운 오해에 노출되어 있다. 물론 이것은 그 신학자들이 참석하지 않은 토론과 사건에 대해 확신을 가지고 묘사하는 것을 방해하지 못한다. 하지만 바로 거기서 부정확한(다른 단어를 사용하기보다) 것이 나온다. 예를 들면 스힐레벡스의 강연과 책들이 그렇다."(제라르 필립Gérard Philips)[133]

"[몇몇 사람들은] 부록에 첨부된 **예비 설명**이 실제로 문헌을 축소했다고 생각한다. 주르네Journet 추기경과 스힐레벡스Schillebeeckx 신부도 그렇다. 스힐레벡스의 의견은 근거가 없다."(제라르 필립)[134]

"교회는 ······ 교회 밖에 있는 사람들과 믿지 않는 사람들에게

마침내 정행orthopraxie을 버림으로써 정교orthodoxie에 갇혀 있다."(에드워드 스힐레벡스)

"[생명에 대한] 무신론적 해석은 우리와 똑같이 합법적이고 합리적인 근거를 가지고 있다."

"지금부터, 성경과 교회의 전통과 교도권의 규범적 가치에 대한 해석은 전혀 다른 얼굴을 갖는다. 그래서 나는 교도권의 모든 단언을 주어진 구원 역사의 한순간에 대한 종교적 해석으로 여기길 바란다. …… 중요한 것은 해석이 아니다. 각자 자기의 고유한 해석이 있다. 그러나 중요한 것은 인류의 선을 위해 역사 전체를 바꾸는 것이다."

"정교는 결코 미래를 보지 못한다. 과거만을 본다."

"하느님 나라에 대한 주석은 무엇보다 더 나은 세상을 이룩하는 것이다. …… 여기서 마르크스주의 요소가 신학으로 넘어온다."

"모든 인간에 대한 해석은 다원적이다. …… [우리는 교회 안에서] 그리스도교 사상에서 출발하여 실재에 대한 해석을 [제공했다]. 이 시간이 끝났다고 말하는 것이 필요한가?"[135]

"모든 것에 앞서, 나는 신학자들을 위한 절대적 자유를 바란다. 그들이 모두 복음에 충실하길 바라기 때문이다."

"정통적이고 공적인 교도권, 과학의 교도권 또는 전적으로 다른 차원에 있는 신학적 교도권은 일치해서 기능해야 한다."

"[우리 잡지들은] 신스콜라학파의 마지막 유물이 사라진 이후, 새로운 비약적 발전을 이루었다."[136]

"총대주교가 큰 재산을 소유했던 봉건 시대에 '**진리**의 위대한 재산'이라는 외양을 취한 교회의 등장은(여기서는 독백만이 있다), 사회학적 관점에서 보면 그리 놀라운 일이 아니다. 사람들은 이 원초적인 현상에서 콘스탄틴 시대 이후 그리스도교의 기본적인 태도를 볼 수 있을 것이다."(스힐레벡스)[137]

"로마는 각 지역 교회의 활동을 자제해야 한다든지 다른 교회와 동조해야 한다고 말하기 위해서 개입하지 않는다. 그와 반대로 관구 교회의 발전을 기록하고, 느리게 발전하는 다른 관구를 위한 자극제로서 기능할 수 있다. …… 중심 권력은 항상 존재한다. 그러나 그 기능은 봉사하는 것이다. 그 권력은 시노드적이고 민주적인 구조에 속한다. 또한 이 민주적 구조는 교회의 특별한 구조다."

"진정한 민주적 구조는 교회 관구 한 곳에서 기능하기 시작하면서 자동적으로 다른 관구로 넘어간다. …… 예를 들면 네덜란드에 적용된 형식 등이 그렇다."(스힐레벡스)[138]

"**어둠의 힘**potestas tenebrarum은 엄청난 에너지를 받고 있기에 영의 무력한 나약함 안에서는 그 힘을 저지하거나 축소할 수 있는 장애물을 발견하지 못한다. 어둠의 힘이 더 우세하다. 역사도 이 불행한 사건들로 이루어졌다. 교회의 역사도 그 사건들로 엮여 있다. 그리스도의 수난은 계속된다. 우리는 우리 눈에 혐오스럽게 보이는 이상한 법을 간파한다. 그렇게 되는 것이 필요하다. 그러나 그것은 유익한 법이다. 그리스도께서 겪으신 고통은 필요했다. 아직도 그렇다. 마찬가지로 교회도 고통을 겪어야 한다. 그리스도에 대한 충실성을 위해서다. 진정성을 위해서다. 세상에 말을 걸고 세상을 구원할 능력을 새롭게 하기 위해서다. 순교는 교회의 은사들 가운데 하나다."(조반니 바티스타 몬티니G.B. Montini)[139]

주교회의

"국가 차원의 주교회의에 관한 초안schema에 대해 너무 배타적으로 고집하는 것을 바꿨다. 이 단계는 정치화의 위험을 함축하기 때문에 위험하다. …… **선험적인** 틀에서 시작하는 것은 새로운 관료주의적 실체를 만들 위험이 있다. 그 관료주의적 실체가 추상적일수록 더 독재적이 될 것이기 때문이다."(R. 로랑탱R. Laurentin)[140]

"……프랑스인들은 일반적으로 각 지역회의 엄격한 법적 권한에 찬성한다. 그러나 프링스Frings 추기경은 독일 주교회의의 이름으로 풀다Fulda 지역회의가 1847년부터 존재해 왔다고 설명하면서 반대를 표명했다. 이 지역회의 규약은 법적 권한이 없지만 그렇다고 효과가 없다고 할 수는 없다. 각 주교는 양심에 따라 교구를 관리한다. 또 거기에는 국가 간 개방하는 상호협력이 존재한다. ······ 그러므로 초안은 관구 공의회를 하도록, 그리고 상임 위원회(비서실)를 설립하도록 압력을 행사하지 않기를 바란다. 그렇게 하면 위험하다. 주교회의의 결정이 강요되는 경우를 축소하길 바란다. 결정이 강요되려면 4/5의 찬성이 있기를 바란다. 각자의 자유와 모든 사람을 향한 사랑을······ 존중하자."[141]

"주교들의 개인적인 권한을 옹호하는 사람들은 주교들이 강압적인 집단주의에 질식당하지 않을까 두려워한다."[142]

"불가역적인 것은 그리스도께서 세우신 교계 제도의 위상과, 더 심오하게는 교회 일치의 가치를 지키면서 유기적인 단체적 인식을 복원하는 것이다. ······ 이와 상호보완적으로 불가역적인 것은 사회화와 국제화가 진행되는 세계에서 이러한 인식이 필요하다는 것이다."[143]

주교 계승 Ordo episcoporum: 테르툴리아누스 Tertullianus [144]

몸, 단체 Corpus, collegium: 치프리아노 Cyprianus

주교단 Collegium episcoporum: 옵타투스 Optat de Milève

주교단 Corpus espiscoporum: 제1차 바티칸 공의회의 가세르 주교 Vinsenz Gasser [145]

봉탕A.G. Bontems 주교는 주교회의의 결정에 구속력을 요구한 사실에 대해 독일인이 프랑스인을 따르지 않은 것을 아쉬워한다.[146]

"공의회 주변에 있었던 활발한 움직임을 기억해야 한다. …… 많은 공식 모임과 내부 모임, 점심과 저녁 식사 중의 모임이 있었다! 이 모임들은 우선 공의회에 집중하였고, 그다음에는 점차적으로 '공의회 이후'에 집중하였다. 이렇게 많은 회의가 열린 적이 없었다. …… 기자들도 많았다. 이로부터 공의회 이후 종교정보센터라는 계획이 나왔다……."[147] "모든 종류의 생각의 씨를 뿌리는 사람들이 왔다가 가는 것을 보았다."(R. 로랑탱)[148]

"그런데 언론은 왜 대여섯 명의 신학자들만 언급하고, 다른 이에 대해서는 침묵하는가?"[149]

단체성

"신앙으로 주어진 이것은 최근까지 빛을 보지 못했다."[150]

"이렇게 쉽고 충실하게 정립될 신학적인 주장은 없었다."[151]

"신적 권한의 단체성과 보편적 단체의 권한은 최근의 것이 아니다. 크리스티아노풀로스Christianopoulos에서 볼제니G.V. Bolgeni, 그리고 카펠라리M. Cappellari에 이르기까지 교황 무류성의 승리자에 의해 특별히 분명하게 확인된…… 전통적인 주장이다."[152]

"단체성은 결정적으로 우리가 숨을 쉬는 공기처럼 눈에 보이지 않지만 분명한 것이다."[153]

"전통적 신앙 의식에 미치는 영향력이 불충분하다는 것을 밝히기 위해서는 고조된 비판을 이용하여 현재의 약점을 부각하고 근본적으로 단순화된 혁신을 가져오는 것으로 충분하였다."(요제프 로르츠Joseph Lortz)[154]

"교회의 모든 심각한 약화는 **철저한** 비판과 성공의 길을 열어 준다."[155]

"위험은 또한 교회의 사람들이 시대에 더 공감하도록 이끈 …… 움직임의 규모에 있었다. …… 세상에 대한 사랑이 그들 안에서 성스러움의 초월성을 견지하려는 모든 의지와 인본주의적 도덕의 용이성에 대항하여 그리스도교 요구의 절대성을 방어하려는 의지를 말살하였기 때문이다."[156]

"사제의 깊은 실체를 보지 않으려고 사람들은 가장 외적인 관점, 가장 세속화된 관점만 취하는 성직주의에 이르렀다."[157]

"암암리에 전파되는 것을 통해 이때부터(1519) 모든 사건은 당사자의 의도를 넘어서는 영향력을 갖는다."[158]

"[그러므로] 몇몇 대표자를 제외하고, [주교들은] 모든 것이다. 그들의 침묵과 무기력은 사건들 초반에 보였던 모습에 대해 첫 번째 책임을 갖게 했다. 레오 10세 교황, 루터에 대한 칙서Exurge Domine(1520)에 대한 그들의 행동이 이 점을 분명하게 보여 준다."[159]

"가장 성스러운 관계들을 쉽게 단절했다는 것은 개혁의 열기를 보여 주는 것이었으며 세속화 작업이 극적인 양상을 띠게 했다."[160]

"재세례파 교도들은 …… 모든 삶을 하느님의 말씀에 따라 순응하라는 루터의 규범을 글자 그대로 적용했다. 그리하여 그들에게는 더 이상 세속의 삶이 없었다. 이뿐만 아니라 경제적, 사회적인 생활을 하는 것도 직접적으로 복음에 따라야 했다."[161]

"광신도들은 그리스도인의 집단에서 떨어져 나와 교계제도나 교의와 무관하게, 오로지 성령의 인도에 따라 소공동체 안에서 그리스도교적 생활을 하려고 한다. 이러한 경향은 교회에서 항상 반복된다."[162]

"성경의 원칙과 신앙의 영성주의는 개혁의 여명기부터 루터의 일방적 관념들이 전달하는 해체의 치명적인 요인을 드러낸다."[163]

"가장 큰 잘못은 주교들이다. …… 이 주교들은 …… 일반적으로 무지하고 활력이 없는 대표자들이었다."[164]

"루터는 많은 주교가 교황의 권한에 대항하는 자신의 공세를 호의적으로 보기 시작했다는 것을 기억하기를 좋아했다."[165]

"많은 주교의 무기력. …… 우리는 적어도 그들이 절대적으로 필요한 결정을 제때 내리지 못했다고 비난할 수 있다."[166]

"[독일의] 모든 사람이 낙담하는 것 같다. 그러나 이것은 오히려 나를 더 자극한다. 행동하는 것만 아는 가톨릭 군주들과 주교들은 어떻게 해야 할지 모르고 결혼한 사제와 이미 절반은 루터교인이 되어 버린 설교가에게 관용을 베푼다. …… 이단 서적을 읽지 않는 가톨릭 신자는 없다. 사실은 그러한 책들만 팔고 있다."(제롬 나달 Jérôme Nadal)[167]

"12년 전부터 똑같은 터무니없는 도식, 똑같은 마니교의 흑백논리가 곳곳에서 펼쳐지고 있다. '어제'는 완전히 흑黑이다. (여기서 '어제'는 똑같은 것을 두고도 자본주의 시대, 트리엔트 공의회 이후 시대, 봉건 시대, 중세 시대, 콘스탄틴 시대, 사도 이후 시대, 때로는 사도 시대라고 규정하려는 의도로 사용된다. 이것은 모두 오류이며, 신화적이고, 환상적이며, 어리석고, 유치하며, 위선적이고, 고정된 것이며, 공격적이다. 이 중 아무것이나 선택해도 된다.) 반면 '오늘'은 모든 것이 백白이다. 적어도 앞으로, 미래에는 희게 될 것이다. 이미 시작된 기적을 완전히 현실화하기 위해서는 그 '바람(기류) 속에' 있고, '전통주의자'의 입을 막고 공의회의 정신과 '역동성'을 기원하며, 공의회가 말한 내용에 대해서는 전혀 걱정도 하지 않고 공의회가 '돌파구를 열었다'는 것을 이해하고, '공의회 이전의 교회'에 반대하고, '새로운 교회'를 찬성하고, 모든 해체와 단념을 '진보'라고 부르고, '비판'을 정복한 것처럼 모든 것을 맹목적으로 찬양하는 것이다. 그리하여 사람들은 최고의 승리자라는 양심을 부지런히 가꾼다. 성체대회(1968년 보고타)와 같은 상황에서도, 이러한 진부한 표현을 피하지 못했다. 어느 베네딕토회원이 그 대회에서 선언했다. '제2차 바티칸 공의회 이전, 가톨릭 신앙을 실천한다는 것은 제도에 투신하는 것이었다. 그러나 지금은 공동체에 통합되는 것이다. 최근까지 교회를 이미 이루어진 하느님의 나라로 만들었다. 그러나 지금은 하느님 나라를 향한 여정이 중요하다는 것을 이해하게 되었다.'"(Th. M.)[168] 이것은 아직 하나의 작은 예일 뿐이다.

"나에게는 성직 제도가 도시의 경비 조직과 동일하게 보였다. 사제는 사회의 모든 계층에서 무관심하게 그리고 잠시 동안 활동하게 될 것이다. 과거도 미래도 없으며, 신적인 사명과 거룩한 특성도 없는 이런 한시적 사제는 우리 영혼 옆에서 보초를 서기 위해 자기 작업실, 작업대, 심지어 자기 상점에서 나올 것이며, 내려가는 동료 경비원에 의해 일으켜질 것이다."(마담 코튀, 1840년 라므네와의 대담에서)[169]

3
신비, 교의, 전통, 신앙

70년 전, 나는 작은 교리서에서 그리스도교는 세 가지 신비를 포함한다는 것을 배웠다. 그것은 삼위일체, 강생, 구원의 신비다. 그 이후 많은 책을 읽었다. 여러 교리가 제시되고, 서로 대립하기도 했다. 그러나 인간 실존을 이처럼 비춰 주는 것도, 인간 성찰에 이보다 더 넓은 길을 열어 주는 것도, 인간 자체의 신비를 이처럼 깊이 관통하는 것도 본 적이 없었다. 사회의 모든 발전과 혁명, 과학의 발전, 미래의 관점도 인간의 신비를 변화시키지 못한다. 물론 이것은 곧바로 드러나지 않는다. 나는 이 점을 인정한다. 많은 사람이 이 세 가지 신비가 담긴 신앙 정식들은 어린아이의 지성을 매료하기에는 너무나 추상적이고, 또 성인에게 영적 양식이 되기에도 추상적이라고 생각할 수 있다. 그러므로 첫 번째 [요구되는] 신뢰 행위는 필수적이다. 신앙이 삶의 원천인 환경에서 어린아이의 지성이 깨어나면, 자연스럽게 신뢰가 형성된다. 성인은 자기가 믿는 신조의 명칭들을 검증해야 한다. 이 신조는 신앙의 어머니라고 일컬어지는 교회에서 온다. 그렇다면 이 교회의 명칭들은 무엇인가? 그는 교회의 명칭에 관한 역사를 관상하는 것으로 만족할 수 있고, 그것은 이미 옳은 일이다. 우리가 이 역사를 조금만 성찰한다면, 시대를 관통하는 이 제도의 영속성과 발전보다 더 경탄할 만하고 더 믿을 만한 것은 아무것도 발견하지 못할 것이다. 물론 우리가 거기서 모든 인간적 약점을 관찰하게 될지라도, 또 비판적인 통찰력을 가지고 거기서 인간의 나약함만을 보려고 하더라도, 인간에게서 온 것이 아닌 것들을 발견한다. 그 눈은 교회의 역사에서 함축적으로라도 거룩함의 역사를 읽는다. 그러나 훗날 어떤 요구에 의해서 교회의 기원에까지 거슬러 올라가 더 엄중하게 교회의 칭호에 대해 검증해 볼 수 있다. 그런데 애초부터 교회는 사람들이 생각하는 이상理想을 살기 위해서, 믿는 이들이 뜻을 합쳐 자유로이 한데 모인 '사람들의 모임'이 아닌 것으로 드러난다. 이런 인간 모임이 이토록 오랫동안 유지된 적은 없을 것이다. 비판적 연구를 감행한 세대들이 교회의 본질적 특성에서 오히려 이 점을 더 부각하였지만, 잘 증명된 역사는 우리에게 완전히 다른 것을 보여 준다. 교회는 예수님의 작품('열두 제자'를 부르심)이며, 그분 영의 작품이라는 것이다. 만일 우리를 저 심오한 곳으로 관통해 들어가도록 한 그 깊이를 보고, 이 교회가 우리에게 가르치는 세 가지 큰 신비를 들여다본 후에도 여전히 '너무 아름다워서 사실일 수 없다'고 생각한다면, 그리고 이 신비에 대한 개념적 표현(매우 불완전하지만)이 모든 정교한 설명에도 불구하고 현대 지성에게는 난해한 수수께끼로 남아 있으며, 개념적 표현이 처음부터 존재했던 것이 아니라는 점을 추가로 고려한다면, 우리는 다음의 두 가지 지적에서 비롯되는 의심에서 의식적으로 거리를 둘 수 있을 것이다. 첫 번째 지적은 철학적 언어와 발전에 대한 전문적 지식을 전제로 하며, 그 지식은 자체로 해결책을 내포하고 있다. 왜냐하면 몇몇 궤변론자가 무엇을 말하든, 교양 있는 사람은 문화의 다양성과 변화를 통해 자신을 인식하고, 그 변화 속에서도 불변하는 인간의 영속성을 지키는 특징을 갖고 있기 때문이다. 두 번째 지적에 대해서는, 절대로 '넘어설' 수 없는 구체적인 형태로 보면, 초대 교회의 신앙 속에는 이 세 가지 신비 각각에 대한 분명한 믿음을 담고 있다는 것을 확인하는 것으로 충분하다. 이것은 곧 신약 성경의 문헌, 세례 때 확인된 첫 형식문, 그리고 첫 신앙고백(신경)에서 찾을 수 있다. 또한 그토록 은밀했던 자신의 업적과 인격에 대한 예수님의 가르침은 이 세 가지 신비를 전제하거나 드러낸다는 것을 보면서, 이 신비들을 좀 더 가까이에서 살펴볼 수 있다.

예수님께서 깊은 구렁 속에 빠져 있었던 것을 고려했다면, 그리고 예수님의 고뇌에 찬 마지막 외침을 마음의 귀로 듣고 기억했다면, 우리가 어둠의 시기에 극복할 수 없는 시련의 무게에 짓눌린 채 원하든 원하지 않든 언제나 감수해야 할 일상적 존재의 수천 가지 모험 속에서 어떻게 감히 계속해서 단순하고 평범하며 덕스러운 삶을 살 수 있을까? 인생의 여정에서 가끔 피어나는 겸손하고 작은 기쁨을 어떻게 솔직하게 받아들일 수 있을까? 오늘날 예수님의 몸인 교회 안에서 목격되는 고통의 모습을 보면서, 특히 그 구성원들에 의해 갈라지고 인정받지 못하고 짓밟히고 있는 것을 보면서, 이렇게 큰 고통에 동참하지 못하는 것에 대해 부끄러움이 들지 않는가?

명예 교수이며 박식한 이 신학자는 **시편**에서 기도에 관한 가르침을 발견하지 못하였다.

노련한 비평가면서 박식한 주석가들은 신약 성경과 안티오키아의 이냐시오 성인에게서 직무 사제직에 관한 가르침을 발견하지 못한다. 또한 초기 그리스도교에서 '성스러움'을 발견하지 못한다.

박식한 교회의 역사가들은 초대 교회의 주교들의 단체성과 교황권에 관하여 아무것도 발견하지 못한다.

그들에게는 단어, 추상 개념, 정의, 주장이 필요했다. 그들에게는 신학 교과서와 '작업실', 열두 사도가 다락방에서 작성한 《교회법전Codex juris canonici》이 필요했다.

독일 신학자 하인리히 슐리어Heinrich Schlier는 이 점을 이렇게 관찰한다. "일반적으로 개념적 구체화는 처음부터 주어지지 않았다. 그것은 후대의 발전에 속한다."[170] 그리고 이 법칙은 문제의 깊은 뿌리를 가지고 있기에 스스로 검증된다.

나자렛 예수님께서 당신 자신을 그리스도로서, 참된 믿음의 이유로 우리에게 계시되기 위해서는 우리가 직접 판단할 수 있는 '객관적인' 역사가들에 의해 제시되기를 바란다. 다시 말해, 역사가들이 우리에게 제시하는 관점은 그들의 신앙과 무관해야 한다. 또 그들은 역사적 호기심 외에는 예수님과 아무런 관련이 없어야 한다. 이 역사적 호기심만으로 그들은 글을 쓰게 될 것이다. 만일 예수님께서 그들의 존재를 변화시키셨다면, 그들의 이야기는 증언이 된다. 그리고 이 때문에 그 증언은 의심받는다. 그들이 예수님을 믿는 순간부터, 그들은 더 이상 우리에게 신앙을 불러일으킬 유일한 것인 편파성 없는 초연함으로 예수님에 대해 말할 수 없다.

이보다 더 불합리한 것은 없다. 역사적인 증언과 신앙의 증언은 대립할 것이다. 신앙의 증언은 역사적 증언을 약화시킨다. 만일 예수님의 증인들이 그분을 믿었다면, 그것은 바로 우리가 예수님을 믿지 못하게 하고, 적어도 그들이 말했던 것에 우리의 신앙을 더하지 못하도록 가로막는 이유가 될 것이다. 우리가 그들의 증언에 근거하여 예수님을 믿을 수 있으려면, 그들이 예수님을 믿지 않거나 적어도 그들의 고유한 신앙을 우리에게 숨겨야 했을 것이다.

신학적 사기

찰스 데이비스Charles Davis가 교회를 떠나 결혼하고 교회를 반대하는 저급한 캠페인의 TV 프로그램에 나와 이목을 끌었기 때문에, 한스 큉Hans Küng은 그에게 '영국 가톨릭 교회에서 가장 유명한 신학자'라고 경의를 표한다. 큉은 자신이 찾을 수 있는 모든 칭호를 나열한다. 그중에는 물론 '국제 신학 잡지 《콘칠리움Concilium》의 운영 위원', '영국 교회 쇄신 운동'의 큰 '기둥'도 있다. 게다가 데이비스가 교회를 떠난 것은 '통상적인 의미를 지니며, 이것은 정반대의 의미에서 지난 세기 다른 영국의 신학자인 존 헨리 뉴먼이 했던 행보와 마찬가지'라고 말한다. 큉은 데이비스와 관련하여 '교회에 탄원'을 끌어낸다. 그리고 이 사건을 알리는 하나의 논문을 쓰는 것에 만족하지 않고, 1967년 초 자신의 책, 《진실인 것, 교회의 미래Etre vrai, L'avenir de l'Eglise》[171]에 이 논문을 다시 게재한다. 사실을 아는 사람들은 이 책에서 불의한 과장을 넘어 위선을 식별하기 어렵지 않다. 이 모든 것은 본질적으로 사기다. 그러나 홍보의 힘을 통해 전

세계 젊은 사제와 신학생, 수도자에게까지 영향을 미친다. 이들은 그것을 조절할 어떤 방편도 없는 사람들이다. 얼마 지나지 않아 성모승천수도회원이 발간한 일간지 〈라 크루아La Croix〉에서, 찰스 데이비스는 이 시대 영어권의 대大신학자가 된다. 물론, 그를 찬양하는 글 안에는 다른 영국의 신학자, 가톨릭 신학자나 성공회나 장로교나 다른 신학자들에 대한 언급이 없다. 그렇지만 어떤 언어로든 엄격한 신학 서적에서 권위자로 인정된 데이비스의 인용문은 찾기 어려울 것이다. 그러나 곧바로 한 기자가 센세이션을 불러일으켰다. …… 이 기자는 데이비스가 집필한 새로운 저서의 머리말을 장식했는데, 그 역시 데이비스를 '영국의 대신학자'라고 소개했다. 기자는 우리가 그렇게 믿기를 바란 것이다. 데이비스가 공의회에 자기 주교와 함께 갔다는 이 작은 사실 하나만으로 그가 전 세계인의 눈에 굉장한 대신학자로 찬양받는 데 충분했던 것이다.[172]

이처럼 사람들은 교회에 독을 퍼트린다.

오, 가엾은 위대한 뉴먼, 감히 사람들이 그의 이름을 이런 어리석은 일에 섞다니…….

나는 그리스도교 잡지에서 **사도신경**Credo의 한 구절을 조롱하는 글을 읽었다. "예수님께서 성부 오른편에 앉으셨다."는 문구다. 이러한 조롱은 때론 매우 심각하게 영향을 미치고 또는 신앙의 선조들을 정신병자처럼 여기면서 그들에 대해 가련함을 표현한다. 이런 현상은 오늘날 더 증가하고 있다. 그러나 이 표현은 오히려 볼테르Voltaire 아래에 있는 우리에게 하는 조롱이며 가엾음이다. 그들과 토론하기 위해서 엄중한 목소리를 내는 것은 오히려 그들의 영예를 드높이는 격이 될 것이다. 거기에는 그리스도교 전통의 증언으로 충분하다. 이미지는 그저 이미지일 뿐이며, 이미지에 담긴 뜻을 올바로 유지하면서 그 이미지를 번역하는 방법을 우리는 항상 알고 있었다. 이미지는 번역보다 더 풍성한 진리를 담고 있다. 루이스 데 레온Luis de León은 하느님과 사탄의 대화에 대해 말하는 **욥기**를 해설하면서 이렇게 설명한다. "실제로 예언자가 상상한 대로 일어나지 않은 모든 일은 이 이미지가 의미하는 것에 부합하게 실제로 일어났다." 그런데 이것은 후대의 그리스도교적 우의가 아니다. "어떤 유다인도 결코 이 성경적 비유가 글자 그대로 받아들여진다고 생각하지 않았다."(조지-레오나드 프레스티지G.-L. Prestige)[173]

과거에 나타난 모든 것이 이미 지나간 문화에 속한다는 것을 과감하게 선포하려면 보잘것없는 것만을 고려하거나 미리 체계적 사고나 선천적인 편협함으로 숭고하고 심오한 모든 것을 보잘것없는 것으로 축소해야 한다.

위대한 것의 고유한 특성은 그것이 생겨난 특정 '문화'의 경계를 항상 '넘어선다'.

모든 것을 희화할 수 있다. 도덕, 신비, 순종, 신앙, 종교, 전통, 신심……. 그리고 사람들은 희화화를 포기하지 않는다. 우리 '종교' 문학의 한 부분은, 항상 희화로써 더 공격적으로 만들어졌다. 특히 대립적인 주장의 흑백논리에 의해서 그렇다. 그런데 대립적인 주장 가운데 하나의 명제는 다른 명제를 돋보이게 하는 데 쓰인다.

내 어머니의 종교는 단순하다. 그토록 완고하고 거만한 박사와 교수의 종교보다, 그리고 나의 종교보다도 얼마나 많은 진리와 살아 있는 실체를 가지고 있는가?

어떤 정교회 신학자는 자신의 책 서문에서 독자들에게 정교회의 관점으로 깊이 들어가길 권고한다. 그는 많은 독자를 두고 있다. 그런데 어떤 가톨릭 신학자는 자신의 저서 처음부터 끝까지, 반-가톨릭적 관점과 더 나아가 비신앙적 관점으로 몰입하려 노력하면서, 이렇게 하면 자신이 '신뢰를 얻을 것'이라고 생각한다. 그러나 그는 독자가 하나도 없다. 그는 사람들에게 맞추겠다는 갈망 때문에 가톨릭 신앙 고백의 한 부분을 놓친다. 양쪽 모두 예외가 아니다. 자기 신앙에 대해서 겸손함과 자긍심을 동시에 가질 수 있다. 겸손하든 그렇지 않든, 자기 신앙에 대해 부끄러워한다면 침묵하는 것이 더 좋겠다. 이 두 태도의 대립은 결국 적응, 개방, 대화라는 현재 우리가 갖고 있는 개념에 대해서 변질된 것은 없는지 성찰하게 만든다. 그러나 이것이야말로 더 근본적인 문제가 아닌가?

1907년 페기는 말했다. "파리는 항상 새로운 것을 쓰고, 달리 말할 줄 아는 사람들로 가득 차 있습니다. 파리의 이런 사람들을 찬양합시다."[174]

파리의 이런 사람들 가운데 성직자 무리가 명예로운 자리를 차지하고 있다. 그들 가운데 몇몇은 1975년 새로운 잡지 발간에 협력하였다. 그 잡지의 이름이 걸작인데, 《다르게Autrement》다.

그러나 옛 호메로스Homeros처럼 그들은 이따금 잠들기도 한다. 그 기세가 꺾여, 창작이 일상이 된다. 두 번째 역시 《다르게Autrement》라 불린다.

무류성. 신학자들은 교황이 선포한 정의에 적용되는 이 단어를 거부한다. 그리고 이 단어와 함께 그 내용도 거부한다. 물론, 이 개념은 제1차 바티칸 공의회가 정한 한계와 경계심 내에서 이해되어야 한다. 또한, 진리라는 일반적인 개념 내에서 이해해야 한다. 인간 지성의 철학과 신적인 계시의 신학은 항상 그 내부를 탐구해야 한다. 그러나 그 내용만은 굳건히 지켜야 한다. 몇몇 사람들은 내용을 지키면서도 이 단어를 희생시킬 준비가 되어 있다. 그 안에서 화해의 영이 그들을 이끄는 것은 칭찬할 만하다. 그러나 나는 그들을 따를 수 없다. 그들이 제안하는 교체된 단어는 나에게 기쁨을 주지 않는다. 다른 한편, 공의회들은 신앙을 보호하고 구체화하기 위해서 비성경적 단어에 의지할 수밖에 없었다(니케아 공의회의 '동일본질, 동일실체consubstantiel' 이후). 그런데 여기에 운 좋게도 성경적 단어가 있다. "나는 너의 믿음이 꺼지지 않도록 너를 위하여 기도하였다."(루카 22,32)

교의라는 관념 자체를 비웃는 성직자들에게 하는 말이 있다.
"많은 사람이 교의를 위해 살고 교의를 위해 죽는다. 그러나 추론 때문에 순교자가 되려고 동의할 사람은 없다. …… 다시 한번 말하지만, 아무도 자기가 추론한 예측을 위해 죽지 않는다. 현실을 위해 죽는다."(뉴먼)[175]

삼위일체 교리를 무의미하고 추상적이라고 여기는 사람들에게 하는 말이 있다. "일치 안에 있는 성삼위에 대한 거룩한 신비를 껴안자. 삼위일체 신비는 신경이 우리에게 말하는 것처럼, 가톨릭 종교의 바탕이다. 이 신비는 우리 죄인을 위한, 타락한 백성과 타락한 시대를 위한 충분한 특권, 엄청나게 위대한 특권이며, 과거 성인들에게 전해진 신앙의 유산임을 생각하자. 이 삼위일체를 인정하고 받아들이자. 주의를 기울여 이를 보존하고, 후손들에게 충실하게 전하자."(뉴먼)[176]

사람들은 모든 '호교론'에 반발하며 공격을 퍼붓고 그리스도교를 '믿을 만한 것'으로 만들기 위해서 끊임없이 추구한다. 그런데 분리된 파편들을 이용해서 그렇게 한다. 이것들은 가장 잘못된 호교론이다.

오늘날 단절의 의지가 소통 불가능의 상태로 만들고 있다.

문화의 부재만이 다양한 문화들 사이에서 상호 소통을 불가능하게 한다.

성령이 떠나가면 신학은 '비판적 기능'이 되고, 사제 직무는 '직업'이 된다.

오메M. Homais[177]는 노년에 이르러 성숙기에 접어든 그리스도교로 회심하였는가? 아니면 성숙기에 접어든 우리 그리스도인이 청

춘의 열정에서 오메가 되었는가?

조용한 신앙은 '예', 부끄러운 신앙은 '아니오'.

사람들은 창조성만을 말한다. 그리고 터무니없이 부정否定하는 태도를 보인다. 사랑 없는 비판은 폭력, 파괴, 자멸이다.

문화에 대한 관념의 과도한 현상에 굴복하는 다양한 유형이 있고 동시에 해로운 유형이 있다. 추상적이고 단순하며 피상적인 보편주의에 대항하여, 오늘날 사람들이 '문화'라고 칭하는 것을 분화하고 구획화함으로써 모든 다원주의가 창출되며, 이것은 모든 인류 문화를 파멸시킨다.

"교만은 문화의 결핍을 드러내는 가장 확실한 지표다. 교양이 낮은 사람은 교만하고, 교양이 높은 사람은 겸손한 사람이 된다."(알렉산드르 솔제니친Alexandre Soljénitsyne)[178]

다원성은 사실이고, 다원주의는 이상理想으로 세운 체계système다. 전자는 확증되고 후자는 요청된다. 신앙의 움직임은 자발적인 수렴을 통해 다원성을 극복하는 경향을 갖는다. 반면 다원주의는 차

별화하려는 의지 때문에 신앙 자체에 영향을 미친다.

"'계몽주의'의 시대에는 '두 개의 문화'라는 개념을 문화의 부재와 동등한 것으로 여겼을 것이다."(노먼 햄프슨Norman Hampson)[179] 그러나 오늘날 많은 사람은 문화의 다원주의를 주장하면서 계몽주의 시대를 내세운다.

어떤 신학자는 노년에 이른 서양이 현재의 철학으로 복음의 메시지를 다시 생각해야 한다고 말한다. 그는 오늘날 우리가 그렇게 하는 것은 교회 교부들이 당대에 한 일과 그 후 중세의 신학자들이 한 일을 하는 것이라고 믿는다.

나는 오히려 신앙인 철학자는 오늘날 복음의 메시지에 따라 서양의 철학을 다시 생각해야 한다고 말할 것이다. 이 뒤바뀐 정식은 교부들과 중세의 신학자들이 자기 시대에 완성한 것과 잘 부합하는 것으로 보인다. 우리가 그 관계를 어떤 방식으로 고려하든 두 경우는 서로 같을 수 없다. 이 크고 중대한 사실을 제외하고는 어떤 생각도 할 수 없기 때문이다. 다시 말해 교부 시대의 철학이든 토마스 아퀴나스 성인의 중세 시대 철학이든 고대 철학과 그리스도 신앙의 관계는 현재 서양 철학과 그리스도 신앙의 관계와 전혀 같지 않다.

인격은 "의식적인 일치로 머무르는 한, 곧 구별되는 인격으로 남아 있는 한, 인격으로서 자신을 줄 수 있을 뿐"이다.[180]

오늘날 교회와 세상의 관계도 이와 같다. 교회는 세상에 자신을 내어주기 위해서, 곧 자신에게 주어지고 자신 안에서 사시는 그리스도의 영을 세상과 소통시키기 위해서, 항상 세상에 더 개방되어야 한다.

자기 자신을 내어주기보다 자기 자신을 포기하려는 유혹이 있다. 이것은 시간의 유혹이다.

……굳건하게 자리를 지키는 수많은 교수는 조교와 비서로 둘러싸여 있고, 학술 대회에서 으스대며 은퇴와 명예직을 상상하고, 제 작업에 대해 좋은 소리를 들으려고 기대하거나 그렇게 해 주기를 청한다. 그리고 이들은 항상 '결단'과 '완전한 믿음'을 입에 달고 다니며, 그 믿음이 확실히 더 순수하고, 더 엄격하며, 더 간결하고, 더 잘 표현되었으며, 더 근본적이라고 주장한다. 반면 교회의 초라한 신앙은 객관화되고 미신적이며 세속화된 신앙으로 치부한다.

많은 '실존주의자'가 있지만 그렇게 존재하는 사람은 별로 없다.

그들은 우연히 하느님의 사람을 만나도 알아볼 줄 모른다. 자기 자신을 위해 모조품을 만들고 우상처럼 숭배한다. 그 모조품을 통해 결국에는 자기 자신을 비밀스럽게 숭배하는 것이다.

슬로건처럼 취급되고 첫 번째 진리처럼 주장되는 '세속화된 세상'이라는 표현은 우주, 문화, 사회, 교회 등 모든 것을 뒤섞는다. 그리고 종종 비참하고 때로는 끔찍하게 치명적인 재-신성화 resacralisation를 고려하지 않고, 세속화 과정은 돌이킬 수 없다고 선포한다. 그리고 또 다른 슬로건인 '다원주의'와 연결한다. 다원주의는 수백 개의 해석이 가능한 말이다. 이 두 단어는 사회학적 객관성을 가지고 두 가지 서로 연계된 주요 사실을 요약한다고 주장한다. 이 두 단어는 현실화되었고, 다소 암묵적으로 이상을 실현하기 위해 사용된다. 이제 두 단어의 보호 아래서, 그리고 같은 정신으로 새로운 비타협적인 거룩함과 비관용적인 교조주의가 자리 잡는다.

우리는 세상을 속되게 하고 탈신성화하며 세속화하기 위해서 성경이 가르치는 창조주 하느님을 불러낸다. 그런 다음 속되고 탈신성화되고 세속화된 세상의 이름으로 하느님 신앙을 제거한다.
초월성의 이름으로 세상을 탈신성화하고, 그런 다음 탈신성화된 세상의 이름으로 순수 내재주의를 선포한다.

사람들은 우리에게 '신화 없이' 그리스도교를 설명한다. 만일 그리스도교의 모든 상징적 표현을 신화와 혼동하지 않는다면, 완전한 설교가 될 것이다. '종말의 실재', '신앙의 신비'는 상징적 울타리 안에서만 접근할 수 있다. 합리주의의 고유한 특성은 상징을 개념으로 표현하는 것이라고 주장함으로써 상징 안에 주어진 진리를 파괴한다.

"본질적으로 **거룩한 신비인** 하느님은 인간에게 주어졌다. …… 만일 그분이 거룩한 신비가 되는 것을 중단한다면, 그분은 하느님이 아닐 것이다."(칼 라너)[181]

빅토르 쿠쟁Victor Cousin이 무슨 말을 했든지 '순수 생각의 커다란 빛' 안에서보다 '상징의 희미한 빛' 속에 더 많은 것이 들어 있다. 그리고 칸트Kant가 말한 것처럼, 만일 '상징이 생각할 것을 제공해 준다면', 생각은 상징을 고갈시키지 않는다. 마치 구름 위로 날아오르는 비행기처럼 상징의 영역을 초월했다고 믿는 철학자는 정말 완고하거나 순진하다.

'틈새의 신'[182], '위로의 신', '피난처의 신', '세상의 왕과 같은 신'. 보라, 이 네 가지 '낡은 우상들'을. 새 예언자는 이 우상들을 파괴하도록, 그리하여 결국 참된 하느님이 그 자리를 차지하시도록 매일 우리를 초대한다.

어떻게 이것에 동의하지 않을 수 있겠는가? 그러나 이것은 네 가지 위대한 진리에 대한 네 개의 희화화 또는 네 개의 왜곡이며, 여기서 인간은 항상 중심으로 등장한다는 점을 우리에게 말해 준다는 것에서 시작해야 할 것이다. 이 네 우상이 어제까지의 교회의 신앙이었으니 이제는 바꿔야 한다고 우리를 설득하려 해서는 안 된다.

신앙 고백에서나 '자연 신학'의 논의에서, 또는 그리스도교 시대의 영적인 전통에서, 이 '틈새의 신'이라는 개념을 과연 발견할 수 있는가? 그 어디에도 없다. 그 이유는 우선적으로 하느님을 확고하게 믿었고, 자연에 대한 불완전한 지식에서 몇몇 특정한 자연 현상을 하느님께서 기적적으로 개입한 것이라고 설명할 수 있었기 때문이다.

"그리스도인과 성직자가 가진 탐욕적인 적극적 행동주의, 전형적인 합리주의자들의 마음의 냉담함, 관상과 신비에 대한 의미의 약화, 기도하는 신학의 부족, 교회의 모든 구원을 순수 제도적인 변화를 통해서 기다리는 경향", 이것은 바로 1966년 6월, 제2차 바티칸 공의회 이후 칼 라너가 식별한 우려스러운 표지들이었다.[183] 10년이 지난 지금의 상황을 점검하는 것은 흥미로울 것이다. 라너는 이것들을 운명적으로 받아들일 수는 없다고 판단했지만 오히려 성령의 도움으로 이 우려스러운 표지들이 지속되지 않기를 바랐다. 오늘날은 어떤가?

앙드레 뒤마André Dumas 목사는 오늘날 교회는 "종교적이고 성직자들의 절대권력"에 의해서가 아니라, 변두리화, 무의미, 쇠락에 의해서"[184] 위협받고 있다고 말했다.

몇 년 전에 지적한 이 진단은 가톨릭 교회에도 적용할 가치가 있다. 그 이후 '무의미와 쇠락'은 더 이상 변두리 현상으로 남아 있지 않다. 적어도 부분적으로는 권력을 획득했다. '반체제자'였던 사람들이 선포한 새로운 신앙의 무의미와 쇠락은 그들에 의해 유지되고 전해졌으며 강요되었다. 오늘날의 가장 큰 위험은 무의미하고 쇠락하는 그리스도교 성직자들의 절대권력이다.

온갖 수단을 다 이용하기

마치 **디아스포라**의 앞서가는 소수 엘리트들의 이름으로 하듯, 국경을 모르는 하느님 백성의 이름으로 하기. 순수하고 비종교적인 그리스도교의 이름으로 하듯, 절대적인 그리스도교의 이름으로, 그리고 모든 종교에 객관적으로 포함된 구원의 보물들의 이름으로 하기. 굳건하게 형성된 새로운 구조의 이름으로 하듯, 법도, 교의도, 권위도 없는, 성령의 모든 방향에 개방적인 자유로운 그리스도교의 이름으로 하기. 신앙의 자리를 차지한 새로운 문화의 이름으로 하듯, 모든 문화적 영향력에서 멋지게 떨어져 나온 순수 신앙의 이름으로 하기. 모든 자유로운 인격을 파괴하려는 '인문학'

의 이름으로 하듯, 창조의 관념과 연관된 모든 자연의 관념을 파괴하는 과도한 인격주의의 이름으로 하기. 교회에서 성령의 주도권을 억압하는 사회주의의 이름으로 하듯, 모든 개인적인 환상을 인정하는 예언주의의 이름으로 하기. 정당에서 파문당한 무정부주의의 이름으로 하듯, 러시아에서 마르크스주의의 이름으로 하기. 과거에 내해 관용적일 수 없는 이른이 된 현재의 매혹적인 미래의 이름으로 하듯, 이러저러한 특징을 숭배하는 먼 과거의 이름으로 하기. 가장 겸손한 이 곁에 있는 사목의 이름으로 하듯, 비판적 학문의 이름으로 하기. 신앙절대주의를 비판하는 이름으로 하듯, 합리주의를 비판하는 이름으로 하기. 이 모든 것이 우리의 신앙을 지켜 주는 교회와 신앙을 향한 공격에 맞서기 위한 성채나 참호 역할을 한다면 모순된 근거라 하더라도 별로 중요하지 않다. 온갖 수단을 모두 이용한다.

온갖 수단을 다 이용하기(후속)

교의 프로그램 안에서 "모든 호교론을 추방해야 한다."라는 문구가 있다. 그런데 몇 줄 뒤에는 이렇게 쓰여 있다. "성사들이 믿을 만하다는 것(가신성, 可信性)을 보여 주어야 한다."

그다음 "교회를 그 기원으로, 곧 콘스탄틴 이전으로 데려가야 한다." 즉, '보편 공의회 시대'로 데려가야 한다는 놀라운 글도 읽을 수 있다.

'계몽주의 시대'를 찬양하는 글을 읽었다. 계몽주의 시대는 대표적인 피상적 합리주의의 시대이며, 자연주의 시대다. 그런데 똑같은 상황에서 전통적 철학의 '합리주의'에 반대하고, 교계 제도의 문헌을 수용할 수 없게 하는 자연주의를 반대하는 온갖 혹평을 읽게 되고 듣게 된다.

그리스도교의 '헬레니즘화'를 가슴 아프도록 유감스럽게 생각한다. 그리고 '헬레니즘' 이후의 표징을 가진 다른 사람들을 위해 유일한 옛 셈족의 구조를 가진 미사의 첫 번째 성찬기도를 제시한다.

교회를 비판하는 일에 도움이 되기만 한다면, 교회의 교리, 가르침, 도덕, 전례 등 아무것이나 가장 뚜렷한 모순을 강조한다. "온갖 수단을 이용한다."

이들은 루터에게로 돌아가야 한다고 설파하고, 그리스도인이 불안 속에서 신앙생활을 하기를 바란다. 그러나 그들은 루터가 1518년에 한 말을 모른다. "그리스도인은 항상 안전해야 한다 Christianum oportet semper securum esse."[185]

"교회가 예수님의 인격에 관한 교의 정식을 내놓았을 때, 몇몇 주제는 성경에서 문자 그대로 빌려 온 것은 아니었다. 교회가 그랬던 이유는 변증론자들에 대항하여 성령의 증거를 보호하기 위해서였다. 이들은 일치를 파악할 능력이 없었고, 그 자체로 허용할 수 없는 신비를 자신들의 지적 수준에 맞게 재구성하였다."(폴 투아네 Paul Toinet)[186]

하느님의 초월성에 관한 관념을 '환상적인 또 하나의 모조품을 세상에 덧붙이는 것'이라고 말하면서 이 신적 초월성을 희화화하는 일은 쉽다. 마찬가지로 영원한 생명을 현세적인 삶에 무한히 계속되는 다른 삶을 덧붙여 연장하는 것이라고 말하며 희화화하기는 쉽다. 이것은 신적 초월성과 영원성을 너무 값싸게 처분하는 것이다.

"……특히 거룩한 삼위일체와 강생 교리와 관련한 교의적 명제를 멸시하는 일이 이 시대에서 높이 평가되고 있다. 이런 관념이 널리 퍼져 있다면…… 그것은 교의의 형성과 발전이 이성을 전적으로 남용했기 때문이다. 그러므로 나의 바람은…… 신앙과 교의적 고백 사이의 연결성을 찾는 것이다."(뉴먼)[187]

"내가 대학에서 한 마지막 강론은 '정화'에 관한 것이었고, 한 시간 반 정도 이어졌어. 그런데 사람들은 '이 강론은 해로운 요소들이 많아서 받아들이기 어려웠어. 내가 반박해야 했는데.'라고 말하면서 흩어졌어. 그래도 나는 두렵지 않아."(뉴먼)[188]

"근거가 되는 정확하고 구체적인 증거를 바탕으로 우리는 다음과 같이 주장할 수 있다. 현재 신학적이고 교회적인 큰 재앙이 독일 개신교에서 일어나고 있다. 이것은 세 단어, 곧 **그분의 유일한 아드님**Filium ejus unicum과 관련된다. 즉, 삼위일체에 관한 니케아 공의회 교리에 대한 정확한 의미가 지난 두 세기 전부터 독일 교회에서 유연하게 해석함으로써 뒤범벅된 상태로 사라지지 않았다면, 이런 재앙은 나타나지 않았을 것이다. 다른 나라에서는…… 이 재앙을 경고라고 여겼을 것이다."(칼 바르트)[189]

이것은 우리가 '신경Credo'에서 '동일본질consubstantiel'을 버린 것에 대하여 성찰하게 한다.

"나는 여러분이 성직자와 수도자들이 빠져들고 있는 이 비극에 맞서고, 이 비극에서 벗어날 수 있는 힘을 갖도록 기도한다. 그들은 자신들의 행동이 반발을 유발할 수 있음을 이해하길 바란다. **우리는 그들을 추종하지 않을 것이다.**" 그런데 여기서 '우리'는 보수주의 때문에 비참하게 고통받는 사람들이다. "이 강력한 신근대주의는 진정한 지성적 고민에 관심이 없다. 몇몇 사람에게는 실제적 관대함이 있고 순진한 소년성을 가지고 있다. 그러나 나는 더 이상 신앙이 없는 이 사제들이 두렵다. 이들은 다른 사제들을 탈선시키고 평신도들을 타락시킬 의도로 교회에 남아 있다. 그들의 유일한 이상理想은 모호한 진보주의다. …… 몇몇 사람들은 은밀하게 루아지A. Loysi에게 의존한다. 그렇지만 루아지의 비극을 감지하지 못했다. 그의 비극이 그들의 비극이 될 수 없다. 나는 이 신학자들이 내놓은 '선언'에 동의하지 않는다.[190] 그들의 이름을 그 선언 안에서 발견하면서 나는 크게 상심했다. 그렇다. 내가 비오 12세 시대에 있었다면 이와 유사한 문헌을 이해할 수는 있었을 것이다. 하지만 지금 일어난 붕괴 속에서 1968년에 한 그들의 선언은 성령에 대한 중대한 불충실성으로 보인다. 그것으로 인해 사제들은 매우 동요되었다. 그들은 가장 끔찍한 시련을 겪고 있다. 그들이 사랑한 모든 것이 파멸한다. 자동 파멸, 그리스도교의 마지막이다."

"……우리의 신학은 개인적이든 집단적이든 무의식 속에 잠재된 것, 곧 우리가 어렴풋이 지향하는 것을 반영한다. …… 신학자와 종교인들에 의해서 모든 것이 떠난다. 예수회원에 의해서도 그렇다. …… 예수회의 한 신부가 나에게 그리스도교는 신화의 전통일 뿐이라고 말한다. 그는 자신이 그리스도교의 영혼에 대한 비밀을 상실했다는 것을 깨닫지 못하면서도 신비를 말해 왔다. 우리의 신앙은 기도하는 교회, 순수한 교회, 거룩한 교회, 흠 없는 교회의 신앙일 수밖에 없다. 이것은 가톨릭 신학자라 불리는 근대주의 신학자들이 결코 이해하지 못한 것이다."

……인간의 마음속에 그 자체로 가치를 지닌 것이 당신에게는 정말로 아무것도 남지 않았는가? 어느 날 당신이 순수한 마음을 보게 된다면, 당신은 행복하지 않은가? 그 즉시 "이것이 무슨 소용이 있는가?"라며 계산적으로, 냉철하게 묻는가? 당신이 분명 저급한 감정에 도달하지 않았다 하더라도 그 감정 앞에서 고통을 겪고 있지 않은가? 당신은 당신의 저 깊은 곳에서 영혼이라는 단어까지 추방한 것에 조용히 만족하는가?

어떤 사람은 내가 모든 호교론을 증오하지 않고 신앙 안에서 나를 가르친 사람들과 함께 '믿어야 할 이유'에 대해 말하기 때문에 나의 자연주의naturalisme를 비난한다. 다른 사람은 내가 나의 신앙 위에, 나의 주님 위에 자리하지 못했기 때문에, 나의 신앙절대주의 fideisme를 비난한다. 어떤 사람은 비합리적인 신앙을 원한다. 또 다른 사람은 '이해된' 신앙만을 받아들인다. 또 어떤 사람은 전혀 식별도 하지 않고 "나는 그것이 불합리하기 때문에 믿는다Credo quia absurdum."라는 말을 내게서 듣기를 바란다. 다른 사람은, 내가 나의 신앙을 총체적으로 '이해'하기를 요구한다. 하지만 그것은 분명 나의 신앙이 아닐 것이다. 그들은 모두 마음 깊은 곳에서는 주님의 참된 제자일 것이다(인간의 마음은 헤아릴 수 없기 때문이다). 나는 그렇게 될 수 있다는 논리적 태도를 보이려고 노력한다.

나는 외면적인 것에 의해 깊은 인상을 받을 때마다 불신의 유혹을 받는다. 외면적인 것에 대한 인상이 헛되다고 말하는 것이 아니라 그에 대한 대단한 진지함을 말하는 것이다. 성찰이 우위를 점할 때마다, 성찰은 나를 새롭게 신앙의 방향으로 나아가는 길로 이끈다. 신앙은 항상 어려운 일이지만 불신은 불가능을 드러낸다. 나를 신앙에서 멀어지게 하는 것은 비관론이나 절망에 대한 두려움도 아니고 위안이나 최소한 안전에 대한 매력도 아니다. 그것은 육체적인 감정에 대한 정신의 승리(항상 희미한 승리)다.

그러나 신앙으로 이끌고 지탱하는 것은, 다른 질서에 있다.

나는 주변에서 성찰을 시작하면 신앙이 어려워지고 온갖 반론이 제기된다는 말을 듣는다. 그러나 내 경험은 그와 반대다. 내가 성찰을 게을리할 때, 외면적인 것에 끌려갈 때, 생각할 힘도 없고 기도할 맛도 잃었을 때, 가장 평범한 모호함 안에서 '이제는 아무것도 믿지 못한다'는 유혹이 스며든다. 실재의 모든 깊이가 희미해지고, 모든 것이 '문제'로 드러난다. 그것은 어떤 문제도 진지하게 다루지 않았기 때문이다. 이것이 겉으로 드러나는 외형을 따르는 삶이다. 최소한의 조직화된 이론의 깊이조차 없이 외면만을 추종하는 삶이다. 이는 뿌연 구름을 관통하는 비판적 섬광과 정반대다. 나는 뿌옇고 동면한 상태를 흔들어 대야 한다. 바로 이런 의미에서만, 신앙은 나에게 어렵다고 말할 수 있다.

　많은 현대인은 아직도 그리스도교에 의지하고 있으며, 결코 교회와 단절하기를 바라지 않는다. 그리고 그들이 내적인 체험을 한 결과, 자신들이 발견하지 못한 모든 학설을 '이데올로기'로 다루기를 진심으로 바란다. 이 체험만이 진정한 그리스도교의 전달자(더욱이 창조적 전달자)가 될 것이다. 그들은 얕은 체험, 근거 없는 경험을 그리스도의 첫 제자들에게서 유산으로 받은 넓고 깊은 체험, 곧 교회 교도권의 보증 아래서 제자들 이후의 그리스도교 세대들이 보존하고 보호하며 파헤친 체험과 대립시킨다. 그들은 참된 그리스도교 체험의 유일한 원리인 신비에 대한 객관성을 바라지 않는다. 오히려 각자 그들의 개인적 체험에서 절대성을 찾는다. 신비 없는 신비적 체험[191]은, 무의미 안에서 용해되지 않는다면, 많은 착오의 원천이 될 수 있다. 다행스럽게도 이런 것을 요구하는 사람들은 아직도 자신들이 이데올로기라고 다루는 이 신비에 깨닫지 못한 채 참여한다. 모든 이를 위한 교의 정식에 고귀하게 보존된 이 객관적 신비의 잔류 효과는 아직도 그들의 체험에서 그리스도교적 가치의 잔재를 지키고 있다. 그러나 이들은 얼마나 현실주의자들인가! 그럼에도 자기의 영적인 행위에서 느끼는 큰 무게감으로 자기 자신에 대해서는 덜 근심하면서, 하느님의 삼위일체 신비에서, 곧 교회가 교의 정식으로 제시한 바로 그 안에서, 항상 무한히 풍요롭고 자신들의 체험을 무한히 넘어서는 살아 있는 원리를 발견한다!

"하나의 교회, 하나의 공동체는, 이 공동체의 활동이 공적인 직무에서 다른 구성원들을 제외하는 데 집중한다면, 카리스마를 '잠들도록' 내버려 두고, 성령까지 철수시키지 않았는지 질문을 제기할 것이다."(한스 큉Hans Küng)[192]

황당하다. 교회의 모든 '활동'이 이렇게 집중될 수 있고 집중되었던 때가 언제인가? 주교와 교황을 제외하고 성인도, 천재도, 저술가도, 신학자도, 설립자도, 모든 차원에서 열심이고 창의적인 그리스도인도 그때가 없었다고 주장하지 않았다. 이것은 교회의 권위가 무시될 때 위협의 형태로 나오는 말이다. 이것은 황당함에 불쾌감을 추가하는 것이다. 그리고 '카리스마적 구조'는 무엇을 의미하는가? 참으로 중대하지만 못생긴 단어다. 우리를 실제로 위협하는 것은 몇몇 '교수들'이 오늘날 그들이 가진 압력 수단을 이용하여 권력을 장악하는 상황에서 교회의 '활동'을 무효화하는 것이다.

실증 과학에는 질質과 가치가 없다(있을 수가 없다). 인격적인 것도 없고, 분해할 수 없는 합성물도 없다. 그리고 천재도 영웅도 거룩한 사람도 없다(있을 수가 없다). 이것들은 측정되지도 않고 셀 수도 없다. 어떤 텍스트의 객관적인 정확성은 엄밀하게 조정될 수 있다. 그러나 과학은 생각의 깊이나 무가치함에 관하여 아무것도 말할 수 없다. 과학에서 인간은 하나의 대상이다. 어떤 방식으로도 '인간을 넘어설' 수 없다. 과학에서 이와 같은 주장은 상식 밖의 일이다. 이와 관련해서 과학이 탐구해야 할 것은 아무것도 없다. 과학은 적절하고 교육적이며 실용적으로 큰 영향력을 지닌 다른 일을 해야 한다. 그러나 방법론적으로 지식인과 '탐구자'의 입장에서, 처음부터 제외했던 것, 찾지 않기 때문에 발견하지 못하는 것, 찾을 수 없기에 발견할 수 없는 것을 모두 부정해야 한다고 믿는 것은 정말 순진하다.

실증 과학에는 '초월적인 것'이 없다. 참됨(진, 眞), 아름다움(미, 美), 착함(선, 善)은 과학에 아무런 의미가 없다. 이것은 '전혀 다른 질서'에 있다. "사랑은 분석적 호기심이 파괴한 영혼을 드러낸다."(피콩G. Picon)[193]

말로Malraux는 《희망L'Espoir》이라는 책에서 이렇게 썼다. "나는 스페인 가톨릭 교회를 전혀 보지 못했습니다. 다만 예식을 보았고, 시골에서처럼 영혼에서 황무지를 보았습니다." 그는 통찰력이 있었지만 아마도 보기에 적절한 위치에 있지 않았을 것이다.

나는 그라나다에서 대성당 입구로 연결된 좁은 내리막길의 끝

왼편에 있는 커다란 십자가를 보았다. 십자가 앞에 무릎으로 기어가는 사람들이 버팀목으로 쓰는 난간이 있고, 커다란 액자가 놓여 있다. 액자에는 굵은 글씨로 유명한 시, '십자가의 예수님께A Jesu Crucificado'[194]가 쓰여 있다. 이 시는 보통 프란치스코 하비에르François Xavier 성인의 것으로 알려져 있으나, 그보다 더 오래된 무명인의 것이다. 시가 담긴 이 걸작은 순수한 사랑을 표현하는데, 아주 아름답다. 나는 거기서 한 그룹의 남성과 여성들을 보았다. 그들은 무릎을 꿇고 이 시를 읽으며 잠시 침묵의 시간을 가진 뒤 기도를 바쳤다. 그 후 나는 이 시가 그리스도교 문학 작품집뿐만 아니라 스페인에서 종교 교육을 하는 데도 널리 사용되고 있다는 것을 알게 되었다.

예식에 더 매여 있는 사람들이라고 해서 그들이 반드시 영혼이 없는 사람들은 아니다.

철회

나는 1938년경에 이렇게 썼다. "자기 시대의 발전을 인정하지 않으면서 옛 시대의 온갖 보물의 유산을 보장한다고 믿는 것은 자만이다." 지금도 그렇게 생각한다. 그러나 현재 역전된 상황에서, 이렇게 쓸 것이다. "옛 시대의 온갖 보물의 유산을 인정하지 않으면서 자기 시대의 발전을 보장한다고 믿는 것은 자만이다."

나는 이렇게도 적었다. "만일 영이 없어지면 교의는 신화mythe일 뿐이고, 교회는 한낱 정당이 될 뿐이다." 항상 그렇게 생각한다. 그러나 그런 일이 벌어지고 나니, 오늘날 나는 보완하는 진리를 이렇게 적어야 할 것이다. "만일 교의가 없어지면, 영은 바람일 뿐이고, 교회는 한낱 진보주의적 정당이 된다."

나는 또 이렇게 썼다. "영원한 삶은, 미래를 위한 희망이 되기 전에 현재를 위한 요구다." 그 어느 때보다도 지금, 그렇게 생각한다. 그러나 내면성을 이해하지 못하는 외향성의 시대에, 이를 반대의 의미로 받아들이지 않도록 이렇게 덧붙여야 한다. 현재에서 영원한 삶에 대한 요구는 우리를 존재의 피상성에서 벗어나게 하고, 일시적 행위에 빠지는 것을 막아 주는 내적인 힘이다. 그리고 유일한 본질을 다양한 형태의 현재성으로 희생시키지 않도록 우리에게 권고하는 소리다.

사람들은 나에게 말한다. "겸허해지기를 바랍니다. 겸손해지기를 바랍니다. 당신네 그리스도교는 이 점을 믿지 않습니다. 물론 참 아름답습니다. 인정합니다. 그러나 절대화하지 마십시오. 잊지 마십시오. 다른 사람들은 다른 하늘 아래서 그들의 삶에 의미를 주기 위해 다른 것을 만듭니다. 당신의 길은 다른 길 가운데 하나일 뿐입니다. 특권을 버리십시오. 헛된 독점권을 주장하지 마십시오.

겸허해지기를 바랍니다. 겸손해지기를 바랍니다…….”

이 진술은 '그리스도교'를 내가 만든 작품이라면, 혹은 내 조상들이 만든 창작품이라면, 그리고 그리스도교를 마치 내 것으로 소유했다고 으스댄다면, 훌륭한 것이리라. 그러나 내가 예수 그리스도를 믿는다면, 이러한 발언은 나를 설득하지 못한다. 나는 이 말을 다음과 같이 이해할 수 있을 뿐이다.

"합리적인 사람이 되십시오. 예수 그리스도께 당신을 내어 드리면서도 잃지 마십시오. 그분에게 아무 조건 없이 투신하지 마십시오. 물러설 공간을 남겨 두십시오. 그분의 주장을 너무 진지하게 받아들이지 마십시오. 그분은 겸손도 겸허함도 없으십니다. 이것이 바로 아시시의 프란치스코 성인, 로욜라의 이냐시오 성인, 십자가의 성 요한 등…… 위대한 영성가에게 주어진 공통적인 유혹입니다. 그분을 가까이에서 따르던 사람들에게도 이런 유혹이 없었던 것은 아니었습니다. 이 사람들은 참된 종교인으로 만드는 부정과 희생의 움직임을 제어하는 법을 알지 못했습니다. 성령에 대한 그들의 주의는 흔들렸고, 그래서 실증 종교를 안전하게 하는 매력에 굴복하였습니다. 이것이야말로 성인聖人의 새로운 유형입니다, 온전히 성인成人다운 유형입니다. 오늘날 우리에게 필요한 유형입니다. 우리는 오로지 예수님께만 집착하기보다 무한히 다양한 경험의 다원성 안에서 신적인 현존을 받아들이는 것을 아는 성인聖人

이 되어야 합니다. 약 2천 년간 이 열정적 요소는 편협함, 소유욕, 이기주의, 그리고 교만을 조장하였습니다. 바로 여기서 해방되어야 합니다."

이 진술을 들은 후, 이 진술의 숭고함을 이해한 후, 나는 내 십자가를 바라보며 예수님께 나를 충실하게 지켜 달라고 기도한다.

사람들이 경건주의라고 경멸하면서 모든 신심을 쉽게 배척하고, 도덕에 대한 염려를 비난하면서 불명예스러운 단어인 도덕주의라 일축하고, 부성애를 인정하는 것을 거부하면서 이를 단지 부성주의paternisme로만 여기는데, 왜 우리가 '다원주의'를 그토록 영예로운 것으로 강조하는가?

일치를 풍요롭게 하는 모든 것은 좋다. 일치를 거스르는 모든 것은 악하다. 수렴의 다원주의는 좋다. 분산의 다원주의는 악하다.

신약 성경은 일치, 가장 친밀한 일치, 가장 깊은 일치를 이루라는 부르심으로 가득 차 있다. '다원주의'에 대한 작은 부르심이라도 찾는 것은 헛된 일이다. 교회의 역사 안에서 사람들의 다양성과 다양한 역량, 보편적 일치에 협력하는 여러 요소들의 다양성을 칭송하는 많은 문헌을 발견할 수 있다. 그러나 이 모든 것은 일치에 협력하는 것을 찬양하기 위한 것이다. 일치 자체를 찬양하는 것은 전혀 발견할 수 없다. 일치는 그 자체로 찬양받고 추구되는 것이다.

어떤 사람이 이렇게 적었다. 오늘날 인간은 '철학적 다원주의가 매일 제공하는' 가치 체계, 이념, 종교를 '선별'해야 한다. 이것이 바로 '다원주의'의 일반적인 의미로서, 이 의미는 서로 대립적인 다양성을 포함한다. 그런 이유로 그리스도교 신앙에 대한 다양한 표현을 지칭하기 위해서 이 단어의 사용은 추천하지 않는다.

나는 획일주의도 다원주의도 찬성하지 않는다. 그러나 다원적 일치 또는 일치된 다원성에는 찬성한다.

통합의 다원주의는 '예', 분해의 다원주의는 '아니오'다. 중심으로 수렴되기 위한 출발의 다원주의는 '예', 그러나 중심에서 멀어지는 종착점의 다원주의는 '아니오'다. 일치를 향한 다양성이지 다양화되고 해체된 일치는 아니다.

차이 자체를 위해 가꾸어진 차이만큼 비생산적인 것은 없다. 개인이든 공동체든 상관없이 고유성에 관한 탐구는 항상 거꾸로다.

우선 참된 것을 찾아라, 그러면 새로운 것이 덤으로 주어질 것이다.

가장 심오한 신앙에서 가장 철저한 무신론으로 가는 데에는 머리카락의 굵기만 한 거리가 있을 뿐이다. 그러나 이 굵기는 심연이다. 신랑은 신부를 '그의 목에 있는 머리카락 한 올'만으로도 알아본다.

오, 창조성이여! 네 이름 아래 얼마나 많은 것이 파괴되었는가!

전통은 열정을 억제하는 무거운 짐인가? 아니면 열정을 지지하는 땅인가? 양식을 주는 땅에서 자기 힘을 끌어오는가? 아니면 이 힘 없이는 모든 열정이 사라지고 다시 추락하는, 그런 힘인가?(바실리오 성인)

내가 사는, 나를 살게 하는, 살아 있는 전통의 권위에 충실하기를 바라는지, 아니면 강압적이고 일시적인 의견에 나를 연결하는 일을 더 선호하는지 아는 것이 중요하다.

절대적인 자유는 마치 내가 딛고 있는 땅이 없는 것과 같다. 더 나아가, 외부 공기가 내 폐로 더 이상 들어오지 않는 것과 같다.

절대적인 자유는 모든 강한 생각과 반대다. 대기에 저항이 없으면 생각은 흩어지고, 증발하거나 쇠퇴한다. 편리가 과하면 생각은 놀이가 된다. 싸워야 할 대상이 아무것도 없으므로, 어떤 것에도 참여하지 않는다. 제약은 피할 수 없는 것만이 아니라 필연적인 것이다. 생각이 강해지려면 장애물을 뚫고 나가야 한다.

'살해된 어린양'과 '어린양의 신부'(교회) 사이에서 혼인적 결합의 신비가 오늘날보다 잘 이루어진 적이 없었다. 어린양은 '그의 사람들'에 의해서 죽임을 당하였다. 그런데 오늘날 교회는 그의 사람들을 통해서 그와 연결되어 있다.

"사람들은 흔히 전통은 과거의 것이고 역사적 의식의 대상일 뿐이라고 생각한다. 그리고 전통은 본디 우리 뒤에 자리하는 것이라고 한다. 하지만 우리는 그 전통을 향하고 있는 것과 같다. 전통은 우리의 운명 자체이기 때문이다."(마르틴 하이데거)[195]

고위 성직자가 이렇게 말했다. "우리는 복음의 진정한 해석인 제2차 바티칸 공의회를 충실히 따른다." 예전에는 '토마스 학파'의 대大신학자들이 다음과 같이 말했다. "우리는 《신학대전 Somme》과 함께 복음을 손에 넣음으로써 완전해졌다. 이제 복음서 저자와 바오로 사도, 그리고 교부들은 필요 없다. 오히려 그들은 위험한 인물이기 때문에 피해야 한다. 토마스 이전의 모든 박사는 비정통 학자들이다." 이것은 토마스 성인을 배반한 것이었고, 오늘날에는 제2차 바티칸 공의회를 배신한 것이다. 그리고 더 심각한 배반을 준비하고 있다.

교회의 전통을 피하기 위해서 두 가지 상반된 방법을 사용할 수는 있지만 둘 다 파괴적인 결과를 낳는다. 우선 신약 성경에 없는 것, 신약 성경의 단어가 아닌 모든 것에 이의를 제기하는 것이다. 반면, 교회는 실행하고 바꿀 권리가 있음을 충분히 인식하지 않았다고 말하는 것이다. 세 번째 더 쉬운 방법은, 선행하는 두 방법을 결합하는 것이다. 곧 교묘한 '주석'으로 오늘날 우리가 생각하고, 우리가 하고 싶은 것을 성경이 말하게 하는 것이다.

그리스도교의 새로움이 사실상 아무것도 아니거나 거의 아무것도 아니라면, 곧 세상을 동요시키지 않았다면, 또 2천 년간 유지된 그리스도교의 거룩함이 불모지의 환상일 뿐이라면, 복음을 산산조각 내는 우리의 비평적 근시의 통찰력은 최고다. 그러나 그 전에 복음 비평을 확인하는 것이 좋을 것이다.

영원성을 생각하는 것은 역사를 저버리는 것이 아니다. 기도와 내적인 삶을 높이 평가하는 것은 사회적인 것을 소홀히 여기는 것이 아니다. 전체주의적 무신론을 섬기기를 거부하는 것은 반항의 앞잡이가 되는 것이 아니다.

잡지 《렉스프레스 L'Express》가 1960년에 발행한 조레스 J. Jaurès의 팸플릿은 "전통적인 가톨릭 교회……"로 시작한다. 겉으로 보기에 명확해 보이는 첫 단어부터 애매하다. '전통적인 가톨릭 교회'는 실제로 중복되는 표현이다. 가톨릭 교회는 전통적이거나 그렇지 않다. 그러나 여기서는 '전통적'이라는 형용사를 선택하여 부정적인 의미를 부풀린다. 저자는 '그저' 가톨릭 교회를 공격하려는 것이 아니라고 하지만, 그럼에도 '그저' 가톨릭 교회를, 가톨릭 교회 전체를 공격하는 것이다. 그의 말을 믿는다면, 그는 가톨릭 신앙을 가르치는 특정한 방식, 곧 인간의 전통 안에서 무거워진 특정 환경에 고유한 방식만을 비판하는 것이며, 그의 관대한 말은 환상을 유지하는 데 기여한다. 그러나 침착하게 읽으면, 곧바로 다음의 사실을 파악할 수 있다. 그는 자신이 가진 가톨릭 신앙의 실체에서 그리스도교 신비 전체를 밀쳐 내는 것이고, 예수 그리스도에 대한 신앙까지 표적으로 삼는다는 것을 말이다.

1907년의 근대주의자, 1977년의 진보주의자. 성사를 박탈당한 근대주의자들은 고통을 느꼈다. 알프레드 루아지는 **성사집전권** celebret이 종료되는 날, 비탄에 잠겼다. 진보주의자들은 태평스럽게 스스로 성사를 금하였고, 성사에서 '해방되었다'. 그들은 완전한 세속화를 바라는 사람들의 예시를 교회에 보여 준다.

'성직자' 우위 시대라고 일컬어지는 중세에, 공의회들은 평신도에게 커다란 자리를 내주었다. 제2차 라테라노 공의회(1139), 제2차 리옹 공의회(1245), 비엔 공의회(1311~1312)가 그렇다. 이 공의회들은 콘스탄츠 공의회(1414~1418)와 바젤 공의회(1431) 이전이다.

"……[1968년 5월] 인간에 관한 지식의 광란적 대상화가 마치 바빌론 유배처럼 갑자기 나타났다. 이 대상화는 모든 영적인 유대와 거리가 멀다. 거기서 지성은 오로지 분석적 메커니즘으로 축소되었다고 여겨졌다. 이 분석적 메커니즘은 세상을 기계로 만든다. 이성적 이해 자체가 그렇게 되기를 바랐기 때문이다. 만일 이에 대한 대대적인 거부가 필요하다면, 그것은 이성적 이해만이 인간을 온전히 알 수 있고 다시 만든다는 주장을 거부하는 것이다. 언젠가 실증주의의 벽에 균열을 내야 할 것이다. 이 벽은 늘 자리하고 있고 심지어 이를 거부하는 이론가들 안에도 자리하고 있다.

이 균열을 통해서 가치의 보편적인 층과 무시된 중요한 단어들, 이성과 마음이 일치해 있는 이 단어들의 신비가 우리의 척박한 정신적 공간을 풍요롭게 하기 위해 밀려들 것이다."(피에르 에마뉘엘Pierre Emmanuel)[196]

"작은 마법사들이 넘쳐난다. 누군가 그들에게 큰 소리로 외친다. '나는 자유를 얻었습니다! 자유롭게 되십시오!' 분명한 몇몇 교리들, 이미 덜 순수한 행동 '원칙들', 특히 사라진 관습들을 경계심을 가진 대중 앞에서 길거리에 버린 것으로 충분하다. 이제 남은 것은 모금을 하는 것뿐이다. 잘한 짓이다."

"……고통받는 사람들만이 예언자의 조건을 감당한다. 그들은 자신들을 빚고 가공한 손바닥 아래서 이리저리 굴러다니는 존재들이다. 그들은 말하는 것을 보류하기 위해서, 타르시스까지 도망간다."(가브리엘 제르맹Gabriel Germain)[197]

칼 바르트는 슐라이어마허Fr. Schleiermacher에 대해 이렇게 적는다.

"슐라이어마허에게서 깊은 인상을 받지 않고 그에 관하여 연구하는 것은 불가능하다. 이것은 그의 사상에 접할수록 더욱 그렇다. 그는 자신에게 풍요롭고 그 범위가 폭넓은 임무를 부과하였으며, 그 일에 착수하기 위해 도덕적, 지성적 지식을 갖추고 있었다. 그리고 자신이 처한 환경이 좋은지 나쁜지 알려고 하지 않고 강인한 인내로 자신의 길을 끝까지 갔다. 주일에 설교하는 것까지도 매 작업을 즐기면서도 진중한 방법으로 일했기 때문이다."

"그는 사랑이라고 불릴 자격이 있는 인격적인 관계로 예수님과 연결되어 있었다. …… 그는 전형적인 교회의 사람이었다. 그는 평생 자신의 책무를 인식하면서 생각하고, 말하고, 행동했다."[198]

이 찬사를 마땅히 한스 우르스 폰 발타사르Hans Urs von Balthasar에게도 보내야 할 것이다.

4
신앙의 반석

"예수님께서는 교회도, 제도도 설립하지 않으셨다. 성경으로도, 역사로도 설립 행위를 증명하기란 불가능하다."(고트홀트 하젠휘틀 Gotthold Hasenhüttl)[199]

물론 그렇다. 우리가 이 '공증 문서'를 사해 동굴이나 인근 사막의 모래 속에서, 그것도 정식으로 서명된 상태로 발견할 가능성은 전혀 없다.

헝가리 출신 신학자 스탠리 자키 Stanley L. Jaki의 발췌문.[200]
"시몬을 '반석'이라고 이름 짓고, 반석으로 세우면서, 그리스도는 그에게 요한의 아들 시몬이라고 부르신다. 이것은 예수님 시대의 오래된 세심한 방식으로서, 예수님께서 가시적으로, 그리고 오로지 홀로 영적인 반석으로 현존하심을 드러내신다. …… 복음서 저자들은 예수님과 시몬 사이의 오래전 만남을 기억할 때, 그리스도께서 그를 시몬이라고 부르셨던 것을 잊지 않고, 시몬을 '반석'(케파Kepha)이라고 이름 짓는다."

"……예수님과 열두 제자는 요르단강의 근원지에 장벽처럼 솟아오른 바위에 깊은 인상을 받았을 것이다. 보라, 거대한 바위 벽 틈에서 흘러나오는 거룩한 강을. 이 틈은 크게 입을 벌린 죽음을 생각하게 한다. …… 바닥의 아마포와 대조를 이루는 가운데, 예수님께서는 시몬에게 말씀하신다. '너는 베드로이다. 내가 이 반석 위에 내 교회를 세울 터인즉, 죽음의 세력도 그것을 이기지 못할 것이다.'"

"그림의 배경이 그렇기 때문에 만일 마태오 복음서 저자의 지표를 따라갈 준비가 되어 있다면, 근거 없는 추측은 볼 수 없을 것이다. …… 마태오는 복음서에서 …… 카이사리아 필리피 인근을 이 구절의 진정한 장소로 지칭하기 때문이다. 만일 예수님께서 가르침(야곱의 우물, 초막절, 추수 감사절, 어린이……)의 장소를 선택하신 것을 기억한다면 …… 이것은 더 이상 추측이 아니다."[201]

"[예수님은] '바위'(히브리어로 Sur)라는 명칭이 구약 성경에서 야훼에 대한 특권, 절대적인 신성한 특권이라는 것을 완벽하게 알고 계셨다. …… 그리고 순수한 인간인 시몬에게 부여된 **케파**Kepha 또는 **반석**(히브리어 Sur, 바위와 매우 유사한 의미)이라는 명칭이 내포하는 모든 것을 알고 계셨다. …… 그리고 이 순수 인간에게 '바위'라고 하고 그 위에 당신의 교회를 세운다고 하셨을 때, 어떤 관점을 열었는지도 알고 계셨다. 이것은 야훼의 불변성에 참여하는 안정성이다."[202]

"……입구가 열린 동굴 위에 바위로 된 커다란 장벽이 실제로 그리스도께서 베드로에게 하신 말씀의 배경인지 엄격하게 증명하는 것은 불가능할 것이다. 그러나 부정할 수 없는 다른 배경이 존재한다. 그것은 구약 성경의 소리다. …… [그런데] 학식이 깊은 주석가들이 베드로에 관하여 쓴 학술적 저서에서 구약 성경의 소리를 찾는 것은 헛된 일이다.[203] 그렇지만 적어도 이 소리를 귀담아 듣고 이 소리가 결정적으로 어디서 오는지를 기억하지 않는다면 다음과 같은 사실이 갖는 진정한 의미를 결코 이해하지 못할 것이다. 곧 하느님의 말씀에 의해서만 순수 인간이 반석이라 불리고, 반석으로 세워진다."

"게다가 한 인간에게만 맡길 수 없다! 얼마나 큰 대조인가. …… 그러나 '시몬-반석'의 이름과 …… '시몬-반석'의 실재는 …… 그것이 어떤 방식으로든 교회의 특성, 즉 지속되고 견디는 곳이라는 의미인 '항구성'의 특성을 구현하는 한에서 의미가 있을 것이다. '반석'인 시몬은 자신을 위해서가 아니라 교회를 위해서 언제나 주춧돌이 되어야 했다.[204]

사실, 영원성에 대한 생각들이 우리를 이 세상에 극도로 매이게 한다고 단언하는 것은 모욕적이다! 슬프고, 당황스러우며, 비통하다! 내가 어떤 사람들을 사랑하는가, 또 그들이 사라졌을 때 나를 슬프게 하는 것은 무엇인가? 그들이 영원히 품고 사랑했던 것 아닌가? 그러나 영원성에 대한 생각에 그런 방식으로 집착하는 것과 일시적으로 집착하는 것 사이에는 대립이 존재하지 않는가? 거기에는 사실상 경건하지 못한 부정과 신성 모독이 있지 않은가? 그리고 이런 생각을 인간의 가장 아름다운 창작으로 생각하지 않는가? 그것은 참으로 좋은 것이고 사랑받을 가치가 있는 것이지만 결국 이 세상 것이다.

하지만 영원성에 대한 생각이 어떻게 우리에게 달리 나타날 것인가? 우리가 지상에 있는 한, 그것의 매력이 어디에서 나오겠는가? 영원성에 대한 생각의 덧없음과 그 생각을 장식하는 특별함에서 나오지 않겠는가? 또 영원성에 대한 생각에 담긴 그 내용의 영원성과 그 형태의 덧없음 사이에 생기는 대립에서 나오지 않겠는가? 우리가 영원성에 대해서 느끼는 애착은 필연적으로 우리가 그것을 덧없는 것으로 느끼는 것에서 오는 것이 아닌가? 시간 속에 있어야 하고 먼저 있었던 것처럼 보이는 영원성을 향한 향수는 영원성에 대해서라면 운명적으로 시간을 향한 향수로 변해서 우리를 피해 간다. …… 그러나 영원한 것에 대한 생각을 일시적인 특별함으로 여기면서 이 생각에 대한 몰이해와 투쟁과 고통의 비극적인 행렬이 계속되는 가운데, 특별한 시간과 장소에서, 또 고유한 상황에서 준비되고 실현되었으며 보호된 것으로서 찬양하고 만끽하길 바라는 것은, 모든 소유를 부정함으로써만 진정히 존재하는 것이라는 소유에 대한 정신에 집착하는 것, 과거의 것에 틀어박히는 것처럼, 과거의 속박에서 우리를 떼어 낼 목적을 가진 것에 집착하는 것, 이 모든 것은 우리에게 남겨진 똑같은 환상이고, 우리는 앞에 있는 많은 사람보다 더 앞서지 않는다. 의지에 관해서만이 아니라, 영에 대해서도 그렇다. 이 환상은 우리 안에서 끊임없이 생겨나며 그 환상을 일소해야 하는 것에서 길러진다. 그리고 영적인 삶의 가장 순수한 요소를 부패시키고 독으로 변형시킨다.

"모든 보수주의의 심벌즈는 성령의 속삭임을 끄지 못한다."(줄 몽샤냉Jules Monchanin)[205]

보수주의는 주둔지를 바꾸었다. 그 심벌즈 소리는 더욱 큰 반향을 불러왔다. 이 심벌즈는 예리코의 성벽을 무너트릴 수 있고, 거룩한 도시의 방어자들까지 규합할 수 있다고 믿는다. 내일은 이것으로 교회가 파괴될 것이라고 믿을 수 있다.

그러나 성령의 속삭임은 꺼지지 않을 것이다. 엘리야 위를 지나가는 가벼운 바람처럼, 성령의 속삭임은 꺼지지 않을 생명의 운반자다.

세심한 이념주의자나 스스로 그렇다고 믿는 사람은 의심을 신앙의 필수적인 요소라고 주장한다. 신앙의 의식에는 의심스러운 부분이 항상 있을 뿐만 아니라 의심이 신앙이라는 관념에 포함되어 있다. 그들은 끝없는 불안의 형태로 의심을 견지하고 키워 나가는 것이 중요하다고 확언한다. 그런데 이 의심은 아우구스티노 성인이나 안셀모 성인 또는 토마스 아퀴나스 성인이 말하는 불안이 아니다! 그들은 암시를 통해 당혹함, 패배, 혼란, 죄책감을 믿는 이들의 영혼에 심고, 그 성공을 자축한다. 그들은 자기들이 만든 의심의 이론에 대해 확신에 차 있다. 그들에게는 이것이 선험적인 원리다. 이 원리가 유효한 것이 되기 위해 그 어떤 의심의 일부도 허용하지 않는다. 의심의 이유가 필요하지 않다. 마찬가지로 순수 신앙절대주의자는 신앙의 이유가 필요하지 않다. …… 그와 달리 바오로 사도는 신자들에게 권고한다. "사랑하는 형제 여러분, 굳게 서서 흔들리지 말고……."(1코린 15,58) "믿음 안에 굳게 서 있으십시오. 용기를 내십시오. 힘을 내십시오."(1코린 16,13) 베드로 사도는 이 명령에 다음의 사항을 부가한다. "여러분이 지닌 희망에 관하여 누가 물어도 대답할 수 있도록 언제나 준비해 두십시오."(1베드 3,15)

"당신의 말을 잘 들었습니다. 당신은 멀리 있는 것을 내다보는 훌륭한 선견자입니다. 그러나 가까이 있는 것을 볼 때는 스스로를 피곤하게 하는 사람입니다."(하사가 페기 부사관에게 한 답변)[206]

이와 반대로, 많은 사람은 가까이 있는 것을 볼 때는 자신을 피곤하게 하지 않는다. 단지 멀리 바라보는 것과 모든 것을 파악하고 그것을 더 넓은 전체에서 볼 때는 자신을 피곤하게 한다. 그렇기 때문에 그들은 장님이다. 마치 현미경으로 얼굴만 바라보는 것과 같다.

나는 오늘날 그리스도교 신앙과 교회의 모든 측면을 공격하는 비평가들이 자신들이 비판하는 것을 이해하지 못하면서 그 증거를 자주 나에게 제시하지 않았다면, 그들의 비평적 편견이 그들의 눈을 감게 한다면, 더욱 겁을 먹을 것이다.

"[콘스탄티누스 시대까지] 교계 제도와 권위, 그리고 정통성을 전혀 중시하지 않았다."(도널드 P. 바르비크Donald P. Warwick)[207]
오, 바오로여!, 오, 알렉산드리아의 클레멘스여!, 오, 안티오키아의 이냐시오여! 오, 리옹의 이레네오여! 그 밖의 많은 성인이여!

"교회의 제도적 측면은 본질적으로 인간의 산물이다. …… 그런

데 인간이 만든 것은 근본적으로 변한다."(고트홀트 하젠휘틀)[208]

가련한 '열두 사도'들! 가련한 베드로! 가련한 예수님! 가련한 성령이여!

"지역 집행관의 추진 아래서 안티오키아에 새로움이 나타났다." 공의회 이후 과거의 교회 역사에 대해 이렇게 적고 있다! 이 말은 백성을 가르치려고 훌륭한 주교가 한 말이다. …… 우리 주교들은 새로운 스승들이 받아들인 것을 생각하며 그들을 따라야 한다!

"주님, 이제야 당신 종을 떠나게 해 주셨습니다Nunc dimittis servum tuum, Domine."[209] '이제야 떠나게 해 주소서'를 매일 저녁 기도한다. 얼마나 자주 나는 좀처럼 없애기 어려운, 쉽게 없어지지 않는 우울에 잠겨 있는가! 낮에 내 눈은 무엇을 보았는가? 주님의 오심은 아직 베일에 가려져 있지 않은가? 우리 가운데 그분의 부재인가 아니면 그분을 거부하는 것인가? 어제도 그분과 가장 가까워 보일 사람들 중 한 사람이 이렇게 말했다. "예수님이라고? 나에게 예수님은 누군가를 찾는 사람일세." 다른 사람은 더 나쁘게 말한다. 그러나 보라. 오늘 밤 예수님의 참제자가 방문한다. 비밀스러운 빛이 비춘다. 이 빛은 나에게 관통해 들어오고 나를 자극한다. 이 빛을 자연의 아름다운 빛과 혼동하는 것은 불가능하다. 보라, 신비한 힘으로 당신 자신을 새롭게 드러내시는 주님을. 그분은 바로 거기에 계신다. "제 눈이 당신의 구원을 본 것입니다."(루카 2,30)

"사제는 기도하는 사람일 때에만 신앙인이 되고 신앙의 선포자가 될 것이다. 만일 사람들이 교회의 면전에 대고 잔인한 주장을 되풀이하며 던지는 문제로 인하여 신학이 지성주의에 도취되어 길을 잘못 들어 '무릎을 꿇은 신학'[210]이 되는 것을 중단한다면, …… 그것은 더 이상 신학이 아니다. 그런 신학은 시대에 뒤떨어진 '부르주아들'의 딜레탕티즘에 빠져 타락할 것이다."(칼 라너Karl Rahner)[211]

몇몇 '엘리트주의'로 멸시받는 '대중적인' 가톨릭 교회를 사방에서 옹호하고 있다. 이 옹호는 옳은 일이다. 그러나 이와 같은 분리는 거부해야 하는 것 아닐까? '엘리트들'은 지성적 문화의 관점에서나 그리스도교적 관점에서나 항상 엘리트가 아니라는 사실을 충분히 지적하고 있는가? (적어도 예의상 침묵하고 있는 것인가?) 불법으로 침입해 성직자들의 양심을 꿰뚫는 것까지는 원하지 않지만, 수많은 가톨릭 신자들을 '축제 참가자'나 '행동주의자'라고 경멸조로 대하는 이 성직자들이 교회와 복음에 충실하다는 증거는 전혀 볼 수 없다. 다른 한편, 그들의 눈에는 자신의 '세속화' 정도에 따라서만 엘리트가 될 수 있는 것으로 보인다. 그러나 나는 그와 반대로, 여러 곳에서, 많지는 않지만 신앙이 강하고, 이웃에게 헌신적인 그리스도인 엘리트들을 본다. 그들은 스스로 엘리트라고 말하지 않고 그와 같은 요구도 하지 않으며 인간적 문화를 풍부히 갖추고 있다. '대중적인 가톨릭 교회'라고 명명되는 것은 그 단어에서 멸시나 조롱의 의미를 모두 축소했다 해도 우스운 일이다. 그들은 '대중적인 가톨릭 교회'를 높은 곳에서 내려다보는 것으로 전혀 생각하지 않는다.

우리는 여러 슬로건과 함께 모호한 깃발을 휘날리며 캠페인을 벌이고, 주교들과 성직자와 평신도를 주눅 들게 하고 마비시키며 꼼짝하지 못하게 하였다. 그것은 바로 세속화, 탈성직화, 다원주의, 정행[212], 해방 등이다.

정교orthodoxie와 정행orthopraxie, 이 추상적인 단어는 그냥 놔두자. 정행은 현학자들에 의해 흔들리고, 정교는 자신에 의해 정당화되지 않는다. 우리는 그저 단순하게 성경과 전승의 단어를 수용하자. 그것은 신앙과 사랑이다. 사랑을 통하여 신앙의 열매를 맺게 하는 것을 거부할 때 신앙을 보존할 것이라고 상상하는 것처럼, 신앙을 버릴 때 사랑을 보존할 것이라고 상상하는 것은 착각이라는 점을 인정하자. 역사가 그 점을 잘 보여 준다. 지금의 현실은, 슬프게도 그것을 증명한다.

그리스도에 관한 복음 Evangelium de Christo이 사라지면 **그리스도의 복음**Evangelium Christi도 없다. 후기 그리스도교가 신-이교도주의가 된다면, 과거보다 더 나쁘다. '속이 빈 항아리의 향기'는 곧바로 사라지고, 그 항아리는 다른 내용물로 채워진다.

교리교육 프로그램(1974년 5월)에 나온 말이다. "신앙 전달은 No, 삶의 탄생은 Yes." 오 아름다운 이분법이여! 그러나 신앙의 삶이 존재하지 않는가? 진정한 신앙은 삶이 아닌가? 예비 신자는 '신앙'을 요청한다. 그래서 그에게 신경을 가르친다. 그런 다음 주교는 그에게 세례를 준다. 신앙의 삶이 탄생한다.

이념주의자들은 신앙의 이름으로 종교를 밀어냈다. 그런데 지금은 삶의 이름으로 신앙을 밀어낸다. 분명 내일은 더 명확해질 것이다. 우리는 정치적 참여의 이름으로 삶(은총으로 얻고 복음에서 온 신적인 삶)을 밀어낼 것이다.

새로운 그리스도인 그룹이 기도는 창조주 하느님께 드려서는 안 되고 모든 사람의 아버지 하느님께 드려야 한다고 가르친다. 오 감탄할 이분법이여! 나는 오래된 사도신경을 통해 계속 말하고 싶다. "저는 믿나이다. 전능하신 아버지, 하늘과 땅의 창조주를 믿나이다."

다른 그룹은 '지배적인 이데올로기와 연결된 전통적인 신앙 표현을 거부'하고 새로운 신앙 표현을 창작하기로 결심했다고 한다. …… 다시 말해, 사람들은 2천 년까지 수많은 이데올로기에 직면해도 결코 동조하지 않고 늘 같은 것으로 머무는 전통적 신앙을 오늘날 인기 있는 이데올로기와 연결된 새로운 '표현'을 채택하기 위해서 거부한다.

또 다른 그룹은 성삼위 하느님에 관한 신앙 정식을 바꾸면서 '사도 신경Credo'의 순서를 바꾸길 원한다. 성부에게서 시작하여 아들로 넘어가고 마침내 현존하는 성령에 이르는 정식이 모호하다는 생각은 오늘날까지 누구도 해 본 적이 없다. 우리는 '일상생활에서, 그리고 성사와 같은 표징에서 눈으로 볼 수 있는 것'에 눈을 감으면서 '가장 어두운' 것을 앞에 두었다. 그러니 세례와 견진과 같은 성사에 참여할 때 성령을 직접적으로 분명하게 보는 이 새로운 그리스도인들에게 경의를 표하자. 그러나 그들은 자신들이 권장하는 것을 우리에게 가르쳐 주는데 그것은 모든 것의 '중심, 원천, 기초'인 특정한 인간적 경험으로 되돌아가는 것이다. 성자를 통한 성부의 계시(여기에는 성령의 행위가 포함된다)는 그들 눈에는 '이상한 것'이 된 이데올로기일 뿐이다.

심리분석가이든 아니든, 순종적이든 아니든, 심리학자가 그리스도교 삶에 대해서, 특히 가톨릭의 삶에 대해서, 가정과 관련되든 수도원이나 사도적 삶과 관련되든, 또 어제의 삶이든 과거나 현재의 삶이든 관계없이, 희화화하는 것보다 더 쉬운 것은 없다. 그에게는 그의 학문적 전문용어에 대해 경탄하며 그를 통해서 '과학의 정복'에 참여하는 것을 자랑스럽게 여기는 구경꾼들이 항상 있을 것이다. 심리학자는 복음에 대해서도 그렇게 할 것이다. 만일 그가 그 유명한 악마 군단 같은 군대이며, 어느 시대나 늘 있었던 반-그리스도교 맹신자들에 의해서 지지를 받는다면, 그는 복음의 공헌을 모든 사회에서 실추시킬 것이다.

그러나 그는 아무것도 이해하지 못할 것이다.

자신의 '개인적인 경험'을 전통과 교의, 교회의 규범과 전례와 대립시키는 사람들은 얼마나 가엾은 평범함, 감성, 단조로움, 슬로건 또는 일시적 몽상에 이르겠는가! 만일 성직자로서 이것들을 다른 사람들에게 강요하기 위해서 교회에서 얻은 평판을 남용한다면 더 악한 폭군이 아니겠는가?

뉴먼은 자신의 '체험'을 교의의 '이념'과 대립시키지 않았다! 그는 가장 객관적이고, 가장 추상적이며, 겉보기에는 가장 비개인적인 신앙의 규범적 텍스트인 아타나시오 성인의 '신경Credo'을 얼마나 열정적으로 노래했는가!²¹³ 그가 우리 시대 새로운 예언자들과 새로운 신비가들에게 얼마나 경멸의 표정을 불러일으킬지 모른다!

어떤 구체적인 신앙 진리를 인정하려는 사람들은 자신들의 고유한 체험에 부합하기 때문에 신앙 진리를 인정한다고 말한다. 이들은 신앙 진리를 별것 아닌 것으로 축소하고 신앙 진리를 따로 떼어 내 왜곡하든지, 아니면 신앙 진리가 이미 그들의 경험을 형성한 사실을 모른다. 그들은 어리석게도 자신을 최고의 기준으로 자처하는 것이다.

그들의 영을 완전한 신비에 순종함으로써 자신들의 경험을 확장하고 심화하도록 허용하는 태도만이 신앙의 논리다.

스스로 '비판적'이라고 말하는 이 거짓 신학자들은 신학의 '비판 기능'을 마음껏 행사하고 교회의 주춧돌을 하나하나 파괴하고 있으나 그들이 아무것도 이해하지 못한다는 것은 너무나 분명하다. 그들은 스스로 밖으로 나갔다. 이것은 여전히 밖에 있는 것보다 더 나쁘다(그것과 완전히 반대이기 때문이다).

"교황-황제가 더 이상 존재하지 않게 된 이후, 빼앗긴 교황권은 더욱 경이로운 방법으로 이상적이고 비물질적인 중심이 되었고, 가톨릭 대제국의 신성불가침 로마, 건드릴 수 없는 로마이기 때문에 신성불가침인 유일한 로마는 여러 나라와 다양한 계층의 증오 속에서 심판자를 기다리고 있다고 느끼는 듯하다."(제임스 다르메스테르James Darmesteter)[214]

감히 말하지 않는 것, 말할 수도, 말하고 싶지도 않은 것, 기껏해야 순간적으로 생각할 뿐이고, 곧바로 잊으려고 하는 것, 그러나 참된 진리이고, 확실한 역사적 실재인 것, 바로 다양한 개신교의 모든 교회론은 사실을 정당화하고 실현할 수 있도록 상황에 따라 창작한 인간적 창조물이라는 것이다. 위대한 '개혁가들'은 당초 유일한 교회와 단절을 생각한 것이 아니라 정확하게는 개혁할 생각을 했다. 그럼에도 단절 속에서 그들을 추종했던 사람들을 각기 다른 방식으로 가시적으로 조직하였다. 그리하여 그리스도교 기원의 역사는 이들의 방식에 따라 다시 고쳐 만들어야 했다. '비판'을 위한 온갖 노력이 이루어졌다.

거기에는 좋은 것이든 나쁜 것이든 사소한 것이든 시대를 통해 축적된 '우연성'이 있었고, 이 비판에 양분을 제공해 주었다. 이 비판은 선험적으로 이의를 제기할 여지가 있는 것에서 유래하며, 거기에는 이성의 잠정적인 모습이 있었다.

그러나 장 자크 폰 알멘J. von Allmen은 이렇게 적는다. "나는 다음과 같이 자문한다. …… 만일 서구에서 그리스도교의 분열이 공고화된 이후, [초대 교회의 '가톨릭적' 구조에 대한] 전통을 비난하는 심오한 이유가 …… 필연적으로 그리스도교의 분열에서 양심에 따라 정착할 권리와 교회의 구조에 대한 다양성을 정당화하기 위한 …… 의식적, 무의식적 욕구에서 나온 것은 아닌지."[215]

안락사가 살인 또는 자살인 것처럼, 사람들이 주장하는 세속화, 세속화의 과정을 적용하는 것은 일종의 배교다. 은밀한 작업을 위한 은밀한 언어다. 그러나 그 본질적 실재는 같다. 그것을 거짓 단어로 덮어씌우지 말아야 한다.

부록

"전례를 공경을 위한 봉사로, 하느님께 드리는 예식으로 정의할 필요가 없다. 첫 번째로 전례는 연극, 노래, 춤, 공연과 같이 모든 '예술적' 표현이 펼쳐지는 수준의 양상을 띤다. 그 차이는 뒤이어 사람들의 반응에서 나타난다. …… 전례는 통상적으로 다른 모든 형태 중에서도 표현과 소통의 형태로 나타난다."(허브 오스테르하위스Huub Oosterhuis)[217]

"시편의 말씀을 …… 대화나 논쟁의 주제로 삼기 위해 의문을 제기할 기회를 제공해야 한다. …… 나에게는 과거와 현재를 대면하는 일을 실현하고, 이스라엘에서 오늘에 이르기까지 남겨진 흔적과 우리의 고유한 탐구를 배열하는 작업이 …… 본질적인 것으로 보인다."[218]

"우리의 전례에서 …… 바로 공동체가 '말씀과 성사'를 관리하고, 사제는 이것을 집전하는 기능만 수행할 뿐이다."[219]

"직무의 일반적인 인장은 신성화된 것이어서는 안 된다."[220]

"전례는 예술적 표현의 수준에 도달함으로써 정치적인 것을 초월한다."[221]

"다니엘루Jean Daniélou 신부를 자주 인용하는 사람들조차 모르는 것이 있다. 그것은 다니엘루가 제2차 세계 대전이 발발한 다음 날, 잡지 《에튀드Etudes》의 논문을 통해서 '새로운 신학nouvelle théologie'을 재개하였다는 것이다. 그는 우선 자기 나라에서, 다음으로는 로마의 대학에서, 그리고 마지막으로는 교황청에서 일종의 종양이 생기도록 했다. 종양의 결과는 1950년 비오 12세의 회칙, 〈후마니 제네리스Humani generis〉와 함께 터져 버렸다."

"다니엘루 신부가 공의회의 신학준비위원회에서 오타비아니Alfredo Ottaviani로부터 이해받지 못했다는 사실은 놀라운 일이 아니다. 오타비아니 추기경은 이미 여러 사람들로부터 제기된 어려운 상황을 참아 내야 했다. 그들 중 단 두 사람만 말하자면, 이브 콩가르Y. Congar 신부, 앙리 드 뤼박H. de Lubac 신부를 들 수 있다. 그러므로 그에게 더 많은 것을 요구할 수 없었다. 다니엘루의 사임을 번복하게 할 수도 없었을 것이다.

…… 마침내 요한 23세 교황(주세페 론칼리Giuseppe Roncalli)은 망치(교황청 검사성의[222] 비서 오타비아니)와 모루(프랑스 추기경단) 사이에 끼어, 합리적인 타협안을 고안해 냈다. 공의회 준비 기간 동안에는 다니엘루의 배제를 받아들이되, 공의회가 진행되는 동안에는 진정한 의미에서 그의 참여를 명하는 것이었다."(카를로 팔코니Carlo Falconi)[223]

"회칙 《인간 생명 *Humanae vitae*》(1968)의 신속하고도 광대한 반응 현상을 연구하는 사회학자는 대중 매체의 영향력을 강조할 것이다. 대중 매체는 슬로건과 자극적 표현으로 정확히 48시간 만에 대중에게 깊은 인상을 남기는 데 성공했다. 그 결과 문헌 전체를 읽는 것은 여러 사람에게 이미 내려진 첫 번째 판단에 덧씌워지는 것으로 인식되었다. 그 첫 번째 판단에는 열광과 신화가 전혀 낯설지 않았다. 현대 사회에서는 점점 더 '정보'의 힘이 결정적 역할을 하게 될 것이다. 그렇지만 제대로 통제되지 않는 사실은 교회의 말씀을 전파하는 데 심각한 결과를 초래하지 않을 수 없다."(조르주 코티에Georges Cottier)[224]

십자가의 예수님께[225]

오 하느님, 저는 당신을 사랑하옵니다.
하늘을 위해서가 아니옵니다.
당신을 사랑하지 않는 사람들을 영원한 불로 벌하시기 때문에
당신을 사랑하는 것도 아니옵니다.

십자가의 예수님, 당신은 저를 성심으로 품어 주셨습니다.
당신의 못과 창, 극도의 수치심,
참을 수 없는 고통,
땀과 번민과 죽음…….
이 모든 것을 저를 위하여, 저를 대신하여, 저의 죄 때문에
견디셨습니다.

지극히 사랑하올 예수님,

하늘과 지옥을 잊고

치우침 없는 사랑으로

어찌 당신을 사랑하지 않을 수 있겠습니까?

제가 보상받기 위해서가 아니라,

오로지 당신이 저를 사랑하신 때문이 아니옵니까?

이렇듯 저는 당신을 사랑하옵니다.

이렇듯 당신을 사랑할 것이옵니다.

당신만이 저의 임금이시며,

당신만이 저의 하느님이시기 때문입니다.

아멘.

- 1942년 3월 2일에 한 이 강연은 잡지 《원천들: 청년 훈련소의 책임자들을 위한 작업 요소Sources: Éléments de travail pour les chefs des chantiers de la jeunesse》 3-11쪽에 소개되었고, 같은 해 클레르몽-페랑에서는 11쪽짜리 소책자로 출판되었으며, 리옹에서는 《저항의 수도Capitale de la résistance》라는 잡지에 실렸다. 드 뤼박은 이 글을 자신의 회고록에서 이렇게 밝혔다.
"나는 여러 번 '청년 훈련소'라고 불리는 곳에 초대받았다. 그곳은 마레샬 페탱Maréchal Pétain 장군을 지지하는 열정이 지배하고 있었다. 나는 거기서 '세계적 위기에 직면한 교회'와 그와 유사한 주제에 대해 몇 차례 강연을 했다."(MOÉ, 47-48) — 편집자 주

세계적 위기에 직면한 교회

L'Eglise en face de la crise mondiale

잡지 《원천들 Sources》은 지난 3월 2일 드 뤼박 신부가 몇몇 총사령부의 지도자들과 공무원들에게 현대인에게 제기되는 삶의 문제들, 특히 1942년 프랑스인들에게 제기되는 문제들에 대해 강연한 핵심 내용을 제공한다. 이 훌륭한 증언은 가톨릭 신자든 비신자든 모든 사람에게 유익할 것으로 보인다. 교회는 그 영향력이 무한대인 영적인 힘이다. 교회의 가르침은 모든 나라의 사람들이 집단적이든 개인적이든 자신들의 인간적 이상이 되어야 할 것을 찾고 있는 이 시대에 특별한 중요성을 지닌다. 새로운 세계에 대한 모호하고 느린 형성에 이바지하는 이상들에 대한 완전한 목록을 갖기를 원한다면, 교회의 가르침을 무시할 수 없다. 앙리 드 뤼박의 이 짧은 강연은 자신이 생각하는 가톨릭 교회의 사명, 곧 교회가 스스로 이 사명에 대하여 주장하는 것과 주장하지 않은 것을 상기시킴으로써 오해를 불식시키는 데 도움이 될 것이다. 교회는 모든 시대와 모든 나라의 교회이지, 특정 시간과 장소에서의 단순한 정치적 문제에 국한될 수 없다.

나는 오늘, 세계적 위기에 직면한 현재의 교회에 관하여 언급해 달라는 요청을 받았다. 그런데 이 주제로 흔히 말하는 시사 강연을 하려는 의도가 없다. 또 교황이나 프랑스 주교들의 생각을 언급하지도 않을 것이다. 나는 그들에게서 그리스도인의 공통적인 사실 외에 다른 비밀 이야기를 들은 바도 없고, 내가 그들의 감정을 해석할 특별한 사명이 있는 것도 아니기 때문이다. 나는 여러분에게 교회의 영원한 가르침을 상기시키면서, 아니 여러분 앞에 있는 나에게 먼저 상기시키면서, 교회의 위치에 대해서는 잘 다룰 수 있겠다는 생각이 들었다. 사실 교회는 중단 없이 움직이는 이 세상에서 변하지 않는 교리의 수탁자다. 그리고 교회가 계속해서 변화되는 현실을 마주하기 위해서는, 복음서가 말하는 한 가정의 아버지가 자기 집 곳간에서 **새것과 옛것**nova et vetera(마태 13,52 참조)을 꺼내는 것처럼, 양도할 수 없는 보물에서 멈추지 않고 길어 온다. 다만, 우리는 이 보물의 일부분만 파악할 뿐이다. 우리가 이 가르침을 신중하게 받아들이고 묵상하더라도 수많은 관점에서 다소 벗어날 수 있다는 것을 먼저 고백하자. 여러분 가운데 누구도 내가 여기서 신앙인으로서 그리고 사제로서 말하는 것에 대해 놀라지 않을 것이다. 여러분 또한 내가 그것 외에 다른 것을 증언하길 기대하지도 않을 것이다. 여러분 가운데 누구도 내가 불완전하다는 것에 대해서도 놀라지 않을 것이다. 로제 마르탱 뒤 가르Roger Martin du

Gard가 자신의 작품 《티보가家의 사람들》에서 묘사한 한 장면에서, 비카르Vicart 신부는 우리 모두에게, 신앙인이든 비신앙인이든, 옳게 말한다. 그는 죽어 가는 아버지의 침대 머리맡에 있는 앙투안 티보 Antoine Thibaut에게 이렇게 말한다. "나의 형제여, 나를 믿으시오. 가톨릭 종교는 지금까지 자네가 어렴풋하게 본 것보다 훨씬, 훨씬 더 큰 것이오."

그렇다면 현재의 위기 앞에서 교회는 우리에게 무엇을 말할 것인가? 교회의 본질적인 몸짓은 무엇인가? 교회의 말과 몸짓은 결코 이전에 없던 것이 아니다. 오히려 엄중하고 긴급한 상황은 이 말씀과 몸짓에 더욱 절박한 현실성을 부여한다. 교회는 모든 세대에 했던 말을 오늘날 우리에게 다시 말한다. 그것은 바로, 예수 그리스도의 이름이다. 그 이름밖에는 우리가 구원을 발견한 다른 이름이 없다. 또 교회는 항상 해 왔던 똑같은 몸짓을 다시 한다. 그렇다, 교회는 예수 그리스도를 우리에게 준다. 그러나 이 유일한 말씀과 이 유일한 몸짓에는 얼마나 많은 것이 있는가! 다시 한번 말하지만, 나는 모든 것을 설명하지 않고, 다만 여러분의 성찰을 북돋우기 위해서 두 가지만을 강조할 것이다.

1. 예수 그리스도, 참하느님이시며 참인간, 인간-하느님이신 예수 그리스도께서는 하느님과 인간 사이의 살아 있는 중

개자이시기 때문에, 교회는 그분을 우리에게 보여 주면서, 우리에게 하느님이 어떤 분이신지, 인간이 누구인지를 가르쳐 준다.

2. 더욱이 그리스도는 인간을 하느님과 화해시키면서 인간 또한 화해시키는 구원자이시기 때문에, 교회는 그분을 우리에게 보여 주면서, 인간이 누구인지, 인간이 상호 관계에서 어떤 존재가 되어야 하는지를 가르쳐 준다.

인간과 하느님, 인간과 인간들, 이 두 주제는 인간에 관한 그리스도교 관념을 알기 위해 검토해야 할 핵심 과제다. 그런데 오늘날 세계의 위기가 이례적으로 심각하다면, 경제적, 국가적, 사회적 또는 정치적 영역의 위기 가운데 가장 상위에 있는 것은 우리의 세계를 흔드는 인간의 위기다. 만일 우리의 모든 혼란 가운데 인간에 대한 관념이 근본 원인이라면, 인간의 그리스도교적 관념이 무엇인지를 교회에서 배우기 위해서는 먼저 교회에 질문을 던지는 것이 유익할 것이다. 인간에 관한 그리스도교 관념의 무지나 저버림은 인간을 파멸로 이끈다. 물론 교회에서 우리가 받은 지식은 문명이 마주한 수없이 많은 전문적인 문제들을 해결하는 데 충분하지 않다. 정치적인 것, 경제적인 것, 사회적인 것, 게다가 머리끝에서 발끝까지의 모든 도덕적인 것을 복음에서 도출할 수는 없다. 그러나 이 모든 분야를 가르치고 일정한 방향으로 안내하는 영과, 이 모든 기술을 지시하고 지배하는 인간의 관념이 과연 작은 요소라고 말할 수 있는가? 다른 모든 요소보다 인간의 관념 자체가, 그것이 제대로 형식화되었든 그렇지 않든, 모든 문명의 영혼이 아닌가? 다시 말해, 문명들 가운데 각 문명을 가장 깊이 규정하고, 근본적으로 그 문명들을 판단하는 문명의 영혼이 아닌가?

1. 인간과 하느님

그리스도교 계시는 하느님의 모습으로 창조된 인간의 위대함에 대한 계시였다. 이 계시는 일종의 해방처럼 수용되었다.

그런데 16세기부터 해방으로 이해된 것을 속박처럼 느끼기 시작하는 사람들이 점점 많아졌다. 이들은 인간의 위대함을 보증하기 위해서 하느님에게서 벗어나야 한다고 믿었다. 이것이 바로 무신론적 인본주의 현상이다.

그 뿌리에는 무신론(無神論, athéisme)보다 반신론(反神論, antithéisme)이 자리한다. 이와 관련하여 19세기에 특별한 대표자 두 사람이 있으니, 곧 루트비히 포이어바흐Ludwig Feuerbach와 프리드리히 니체Friedrich Nietzsche다. 두 사람은 두 가지 큰 흐름의 기원이었기 때문에 사람들은 그들을 '영적인 아버지'로 여겼다.

그런데 인간을 칭송하는 목표를 지닌 이 무신론적 인본주의는 자기 파괴에 이른다. 이 무신론적 인본주의가 제공해 준 외적인 재앙들은 모든 이에게 영향을 끼쳐 인간의 관념 자체를 해체하는 표징일 뿐이다. 초월적인 존재와 관계가 끊긴 인간은 자신의 모든 내적인 실체, 모든 깊이를 잃고, '인본주의의 자기 파괴'에 이른다.

인간을 재발견하기 위해서는 하느님을 재발견해야 한다. 여기서는 하느님 관념을 이용하여 외적인 질서를 보증하는 것이 관건이 아니다. 중요한 것은 의식의 깊은 곳에서 살아 계신 하느님을 재발견하는 것이다.

2. 인간과 인간들

1) 그리스도 안에서 화해

하느님의 모상은 각 인간 영혼에 고귀함을 만들고, 전통적 가르침에 따르면, 인간 본성의 일치를 이루게 한다. 하느님의 모상은 우리 모두 안에서 똑같은 것이기 때문이다. 그러므로 하나의 인류만 있다. 교회의 모든 교부들은 성경에 근거하여 이 점을 강조한다. 이 점을 다시 한번 살펴보자. 가톨릭 교리에 따르면, 이 일치는 우선 영적이다. 생물학적 종種의 일치 문제나 오늘날 말하는 '다원론'의 문제는 상대적으로 이차적인 문제다(과학은 절대 이 일치의 '원리'가 아니라 '기원'만을 다룰 수 있다). 인간은 자신의 영적인 존재의 바탕을 만든 유일한 모상에 참여함으로써 인간들 사이의 물리적, 지성적 또는 도덕적, 개인적, 문화적, 인종적 다양성에서 근본적으로 일치를 이룬다.

그러나 모든 자연에서와 같이, 인간이 사는 모든 곳에는 인간들 사이의 투쟁이 있다. 옛사람들은 '권력' 사이의 투쟁을 보았다. 그들은 이러한 권력 투쟁을 마치 공중의 대기나 하늘에 있는 것처럼 상상하였다. 그런데 보편적 투쟁의 상태는 죄의 결과다. 죄는 단지 개인 내부에서 내적인 대립들의 집합소를 만들면서 개인을 내면에서 떼어 내고 분해하며 분리시킬 뿐만 아니라 개인과 다양한 자연적 그룹 사이도 떼어 내고 분해하며 분리시킨다. 그리하여 바오로 사도는 '모든 피조물이 신음하고 있다'(로마 8,22 참조)고 말한다.

그리스도의 업적인 구속은 이 잃어버린 일치를 다시 세우는 것이다. 바오로 사도는 이것을 "우리의 평화"라고 말한다. 그리스도의 구속은 하느님과 함께 인간 사이의 평화를 다시 세우는 것이며, 또한 같은 움직임으로 인간들 사이의 평화를 다시 세우는 것이다. 그분은 우리의 일치다. 이것이 바로 교회 교부들이 때때로 고대 신화를 통해 표현한 것이다. 이 신화의 몇몇 특징들은 여러 곳에서 찾을 수 있다. 첫 인간 아담은 마치 거인으로 표현되고, 그 지체들은 그와 단절되어 사방으로 흩어졌다. 예를 들어 아우구스티노 성인이 이렇게 표현한 것과 같다. "옛날에는 한 곳으로 집중되었으나 세상은 떨어져 나오고, 어떻게 보면 파괴되었으며, 파편들로 채워졌다. 그러나 하느님의 자비는 사방에 흩어진 파편들을 모았고, 그것들을 당신 사랑의 불 속에서 녹여 부서진 일치를 다시 세웠다."

이것이 바로, 여러 모습으로 표현된 성경의 가르침이다. 요한 사도는 대사제인 카야파의 입을 통해 이렇게 말한다. '예수님께서는 하느님의 자녀들을 한 몸 안에 모으시려고 돌아가셔야 했다.'(요한 11,51-52 참조) 그리고 바오로 사도는 이렇게 적는다. '여러분은 모두 [그리스도의 피를 통하여] 속량되었습니다. 여러분은 모두 그리스도 안에서 하나입니다.'(에페 1,7; 2,11-22; 갈라 3,28 참조) 더 나아가 "주님도 한 분이시고 믿음도 하나이며 세례도 하나이고, 만물의 아버지이신 하느님도 한 분"(에페 4,5)이십니다.

2) 가톨릭 교회

그리스도에 의해 세워진 교회는 구체적으로 보편적 모임의 장소다. 교회는 '공동체'이며, '형제의 관계'다. 형제 관계라는 단어는 초대 교회에서 교회를 지칭하는 용어로 자주 쓰였다. 또한 교회를 **인류의 모임**congregatio generis humani이라고 칭했다. 사방에서 그의 자녀들이 가장 신비적인 곳으로, 강한 관계 속에서 하나가 되기 위해 교회로 온다.

교회에 관한 명칭 중 하나가 우리에게 교회의 본성을 가르쳐 준다. 그뿐만 아니라 오늘날에도 여전히 통상적으로 사용되고 있는 이 명칭은 교회의 원리를 가르쳐 준다. 그것이 바로 **가톨릭** 교회다. 2세기 초부터, 안티오키아의 이냐시오 성인의 편지에서 이 칭호를 볼 수 있다. 아우구스티노 성인과 다른 모든 저술가, 12세기 베르나르도 성인 시대까지, **카톨리카**Catholica(가톨릭)라는 용어는 명사형으로 쓰였다. 아우구스티노 성인은 존경과 애정을 담아 명사형으로 **가톨릭**Catholica, **어머니 가톨릭**Catholica Mater이라는 용어를 사용하였다. 오늘날, 이 용어는 다른 신앙과 구별하기 위한 '구분'이 되어 다른 그리스도교 신앙을 고백하는 '개신교'나 '정교회'와 대립하는 용어로 사용되고 있지만, 당시에는 모든 사람에게 원래의 진정한 의미로 존재하고 있었다.

그리스어의 형용사 카톨루καθόλου는 '하나의 전체'로 여겨지는 '모두'를 의미하였다. 시리아의 문헌은 우리에게 테오이 카톨리코이θεοὶ καθολικοί, 곧 전체의 신들에 대해 말하고 있다. 이 단어는 어떤 지역의 신이나 부족의 신, 또는 유일한 특수성을 가진 신을 의미하는 것이 아니라, 하늘의 신, 보편적인 신을 지칭한다. 마찬가지로 그리스도교 언어에서 카톨리코스Καθολικός, 곧 가톨릭적이라는 것은 두 가지 관념을 내포한다. 첫 번째 관념은 한계도 없고 축소도 없는 확장의 관념이고, 두 번째는 이와 동시에 집중, 전체성,

구체적인 일치의 관념이다. 한마디로 보편성의 관념이다. 교회는 보편적이다. 이 세상의 모든 곳으로 퍼져 나가기 때문에 보편적인 것이 아니라(오랫동안 이것은 진실이 아니었고, 오늘날에도 아주 넓은 의미에서만 진실로 받아들인다), 그리스도 안에서 모든 사람을 하나로 모으기 위하여 모든 사람과 관련된다는 의미에서 보편적이다. 보편적이라는 것은 교회의 사명일 뿐만 아니라, 본질이라고 말해야 한다.

이 교회의 보편성(가톨릭성)은 구약 성경에 이미 예고되었다. 이와 관련된 신탁은 참으로 많다. 이사야의 신탁을 보라.

"내가 해 뜨는 곳에서 너의 후손들을 데려오고 해 지는 곳에서 너를 모아 오리라. 내가 북녘에 이르리라. '내놓아라.' 남녘에도 이르리라. '잡아 두지 마라. 나의 아들들을 먼 곳에서, 나의 딸들을 땅끝에서 데려오너라.'"(이사 43,5-6)

같은 이사야서의 다른 부분은 경쟁 관계에 있던 거대한 두 백성 사이의 결합을 통해서 그리스도 안에서, 교회를 통해서, 보편적 화해가 이루어져야 한다는 점을 상징화한다. 이 두 민족 사이에서 불편한 위치에 있었고, 그 당시까지 두 적대국 사이에서 짓밟히기만

했던 이스라엘은 중개자로 나타난다.

> 그날에 이집트에서 아시리아로 가는 큰길이 생겨, 아시리아인들은 이집트로 가고 이집트인들은 아시리아로 가며, 이집트인들이 아시리아인들과 함께 예배를 드릴 것이다. 그날에 이스라엘은 이집트와 아시리아에 이어 세 번째로 이 세상 한가운데에서 복이 될 것이다. 곧 만군의 주님께서 "복을 받아라, 내 백성 이집트야, 내 손의 작품 아시리아야, 내 소유 이스라엘아!" 하고 말씀하시면서 복을 내리실 것이다."(이사 19,23-25)

교회, 곧 영적 이스라엘은, 아직 반쯤 육적인 상징 아래서 예언자들이 알려 준 것을 자신의 먼 사명을 통해서, 곧 영혼들을 위한 행위나 사회에서의 행위를 통해 실현하고자 노력한다. 지상에서는 그 일이 인간적인 열정과 늘 다시 생겨나는 온갖 종류의 장애물로 인해 항상 방해받는다. 그러나 교회는 영원한 약속을 주신 하느님께 대한 확신으로 절대 낙담하지 않는다. 인류 역사에서 겉으로 드러난 혼란 속에서도, 교회는 영원한 조화를 준비하고 있다.

3) 결과

모든 사람을 위한 유일한 구원, 모든 공간과 시간을 초월하여 모인 그리스도의 유일한 가족, 이것은 영적인 원리와 신적인 소명 안에서 인류의 본성적이고 실제적인 일치를 전제한다. 그리스도교는 이 가장 중요한 관념을 이미 고대 사회 철학에서 적어도 몇 가지 실마리는 발견했다(완전한 계시는 찾지 못했지만). 페스튀지에르Festugière 신부는 최근의 잡지, 《프랑스 공동체Communauté française》에서 플라톤과 아리스토텔레스와 그 후계자들이 제공한 요소들을 상기한다('공동체와 그리스 도시', '공동체와 로마'). 스토아 학파도 고대 문명의 아름다운 열매 중 하나인 **인류의 사랑**caritas generis humani에 관한 관념을 받아들였다. 마르쿠스 아우렐리우스Marcus Aurelius 역시 "각 인간을 인류와 함께 모으는" 이 "거룩한 동족"[226]을 기억한다.

여기에는 서구 문명을 위대하게 만든 본질적인 가치가 있다. 오늘날의 많은 지식인들은 그 유산을 거부하려 하거나 적어도 이 유산을 의도적으로 없애려 하는 것 같다. 이는 큰 재앙일 것이다. 어떻든 그리스도인, 특히 가톨릭 신자는 이 가치를 자기 신앙으로 지켜야 하고, 이 가치가 위협받을수록 그것을 더욱 주장하고 증언할 필요가 있다. 비오 11세 교황은 강한 어조로 말했다. "나는 그것에 대해 아무것도 할 수 없다. 나는 다음 단어의 의미를 바꿀 수 없다. 가톨릭은 보편적이라는 의미이며, 이를 달리 번역할 방도가 없다."

이제 인간 사이의 관계에 대해서 지적해 보자. 정확한 가톨릭 교회의 지성은 우리에게 다음의 세 가지 오류 또는 일탈을 경계하게 한다.

(1) 개인주의

우리는 거의 죽음에 이르게 했던 개인주의에 대항하여야 한다. 개인주의는 그것을 교리로 내세우지 않을 때라도 인간에게 항상 본성적 경향으로 남아 있다.

(2) 종족주의

한 종족의 교만이나 어떤 그룹의 특수성에 대항해야 한다. 종족주의는 이러저러한 그룹의 고유한 가치를 존중하는 것이 아니라 특정 그룹만을 섬기고 찬양하며 편애한다. 그리고 그들 사이에 넘을 수 없는 장벽을 설치하고 서로 극단적으로 대립시키면서 모든 차이를 더욱 강화한다.

(3) 다양한 집단주의

개인들을 다소 모호한 일치로 흡수하고 용해시키는 다양한 집단주의에 맞서야 한다. (여기서 나는 집단주의를 완전히 일반적 의미로 사용한다.) 그와 반대로 교회가 영적인 깊이에서 실현하는 일치는 그 일치가 더욱 견고하고 더욱 진정한 것일수록 개인적 가치들을 더욱 두드러지게 하기 때문이다.

4) 사랑

지금까지 우리가 '인간과 인간들'에서 살펴본 모든 것을 그리스도교의 그리스도교 전체를 포함하는 핵심 단어 하나로 요약한다면 그것은 사랑charité이다. 사랑은 교의와 동시에 도덕을 표현한다. 하느님과 자기 이웃을 사랑하는 것, 곧 하느님을 진실로 사랑하기 위해서 자기 이웃을 사랑하는 것은 예수님께서 말씀하신 "모든 율법과 예언서"의 요약이기 때문이다. 사랑의 관념이 갖는 영향력을 이해한다는 것은 모든 교리를 이해하는 것이다.

그러나 사랑은 자주 잘못 이해되고 있고, 적어도 매우 피상적으로만 이해되고 있음을 고백해야 한다. …… 지난 몇 세기 동안 그리스도교의 쇠퇴를 보여 주는 가장 두드러진 표징들 가운데 하나는, 모든 것 가운데 가장 아름답고 가장 강력한 단어인 사랑이라는 단어가 겪은 이상한 약화 현상이 아닌가? 페기Péguy가 지적했다. "가장 부족한 것은 사랑이다." 그리고 그는 다음과 같이 덧붙인다. "그토록 많은 그리스도인은 대중적 의미로 바꾼 사랑이라는 단어에 대해서 파스칼이 부여한 완전히 효과적인 의미를 과연 알고 있는가?" 얼마나 이 "대중적 의미"가 "완전히 효과적인 의미"보다 더 우리 가운데 퍼져 있는가!

이미 오래전부터 많은 사람이, 신앙인이든 비신앙인이든, 다소 온정을 베푸는 바리사이적 몸짓만을 떠올린다. 사람들은 이 온정을 의도적으로 정의와 대립시키고, 때로는 거기서 하나의 감정만을 본다. 특히 사랑스럽지만 아무것도 건설할 수 없는 여성적 덕목인 일종의 연민으로만 생각한다. 그러나 사랑은 그리스도교 전체다. 하느님의 존재가 사랑이시기 때문이다. 요한 사도는 이렇게 선포한다. "하느님은 사랑Ἀγάπη이시기 때문입니다."(1요한 4,8) 사랑은 존재의 유대, 곧 일치의 원리다. 우리 신앙의 첫 번째 신비인 삼위일체 신비는, 하느님께서 세 위격 안에서 일치를 이루는 것이라고 말한다. 이 일치는 세 위격의 유대가 사랑의 관계이기 때문에, 곧 사랑이기 때문에 가능하다. 그리고 인간은 하느님의 모상으로 창조되었기 때문에 하느님의 위격들 사이에 있는 똑같은 유대가 인간들 사이에서 유지되어야 한다. 사실 예수님께서는 제자들에게 이렇게 말씀하신다. "나와 내 아버지가 하나인 것처럼 너희도 하나가 되십시오."(요한 17장 참조) 처음에는 모든 종류의 본성적 필요성에서 비롯되고, 그다음에는 모든 종류의 계약과 교환을 통해 인간적으로 맺어지는 사회적 유대는 사랑 안에서 완전해져야 한다. 아마도 질료로 이루어지고, 타락한 유행의 전제주의에 복종하는 우리는 유토피아 없이 이 지상에서 순수 사랑의 나라를 설립한다고 주장할 수는 없을 것이다. 인간 사회에서 '사회적 구속'이 없는 사회는 없다. 그뿐만 아니라 사랑에는 지켜야 할 질서가 있다. 이 질서가 보편적 질서가 되기 위해서는 원칙적으로 불명료한 것이어서는 안 된다. 마지막으로 사랑은 정의가 바탕이 되지 않는다면 왜곡될 것이다. 사랑을 이해하지 못하면 정의와 사랑을 대립시킬 것이다. 그러나 사랑은 필수불가결한 제약을 넘어, 살아 있는 유대나 계약에 따른 유대를 넘어, 정당한 특수성과 강요되는 특권을 넘어, 일치의 원리가 아닌 정의 자체를 넘어, 또는 이미 정의 안에서, 그 모든 것을 알려 주고, 모든 것이 나아갈 방향을 정해 주며, 그 모든 것에 의미를 주기 때문에, 궁극적 목적이 되어야 한다. 인간적 노력이 봉사의 정신에서 성취될 때마다, 그리고 형제적 정신으로 공동의 대의에 투신할 때마다, 사랑은 이미 거기서 완성될 것이다.[227]

그러므로 사랑은 그 이름에 온전히 합당한 사회의 공고한 '유대'처럼 최종적으로 나타난다. 그 사회는 본성적 자리에서 몇몇 특징을 통하여 완전한 사회, 곧 영원성을 위해 모인 "그리스도의 몸"을 준비하고 그것을 미리 보여 준다. 사랑은 "모든 것이 완성될" 때까지 사라지지 않을 유일한 것이다. 사랑은 절대적이고 결정적인 가치다.

5) 구체화

지금까지 내가 상기한 요소의 가르침에 관하여 두 가지 반론이 있을 수 있고, 가끔 제기되기도 하였다.

몇몇 사람은 그것이 이데올로기에서 나온다고 말한다. 그리고 추상적 개념이고 민주주의적 이상理想이나 세계주의적 환상의 추상화와 유사하다고 말한다. …… 또 몇몇 사람은(이들은 보통 같은 사람들이다) 이렇게 말한다. 어떻든 교회가 우리에게 소개하는 보편성의 이상은 너무 '초자연적'이다. 그래서 우리는 거기서 그 어떤 실천적 행위들을 도출할 수 없다. 인간의 정치는 현실적이어야 하기 때문이다. 그러므로 신성한 이기주의에서만 영감을 받을 수밖에 없다.

나는 이러한 반론이 전제하고 포함하는 모든 것을 검토하기보다, 다음과 같이 답하려 한다. 우선, 가톨릭 교회는 구체적인 보편주의다. 가톨릭 교회는 개인적인 가치, 차이, 의무와 사랑의 질서를 전혀 모르지 않는다. 오히려 그것과 거리가 멀다. 보편적인 것을 추상적인 것과 동일시하는 것은 단어의 남용일 뿐이다. 오로지 보편적인 것에 근거하여 특수한 개별적 대상의 구체적인 실재를 보장한다는 것을 보여 주는 것은 불가능하지 않다. 보편적인 것은 일반적인 것이 아니다. 오히려 그 반대다.

둘째, 교회의 가르침에 대한 정확한 지식과 그리스도교의 정통성만으로는 정치를 이끌기에 충분하지 않다는 것은 분명한 사실이다. 사람들이 말하는 것처럼, 정치인이 본질적으로 '역사를 쓰는' 역할을 맡고 있다 하더라도, 실제로 그는 홀로 그 일을 하는 것이 아니다. 정치가 전부는 아니다. 모든 사람이 정치인도 아니고 정치인이 되어야 하는 것도 아니다. 정치적인 덕목들이 모든 덕을 포함하는 것도 아니다. 한 국가의 위대함은 그 나라를 다스리는 사람들과 공무를 수행하는 사람들에게만 책임이 있는 것이 아니라, 그 나라의 모든 자손에게 달려 있다. 단지 그 나라의 가치와 고귀함은 자녀들의 자질, 자녀들의 일, 그리고 자녀들의 문화에 달려 있고, 소박하거나 커다란 수많은 일에 대한 그들의 희생에 달려 있다. 또 정치라는 말의 협의적이고 구체적인 의미에서, 정치는 '무엇보다도 권력의 놀이'라는 것은 확실하다. 우리가 충분히 긴 기간을 두고, 적절한 거리를 두고 판단한다면, 한 나라는 마땅한 정치 체계를 가지고 있다는 것을 인정해야 하지 않겠는가?

더 나아가, 정치인이 자신의 고유한 덕과 재능과 자질을 가지고 강대국에만 합당한 큰 정치를 하길 원한다면, 그는 특정한 이상, 곧 국가적 이상理想에 봉사해야 한다. 자신의 의도와는 상관없이 그렇게 되기 마련이다. 그러므로 자기의 고유한 방법으로 인간의 개념과 삶의 개념이 승리하는 방향으로 나아가야 한다. 그는 자기 나라의 소명을 부분적으로 구현하며, 그것을 실현할 수 있는 길을 열어야 한다. 그러나 정치와 정치가 봉사하는 이상은 별개이며, 우리는 항상 이를 깨닫지 못한다.

우리가 지금까지 본 반론들은 유익하다. 이것들은 우리에게 보편주의의 관념이 포함하는 것을 더 명확히 의식하게 한다. 그리고 그 관념을 다른 유토피아와 구별하게 하며, 굳건하지 않은 요소들을 제거하게 한다. 하지만 그 관념을 거부하는 것에 주의하자! 그렇게 하면서 우리는 인간의 관념까지 거부할 것이다. 우리는 그리스도교 신앙의 정신까지 거스르며 나아가지 말아야 할 것이다. 그렇지 않으면 우리는 거스를 뿐만 아니라 프랑스 전통의 확실한 보물을 거부하게 될 것이다. 이 전통은 어제 시작한 것이 아니다. 적어도 어제는 전통을 거부하지 않았다. 이 점에 관하여 우리 신앙이 준 것과 우리 민족의 능력 사이에는 수렴하는 것이 있기 때문이다. 예를 들어 샤를 드 푸코Charles de Foucauld는 1902년 사하라 사막에서 한 피정에 대하여 이렇게 적었다. "나는 모든 시민과, 그리스도인, 이슬람인, 유다인, 우상숭배자들이 나를 형제로, 보편적 형제로 여기도록 하고 싶다." 그가 자신의 독특한 소명 안에서 이렇게 썼을 때, 그는 단순히 아름다운 프랑스인의 모습 중 하나일 뿐만 아니라, 대표적인 유형들 가운데 하나였다. 이러한 일치를 발견하는 것은 그리스도인에게 가장 위안이 되는 기쁨들 가운데 하나다. 이는 그에게 프랑스의 영원한 소명에 대한 가장 큰 희망을 주는 이유들 가운데 하나다.

• 이 강연은 다음의 잡지와 책에 실려 순차적으로 재발간되었다. Bulletin des aumôniers catholiques. Chantiers de la Jeunesse 31(1942년 8월), pp.27-39; Théologie dans l'histoire(= TH) t. II, 1990, pp.13-30. 드 뤼박은 반유다이즘에 대한 그리스도교적 저항 Résistance chrétienne à l'antisémitisme. Souvenir 1940-1944(= RCA), M. Sales(éd.), Paris, Fayard, 1988, 116쪽에서 당시의 상황과 강연 의도를 다음과 같이 밝힌다. "[원장이었던] 뒤 부쉐Du Bouchet 신부로부터 두 번의 허락을 받았고, 예상치 못한 기회를 포착하여 프랑스의 공적인 자리에서 말할 수 있었습니다. 물론 당시에는 경고하는 의미의 단어들을 사용하더라도 신중해야 했습니다. 나는 1942년 4월 14일에서 17일까지 라 생트-봄La Sainte-Baume에서 열린 젊은노동자연합대회에서 강연했습니다. 이는 젊은노동자연합회 지도 신부단의 총책임자 밀라르A. Millard 신부의 초대로 이루어진 것입니다. 이 노동자대회는 동쾨르Doncœur 신부와 포레스티에Forestier 신부가 주최하고 라 포르트 뒤 테일La Porte du Theil 장군이 사회를 맡았습니다. 강연은 엄밀히 말해 순응적이지 않았습니다."(MOÉ, pp.48-49) 사실 드 뤼박은 이 강연에서 다음과 같은 주제에 대해 발표하였다. "인종차별주의로 공격받고 조롱"당할 때, "인류의 일치"에 관해(이 책 389쪽), "세상의 개념과 전체주의적 삶의 체계에 대한 개념"(이 책 407쪽)으로 소개되는 강한 움직임에 직면하여, 추상적이고 오래된 논쟁에 얽매여 있는 교리의 설명(이 책 407쪽), 그리고 그리스도교와 정치 질서를 혼동하는 사고 방식(이 책 411-413쪽)이었다(RCA, 116-117). ― 편집자 주

거룩함의 의미가 경감되고 사라지는 내적 이유들

Causes internes de l'atténuation et de la disparition du sens du sacré

만일 내가 타렌테즈Tarentaise 교구장(주교)을 존경하지 않는다면, 그것은 그분이 악마, 수많은 악마의 변호인이 되었기 때문이라고 말하고 싶다. 그는 여러분 앞에 교회와 거룩함의 유일하고 진정한 원천에서 수많은 사람들을 멀어지게 만든 매혹적인 여러 사상 체계를 당신 앞에 펼쳐 보였다. 그런데 내 역할은 더 끔찍하다. 악마의 역할과 거의 같기 때문이다. 나는 성경에 나오는 '고발자'(욥 2,1-6; 묵시 12,10 참조)로서, 또 의로운 사람의 잘못을 꼬집는 간교한 분석가로서 사탄의 역할을 감당해야 한다. 사람들이 나를 그렇게 하도록 부추겼으니, 나는 내 역할을 해야만 한다. 그러나 나는 악마적인 것과는 전혀 다른 정신으로 그 임무를 수행할 것이다. 여러분 가운데 아무도 오해가 없기를 바란다. 우리의 책무는 무엇인가? 우리가 보기에 현재 프랑스 국민에게 만연해 있는 거룩함이 상실된 상황에서 우리 가톨릭 신자들, 특히 사제와 신학자, 사목자와 설교가, 한마디로 '교회의 사람'이 갖는 책무는 무엇인가?

참으로 곤란한 주제다. 이 주제를 진실로, 그리고 유익하게 다루기 위해서는 감미료를 첨가하지 않는 것이 좋다. 거룩함을 상실한 의식에 대한 검토는 적어도 그것이 몇몇 곳에서 불쾌감을 주지 않는다면 쓸모없는 것이 될 위험이 크다. 그렇다고 비방과 혼동해서는 안 될 것이다. 결함을 열거하는 것은 비록 완전한 그림이 아닐지라도 일종의 풍자도 아니다. 나는 이 강연의 처음부터 이러한 지적이 필요하다고 생각한다. 그것은 말로 하는 강연이라는 조심성 때문이 아니라, 진리에 대한 걱정 때문에 그렇다. 만일 우리가 여기서 역사적 연대기를 그리려 한다면, 내가 지적할 특징보다 더 많이 부각되고 가치를 부여해야 할 다른 특징들이 더 많을 것이다. 그리고 이런 특징들은 모두 우리 시대 가톨릭 교회의 책임일 것이다. 아마도 지금까지 이루어진 발전의 현실이 우리를 더 통찰력 있게 하고 분명하게 하며, 용기를 주는 많은 표징이 될 것이다. 예를 들어, 지난주 부활절에 내가 있었던 작은 마을, 지난 한 세기 동안 인구가 거의 늘지 않은 작은 마을에 대해서 여러분에게 말할 필요가 있다. 1842년 이 마을에서는 30명이 주님 부활 대축일 미사에 참례했으나 100년이 지난 1942년에는 거의 700명이 참례했다! 그러나 내 주제 발표의 기준은 슬픈 일을 전반적 현상으로 성찰하는 것이다. 그런데 전반적인 현상이 너무나 명백한 현상이라서 참으로 슬프다! 또 내 발표의 기준이 적어도 부분적으로는 그러한 현상의 원인이 되는 내적인 결함에 관한 것이기 때문에, 실로 마음이 무겁다.

1. 우리 신학 작업의 네 가지 결함

지금부터 몇 가지 내적 결함에 대해 검토할 것이다. 아마 다른 것도 지적하며 더 구체적인 주제로 삼을 수 있을 것이다. 그러나 나의 관점을 신학 내부로 가져오는 것은, 단지 직업적 습관 때문이 아니라, 어제 포레스티에Forestier 신부가 말한 것처럼, 그 징후에 머무르는 것이 덜 위험하기 때문이다. 내가 발표할 내용이 분명 다소 추상적이라 하더라도 이해해 주기 바란다. 여기서 나는 중요한 주제인 사제의 개별적인 양성 문제에 대해서는 언급하지 않을 것이다. '노동 현장'에 대해서도 일절 언급하지 않을 것이다. 내가 하지 않은 체험을 여러분 앞에서 체험한 듯 말하고 싶지 않다. 나는 우리 신학 작업의 네 가지 결함을 고찰한 다음 그 결과를 빠르게 지적할 것이며, 마지막에는 우리가 종교의 중심에 자리하도록 최선을 다할 것이다.

만일 국민이(나는 국민을 흔히 지칭하는 일반 대중이나 민중을 뜻하는 것으로 이해하지 않는다) 광범위하게 거룩함의 의미를 잃어버렸다면, 우리가 다른 영향들로부터 거룩함의 의미를 유지하거나 보호하지 못한 것이 아닌가? 더 나아가, 우리 스스로 그 의미를 잃어버린 것은 아닌가? 여기서 구분해야 할 것은 '신앙인'과 '비신앙인' 사이의 경계를 정하려는 것이 절대 아니기 때문이다. 페기Péguy는 일찍이 '거룩한 것의 끔찍한 결함'에서 현대 우리 시대의 표징을 보았는데, (가끔 예언적 언어의 법칙에 따라 과장된 표현을 사용했다) 이 결함은 '신앙인'과 '열심인 신앙인' 세계 내부에서도 창궐하였고, 교회 내부에서도 마찬가지였다. 우리가 그 원인을 찾는다면, 네 가지로 지적할 수 있겠다. 우리는 이를 내면성의 증가에 따라 순서대로 정리할 것이다.

1) 종교에 관한 외부적 지식에서 세상의 지식으로

많은 사람에게 세상의 지식과 그들이 받은 종교적 지식 사이에 상호 대립이 있다는 것을 우리가 관찰하였다. 세상의 지식은 오랫동안 연구하고 전문 기술을 익혔으며, 삶에 대해 알고, 한마디로 자신의 교양을 쌓은 성숙한 사람의 지식이다. 반면 종교 교육으로 얻은 지식은 어린아이의 지식, 기초적이고, 초보적이며 유아적 상상과 추상적인 개념이 잘못 동화된 혼합된 지식이다. 포괄적인 정보에 따른 단편적 지식, 삶에서 우연히 수집된 엉성한 지식이다. 그런데 양자 사이의 불균형이 너무 커 신앙을 저버리며 끝나는 경우가 자주 나타난다. '어린이의 영'이 놀라운 은총이라는 것은 항상 옳을 것이다. 그리고 복음과 함께 하늘나라는 어린이들과 어린이를 닮은 이들의 것임을 항상 반복해야 할 것이다. 그러나 유치함이 어린아이의 영은 아니다. 영적인 천진함은 지성적 결핍과 전적으로 다르다. 바오로 사도가 "어른이 되어서는 아이 적의 것들을 그만두었습니다Evacuavi quae erant parvuli."(1코린 13,11)라고 한 말을 새겨들어야 한다. 진리로 나아가고, 믿는 지성의 성숙으로 나아가는 출구는 저절로 생겨나지 않는다.

그런데 너무 많은 개인에게 진실인 것은 세대 전체에게도 진실이다. 교리의 여러 측면에서 과학과 신앙은 서로 만난다. 그러나 과학은 점점 발전되었고, 신앙은 너무 쉽게 유치하다고 부를 수 있는 표현들로 만족해 왔다. 그로부터 불신에 따른 일련의 충돌, 다소 개방적인 충돌이나 잠재적인 충돌이 나왔다. 고전적 예를 들자면, 세상의 기원, 생명의 기원, 특히 인간의 기원에 관한 문제가 그렇다. 이미 오래전부터 그리고 오늘날에도 여전히 인간 기원 문제는 지식인에게 질문하느냐 가톨릭 신학자 전체에게 질문하느냐에 따라서 완전히 다른 해결책을 가져온 것처럼 보인다고 말할 수 있다. 세르티앙쥬Sertillanges 신부는 다른 학자들과 같이 최근 자신의 저서 《하느님인가, 무인가Dieu ou Rien?》에서 이 점을 지적하였다. 이 이원론은 모든 곳에 파고들어 왔다. 열 살 어린이는 이원론을 더 이상 분별할 수 없다. 이 아이는 선생님의 가르침과 본당 주임 신부님의 가르침 사이에서 갈팡질팡한다. 학교의 교과서와 교리서 사이에서 어떻게 조화를 이루어야 할지 알지 못하기 때문이다. 페기가 《우리의 젊은 시절Notre jeunesse》에서 그의 초등학교 평신도 교사들과 생테냥Saint-Aignan 본당의 교리서가 자신에게 주입한 상호 대립적인 두 형이상학에 관하여 적은 글을 알고 있는가? 이 어린이는 둘 다 수용한다. 그는 '같은 신앙으로, 같은 진지함으로, 어린이의 순수함으로, 이 두 가지를 수용했다. 그리고 같은 마음으로 이 둘을 사랑'했다. 그러나 모든 어린이가 어린 페기처럼 두 가지를 모두 받아들일 만큼 '순수함', 또는 신적인 직감을 가진 것은 아니다.

만일 신학이 한편으로는 변하지 않는 신앙의 진리와, 다른 한편으로는 변화하는 과학적 지식 사이의 만남의 결과라면, 그것이 때때로 약간 부적응하거나 균형이 깨진 것처럼 보일 때에도 놀랄 필요는 없다. 그러나 이 신학이 주요 대표자들의 인격에서 꼭 필요한 조정 작업을 수행하는 데 소홀히 할 때, 상황은 더 심각해질 수 있다. 특별히 권위를 인정받는 사람들의 신학 작품들을 참조한다면, 내가 말하고자 하는 것을 이해할 것이다. 그런데 각자는 자기 자신에게 맡겨진다. 상황의 어려움을 느끼는 사람들 가운데 각자는 자신의 위험과 부담을 감수하면서 이를 해결하려고 애쓰게 된다. 바로 여기서 혼잡한 이론들, 곧 정신을 만족시키지 못하는 불완전한 이론이 나오거나 낡아 빠진 이미지로 위장하고 교의의 영원한 실체를 포기하는 의심스러운 이론이 나온다. 이런 잘못은 자주 신학자들이 회피하는 데 있다. 교회에서 연구할 사명을 가진 그들은 그 문제에 직면하기를 거부하고, 습관과 나태함이라고 해야 할 것을 너무 쉽게 확고함과 조심성이라고 여긴다.

예를 들면, 오늘날 인류의 일치에 대한 교리가 인종차별주의로 공격받고 조롱당할 때, 그 일치가 너무 약하게 방어되는 것을 보면 마음이 아프지 않을까?

이러한 지적은 성경의 역사에서 더 많이 볼 수 있다. 합리적인 비판이 받아들여지는 데 얼마나 오랜 시간이 필요했는가! '초자연적인 것을 거부하는 것'처럼 비칠까 두려워서 진지한 검토도 하지 않고 얼마나 많은 사실이 내세워지거나 유지되어 왔는가! '전통'의 이름으로 시간적 순서에 따라 강제로 주어진 것들, 이 존중해야 할 것들이 얼마나 신적인 전통과 무관하게 이루어졌는가! 그러나 이런 생각은 우리가 이행하지 못한 까다로운 문제들이 있었다는 것을 마침내 드러나게 했다. 그때부터 실제로 침묵이 이어졌고, 성경을 알고자 하는 것과 사용하고자 하는 것을 거부하였다. 한때 종교적 가르침의 기초를 형성했던(마치 오늘날에도 성토요일의 긴 '예언서들'의 목록이 보여 주는 것처럼) 구약 성경을, 모든 사람이 배웠던 '거룩한 역사'를, 그리고 그토록 아름다운 이야기와 의미심장한 모습의 목록을 최근에는 가르치지 않고, 설교하지도 않는다. 신학자들도 이것을 마치 어두운 부분으로, 그리고 몇몇 소수의 전문가에게 유보된 탐구로 여기면서, 그에 대한 심오한 지식을 추구하지도 않는다. 이처럼 성경은 특히 호교론자들이 답변해야 하는 합리주의적 반론의 보고寶庫가 되는 경향으로 기울었다.

나는 호교론자를 비방하려는 것이 아니다. 호교론자의 일은 항상 필요했고, 신학은 그들 덕분에 적어도 발전의 실마리를 얻었다. 그러나 호교론자의 작업은 쉽지 않다. 특히 호교론자를 이끄는 원리들이 무너질 때 더욱 그렇다. 나는 여기서 19세기 내내 지배했던, 아니 오히려 창궐했다고 할 수 있는, 그리고 오늘날에도 여전히 많은 사람이 완전히 벗어나지 못한 이 화해주의적 호교론을 언급할 수밖에 없다. 성경 이야기의 문자를 과학의 '최근 상태'와 적절히 '화해concorder'하도록 하는 일에 온갖 노력을 기울인 호교론! 겉으로 승리한 것처럼 보이는 가운데 그 과정은 부끄러운 점을 내포하고 있었고, 그런 노력은 언제나 헛된 것이었으며, 항상 다시 시작해야 하는 일이었다. 호교론이 이룬 화해적 일치는 항상 어제 또는 어제 이전의 과학 이론과 함께 세워진 것이었기 때문이다. 특히 외부적인 호교론의 지배력은 투쟁의 분위기를 불러왔다. 우리가 패배해야 했던 전장에서 투쟁하기 위해서 교의로 파고들어 가는 노력은 미뤄 두었다. 성경을 종교적으로 연구할 시간도 없었고 그럴 생각도 없었다. 비교할 수 없는 거룩함의 저장소인 성경에서 양분을 길어 오는 습관을 저버렸다.

2) 완전하고 참으로 능동적인 교리의 부재

만일 우리가 지금 교리를 들여다보면 한 가지 사실이 우리를 놀라게 할 것이다. 지난 세기의 신학 서적을 훑어보고 통용되는 교본의 구성과 목차를 보면 교리의 구성 비율이 가끔 잘못된 균형을 이루고 있다는 것을 쉽게 발견하게 된다. 어떤 부분은 과도하게 비대하고, 또 어떤 부분은 너무 축소되어 있다. 왜 그런가? 지난 시대마다 격화된 교리 투쟁과 밀접하게 연관되어 있기 때문이다. 예를 들면, 오늘날의 은총에 대한 많은 논고가 있다. [과거의 상황을 모른 채 논거로 사용해서는 안 된다.] 그러나 당시의 주된 관심사가 신앙의 지식을 추구하고 마음에 신비를 품기보다는 이단에 대응하고 그것에 반대하는 것이었기 때문이다. 그래서 완전하고 진정으로 능동적인 교리를 구축하기보다는 논쟁적 관심사가 우선이었던 것이다.

'긍정적positive'. 이 단어의 의미가 없어진 것은 아닌가? 옛날 '정통성의 규범'에서 '긍정적 박사들'에 대해 이야기할 때, 예를 들면 로욜라의 이냐시오 성인을 말할 때, 교리를 능동적으로 구축한 그리스도교 시대의 위대한 사람으로 이해한다. 이들은 논쟁을 벌인 사람들과 대조를 이룬다. 그로부터 '긍정 신학, 또는 실증신학'의 이름으로 그러한 일을 포장하였다. 이 일은 분명 필요하지만, 아직 준비 작업에 해당하는 것이었다. 여기서 준비 작업이란 영감을 받은 문헌이든 아니든 전통이 우리에게 남겨 놓은 문헌들을 역사적으로 연구하는 것을 말한다.

모든 논쟁을 거부할 필요는 없다. 거기에 있는 섭리의 유용성을 등한시할 필요도 없다. 오류가 위협할 때, 이를 외면하고 무관심이라고 불리는 사색에 자리를 내주는 것은 배반이 될 것이다. 교의의 발전은 늘 이단에 달려 있었다. '이단들이 있어야 한다 Oportet haereses esse.'(1코린 11,19 참조) 그러나 공격받는 진리를 방어한다고 해서 나머지 진리를 잊거나 불신해서는 안 된다. 제1차 바티칸 공의회 때 몇몇 주교들이 **신비체** corpus mysticum라는 용어를 개신교에서 지난 세기 동안 사용했다는 이유로 거부한 사실을 우리가 보지 않았던가? 그들은 공의회가 이 교리에 관심을 두고 다루는 것에 반대하지 않았던가? 이것은 하나의 예일 뿐이다. 그 외에도 더 심각한 것들이 있다. 나는 여기서 두 가지만 지적할 것이다.

우선, 교회에 대한 논의다. 오늘날에도 곳곳에서 가르치는 이 논고는 거의 대립만을 통해 형성되었다. 한편으로는 제국과 왕의 법률가들의 교리와 반대되는 방식으로, 다른 한편으로는 갈리아와 프로테스탄트 교리와 대립하는 방식으로 이루어졌다. 이로부터 분명 긴 발전이 있었지만 분명 일방적인 발전이었다. 시민권에 직면한 교회권의 권리에 대한 교리, 교계 제도의 특별한 권리에 관한 교리, 특히 교황권에 관한 교리가 발전하였다. 그 결과 신비적 관점이 제거되었다. 그 이후 신비적 관점의 가치를 재고할 필요를 느꼈을 때, 어떻게 갈라진 두 파를 만나게 해야 하는지에 대해 고통스러운 감정이 사로잡았다. 토마스 성인St. Thomas의 교리가 얼마나 더 균형을 이루고 있고, 종합적인가! 콩가르Y. Congar 신부는 최근의 저서, 《교회 신비에 관한 소묘Esquisses du Mystère de l'Eglise》에서 이 점을 잘 보여 준다. 이 책에서 저자는 우리에게 더 차분한 신학을 제안한다. 오류에 반대하기보다 계시의 통합적 보물을 더욱 발전시키는 것에 관심을 두는 신학을 제안한 것이다.

우리의 명칭인 '가톨릭'이라는 이름의 영향력에 대해 얼마나 많은 신자가 알고 있는가? 대중들은 대부분 이 단어를 하나의 '명칭'일 뿐이라고 생각한다. 그리고 어느 정도 교육을 받은 사람들은 이 단어를 다른 그리스도인들, 예컨데 '정교회'와 개신교 신자들과 구별하는 데 쓰이는 용어로 이해한다. 이 명칭의 어원과 교부들이 사용한 용법을 알고 이 단어가 교회의 모든 형태에서 교회의 보편성을 지닌다고 항구하게 증언하는 사람은 극소수다. 이 단어의 자세한 내용만으로 우리 세대가 처한 신앙의 일탈과 타락을 설명할 수 있지 않은가?

성찬례(성체성사)에 관한 신학도 이와 비슷하다. 성체성사는 우선

베랑제Bérenger de Tour와 개신교 신자들 사이의 대립으로 확립되었다. '실제적 현존'이라는 관념이 성체성사의 논쟁을 지배하였다. 성체성사에 대한 설명은 종교적이라기보다는 '과학적' 성격에 더 치중했다. 거기에는 지나침이 있는 것이 아닌가? 그리스도교 신비 전체의 경륜 안에서 성체성사의 자리, 그 영적인 의미와 교회의 일치라는 본질적 열매, 그리고 테리에Terrier 주교가 어제 우리에게 상기한 인간의 모든 종교적인 노력에 가져다준 이 왕관에 관한 것을 우리 신학 서적에서는 거의 찾아볼 수 없었다. 전통이 가지고 있는 그토록 분명한 많은 풍요로움이 사제들 대부분에게서, 하물며 그리스도인 백성의 대부분에서 실제로는 상실되었다!

지금 내가 분석하고 있는 우리 신학의 결함을 상징화해서 말한다면, 덴칭거Denzinger의 《편람Enchiridion》과 같은 모음집에 너무 많이 의존하고 있다는 것이다. (물론 이 자료 모음은 훌륭한 것이다.) 비록 이 모음집이 완벽하고 완전할 수는 없다 하더라도 그것을 어느 정도 기초로 삼는다는 사실만으로도 토론의 여지는 있다. 왜냐하면 교회의 교리는 수 세기에 걸쳐 각기 다른 상황에서 합당한 권위에 의해 정의되고 공식화되고 공표된 것을 훨씬 뛰어넘기 때문이다. 게다가 이 자료 모음집에서 각 구분의 균형이 얼마나 손상되었는가! 때때로 얼마나 관점이 왜곡되었는가! 완전히 본질적인 문헌들을 제외하고 본다면 먼저 엄청난 양의 문헌들 가운데서 어쩔 수 없이 선택이 이루어진다. 그런 다음, 이 선택은 또 어쩔 수 없이 편향적이다. 예를 들어, 성경에 관한 레오 13세 교황의 회칙, 〈하느님의 섭리Providentissimus Deus〉(1893)에서 긴 발췌문이 인용되었지만 거기서 **성경의 영적인 의미**에 관한 부분은 발견되지 않는다. 사실 이 영적인 의미는 전통의 관점에서, 곧 성경에 대한 그리스도교 해석의 관점에서 매우 중요하다. 이처럼 선택만 편향적인 것이 아니라 강조점도 목차도 편향적이다. 당대의 신학은 그 원천들에 있는 그대로 맞춰지는 것이 아니라, 오히려 당대 신학의 요구나 편향에 따라 선택되고 해석되며 주석된다.

이 두 번째 결함으로 인해 우리의 교리는 일시적으로 발전하면서 점점 무거워진다. 그러나 이 발전은 매우 구체적인 현실에 지나치게 종속되었기 때문에 빠르게 낡은 것이 되고, 심지어 쓸모없는 짐이 된다. 교리는 자신의 빛과 충만함을 잃고, 양육하는 힘을 잃는다. 아울러 교리는 종교적이고 신성한 가치를 잃는다. 이 점은 다음 장에서 성찰할 것이다.

3) 자연과 초자연적인 것 사이의 이원론 또는 분리

300여 년이 흐르는 동안, 우리 신학은 많은 사람들의 마음에서 그들이 아직 신앙에서 완전히 떨어져 나가지 않았을 때에도 거룩함의 감정을 잃게 하는 데 고유한 방식으로 기여한 것은 사실이다.

이것은 이론이라기보다는 사고의 습관, 그것을 강요하고 왜곡한 심리적 집착이다. 또한 이것은 현대적인 개념으로서, 겉보기에는 쉽고 명확하게 드러나는 이원론 개념이기도 하다. 이 개념은 자연과 초자연적인 것의 분리에 이르기까지 나아갔다. 그러나 하느님 덕분에 얼마 전부터 후퇴하기 시작했다. 이 개념은 역사적으로 설명된다. 우선, 바이우스파baianisme와 같은 오류에 대응하기 위해 발전된 개념이다. 바이우스파의 오류는 자연적 질서와 초자연적 질서를 혼동하는 경향으로 나아갔다.[228] 다른 한편, 이원론 개념은 완전히 현대적인 것으로서 결코 규범화되지 않았다. 오히려 모든 교회의 전통은 이것에 반대한다. 교회 교부들에게 인간은 하느님의 모상으로 창조되었으며, 이성, 자유, 불멸성, 자연에 대한 지배권이라는 신적인 특권을 가진 존재였다. 또한, 인간은 모상의 완전성인 하느님과 닮도록, 하느님 안에서 영원히 살도록, 삼위일체적 삶의 내적인 움직임으로 들어가도록, 그리고 그분과 함께 모든 창조를 완성하도록 창조되었다. 마찬가지로 토마스 성인에게, 인간은 그 자체로 영적인 본성이며, 그 본성 안에는 본성적 갈망, 욕구, 존재론적 정향성의 표시가 있다. 이 본성적 갈망은 창조주의 작용 없이 항상 만족하지 못한 채 머무르고, 하느님의 얼굴을 마주 뵙는 것 외에는 만족을 이룰 수 없다(이에 대해 상세한 주해에서 다양한 해석이 가능하지만, 토마스 사상의 큰 주류만큼은 확실하다). 그런데 이 교리는 단지 토마스 성인만의 것이 아니다. 보나벤투라 성인의 교리이기도 하고, 그 본질은 오랜 세월 동안 모든 학파에 공통된 교리였다. 그래서 우리는 이렇게 말할 수 있다. 이 교리는 교회 전통의 일치된 교리로서, 1500년간 아우구스티노 성인의 유명한 외침에 요약되어 전해지며, 이 일치된 전통은 숙고된 의미와 존재론적 의미로 받아들여져야 한다. "주님, 주님께서는 우리를 당신을 위해 창조하셨습니다. 우리의 마음은 당신 안에서 쉬기까지 안식이 없습니다."[229]

그러므로 자연과 초자연적인 것 사이에는 절대적 구별, 근본적인 이질성이 있다. 치명적이고 신성모독적인 혼란을 피하기 위해서는 우선 이 점을 강조하는 것이 좋겠다. 그러나 이 강조는 두 질서의 내적인 관계, 정향성, 목적이 있다는 것을 방해하지 않는다. 본성(자연)은 초본성(초자연)적인 것에 대해 어떤 권리도 없다. 본성은 초본성적인 것 없이는 설명되지 않는다. 모든 자연적 질서는, 인간에게서만이 아니라 인간의 운명에서도, 인간을 일하게 하고 인간을 끌어당기는 초자연(초본성)적인 것에 의해 관통되어 있다. 초자연적인 것이 부재할 때, 이 부재는 오히려 일종의 현존이다. 우리는 만물 전체에서 그리고 인간의 삶에서 '세속'의 영역과 '신성'한 영역, 이 두 영역을 구별해야 하는 것은 옳다. 우리가 알고 사용하고 있는 어떤 것들, 그리고 우리가 참여하는 활동들은 그 자체로 보면 순수 세속적인 것이 사실이다. 그러나 이는 한편으로는 추상적이라는 것을 덧붙여야 한다. 구체적인 현실에서 순전히 그 '자체로' 존재하는 것은 없기 때문이다. 어느 정도 차이는 있고 결코 무시할 수 없는 여러 이유도 있지만, 모든 것은 그 목적에 의해 신성하며, 그러므로 존재는 참여를 통해 시작해야 한다.

모든 것, 우선적으로 분명히 우리 형제인 인간들은 단지 '종에 따라' 분류된 이성적 동물만이 아니며, 또한 순수 인간적인 일들을 위한 협력자나 도구가 아니라, 우리와 같이 오직 하느님을 위해 창조된 영적인 존재들이다. 그들이 비록 비천하고, 폐쇄적이며, 나약해 보인다 해도, 각자의 저 심연에서 최소한 신성한 광채가 여전히 빛나고 있으며, 이 모든 광채는 하느님께서 원하시는 형제적 구원을 위해 하나로 모이도록 운명 지어져 있다. 모든 것, 자연(본성) 전체는 단지 우리 이성의 먹잇감이나 물질적인 행위를 하는 자리, 우리의 생존에 필요한 것을 공급하는 대형 상점이나 심미적 의미에서 매력만이 아니고, 하느님의 얼굴을 신비롭게 투영하는 무한히 넓고 다양한 상징이다. 인간은 자신이 어디서나 신적인 얼굴을 반영하고 있음을 인정하는 한, 즉 거룩한 분위기에서 살아가는 한, 종교적이다.

그런데 최근까지 우리가 지나치게 빠져 있었던 이원론은 결과적으로 사람들이 우리의 말을 문자 그대로 받아들임으로써, 모든 초자연(초본성)적인 것을 배제하게 했다. 실질적으로는 모든 거룩함을 우리에게서 제외한 것이다. 이원론을 주장하는 사람들 가운데 몇몇은 여전히 '자연적 종교'에 대해서 말했지만 그 외양은 이상하게도 세속적인 형태를 취했다. 그들은 이 초자연적인 것을 외딴곳으로 멀리 쫓아 버렸다. 거기서 초자연적인 것은 아무런 열매를 맺지 못한 채 그대로 남아 있다. 이렇게 초자연적인 것을 따로 분리된 영역으로 추방했고, 우리의 보호 아래 점점 죽어 가도록 내버려 두었다.

 이 기간에 그들은 세상을 조직하기 시작했다. 그들에게는 이 세상만이 참된 현실이고, 유일하게 살아 있는 세상이다. 이 세상은 만물과 인간의 세계, 자연의 세계, 일의 세계, 문화의 세계, 도시의 세계다. 그들은 또 이 세상을, 그리스도교의 모든 영향권 밖에서, 완전히 세속적인 정신으로 개척하거나 구축했다. 그 이후 그들은 다른 것들을 기다리면서, 그리고 자신들의 내면 깊은 곳에 자리한 거룩함에 대한 갈증이 오래 잠재워지지 못하고 다시 일어남에 따라 이 거룩함을 세상 안으로, 세상의 요소 가운데에서 가장 어설픈 요소로, 그리고 세상의 원천으로 교묘하게 끌어들이기를 추구하였다. (바로 이 새로운 위험에 맞서 오늘날 우리는 투쟁해야 한다. 이 유혹을 경계해야 한다.) 그러나 비극적 오해로 말미암아 우리는 이 놀이에 응하게 되었다. 평신도주의로 이끈 운동과 특정 신학 사이에는 무의식적인 결탁이 있었다. 반면, 초자연적인 것이 추방되고 금기시된 동안,

우리 가운데 몇몇은 초자연적인 것은 자연의 영향 밖에 놓여 있으며, 그가 지배해야 할 영역 안에 있다는 생각에 이르렀다.[230]

그런데 사실상 이 세계는 그 자체로 신성하지도 속되지도 않다. 인간에 의해서만 의미를 부여받기 때문이다. 세계는 인간이 행동하는 방식에 따라 신성한 것이 되거나 세속적인 것이 될 수 있다. 이 세계는 우리를 무죄한 상태에서 모든 거룩함의 유일한 원천인 하느님에게까지 인도해야 하는 첫 번째 성사이고 무한한 성사이며 거대한 자연적 성사다. 또한, 이 세계는 자신보다 더 큰 성사, 더 신비적이고 더 내적인 성사, 더 내부적으로 거룩한 성사 덕분에, 지금도 속량된 우리 죄인들의 상태에서 세계의 모든 의미와 신성화된 가치를 다시 발견해야 한다. 그것은 바로 초자연적 성사, 그 안에서 다른 모든 것이 요약되는 완전히 신적인 신비로서, 그리스도의 성사, 그리스도의 신비다 Sacramentum Christi, Mysterium Christi.[231]

4) 합리주의와 신비

우리는 이제 지성소의 내부로 뚫고 들어가 가장 예민한 문제를 다룰 것이다. 여기서는 지금까지 우리가 살펴본 세 가지 결함으로 인해 고통받는 일은 없을 것이다. 그곳에서도 교의적인 측면에서, 신학의 일반적인 외형과 그 결과에 따라 우리의 설교가 너무 합리주의적인 특징을 띠는 것이 사실이지 않은가?

물론 나는 여기서 교리 자체에 대해 언급하지 않을 것이다. 다만 일종의 기류, 정신에 대해서 말할 것이다. 또 여러 신학적 주장에 관하여 토론에 가담하지 않고, 단순히 '자신들의 신학을 알고 있다'고 말하는 사람들을 관찰할 것이다. 이 표현은 확실히 좋은 의미로 받아들여질 수 있다. 그러나 이 표현은, 사람들이 그렇게 생각하든 생각하지 않든, 결함을 강조하는 데까지 나아간다. 만일 우리가 그렇게 생각하는 사람들이라고 믿는다면, 마치 모든 것을 배치하고, 정리하며 분류하는 박물관의 관리자가 되어 그곳을 산책하듯 신학 안에서 산책을 즐길 것이다. 우리는 모든 주제에 관하여 정의할 줄 알고, 모든 반론에 대답을 가지고 있으며, 적절한 순간에 우리가 바라는 구별을 이뤄낼 수 있다. 세속 사람들에게는 모든 것이 모호하지만 우리에게는 모든 것이 분명하고 모든 것이 설명된다. 만일 신비가 있다면, 적어도 우리는 그것이 어디에 자리해야 하는지 알고, 그 부분을 손가락으로 가리키며 범위를 한정할 수 있다. 그리스도인 대다수가 모르는 것을 우리만 알고 있다는 전문가적 의식이 있다. 마치 화학 전문가나 수학의 삼각함수 전문가가 대학 입시생 대부분이 모르는 것을 알고 있는 것처럼 말이다.

우리에게 신학은 다른 학문과 같이 하나의 학문이다. 유일하게 본질적으로 다른 것이 있다면, 신학의 근본 원리가 경험이나 이성적 작업을 통해서 받은 것이 아니라 계시를 통해서 받았다는 것에 있다. 그러나 이 차이는 궁극적으로 외부적이다. 그렇다면 '계시'라는 말 자체가 우리에게는 그다지 신비롭지 않다. 하느님께서 말씀하셨다. 하느님께서 이것과 저것을, 또 이것을 말씀하셨다. 이보다 더 단순한 것이 있을까? 성경과 성전은 출발점일 뿐이다. 어떤 사람들은 감히 큰 소리로 말하지 못하지만 성경과 성전이 가져다준 것은 약간 기초적인 것으로 판단한다. 그래서 계시로 주어진 것보다 '더 멀리' 나아가야 한다고 말한다. 만일 이처럼 교리가 시대와 함께 점점 성장한다면, 모든 것이 훌륭하게 설명된다. 성년이 된 신앙과 미성년인 이성이 서로 만나 신학적 결론을 탄생시킨다. 신학자들이 충분히 준비하고 그것을 교도권에 넘기면, 교도권은 필요에 따라 그것들을 장엄하게 정의하고, 적절한 때에 결론을 내린다. 신학자들은 거룩한 교리의 소유자들이다. 기초적인 교리서는 초보자를 가르치고, 이어서 점점 더 복잡하고 심화된 교리를 소개하며, 마침내 학문 전체를 포함하는 신학 대전으로 나아간다.

오, 주님! 이것이 바로 사람들이 당신 신비에 대해 한 일입니다! 이것이 바로 선의를 가진 사람들과 가끔 그들 가운데에서 지성적인 사람들이 당신 말씀을 다룬 것입니다! 마치 당신 사랑 안에서 당신이 몸소 우리에게 행하신 계시가 하나의 사실事實로, 마치 진술할 수 있는 목록처럼 축소된 듯합니다! 그리고 마치 우리 자신이 이 계시보다 '더 멀리 나아가라'는 압력을 행사'할 수 있는 자가 된

듯합니다! 이 얼마나 오만하고 순진한가! 과거에 교의 작품을 썼던 그 많은 사람도 성스러운 방주에 손을 가져다 대길 두려워했던 것처럼, 지나치게 세속적인 이성을 당신의 가르침에 적용하는 것을 두려워했다. 이 얼마나 올바르고 심오한 태도인가! 고대의 힐라리오Hilarius 성인, 중세의 생-티에리의 기욤 등 그 밖의 얼마나 많은 사람이 이런 작업을 강요하는 이단자들을 증오했는가? 이와 같은 정신으로 파스칼은 적는다. "가련한 사람들은 종교의 깊이에 대해서 말하도록 나를 종용한다."

거룩한 침묵이 이 신비를 묵상하게 하소서!

그렇다, 사실 이것이 첫 감정이어야 한다는 것은 옳다. 인간은 자기 신앙에 대한 이해에 신뢰와 함께 자기를 내어 맡기기 위해서, 위상에 맞는 가장 엄격한 방법을 사용하기를 두려워하지 않는다. 불안에서 승리해야 하기 때문이다. 그러나 이 일은 단지 겸손한 존경의 정신만이 아니라 관상과 기도의 정신으로, 곧 경배의 정신으로 해야 한다. 논쟁적 정신이나 궤변의 정신으로 하는 것이 아니다. 그리고 학자로서 자만이나 제의방 지기의 도도함이 아니라, 그것에 대해 탐구함으로써 항상 더 깊은 신비의 감정을 견지해야 한다. 이 감정은 거룩한 감정의 근본적인 형태다.

우리는 관습적으로 '존재esse'와 '어떻게quomodo'를 구별함으로써 그 감정을 충분히 보존하고 있다고 믿는다. 이 구별은 정당하다.

그러나 남용할 여지가 있다. 사실 우리는 신비의 대상을 분명히 인식했지만, 그 대상이 어떻게 그렇게 존재할 수 있는지에 대해서는 이해할 수 없다고 생각해 왔다. 예를 들면, 우리가 성찬례의 현존에 대해 생각할 때, 우리는 쉽게 '현존'의 개념은 그 자체로 신비적 현존에 대해서 어떤 모호함도 주지 않는다고 믿는다. 다만 이 현존이 생겨나는 방식이 온전히 기적적이고, 어떻게 현재화되었는지에 대해서는 이성으로 알 수 없다고 생각한다. 그런데 모든 설명이 제시된 이후, 과연 '현존이란 무엇인가?' 또는 '인간-하느님(인간이면서 동시에 하느님)이란 무엇인가?' 혹은 '교회란 무엇인가?'라는 질문을 가장 먼저 그리고 항상 제기해야 한다는 것을 우리는 잘 보지 못한다. 물론 회의주의적 정신에서가 아니라, 항상 새로운 영에 대한 경탄 안에서, 항상 그 신비를 더 잘 이해할 수 있는 길을 찾는다는 확신과 함께 보아야 한다. 그러나 신비라는 많은 대상은 항상 우리의 지성을 넘어서고, 신비를 이해하려는 노력이 크면 클수록 그 신비가 우리의 노력을 넘어선다는 것을 볼 것이다. 신비의 대상 자체와 구별되는 신비의 '어떻게'의 문제는 결국 과학적이거나 형이상학적 문제로 축소되는 반면, 신비와 관련하여 우리가 머무르는 무지에 대한 고백은 그 신비가 불가사의한 것임을 인정할 뿐이다. 이성이 답할 수 없는 호기심 많은 질문을 인정하는 것 자체가 거룩한 것에 대한 감정을 불러일으키는 촉발자가 아니다.

그렇다면 우리는 우리 신앙의 시작이자 마지막인 하느님에 대해서 어떻게 다루어야 할까? 나는 이 질문을 여러분 앞에 다시 한 번 제기한다. 그분의 위대함과 신비가 불러일으켜야 할 바로 그 성스러운 경외심으로 항상 다루어야 하는가? 우리는 거기서 학문의 일반적인 대상들처럼 하나의 대상이 아니라는 심오한 감정을 가지고 있는가? 우리는 이론적으로나 실제적으로 그분의 초월성을 충분히 인식하고 있는가? 지난 세기 이후, 우리는 불가지론의 모든 형태에 대항하여, 이성적 논증에 대한 새로운 주장과 함께 말해야 했다. 그런데 이 필연적 주장이 결국에는 합리주의를 생겨나게 하지 않았는가? 우리의 모든 '변신론'(théodicée, 辯神論)이 펼친 방식 때문에, 우리의 하느님이 '세속의 하느님'으로(부자연스럽지만 이 두 단어를 짝을 이루어 표현하는 것이 내게 허락된다면) 보이는 것이 아닌가? 우리가 비신자에게 제시한 하느님에 관한 책에서 발견되는, 인간의 비밀스러운 기다림에 덜 매혹적이고 덜 부합하는 무미건조함이여! (나는 여기서 그 책들의 지성적 가치를 검토하는 것이 아니다.) 엄청난 분량의 책이든, 그와 반대로 빈약한 요약이든 그 내용은 인간 경험에 덜 뿌리내리고, 신적인 신비의 감정을 덜 전달한다!

나는 작은 에피소드 하나를 기억하려 한다. 어느 중학교에서 있었던 이야기다. 쉬는 시간에 한 학생이 방금 전에 들은 강론에 대해 조롱하는 투로 말했다. 다른 많은 강론처럼, 가련한 강론이었다. 하느님에 대해 무언가 말하고자 한 설교자는 추상적이고 경건한 수식을 뒤섞어 어린 청중을 흠뻑 적셨고 아직 잠들어 있지 않은 그들의 영에게 가장 우스꽝스러운 효과를 냈다. …… 하느님의 사람인 한 감독관이 조롱한 학생을 불러내어 그에게 질책하기보다는 부드럽게 물었다. "하느님에 대해 말하는 것보다 더 어려운 것이 없다는 것을 생각해 봤니?" 그 학생은 바보가 아니었다. 그는 이 말을 깊이 숙고하였다. 이 뜻밖의 사건이 그에게는 신비에 대한, 곧 각자 마음속 깊이 간직한 두 신비, 인간의 신비와 하느님의 신비에 대한 첫 번째 인식이었다. 거룩한 것이 가장 순수한 형태로 그의 삶에 스며들었다.

2. 세 가지 실천적 결론

지금까지 우리가 검토한 결함은 과학적 질서에서든 특히 (가장 심각한) 영적인 질서에서든 우리 신앙의 빛을 매우 약화시켰다. 또 거룩함의 의미를 완전히 감소시키고 왜곡하고, 손상하거나 둔화시켰던 많은 외적 이유에 대항하여, 우리가 강력한 증거를 통해 효과적으로 투쟁하는 것을 방해했다. 사실, 종교는 과학적 문명화의 시대에 어린이와 같은 유치한 것으로 넘어갈 우려 없이 순진한 것으로 머무를 수 없다. 종교는 비판적 정신의 탐구 영역 안에서가 아니라 그 너머로 드러나야 한다.

세상의 개념과 전체주의적 삶의 체계에 대한 개념으로 소개되는 강한 움직임에 직면하여, 교리의 설명이 지나치게 추상적이고 오래된 논쟁에 얽매여 있으며 단편적이고 비유기적이며 내적 충만함이 없다면, 교리는 어떤 영향력을 발휘할 수 있겠는가? 진정한 신성함이 모든 현실과 삶에 스며들게 하려면, 초자연적인 것과 자연을 분리하는 이론이 과연 적절한 도구인가? 오히려 그 분리론이 모든 그리스도교에 대해서 의문을 제기하는 혼동을 가져올 위험이 있는 것은 아닌가? 결국, 메마르고 이성화된 세계에서, 우리가 이 세상에 오염이 되어 비록 그 영향이 미미하더라도 그 메마른 합리주의에 일조하게 된다면, 어떻게 우리가 이 거룩함의 의미를 새롭게 발생시킬 수 있는가?

이러한 결함은 정신 속에 격리된 채 머물러 있지 않기에, 실천에 결과를 초래한다. (혹은 이렇게 말하길 선호한다면, 이 결함은 행동의 영역에서 드러나게 되는 내적인 태도에 대한 이론적 표현이다.) 이 결과들을 묘사하려면, 지난 세기 종교적 삶에 대한 역사를 기술해야 할 것이므로 여기서는 생략한다. 그러나 결론을 내리기 전에 나는 빠르게 여러분의 주의를 환기하는 세 가지 점만을 언급하는 것으로 만족할 것이다. 이 세 가지는 교회 내부에서 나타내는 수많은 모습의 그리스도교적 삶과 관련이 있기 때문에, 나에게는 중요하다.

1) 신심 행위의 남용

첫 번째, 칸트가 말하는 것처럼, "이성의 한계 속에 있는" 종교는 생존할 수 없다는 것은 확실하다. 신비 없는 교리와 신비적 요소가 없는 도덕주의는 이 모든 것에도 불구하고 남아 있는 종교적 영혼을 만족시킬 수 없다. 만일 신비의 의미와 거룩함의 의미가 부족해진다면, 그것을 대체할 것을 찾아야 하는 법이다. 바로 그것을 감성주의에서 발견한 듯하다. 이 감성주의는 특히 **신심 행위의 남용**을 가져오는 특징이 있다.

이러한 신심 행위는 내면 생활의 과잉이라기보다 기생적인 성장이고, 비록 미신에 빠지지 않는다고 하더라도 교리에 덜 근거하기 때문에 남용이다. 이뿐만 아니라 종교적인 덕을 희생시키는 신심의 피상적인 형식(신심을 거스르는 신심 행위)을 발전시키기 때문에 남용이다. 진정한 사랑을 전제로 존경과 순종, 숭배의 원천으로 들어가기보다 부드러운 감정과 실천하는 것에만 더 몰두하기 쉽다. 이 나쁜 버릇이 예배 행위에서 드러난다. 전례의 본질적인 요소가 액세서리로 전락하거나 거기에 빠지고, 성사 예식은(세례, 견진, 병자성사) 대부분 이해되지 못한 채 그 신비에 개방하지도 못한다. 그리고 전례에서 설교는 마치 오르간, 꽃꽂이, 벽지, 빛, 스위스 근위병처럼, 장식의 역할만 하는 것으로 보인다. 비싸거나 저렴하거나 모든 사치가 기도하는 백성에게서 나오는 아름다움을 대체한다. 사실 제대에 있는 많은 요소가 그리스도의 신비를 절제와 진지함으로 재발견하도록 만들어졌지만, 아직도 할 일이 많이 남아 있다.

2) 종교, 어린이와 여성의 일

두 번째, 어떤 나라보다도 유럽 국가에서 **종교**, 다시 말해 그리스도교의 실천은 **어린이**와 **여성**의 일이라는 의견이 널리 퍼져 있다. 이것은 상대적으로 최근의 징후다. 17세기를 생각해 보자. 사제들 외에 평신도 중에서도 훌륭한 종교인들이 탄생했는데, 그들 중 한 사람이 파스칼Pascal이다. 17세기 초 프란치스코 살레시오François de Sales는 여성 독자 필로테아Philothée에게 《신심 생활 입문 Introduction à la vie dévote》을 헌정했고, 반면 남성 독자 테오티모Théotime에게는 《신애론Traité de l'amour de Dieu》을 헌정했다. 그리고 17세기 말, 위대한 고해 사제 페늘롱François Fénelon은 훌륭한 사람들, 특히 엘리트들을 지도했다. 그사이, 포르-루와얄Port-Royal의 역사가 있다.[232] 많은 평신도가 능동적으로 교의와 전례, 그리고 금욕에 관심을 가졌다. 그들은 과거 그리스도교를 잘 알고 있고, 교부들의 작품도 읽었다. 그들 중 많은 사람에게 종교의 신비는 '무서운terribles 신비들'이다. 이 표현은 분명 훌륭한 정의도 아니고, 사람들이 가끔 말한 비정상적인 얀세니즘적[233]인 것도 아니다. 프랑스어 테리블terrible(무서운)이라는 단어는 라틴어 트레멘둠tremendum(무서운)의 번역인데, 본디 전통적인 용어인 이 단어는 적어도 거룩함이 지닌 특징 가운데 하나를 지칭한다. 어떻든 이것은 당시 사람들이 자기 종교에 깊고 무거운 관념을 가지고 있었음을 보여 준다. 그러나 19세기에 이르러 가톨릭 르네상스는 감성적이고 여성적으로 변하였다. 종교심을 종교보다 앞에 두었다. 이것이 바로 낭만주의 시대다. 시인 드 라마르틴de Lamartine의 매우 아름다운 시의 한 구절이 있다.

하느님께서 거룩한 어머니를 주신 인간은 행복하다!

이것은 마치 비탈길의 꼭대기에 서 있는 것처럼, 그 아래에서는 이제 너그러운 경멸과 때때로 감동적인 미소만 보일 뿐이다. 프루동P. J. Proudhon은 아무 어려움 없이, 부인이 자기 방에 십자가를 두는 것과 자녀들에게 세례 주는 것을 허용할 것이다. 르낭E. Renan은 이렇게 말할 것이다. "그리스도교는 내 이성을 제외하고 내 안의 모든 것을 충족시킨다." 지난 세기에는 "백성을 위한 종교가 필요하다."라고 말했다면, 이제는 "여성을 위한 종교가 필요하다."라고 말한다.

3) 인간에게 거룩함은 어떤 의미가 있는가?
세 번째는 종교가 자신들을 위해서 만들어진 것이 아니라고 여기는 사람들에게 신앙을 회복시켜 주는 일이 아니라 거룩함의 의미인 종교심의 충만함을 주는 일에 우리가 교회 안에서 너무나 빨리 낙담한 것으로 보인다. 마치 신앙인이라 할지라도 인간의 정상적인 영역이 세속의 영역인 것처럼 모든 일이 벌어졌다. 사람들에게 진정으로 관심을 끌기 위해서는 그들에게 종교 이외에 다른 것만 말해야 하는 것처럼 여겨졌다. 이 다른 것은 간혹 훌륭하고 필요한 것이지만, 본질적인 것을 회피하기 위한 구실이 되었다.

이러한 처신은 단순한 전략이었을까? 혹시 우리에게 부족함이 있었던 것은 아닐까? 우리 교회의 문헌에서, 추상적인 신학이나 전문가를 위한 영성과 때로는 보잘것없다고 여기는 수준 높은 대중 신심 사이에서, 단순하고 구체적이며 인간적이고 활기차며 심오한 종교의 자리는 그 긴 시간 동안 어디 있었는가? 한편으로, 여성들이 참여할 수 있도록 과도하게 신심이 발전했고, 다른 한편으로, 예를 들면 사회적인 윤리나 더 무관심한 것의 발전이 있었다. 그런데 종교는 모든 것을 가르치고 모든 것에 스며들어야 한다. 인간의 모든 활동은 그리스도교화되어야 하며, 따라서 우리 가르침과 사도직에서 순전히 종교적으로 보이지 않는 모든 종류의 주제를 그날그날 다루어야 한다는 것도 확실하다. 그러나 내가 여기서 파악하는 현상은, 약간 서툴게나마 파악하려는 현상은 완전히 다른 현상이다. 정치적인 성향과 연결된 현상으로, 확실히 일부 성직자들에게는 정치가 습관적인 유혹이 되었다. 자기 생각이 종교의 중심에서 굳건히 세워졌는지, 반대로 거룩함의 의미를 확장하기에는 비호의적인 분위기에서 세워졌는지 충분히 경계해야 한다는 것은 몰랐을 것이다. 나는 여기서 정치적인 것과 성직주의에 대한 주제를 잠깐 지적만 하고 넘어갈 것이다.[234] 이 주제는 따로 연구가 필요하기 때문이다. 여러분은 늘 교훈적인 페기의 문장을 알고 있다. 비록 그의 문장이 일반화된 형태로 볼 때 온전히 균형을 갖추지 못했다고 평가되지만 말이다.

……우리와 친밀했던 늙은 본당 신부들과 심지어 우리가 존경심을 가지고 사랑했던 신부들에 대해서도 약간의 거리감과 방어적인 감정만 갖게 된 것은 어째서일까? 그것은 마음의 비밀 가운데 하나로서 그 비밀에서 가장 심오한 설명을 찾을 것이다. 우리는 더 이상 늙은 스승의 말을 한마디도 믿지 않는다. 그래도 스승은 우리의 마음을 온전히 지켜 주었고, 언제나 신뢰와 열린 태도를 보여 주었다. 그런데 우리는 늙은 본당 신부들이 하는 말은 온전히 믿고(나는 여기서 그들 스스로 믿었던 것보다 더, 라고 감히 말하지 않는다. 결코 자신의 생각을 말해서는 안 되기 때문이다), 우리 늙은 본당 신부들도 확실히 우리의 마음을 지켜 주었다. 그

들은 실로 용감하고, 선하며, 헌신적인 사람들이었지만, 우리가 평신도 스승들에게 단도직입적으로, 그토록 관대하게 속내를 털어놓으며 지켜 왔던 일종의 개방성은 늙은 본당 신부들과는 가질 수 없었다.

여기는 이 비밀을 심화하는 자리가 아니다. 그것과 대화해야 한다. 많이 해야 한다. 그것에 관해 쓰지 않겠다고 말하는 것이 아니다. 이것은 프랑스의 일시적인 탈그리스도교화 문제다. 루이Louis 성인과 아르크의 요안나Jeanne d'Arc 성녀의 나라에서, 그리고 제노베파Geneviève 성녀의 도시에서 그리스도교에 대해 말할 때, 모든 사람이 그것은 마크마옹MacMahon[235]에 관한 것이라고 이해하려면 이유가 있어야 한다. 마찬가지로 그리스도교 질서에 대해 말할 준비가 되었을 때, 모든 사람이 '5.16'[236]이 관건이라는 것을 이해하기 위해서는 이유가 있어야 한다.[237]

3. 유일한 치료약

더 주목해야 할 많은 특성들이 있다. 그중 일부는 지금까지 지적한 것보다 더 중요한 것으로 보인다. 그러나 이것으로 충분하다. 지금까지의 결점들을 살펴보면 우리는 절망할 위험이 있다. 그리고 나는 이미 앞서 일어난 일로 인해 일종의 죄책감도 느낀다. 이 강연을 마치기 위해서 몇 가지 약을 제안해야 하지 않을까? 나는 지금까지 언급된 것 다음에, 치료에 대해서 강조하고 싶다. 본질적인 치료, 사실상 유일한 치료는 우리가 그리스도인과 사제라는 두 특성으로 살아온 지성에서만 발견되며, 그것은 곧 거룩함의 진정한 내용에서 거룩함의 의미를 완전히 복원하는 것이고 그 의미를 항상 새롭게 하는 것이다. 이것은 두 가지 위험을 피하면서 해야 한다. 세속에 빠질 위험과 사기적으로 가해진 '거룩함'에 대한 신성모독적 포기에 빠질 위험이다.

우리에게 거룩한 것은 하느님이면서 인간인 그리스도시다. 그리스도는 자신의 신비로 우리를 무한히 초월한다. 그분은 초월자이며, 최고의 존경과 흠숭의 대상이다. 인간-하느님인 그분은 당신 신비를 우리에게 열어 주시며, 하느님께서 사랑이라는 것을 계시하신다. 그분은 피조물을 사랑의 신비로 들어가게 하신다. 그런데 이 거룩한 분을 우리가 만질 수 없는가? 그렇다. 그러나 우리는 그분을 만진다. 그분은 접근할 수 없는 위대함인가? 그렇다. 그러나 우리는 그분에게까지 높여진다. 그분은 일종의 종교적 두려움(경외), 곧 무서움tremendum의 대상인가? 그렇다. 그러나 그분은 당신의 마음을 열고 우리를 당신께 이끄신다. 성경 계시의 배경에서, 하느님께서는 특히 당신의 위대함으로 당신 자신을 드러내시며,

복음은 그분을 그분의 선하심으로 우리에게 보여 준다. 이 이중의, 그리고 유일한 계시가 우리를 통해서 드러나고, 우리가 하는 기도의 몸짓과 형제적 사랑의 몸짓으로 표현되길 바란다. 그리하여 사람들이 축성된 사람인 사제의 모든 삶에서 신비를 감지하고, 이 신비가 결국 사랑의 신비임을 이해하길 바란다.

육화된 그리스도교

Christianisme incarné

1. 언어의 최선과 최악의 의미

이솝Esope이 언어에 대해 한 말을 어법에도 적용해야 할 것이다. 같은 단어가 가장 좋은 의미와 가장 나쁜 의미로 해석될 수 있다. 교의의 역사는 그 자체로는 변하지 않은 채 정통성을 지지하는 깃발이 되기도 하고 반란의 상징이 되기도 한 정식들을 알고 있다. 우리가 삶의 이상을 표현하는 그 어떤 정식도 이런 위험에서 영원히 보장받을 수 없다. 거기에는 맥락의 변화로 충분하다. 영적인 맥락은 끊임없이 움직이지 않는가? 우리가 '가톨릭 액션'의 언어로 사용하는 여러 단어에는 위험이 도사리고 있다. 처음에는 그 의미가 달라지는 것이 눈에 띄지 않았다가, 나중에 어떤 오류를 암시하거나 적어도 덜 올바른 태도를 은폐하기 위해서 그 의미가 완전히 뒤바뀔 위험이 있다. 문제는 단순히 의미의 약화가 아니라 완전히 뒤바뀌는 것이다.

예를 들어, 우리가 '적응'에 대해 말하면서 그렇게 하는 것은 옳다. 적응은 선교에 필요하며 사랑의 법칙이다. 바오로 사도를 시작으로 모든 위대한 사도가 이러한 본보기를 제공해 주지 않았는가? 교회가 교의적 가르침에 더해서, 몇 세기에 걸친 실천으로 우리에게 적응을 권장하지 않았던가? 어떻게 보면 예수 그리스도의 업적 자체도 우리의 인간적인 조건에 온전히 신비적으로 적응한 것이 아닌가? 그러나 잘못된 열정으로 너무나 빨리, 너무나 외적인 방법으로 적응하려는 사람의 순진한 환상으로 인해 우리가 적응의 원리를 비난하게 해서는 안 된다. 그와 반대로, 이 원리를 가장 잘 적용하기 위해서는 우리가 표면적이고 미숙한 적응을 경계해야 하고 연구와 연설이 기교보다 더 중요하다는 것을 끊임없이 상기해야 한다.[238] 하지만 '적응'이라는 단어가 변질되어 신앙을 위협하기에 이른다. 몇몇 사람은 '적응'한다고 굳게 믿으면서, 바오로 사도가 말하는 것처럼, "가르침의 온갖 풍랑에 흔들리고"(에페, 4,14) 있지 않은가? 또 다른 사람은 그리스도교를 우리 시대에 '적응'시키려 하면서, 의식적으로 그것을 변화시키려는 꿈을 꾸고 있지 않은가?

매우 정당하고 필요한 또 다른 단어는 '가톨릭 액션'의 환경에서 익숙한 '육화(incarnation, 肉化)'다.[239] 우리는 육화된 그리스도교, 다시 말해 몇몇 단어와 감정으로 만족하지 않는 그리스도교를 원한다. 환상에 머무르는 그리스도교가 아니라 효과적이고 실제적인 그리스도교, 삶 옆에서 꿈처럼 발전하는 그리스도교가 아니라 삶 자체의 형태를 부여하는 그리스도교, 제도와 관습에 깊숙이 들어가서 삶을 파고드는 그리스도교, 예식이나 신심 행위가 아니라 그 결과를 인간 행위의 모든 영역에까지 펼치는 그리스도교, 한정된 장소와 시간에 머무르는 것이 아니라 세계 곳곳에 자신의 업적을 이루게 하는 그리스도교를 원한다. 육화된 그리스도교는 힘찬 그리스도교다. 요구하는 그리스도교이고, 진지한 그리스도교다. 그리스도인의 삶과 선교에서 육화의 의미를 취한다는 것은 "영과 진리 안에서" 육화의 의미를 갖는다는 것이다. 다시 말해 육화의 의미는 단 한 번 이루어진 것으로서, 모든 것 안에서, 신적인 것을 인간적인 것 안으로, 영원한 것을 시간적인 것 안으로 주입하기 위한 것이다.[240] 이 점을 강조한 것은 매우 중요한 일이었다. 우리 이전 시대에는 종교를 인간적인 가치 밖에 두는 평신도주의laïcisme와 그리스도교와의 접촉이 위험하다고 평가하면서 그리스도교를 피하려는 상황과 그리스도교의 순수성을 보존하려는 잘못된 욕구 사이에서 일종의 결탁이 암암리에 이루어졌기 때문이다. 그리하여 삶의 모든 '영역'에서 그리스도교를 회복시키기 위해 노력해야 했고 지금도 그렇다.

2. 중대한 일탈

그러나 오늘날, 완성과는 거리가 멀고, 완성될 수도 없는 '육화'의 업적을 따라가면서도[241], 이 단어가 허용할 수 있는 중대한 일탈에 눈을 뜰 필요가 있지 않은가? 예를 들어, 사람들은 우리에게 육화된 그리스도교가 되어야 한다고 말하고, 곧바로 '몸과 피의 그리스도교'라는 해석을 덧붙인다. 모든 사람이 이 단어를 나쁜 의미에서 명령으로 여기지 않는다. 그러나 이 단어가 반향을 일으키는 경우, 근심을 파악하기 위해 조사관의 영혼을 가질 필요는 없다. 환경 자체가 다음과 같은 시인의 명령에 도취되는 경우도 그와 같다.

몸을 신이 되게 하십시오[神化]. 그리고 하느님을 몸이 되게 하십시오[肉化].[242]

또 다른 저자는 페기 Péguy를 해설한다고 생각하면서 "우리는 영적인 것에 대한 육화의 의미를 현세에서 잃어버렸다."라고 불평한다. 그러나 이것을 우리에게 어떻게 설명할 수 있는가? 또한 "영은 삶과 분리된 것으로, 마침내 삶과 다른 것으로 드러났다."라고 말한다. 의미가 이상하게 변했다! 과연 분리되지 않으려면 구별되어서는 안 된다는 것인가? 분명히 영은 "삶과 다른 것"이다. 또한 '영의 삶'이 있고, 최고의 삶은 '영 안에 있는' 삶이다. 그러나 이렇게 말함으로써 우리를 생물학적 신비성, 지성 이하의 신비성, 영성 이하의 신비성으로 되돌리려는 것인가? 창조주의 힘이 출현시킨 우주적 생명의 바다에 영을 다시 잠기게 하려는 것인가? 항상 돌발성의 승리로 나타나는 생명력에 대해 신격화를 준비하려는 것인가? 바로 그렇게 '육화'를 이해하길 바라는 것인가? 최근에 우리는 베르그송 철학의 이러한 경향을 비판했다. 그러나 오늘날 이러한 경향이 얼마나 더 비판받고 있으며 더 위협적인가, 그로 인해 얼마나 더 혼란스러운 '삶'이 나타나고 있는가!

이러한 해석 다음에 이어지는 것이 더 우려스럽다. "이것은 '보편적' 정치가 될 수 있는 그리스도교 정치가 아니며, 추상적 가치에 토대를 두는 그리스도교 도시가 아니다." 얼마나 큰 혼동인가! 왜 '정치적'인 것으로 갑자기 추락하는가? 그리스도교 보편주의가 없다는 것인가? 아니면, 보편적이라는 것이 그리스도교의 본질적 특징이 아니란 말인가? 더욱 '육화'되기 위해서 덜 보편적인 것이 되어야 한다는 말인가? 정치적인 차원에서, 보편적인 것에 대한 개방성이 그리스도인의 생각과 행동의 특징이 아닌가? 그리스도인의 생각과 행동은 환상이나 추상성에 종속되지 않을 것이다. 이와 같이 보편적인 것과 추상적인 것을 동일시하는 새로운 방식에서, 보편적인 것의 가치를 떨어뜨리려는 의도를 간파하지 않기는 참으로 어려운 일이다. 나는 '육화'의 이름을 대담하게 축약하며 그리스도교 대신 '정치적 현실주의'를 설파하려는 것에 참으로 두려움을 느낀다. 물론 '정치적 현실주의'의 가치를 판단하려는 것이 아니다. 다만 그것을 복음과 교의에서 끌어내려는 것이 헛되다는 점을 말하고 싶다. 이 '육화'의 이름으로 초월성과 보편성을 향한 모든 노력을 분리된 영성주의와 추상적 숭배라고 다루게 될까 봐 두렵다. 그것은 마침내 그리스도교 영혼의 움직임 자체를 단죄하는 데 이르게 될 것이다. ……

  육화된 그리스도교, 구체적인 그리스도교는 옳다. 육화된 그리스도교는 건강하고 힘찬 그리스도교를 위한, 그리고 현실적인 그리스도교를 위한 조건이다. 뿌리를 둔 그리스도교지만, 함정에 빠져 매몰된 그리스도교는 아니다. 다른 말로 하면, 이교도화된 그리스도교는 아니다. '육화'는 그리스도인들 사이에 일종의 디오니소스적 자연주의 naturisme orgiaque[243]를 도입하고 정착시키기 위한 구실이 되어서는 안 되며, 정치적인 모습의 세속화를 위한 구실이 되어서도 안 된다.

3. 그리스도교 신비의 리듬

  초자연적인 것은 자연과 분리되어서는 안 된다. 그러나 이 둘 사이의 일치에는 두 가지 방식이 있다. 하나는 자연을 들어 높이고 변화시키기 위해서, 곧 초자연화되기 위해서 초자연적인 것이 자연 안으로 들어오는 방법이다. 다른 하나는 자연이 초자연적인 것을 낮추고 자연화하기 위해서 초자연적인 것을 흡수하고 붙잡는 방법이다. 그렇게 되면, 자연은 '완성'된 것이 아니라, 초자연적인 것이 타락한 것이다.

 그리스도교 신비의 중심으로 거슬러 올라가자. 그리고 그 리듬을 다시 살게 하자. 이는 세 단계를 포함한다. 육화가 그 첫 번째다. 십자가 죽음이 두 번째이며, 부활은 세 번째다. 이것이 그리스도의 신비, 육화된 말씀, 죽음과 부활이다. 사람이 되신 말씀은 육에서 죽은 하느님, 영에서 부활하는 하느님이다. 그런데 이 신비는 또한 우리의 신비다. '머리'에서 성취된 것은 지체 안에서도 성취되어야 한다. 육화, 죽음, 부활은 곧 뿌리내림, 이탈, 변형이다. 이 세 단계를 포함하지 않는 그리스도교 영성은 없다. 우리는 그리스도교를 가장 깊은 인간적 실재에 스며들게 해야 한다. 그것은 그리스도교를 인간적 실재에서 없애거나 왜곡하기 위해서가 아니다. 그리스도교에서 영적인 실체를 비우기 위해서도 아니다. 오히려 밀가루의 반죽을 부풀리는 효소처럼, **인간의 영**과 사회 안에서 행동하게 하기 위한 것이며, 모든 것을 초자연(초본성)화하기 위한 것이다. 모든 것의 중심에 새로운 원리를 넣기 위해서, 위로부터 오는 요구와 부르심의 긴급함을 사방에서 듣게 하기 위해서다.

만일 예수님께서 참으로 여인에게서 잉태되고 태어난 사람이 아니었다면, 참으로 우리의 구세주가 되지 못하셨을 것이다. 그분이 참으로 죽고 부활하지 않으셨다면, 우리의 신앙은 헛된 것이 될 것이며, 우리는 구원받지 못할 것이다. 죽음과 부활은 육화의 업적을 파괴하지 않고 오히려 완성한다. 죽음과 부활은 탈육화하면서 뒤로 후퇴하는 것이 아니라, 육에 이르기까지 영적으로 변화시키면서 목적을 향해 나아간다. 이처럼 영적인 그리스도교는, 곧 모든 것에 십자가의 표지를 새기고, 인간적 가치를 변모시키려는 걱정 없이는 그 어떤 인간적인 가치도 받아들이지 않는 그리스도교는 탈육화된 그리스도교가 아니다. 이 영적인 그리스도교만이 진정한 그리스도교이며, 육화는 속임수가 아니다. 바로 이러한 그리스도교를 우리가 방어해야 한다. 하느님께 이러한 그리스도교를 이해할 수 있도록 우리에게 지성을 주시고, 우리가 그것에 충실하게 해 달라고 청하면서 말이다.

- 이 아티클은 다음의 잡지에 발행되었다. *Lettre aux aumôniers. Revue de la Jeunesse ouvrière catholique féminine*, 14/2(1943), pp.1-5.

그리스도교적 요구

Exigences chrétiennes

세속에서 그리스도인의 상황은 여전히 어렵다. 특히 우리 시대에 그렇다. 때로는 그리스도인에게 엄청난 희망을 걸고 놀라운 것을 요구하며, 때로는 그의 역할이 끝났다고 여기기도 한다. 그런 사람들은 종종 그리스도인에게 희망을 걸었다가 실망하며 돌아섰다고 말한다. 사람들의 기대에 못 미칠까 봐 두려워하고, 일종의 무기력함 속에서 실망, 비판, 단죄 등이 근거 없는 것이 아님을 확인한 그리스도인은 고백할 준비가 되어 있다. 그렇게 하면 오해가 풀릴 것이라고 느끼면서, 이 모든 오해에도 불구하고 자신이 대체할 수 없는 힘의 운반자로서 그 힘을 보여 주고 싶어 한다.

지금부터 진행할 일반적인 성찰은 이 일을 도와주려는 목적 외에 다른 목적은 없다.

1. 배교의 두 증인

오늘날 그리스도교에 대한 본질적인 비판은 지난 세기의 두 사람이 이미 내놓았던 비판이 대표적이다. 아직도 우리 시대를 지배하는 천재인 마르크스K. Marx와 니체F. Nietzsche다.

1) 칼 마르크스

형이상학적 사변에서 혁명적 행동을 위한 사회적 관찰로 나아간 칼 마르크스는 눈앞에 펼쳐진 부르주아 사회를 분석했다. 그는 오로지 이 관점에서 일반적 종교를 고려했지, 있는 그대로의 그리스도교를 고려하지 않았다. 일반 종교에 대한 그의 사상은 다음과 같이 두 명제로 요약할 수 있다.

1) 모든 종교는 주어진 사회적, 경제적 상황에 의해서 설명된다.

2) 이 사회적 상황에 대한 표현인 종교는 그에 대한 남용을 영속화하는 경향이 있다.

마르크스는 말한다. "종교 세계는 현실 세계의 반영일 뿐이다." 다시 말해, 종교 세계는 현재 삶의 조건을 신비적이고 신화적인 하늘에 투사하면서, 현재의 삶을 그대로 반영한다. 인간을 억압하고 영적으로 '소외'시키는 현재의 삶에서 인간을 해방하기 위해서, 만일 필연적으로 현재의 삶을 낳는 사회적 구조를 공격하지 않고 현재의 소외된 삶 자체를 없애려는 것은 소용없는 일이다. 순수 지성적인 비판만으로는 그것을 치명적으로 무너뜨릴 수 없다. 일시적으로 그것이 사라졌다고 믿지만, 변함없는 똑같은 원인에 의해 곧바로 다시 생겨난다. 그러나 소외된 현재의 삶은 이 사회적 구조에서 가장 강력한 지원이다. 그 사회의 모든 불의와 공모한다. 특히 프롤레타리아를 현세에서 축소된 노예의 상황으로 묶어 놓고, 천상 세계에서 있을 헛된 해방을 꿈꾸게 한다. 그리고 그를 도취시키고 마비시킨다. 한마디로, 마르크스가 한 유명한 말을 빌리자면, "종교는 인민의 아편이다."

　이처럼 종교를 사회적, 경제적 또는 정치적 관점에서만 고려하는 것은 얼마나 편협한가. 종교가 노예의 도구였을 뿐이라고 주장하는 것은 역사적으로 얼마나 잘못된 것인가. 특히 그리스도교 계시의 영향을 받아 이루어진 영적, 사회적 해방 업적을 부정하는 것은 얼마나 불의한가. 우리는 이것을 보여 주려는 것이 아니다. 오히려 마르크스가 이론적으로 틀렸다고 말하고자 한다. 그렇다고 그가 자기 시대의 종교적인 세계를 항상 잘못 분석했는가? 만일 우리가 공산주의자가 아닌 역사가의 펜에서 나온 19세기 초 영국 프롤레타리아에 관한 문장, "프롤레타리아가 더욱 하나가 되어, 더욱 폭력적으로 반항하지 않도록 강력한 종교적인 출구가 그에게 제공되어야 한다."라는 이 문장을 소홀히 지나친다면, 마르크스의 구호인 "인민의 아편"을 비난하는 일은 소용없을 것이다. 자본주의 역사가의 출구는 공산주의 이론가의 아편과 같다……. 우리는 이 시대에 노동자들의 비참함이 무엇이었는지를 잘 안다. 구체적으로 마르크스의 친구, 프리드리히 엥겔스Fr. Engels는 이 점을 관찰하는 데 주력했다. 이 주제에 관한 두 친구의 심도 있는 숙고는 《공산당 선언Le Manifeste communiste》에 나타난다…….

　프랑스 혁명은 유럽 전체를 뒤흔들었고, 이 세상에 새로운 이상을 분출했다. 비슷한 시기에, 산업 혁명에 따른 엄청난 사회적 위기가 시작되었다. 이로부터 인간의 의식에 대해 수많은 문제가 제기되었다. 그렇다면 그리스도교 세계는 어떻게 반응했는가? 아 슬프도다! 우리는 전반적으로 그 반응이 어땠는지 알고 있다. 유럽 전체에서 '거룩한-동맹Sainte-Alliance' 제도[244]가 어떠했는지 알고 있다. 다른 나라에서와 마찬가지로 이 나라에서 트론Trône 제도[245]와 오텔Autel 제도[246]가 어떠했는지도 알고 있다. 섭리주의가 어떻게 꽃 피웠는지도 알고 있고, 이 편리한 이론 덕분에 경제적 자유주의자들은 모든 사업가의 지지를 받아 가난한 사람들을 짓밟는 기계인 **현상 유지**statu quo를 신성시할 수 있었다. 마침내 우리는 특히 20세기의 중엽부터 부유한 부르주아들이 혁명 의회주의의 후손이자 볼테르Voltaire의 정신적 자녀로서, 그들이 교회를 사회적 방어라고 부르기 위해 교회를 어떻게 동원하려 했는지 알고 있다. 예를 들어, 정의라는 핑계로 인간이 손대지 말아야 할 섭리의 법칙과 조화를 찬양하는 저술들로 서가를 채울 것이다. 거기에는 계산적인 자선으로 비참하게 축소된 사랑을 찬양하는 저술들이 있다. 그렇다, 이 모든 것은 그리스도교가 아니었다. 겉으로 보더라도 이러한 태도를 선동한 사람이나 이를 구현한 많은 사람은 스스로 그리스도인이라고 말할 수 없었다.

그럼에도 이 모든 것은 자주 종교라는 깃발 아래 가려졌다. 새로운 길로 이끌어야 했던 새로운 세상과, 끔찍한 상처가 드러나고 있는 사회적 구조와 마주했을 때, 그리스도교 안에서는, 여러 경탄할 만한 사례가 있었음에도 불구하고, 기대할 만한 반응이나 혁신이 일어나지 않았다.

어느 날, 젊은 프레데릭 오자남Frédéric Ozanam은 다음과 같이 말하는 비신자의 소리를 들었다. "과거의 그리스도교는 기적을 낳았습니다. 누가 그것을 인정하지 않겠습니까? 그러나 오늘날 그리스도교는 죽었습니다. 그런데 당신은 무엇을 하고 있습니까?" 오자남과 같이 몇몇 사람들의 주도권은 이와 같은 질문에 고개를 들고 대답하기에는 너무 늦었고, 너무 부분적이었으며, 너무 고립되어 있었고, 결국 너무 일찍 매이게 되었다. 그런데 '유토피아'를 주장하는 사회주의자들 다음에, 프루동Proudon 이후 마르크스Marx가 등장했다. 마르크스는 당대의 악을 보는 혜안을 가졌고, 그것을 치료하기 위한 적합한 전체적인 방향에 대한 통찰력을 갖고 있었다. 불행하게도 그것은 반종교적 유물론에 기반한 것이었다. …… 상황은 점점 더 악화되었다. 마르크스주의가 가시적인 성공을 거둔 것이다. 사실 비오 11세 교황은 마르크스가 무슨 말을 했는지 매우 잘 알고 있었다. 교회가 지난 세기에 "노동자의 계급을 잃었다."라고 단정했을 때, 마르크스는 단지 불행만을 언급한 것이 아니라 '걸림돌 scandal'을 표현한 것이다.

2) 프리드리히 니체

바로 여기서 니체가 등장한다. 그를 붙잡은 것은 노동자 문제가 아니다. 그가 우선 관심을 가진 것은 인간 자체, 인간의 내면이다. 그런데 니체는 현대인의 타락을 분명히 인식하고 있다. 스스로를 자랑스럽게 여기는 이 위대한 자유주의 시대를 나약함의 시대라고 선언하며, 모든 면에서 평범함과 중간 수준에 잠식되어 있다고 지적한다. 그는 진보적 이데올로기를 고발한다. 그리고 가까이 다가오는 재앙을 선포한다. …… 단도직입적으로 현재의 모든 악의 기원이 그리스도교에 있다고 그 책임을 돌린다. 그리스도교에 대한 그의 비판을 두 가지로 요약할 수 있다.

1) 그리스도교는 원한에 의해 삶의 원수가 된 약하고 무력한
사람들의 종교다.
2) 그리스도교는 파괴하기 위해 유럽을 정복했다.

우리는 최근 이와 같은 주제 때문에 귀가 멍할 정도로 시달렸

다. 국가사회주의(Nationalsozialismus, 나치즘)는 이를 강력하게 선전했다. 그러므로 여기에 시간을 쏟을 필요가 없다. 우리의 관점은 니체가 자기 시대에 가한 비판이 종종 타당하더라도, 그리고 그의 역사 해석이 자의적이었던 만큼 그리스도교에 대한 그의 비판이 얼마나 부당했는지를 보여 주는 데 있지 않다. 니체 자신도 그런 감정이 있었다. 그런데도 그는 예수님께 매료되었다. 예수님께 질투를 느꼈다. 과거 예수님께서 수행하신 역할을 이제 앞으로 올 세대를 위해 수행하겠다는 마음을 품었다. 그러나 그는 복음을 부정하면서도 끊임없이 복음을 모방하려고 애썼다.

그의 비판은 복음을 물어뜯지 않았다. 진정한 그리스도교는 그가 닿을 수 없는 곳에 있다. 복음에 분노를 느낄수록 그는 더 약해 보였다. 그러나 우리는 여기서 마르크스의 경우에서와 같이 덧붙여 말해야겠다. 그의 날카로운 공격은 그 시대의 그리스도교 세계에만 해당하는 것인가?

외로운 병자였던 니체는 일부 노처녀들의 사회로 전락한 휴양지들을 여기저기 떠돌거나 독서와 공상에 빠져 있었으니 이상한 관찰자였다. 아니 관찰할 필요도 없이, 그는 자신의 시대를 느낀 사람이었다. 당시 사회는 이미 시체 썩는 냄새를 풍겼다. 그는 정신병리학의 천재적 예견자로서, 프로이트적 직감을 가진 사람들을 훨씬 앞섰다. 그는 어떤 왜곡된 감정도 간파한다. 우리가 그리스도교 덕목이라는 이름으로 잘못 장식한 우리의 나약함, 두려움, 인색함의 가면을 벗겨 낼 수 있었다. 그는 슬프게도 수많은 현대 '그리스도교' 환경을 특징짓는 생기 잃은 도덕주의, 여성화된 종교, 침울하고 낡은 지혜, 잘못된 영성주의를 채찍질하였다. 여기서 우리가 엥겔스가 관찰한 자본주의 사회가 영국의 성공회였듯이, 니체가 알았던 환경이 개신교였다는 점을 언급하는 것은 불충실한 것이 될 것이다. 여러 가지 차이점에도 불구하고, 모든 종파는 같은 본질적 나약함에 참여하고 있었다. 그리고 방금 앞에서 '그리스도교'라고 불리는 환경에서 용기의 부족과 사회적 상상력의 부족, 위기의 인류를 구출하기 위해 대업을 이룰 수 없는 무력감을 비난했던 것처럼, 니체는 이제 경멸조로 다음과 같이 종교인들을 비난하며 말한다. "그들은 내가 그들의 구세주를 믿을 수 있도록 나에게 더 좋은 노래를 불러 주어야 할 것이다. 그분의 제자들은 더 해방된 모습을 가질 수 있어야 할 것이다."

새로운 시대, 재발견된 위대함의 시대, 영웅주의 시대, 창조의 시대를 세우는 일을 갈망하고 새로운 인간 유형을 만들기를 바랐던 니체가 어떻게 반그리스도교적 의미에서 자기 과업을 수행했는지를 보라. 그는 가장 정통한 그리스도교를 너그럽게 봐주지 않을 것이다. 바로 여기서 그의 가르침이 가증스러움이 된다. 이 고귀한 영 자체가 그의 광란의 첫 피해자가 될 것이고, 그의 명성은 정반대 방향으로 가고 있다고 말할 수는 없을지라도 히틀러식 신-이교주의에 의해 떠들썩하게 기념되는 부끄러움이 될 것이다.

3) 내부의 반역

이처럼 마르크스와 니체는 지난 세기 배교한 그리스도인의 위대한 증인으로 보인다. 그들은 사회적으로 이탈하였고, 이는 내적인 이탈이다. 그 원인을 분석하기 위해서는 그들 위로 거슬러 올라가야 한다. 19세기와 20세기 초까지 너무나 일반적으로 여겨졌던 그리스도교는 사회학적 법칙의 무게를 극복하는 데 충분히 강력하지 못했다는 사실을 인정하자. 그리하여 그리스도교를 표방하는 많은 사람은, 가장 중상적인 니체의 비난을 정당화하려는 경향을 띤 것처럼, 종교에 관한 마르크스의 설명을 진정한 것으로 여기기를 지향했다. 몇몇 사람들의 용기 있는 통찰, 몇몇 위대한 주교들의 호소에도 불구하고, 또한 레오 13세 교황 이후 교황들의 가르침과 명령에도 불구하고, 산업 자본주의의 끔찍한 진보를 수정하는 데 성공하지 못했다. 사실 진보는, 프롤레타리아의 끊임없는 고통의 확장과 세계 대전이라는 유혈사태, 두 결과를 가져왔다. 그리스도교는 계급의 반발과 민족주의자들의 격노 위로 구성원 전체를 들어 올리는 것을 알지 못했다. 자기 자신이 누구인지 알지 못한다면, 그리고 자신의 고유한 논리를 따르는 것을 알지 못한다면,

점점 강압적인 온갖 이유로 인해 …… 대립과 연합, 타협과 종속의 놀이에 끌려간 자신을 보는 것은 가히 치명적이다.

다시 한번 말하지만, 그리스도교 자체의 무능력이 문제가 아니다. 그리스도인의 이름을 가진 사람들 내부의 배반이 문제다. 짠맛을 잃은 소금은 더 이상이 소금이 아니다. 게다가 배반한 그리스도인 집단에 돌을 던지거나 우리가 분노하는 것도 문제가 아니다. 만일 어떤 현상이 이토록 큰 규모에 이르게 되면, 그것은 개인들의 잘못으로 설명되지 않는다. 그 수가 많더라도 그렇다. 일단 혼란이 자리 잡으면, 대부분의 사람에게는 질서처럼 보인다. 일반화된 남용은 정직한 사람보다 더 훌륭한 변호자를 갖지 않는다. 현대 그리스도인들은 대부분 배반할 마음을 갖고 있지 않았다. 많은 사람들은 신심이 돈독하고 열심이었다. 그러나 핵심적인 사안에 대해서는 매우 편협하고, 분별력이 없다. 그들은 선한 양심을 가지고 있고, 선한 의지도 갖고 있다. 사실 이것이 중요하다. 그러나 그들의 의식은 잠들어 있었다.

이 점이 이 시대의 한 사람에 의해 매우 거칠게 상기되었다. 우리는 그 사람에게서 마르크스주의와 니체주의의 두 비판이 긴밀히 연결되어 있다는 것을 발견한다. 장 게엔노Jean Guéhenno는 결국 잘못된 한 페이지에서 너무 정확한 사실들을 가정한 뒤, 오늘날에도 여전히 많은 그리스도인 사이에서 신앙이 매우 아름답고 순수하며 살아 있을 수 있음을 인정한다. 그러나 다음과 같이 덧붙인다.

"결국 그리스도교는 잠자는 세계일 뿐이다. 그 옛날 많은 영혼을 크게 각성시켰던 신앙은 이제 잠자는 중에서만 길러지고 전파될 뿐이다. 이 잠은 고독, 확실성, 그리고 신뢰의 조건이다. 과거의 세상에서 훌륭한 동요를 가져왔던 신앙은 이제 침묵만을 가져오며 살아갈 뿐이다. 과거에는 유럽을 영혼들의 화로로 만들었으나, 지금은 늪으로 만들 뿐이다. 과거에는 인간에게 희망의 날개를 주었으나 지금은 절망만 시킬 뿐이다. 우리는 이러한 침묵, 이러한 무감각, 이러한 죽음, 이러한 '구원'을 바라지 않는다."

오 게엔노, 아니오! 당신은 그리스도교 신앙이 무엇인지를 알지 못한다. 나는 그리스도교 신앙이 단지 과거만이 아니라 오늘날에도, 아니, 그 어느 때보다도 더 우리 마음속에 있다고 알아듣는다. 세상은 그것에 대해서 한 번 더 놀랄 것이다! '영혼들의 화로'는 꺼져 가는 것이 아니다. …… 그러나 당신이 그것을 끌 수 있다고 생각한다면 당신은 세상에서 무엇을 빼앗을 수 있는지를 모르는 것이다. 다만, 이런 현상의 출현을 어떻게 부정할 수 있겠는가? 그래서 나는 신앙에 대한 긍지를 보존한 모든 그리스도인에게 다음과 같이 말하고 싶다. 그리스도교가 무엇이었는지 그리고 오늘날에는 어떻게 보일 수 있는지 또는 과거에는 어떻게 보였는지 사이의 끊임없는 비교, 처음에 가졌던 힘과 현재의 나약함 사이의 비교, 첫 희망에 대한 담대한 열정과 일부를 빼앗긴 과거에 대한 후회 사이의 비교, 두려워하는 소심함과 굳어짐 사이의 비교 등을 끝도 없이 나열하는 것을 과연 우리가 받아들일 수 있겠는가? 또한 정당한 단죄나 운명에 대한 신탁 앞에서 머리를 숙이는 것처럼, 그저 고개를 숙이고만 있을 것인가? 아니면 거기서 자극을 길어 올 수 있는가? 그리스도교 의식은 잠시 잠들 수 있다. 그러나 이제 그 의식을 일깨워야 한다. 우선 우리 안에서 깨워야 한다. 우리는 우리 안에 집단적으로 가져온 위대한 힘에 대한 의식을 되찾아야 한다. 그리스도 영의 새로운 힘을 항상 되찾아야 한다.

2. 그리스도 영의 새로운 힘

1) 정의와 사랑의 영

더 나은 사회적 질서가 추구된다. 알다시피 복음은 이것을 위해 우리에게 비결을 제공해 주지 않는다. 복음은 사회적 문제를 해결하는 기계가 아니다. 복음은 더 멀리 있는 것, 더 깊고 또 더 가까이 있는 것을 겨냥한다. 우리가 그것을 보게 될 것이다. 그러나 이 모든 경우에서 복음은 우리가 사회적 문제를 우리의 것으로 삼고 그것을 인간적으로 해결할 방법을 찾는 것과 결코 대립하는 것이 아니다. 아무것도 인간적인 해결책에서 돌아서게 하지 않는다. 오히려 복음은 그렇게 하라고 우리를 종용한다고 말하자. 그리고 복음만이 우리의 영을 온전히 인간적인 해결책으로 향하게 한다.

이것을 말로는 거부할 수 있다. 오늘날 사람들을 개별주의를 넘어서게 하고, 더 이상 폐쇄된 사회의 한계에 갇히지 않게 한 위대한 비약의 기원을 잊을 수는 있다. 또한, 사도들이 보편적 형제애의 씨앗을 세상에 뿌렸다고 고백하면서, 이 씨앗이 그들의 고유한 토양 밖에서만 발아될 것이며, 성인成人으로서의 인류는 아직 상징적으로만 이루어진 것을 구체적인 삶과 그리스도교 안에서 결국 자신의 힘으로 실현해야 한다고 주장할 수 있다. 지난 세기의 역사는 두 가지 주장 가운데 첫 번째 주장을 반박하였으며, 지금 우리 세기의 역사는 가혹하게도 두 번째 주장을 반박하고 있다.

사실, 복음은 신비적인 교리와 아주 멀리 있는데, 사람들은 신비적 교리를 가끔 복음과 혼동하기도 한다. 그리스도의 모든 법은 형제적 사랑의 법으로 요약된다. 이 법은 우리가 능동적으로 우리의 모든 형제의 처지에 관심을 두게 하는 의무를 지운다. 먼저 그들의 물리적 운명과 존엄성을 존중하게 한다. 사랑의 법은 정의를 무시하면 지킬 수 없다. 그 반대로 정의의 일을 시작하고 완성하려면 사랑의 법은 필수적이다. 정의는 점진적으로 정의를 이루는 형태를 만들어 내지만 그 자체로는 부족하다. 만일 정의만 있다면 사람들을 일치시키기보다 대립시킬 것이기 때문이다.

이러한 정의와 사랑의 정신 안에서, 사랑이라는 위대한 이름에 충만한 의미를 돌려주면서, 다시 말해 사람들이 급기야 발견한 것처럼, 사랑은 인색한 것도 협소한 것도 무례한 것도 비효과적인 것도 아니고, 가장 훌륭한 것, 가장 인간적이면서 동시에 가장 신적인 것, 가장 기초적이고 가장 고양된 것이라는 충만한 의미를 돌려주면서 그리스도인은 누구나 모든 발전과 탐구에 열려 있어야 한다. 그리스도인은 후퇴하는 태도, 비지성적으로 비판하는 태도, 너그럽지 않은 태도, 통찰력 없는 태도와 단절할 것이다. 이러한 태도는 우리 조상들을 빈약하게 만들었다. 은총은 본성에 뿌리내리길 바란다는 것을 알기 때문에, 그리스도인은 우리 지구에서 이루어지는 인간적인 위대한 일에 열의를 갖는 것을 두려워하지 않을 것이다. 끔찍한 위기를 넘어, 이루 다 셀 수 없는 충돌과 실패, 그리고 때로는 절망의 대가로, 하느님의 구원 계획에 있는 위대한 일이 완성된다. 창조주 하느님께서는 인간을 당신 모상대로 창조하셨고, 다시 말하면 인간 또한 창조자로 창조하셨기 때문이다. 그런데 인류는 자신의 먼 기원 이후로는 처음으로, 자신이 갖고 있는 특권을 모든 범위에 걸쳐 행사하길 바란다. 그리고 인류는 의식적으로 자기 자신을 추구하며, 유기적으로 체계화하길 원한다. 그리고 발전을 거듭하면서 그렇게 하는 것을 의무화한다. 과거와 같이, 최근에도 인류는 되는대로 살아갈 수 없다. 그것은 자신을 죽게 내버려 두는 것이다. 이를테면 자신의 운명을 자신들의 손에 맡기는 것이다. 과학과 기술의 경이로운 발전 덕분에 인류는 자신의 미래를 합리적으로 만들고, 세상을 다루며, 자기 자신을 가꾸고, 스스로를 건설하는 일에 착수하고 있다. 거기에는 위대함이 있다. 각자는 자기 자리에서, 겸손하게 그것에 참여할 수 있다. 우리는 조상들보다 더 낫다고 믿지 않는다. 우리가 조상들에 대해 자긍심을 갖는 것은 당연하다. 그러나 이 위대한 모험은 인류 미래를 위한 위험만큼이나 희망을 불러일으키므로, 그것이 우리를 더 큰 노예 상태로 이끌 수도 있고, 해방으로 이끌 수도 있는 만큼, 우리는 그리스도인으로서 이 모험을 올바른 방향으로 이끌 수 있는 영을 주입해야 할 책무가 있다.

2) 상위의 소명, 신적인 소명

그러나 그리스도인은 그보다 훨씬 높고 훨씬 넓은 열망을 가지고 있다. 그리스도인은 문명에서 '아름다운 감정'이 확실히 최고의 가치로 여겨져도 그 형태에 굴복하지 않으며, 그토록 갈망할 만하고 또 영적인 삶에 출구를 열어 주는 데 필요한 물질적 발전이 인간을 향상시킬 수 있다고 믿지도 않는다. 그뿐만 아니라 사회적 발전이 이 마지막 위기 다음에 이상理想의 사회에 이른다고 가정하더라도 인류에 구원을 가져다준다고 믿지 않는다. 이 이상 사회는 마르크스의 놀라운 작품들에서 구체화되었다. 어떻게 그것을 진정으로 믿을 수 있는가? 물론 그리스도인은 구원을 추구하며 그것을 이루기 위해 힘쓴다. 그러나 그것이 전부가 아님을 안다. 인간은 계속 구원받아야 할 존재로 남을 것이다. 지금부터 망설임도 없이 구원받아야 할 존재로 있다.

한편으로 보면, 인간 조건에는 비극적인 요소가 있다. 그것이 미래에 사라질 것이라고 기대하는 것은 어린아이 같은 생각일 것이다. 인간은 악과 비천함의 원천을 가지고 있고, 늘 다시 생겨난다. 스스로 최고의 인간 존엄성을 포기하면서 저속한 행복에 동의하지 않는다 해도, 이 원천은 아무리 완벽하게 사회적으로 성공했다 해도 인간이 행복한 존재가 되는 것을 방해한다. 다른 한편, 인간은 자기 안에 자신보다 더 높은 것을 가지고 있다. 그의 심연에서 부르심이 울린다. 높은 소명, 신적인 소명이다. 이 소명은 모든 사회적 질서, 모든 인간적이고 현세적 성공을 넘어선다. 이 소명은 신비적인 부르심이다. 그러나 인간은 이 부르심을 항상 이해하지 못한다. 이것을 거부할 수 있으며, 환상이라고 선언할 수도 있다.

그러나 사회적 문제가 온전히 해결된 후에라도 이 소명은 일종의 명령으로 엄연히 남아 있다.

사회적 낙원은 영적인 지옥이 될 수 있다. 그런 경우, 사회적 낙원은 아주 빨리 중단될 수 있고, 영적인 사막이 될 수도 있다. 만일 영적 사막이 지속된다면, 그것은 축소되고 위축된 인류에게만 이익이 될 것이다. 또한 영적인 교육이라는 결코 완성될 수 없는 작업이 완성되지 않았다고 해서 사회적 업적을 소홀히 하는 것은 위선일 것이며, 동시에 사회적 업적이 완성되지 않았다고 해서 인간에게 그의 가장 높고 고귀한 것을 알지 못하도록 내버려 두고, 그것으로부터 인간을 멀어지게 하며, 자신 안에 있는 신적인 부분에 대한 향수를 질식시키는 것은 비인간적일 것이다. 그러면 이 사회적 업적 자체도 영원히 이루어지지 않을 것이다. 여기서 우리는 혁명적 행동과 반종교적 투쟁은 총체적 해방을 위해 상호 보완해야 한다는 마르크스의 명령을 반대로 적용해야 한다. 이 사회적이고 영적인 두 노력은 함께 가야 하며, 함께 갈 수밖에 없다. 사회적이고 지상적인 결과에 대한 근심이 없다면, 영적인 삶은 왜곡된다. 영적인 심화가 없다면, 모든 사회적 발전은 인간에게 부합하지 않으며, 결국에는 인간에게 해가 될 수도 있다.

그러나 여러 세대가 투쟁과 노력을 기울인 다음 (적어도 이를 꿈꾸는 것이 허용된다면) 우리는, 곧 우리 후손은 결국 '인간의 노동으로 완전히 정복된 땅', '인간이 인간을 착취한 모든 흔적이 사라진 조화로운 사회'라는 이상적 표현 정식에 이르게 된다는 것을 가정해 보자. 그리고 더 이상 역사를 갖지 않는 이 완전한 인류가 이제부터는 더는 위협받지 않는 행복 안에서 싫증 내지 않는 것을 가정해 보자.

⋯⋯이 모든 것을 전제해 보자. 그러나 이 마지막 단어가 이미 너무 과장된 것은 아닌가? 만일 그 행복이 위협받는다면 그것은 단죄받을 것이다. 모든 것을 최선으로 한다 해도, 우리의 세대를 포함한 인간 세대의 긴 사슬은 결국 인류의 행복을 보장하기 위해서가 아니라, 단지 몇몇 세대의 행복을 위해서만 힘들어했을 것이다. 그 세대들 또한 약하고 덧없이 지나갈 것이다. 지구는 냉혹하게 계속 식어 갈 것이고, 한순간의 성공은 패배하지 않고 무적의 우주적 대변혁의 숙명 아래서 몰락할 것이다. 이로부터 도스토옙스키 Dostoevskii 작품 속 인물의 다음과 같은 반항을 얼마든지 이해할 수 있다. "나는 미래 세대를 위해 희생하길 바라지 않는다!" 이 외침은 이기주의의 외침일 수 있고, 또한 명석한 외침일 수도 있다. 이 명석함은, 이 명석함만이 세상이 부조리하다고 선언하라는 유혹에 굴복하는 사람들을 정당화하는 데 충분할 수 있다. 아마도 사람들은 부조리한 감정에 만족할 수 있다. 그리고 더 나은 태도를 보이면서 그 감정을 과시할 수 있다. 또 거기서 일종의 왜곡된 만족감

을 맛볼 수도 있다. 그러나 일단 너무 깊이 숙고되지 않은 낙관주의에서 생겨난 미래에 대한 환상을 간파하게 되면, 아무리 벗어나고 싶다 해도 어떻게 그것을 피할 수 있겠는가?

3) 영원 속에 둘러싸인 시간

그리스도교는 환상에서 우리를 빼내듯, 우리에게 이 감정을 뛰어넘게 했다. 사실 그리스도인은 지상에서의 모든 노력이 더 높은 것에 이른다는 것을 안다. 그리고 시간의 흐름이 영원에 휘감기고, 그 안에 모든 것이 수렴되어, 아무것도 잃지 않는다는 것을 안다. 또한 인간 역사는 의미가 있으며, 결국 하느님께 도달한다는 것을 안다. 물론 그리스도인은 발전을 믿는다. 발전을 위해서 일하되, 막연한 미래나 사라질 미래를 위해서가 아니라 영원을 위해서 일한다. 다만, 그리스도인이 지향하는 것은 지상만을 믿는 사람들이 생각하는 그런 미래보다 더 멀리 있는 미래도 아니며 고정적인 미래도 아니다. 그것은 가장 직접적인 현재다. 영원성에 대한 믿음은, 사람들이 우리에게 우리 자신을 꿈속에 잃어버리도록 하는 것이라고 간혹 말하지만, 우리를 현재에서 떼어 내지 못한다. 완전히 반대다. 오히려 그리스도인은 영원성에 대한 믿음을 저버림으로써 그들의 시대를 저버리게 되었다. 오직 지상의 미래만을 고려하는 사람들도 비록 다른 방법이긴 하지만 그리스도인들 못지않게 그들의 시대를 저버릴 위험이 있다. 그 미래는 현재 밖에 있는 미래이기 때문이다. 그들은 자신들에게서 멀어져 가는 인류를 섬기려 하면서, 현실의 사람들, 곧 살과 피로 이루어진 사람들, 자신 안에 영원의 필요성과 무한한 힘을 가진 사람들을 소홀히 여기고, 멸시하며, 이용하고, 희생시킴으로써, 동시대인들에게 비인간적인 사람이 될 위험이 있다. 특히 그들의 육적인 삶을 희생시키는 것만을 중시한다면, 다시 말해 그들 존재의 동물적인 부분만을 중시한다면 더욱 그렇다!

그리스도인은 이러한 덫에 걸려 넘어지지 않는다. 그리스도인의 영원성에 대한 믿음은 인간을 보호한다. 영원성은 미래에 올 시간이 아니다. 단지 시간의 끝도 아니다. 영원성은 이미 여기에 있고, 신비적으로 시간의 중심에 있다. 요한 사도가 반복하는 것처럼, 영원성은 "지금부터"(καὶ νῦν, et nunc)(요한 4,23) 있다. 우리에게 이미 영원의 존엄성을 부여했고, 그것이 요구하는 바를 우리에게 강요하고 있다. 그리고 지금부터, 우리는 그리스도에 의해 구원을 받는다. 우리가 늘 가장 인간적인 의무에 충실하기만 하다면, 바로 지금부터 우리는 우리 형제들에게 구원을 가져다줄 것이다. 우리는 그들 모두에게 실현 가능한 조건과 적어도 소박한 풍요를 보장해야 한다는 필요성을 전혀 모르는 것이 아니다. 이 점을 반복해서 말할 필요가 있을까? 우리는 오히려 그들을 드높이고, 그들과 함께 더 높은 의식에까지 우리를 들어 올린다. 그러나 우리는 이것이 인간에게 충분하지 않다고 믿는다. 발전이 그 어떤 차원에서도 해결책이 아니며, 오히려 문제를 더 가중시키는 것임을 안다. 이 문제를 해결하기 위해서 우리는, 과거와 같이 오늘도 내일도 그리고 이 세상에 사람들이 존재할 때까지, 그들에게 복음을 전한다. 우리는 참된 행복의 메아리가 우리 안에서 계속해서 들리고, 우리 주변에 있는 사람들이 듣기를 바란다. 모든 행복 중에서 첫 번째는 부자가 가난한 사람만큼이나, 아니 어쩌면 그들보다 더 멀리 구원에서 떨어져 있다는 것을 우리에게 상기시킨다. "행복하여라, 마음이 가난한 사람들! 하늘나라가 그들의 것이다."(마태 5,3) 복음의 진리는 모든 시간에 해당한다. 사람들이 이 행복 없이도 지낼 수 있다고 믿는다면, 이 참된 행복을 지나칠 것이다. 사람들이 이 세상의 재화를 더 많이 소유하면 할수록, 함정에 빠져 자기 자신을 잃을 위험이 있을 것이다. 이것은 문화의 범주에서든 물질적인 삶의 범주에서든 재화의 모든 범주에서든 진실이다. 따라서 영(마음)으로 가난한 사람들은 행복하다! 바오로 사도가 말하는 것처럼, 그 사람들은 모든 것을 마치 소유하지 않는 것처럼 사용하는 사람들(1코린 29-31 참조), 주변의 모든 것을 탐욕이나 소유의 시선으로 바라보지 않는 사람들, 스스로 자유로운 사람들, 자기 형제들을 사랑하고 하느님을 사랑할 준비가 된 사람들이다. 그렇다, 가난한 사람들은 행복하다. 온유한 사람들은 행복하다, 평화를 위해 일하는 사람들과 순수한 사람들은 행복하다. 배고픈 사람과 정의에 목마른 사람들, 정의를 위해 박해받고 고통받는 사람들은 행복하다! 이것들은 모든 시간에서 참된 것이다.

인간 세대는 지나갈 것이고, 사회적 조건은 변하며, 체제와 계획은 뒤따라 변화할 것이다. 그러나 이 복음 말씀은 사라지지 않을 것이다.

니체가 말한 한마디가 우리에게 다음과 같은 결론을 내리게 한다. 이것은 그의 가장 날카로운 특징 중 하나이다. 당시 타락한 그리스도인들을 향한 그의 조롱은 새로운 행복을 창조한다. 그는 이를 마지막 행복이라고 말한다. "졸고 있는 사람들은 행복하다. 그들은 잠들 것이기 때문이다."

우리 각자는 이 문구를 일종의 모욕으로 받아들여야 할 것이다. 늘 깨어 있기를! 인간의 역할에 깨어 있고, 그리스도인의 모든 사명에 깨어 있기를 바란다. 또한, 우리 각자는 깨우는 사람이 될 것이다. 주변 사람들이 잠자는 것을 방해하는 사람이 되길 바란다. 사람이 비참함 속에 있는 한, 자면 안 된다. 그 사람에게서 그리스도를 보아야 하고, 그 사람을 사랑해야 하며, 구해야 한다. 하느님 나라가 오지 않는 한, 자면 안 된다. 항상 모든 것을 넘어 하느님 나라를 향해야 한다. 모든 만족감과 모든 절망을 넘어야 한다. 마르크스가 그토록 자주 인용하는 말은 진실이다. 비록 그가 그것을 다른 의미로도 알아들었지만 말이다. "우리는 세상을 관상해야 하는 것이 아니라 세상을 변화시켜야 한다."

- Article paru dans Masses ouvrières 3/9(1946), pp.4-17.

마르셀 르페브르 주교의 발언에 관하여
주교님들께 드리는 의견

(1964년 9월 24일 제2차 바티칸 공의회 87차 총회 발표문)

Observations destinées à des évêques sur le discours de Mgr Marcel Lefevre
prononcé le 24 septembre 1964 durant la 87ᵉ
Congrégation Générale du Concile Vatican II

성령수도회의 원장이었고, 다카르 대교구장이었던 마르셀 르페브르 Marcel Lefevre 주교는 1964년 9월 24일, 제2차 바티칸 공의회 제3회기 동안 종교의 자유에 관한[247] "초안에 강하게 반대하는 의견서를 낸 장본인"이다.[248] 이 의견서는 1964년 9월 23일 공의회 교부들에게 제출되었다.

많은 프랑스 주교로부터 신학 전문가로 천거되어 공의회 자문위원이 된 앙리 드 뤼박은 이 의견서가 제출된 다음, 의견서 전체를 매우 자세히 검토하여 이 문서의 근본적인 취약성을 지적했다.[249] 르페브르는 '교의'와 '사목'[250] 사이를 '치명적으로 분리'하는 것이었기 때문에 드 뤼박을 걱정하게 했다. 그리하여 드 뤼박은 여러 주교와 공의회 전문위원들에게 문제를 주시하게 하였다.

드 뤼박은 오래전부터 보수주의 '파parti'[251]의 행동 방식을 알고 있었다. 사실 공의회 준비위원회에서 일종의 "인질의 모습, 때로는 피고인의 모습"[252]으로 여겨졌던 드 뤼박은 1964년부터 반대 방향에서 "공의회 교부들의 의도에서 멀어진, 반反-공의회적 성향의 커 가는 동요의 표지들"[253]을 감지할 수 있었다.[254] 이 동요는 "새로운 보수주의"를 전파하는 진보주의 신학자들이 주도했다. 드 뤼박은 나중에 이 새로운 보수주의를《다른 역설들*Autres Paradoxes*》(1994)[255]에서도 언급한다.

드 뤼박의 이 '의견서Observations' 덕분에, 르페브르 주교의 발언에 나타난 그리스도교 교리와 대립적인 관점이 무엇인지 드러난다. 이 관점은 스스로 전통주의자라고 생각하는 추상적인 스콜라 신학으로 덮여 있었다.[256] 이때부터 드 뤼박은 르페브르가 계시와 가톨릭 교회에서 벗어난 이유가 무엇인지를 식별한다.

1976년, 드 뤼박은 르페브르 주교에게 편지를 보낸다. 사실 바오로 6세가 르페브르에게 '신부들에게 서품을 준다면 사제의 권한을 박탈당할 것'이라고 경고했기 때문에 드 뤼박은 이 편지에서 교황에게 순종할 것을 요청한다.[257]

— 편집자 주

1. 마르셀 르페브르 주교의 발언[258]

"종교의 자유에 관한 선언은 비록 짧지만, 몇몇 교부가 이미 말한 것처럼, 검토된 질문과 위험한 결과에서 벗어나기만 한다면 참으로 적절해 보인다."[259] 이러한 어려움을 피하기 위해서 다음과 같이 지적해야 할 것으로 보인다.

1. 우리 죄인들의 인간적인 조건에서 자유에 대한 분명한 정의가 내려지길 바란다. 왜냐하면 사실 자유는, 성인들과 지상에서 살아가는 사람들과 지옥에 떨어진 사람들에 따라 다양한 방식으로 이해되기 때문이다.[260] 자유는 절대적 가치가 아니라 상대적 가치다. 자유는 선이나 악을 위해 사용하는 것에 따라 좋거나 나쁜 것이다.

2. 양심 행위를, 곧 종교 분야에서 내적인 행위와 외적인 행위를 잘 구별하길 바란다. 왜냐하면 외적인 행위는 구축할 수 있거나 악 표양이 될 수 있다. 우리 가운데 누가 악 표양을 주는 사람들에 관한 주님의 말씀을 잊을 수 있겠는가?

3. 외적 행위와 관련한 자유에 대해서는, 권위가 필연적인 문제로 제기된다. 그 권위의 책임은 구체적으로 사람들이 선

을 행하고 악을 피하는 데, 다시 말해 바오로 사도가 로마 신자들에게 보낸 서간에서 말하는 것처럼, 자유를 좋게 사용하도록 하는 것이다. "그대는 권위를 두려워하지 않기를 바랍니까? 선을 행하십시오."(로마 13,3)

23항에서[261] 강요를 거스르는 이 선언은 모호하고, 몇몇 관점에서 잘못되었다. 사실, 가정에서 그리스도인 아버지들이 가진 자녀에 대한 권위와 학교에서 선생님이 가진 권위, 배교자와 이단자[262], 교회에서 떨어져 나간 갈라진 형제에 대한 교회의 권위, 그리고 부도덕과 합리주의를 가져오는 잘못된 종교에 관한 도시의 가톨릭 지도자의 권위 등[263]은 어떻게 되겠는가?

4. 양심의 결정을 따르는 권리와 이 결정을 따라 밖으로 행동하는 권리에 관한 이 선언의 매우 중대한 결과에 주의하길 바란다.

사실, 종교 분야에서 언급되는 것은 논리적으로 도덕의 분야에서 가치가 있다. 누가 이 분야의 중대한 결과를 보지 못한 것인가? 그리스도에 의해 표현된 보편적 진리에 따른 도덕성의 기준을 버린다면, 누가 선과 악의 기준을 정할 수 있는가?

29항에서와 같이, 도덕 분야에서 자유가 똑같이 주어지지 않는 한, 인간 사회에서 모든 종교적 모임의 자유를 주장하는 것은 불가능하다. 예를 들어 이슬람 종교의 일부다처제와 같이, 도덕 분야는 종교와 내적으로 연결되어 있기 때문이다.

더 중대한 결과는 선교의 필요성과 이교도들과 비신자들을 복음화하는 열정이 약화되는 것이다. 각 사람의 양심의 결단은 보고자가 말하는 것처럼, 하느님 섭리의 개인적인 부르심처럼 고려되기 때문이다.

이 주장이 교회의 선교에 가져오는 매우 중대한 손실을 어느 누가 보지 않을 수 있겠는가?

5. 이 선언은 상대주의와 이상주의에 근거한다.

한편, 이 선언은 우리 시대의 특별한 상황과 변화하는 상황을 고려하고, 마치 미국에서 오로지 특별한 지위만을 고려하는 사람들이 하는 것처럼, 우리의 행동을 위한 새로운 지침을 모색한다. 이러한 환경은 변할 수 있고, 실제로 변한다.

다른 한편, 이 선언이 진리에 대한 권리, 곧 모든 상황에서 오로지 참되고 고정적인 해결책을 줄 수 있는 그리스도와 교회의 권리에 근거하지 않기 때문에, 필연적으로 큰 어려움에 빠지게 된다. 이 선언문의 집필자들이 비그리스도인 지도자들은 진리의 감정이 없다고 생각하는 것은 잘못 알고 있는 것이다. 경험은 그 생각이 잘못되었음을 가르쳐 준다. 진리는 모든 사람에 의해서, 곧 진리를 공경하는 마음을 가진 비신자나 이 진리를 믿는 사람에 의해서 지각된다.

이로부터 결론이 나온다. 만일 이 선언이 그대로 장엄하게 선언되다면, 가톨릭 교회가 피를 흘리기까지usque ad sanguinem 진리에 대한 한결같은 사랑 때문에, 그리고 개인적이고 사회적인 덕의 모범이기 때문에, 모든 사람과 모든 사회로부터 받아 누리는 숭배는 커다란 손해를 입을 것이다. 그리고 많은 영혼이 가톨릭 진리에 이끌리지 못하고 마침내 영벌에 떨어지는[264] 결과를 초래할 것이다.

2. 앙리 드 뤼박의 의견

1번과 관련하여 성인들과 지옥에 떨어진 사람들의 자유를 구별하면서 인간의 지상적인 죄의 조건 속에서 인간의 내적 자유를 정의하길 요청하는 것은, 자유와 은총 등의 관계에 관한 질문으로 나아가길 바라는 것이다. 이것은 다른 주제를 다루기를 요청하는 것이며, 이 선언의 독자를 그릇된 길로 들어서게 하고 길을 잃게 만든다.

다른 한편, 인간이 악을 선택하도록 자유를 사용할 때 이 자유는 나쁜 것이 된다고 말하는 것은 자유의 보편적 사용을 거스르는 것이며, 자유와 자유의 사용을 혼동하는 것이다.

결국, 인간의 자유가 단순히 **상대적 가치**qualitas relativa일 뿐이라고 말하는 것은 하느님의 모상인 인간의 위대함과 존엄성의 속성을 모르는 것이며, 이는 전통을 거슬러 말하는 것이다.

즉, 이 문단은 잘 작성된 것이 아니다. 주제에서 벗어났다.

2번과 관련하여, 분명히 내적인 행위와 외적인 행위를 구별한다. 그러나 여기서 이 구별은 종교적 자유를 내적인 활동과 일치시킬 때 종교적 자유의 목적을 말하는 것으로 제시된다. 그런데 이 구별은 순수 위선이다. 순수 내적인 활동을 거부하는 것은 당연히 고통이다. 그런데 여기서 질문으로 제기된 것은 분명히 외적인 자유다.

3번과 관련하여, 공공의 권위는 공동선의 규범에 따라 도덕성의 법규를 존중하게 하고 실제로 (비밀스럽게) 그렇게 행하도록 장려할 책임이 있다는 것에 관하여, 이 권위는 아무런 결과를 내지 못한다. 이 권위는 공동선에 대한 도덕적 영향과는 무관하게 종교 문제를 판단할 수 있는 능력이 있다는 결론에 이르지 못한다. 따라서 이것은 궤변이다.

바오로 사도를 인용한 것과 관련하여, 이 인용은 우리 **주제 안에**ad rem 있지 않다. 그렇지 않으면 바오로 사도 시대에, 로마 제국의 권력자들이 예수 그리스도의 복음을 존중하게 할 방도를 찾았을 것이라고 전제해야 할 것이다.

이 선언은 또한 어린이들이 아니라 성인들에 대해 말하고 있다. 그런데 이 문단에서는 모든 것이 섞여 있다. 가정에서 자녀에 대한 아버지의 권한은 "배교자와 이단자, 갈라진 형제"에 대한 교회의 권위와 단순히 비교할 수 없다. 이 문단이 의미하는 것은 교회의 권위가 힘을 통하여 "배교자와 이단자, 갈라진 형제"를 엄중히 다스릴 권한을 갖는다는 것이다. 그리고 공공의 권한은 어떤 사람을 합리주의자이기 때문에 박해할 권한을 갖는다는 것이다. 적어도 말할 수 있는 것은 이 글의 저자가 이러한 주장을 그 어떤 근거도 없이 펼친다는 것이다. 또한 동시에 교회의 권위가 나의 양심에 대고 말한다는 것을 그가 잊고 있다는 것이다.

4번과 관련하여 사실, 사회의 건강에 필요한 것으로 여겨지는 도덕적 선의 기준은 비록 다소 변화된다 해도 존재한다. 그러나 저자는 **그리스도를 통해 표현된 보편적 진리**veritas catholica a Christo expressa 만을 기준으로 허용하면서 모든 차원을 혼동한다. 이 원리에서 국가는 가톨릭 교리에 온전히 부합하지 않는 모든 인간 행위에 벌을 가해야 한다는 결과가 나온다. 과거 교회가 비판받았던 횡포 가운데 가장 나쁜 횡포가 일어날 것이다.

선교와 관련하여 저자가 의심하는 또 다른 **중대한 결과**gravis consequentia는 모호한 논거에서 나온다. 사람이 자기 양심의 결단을 거슬러 어떤 특정 종교(가톨릭을 포함하여)를 믿도록 강요받아서는 안 된다고 말하는 것은, 복음을 선포하면서 그의 양심을 비추는 일을 추구하지 말라는 것이 아니다. 오히려 그 반대다. 만일 강요가 이루어졌다면, 선교 직무는 거기에 존재할 필요가 없다. 무력을 행사하여 억지로 믿게 하는 선포를 한다면, 그 선포는 없어도 될 잉여분이다. 박해받는 것으로 충분하다.

5번과 관련하여, 그렇지 않다. 상대주의는 없다. 이런 반론은 인간 의식에서나 어떤 분야에서도 발전을 인정하기를 거부하면서 어떤 것도 배우려 하지 않는 사람들의 비난이다. 이 선언에서 종교의 자유는 절대적 특성을 갖는 인간 인격의 존엄성에 근거한다. 종교 자유의 분야에 대한 실제 상황이 매우 다양하다는 것을 보기 위해서는 현대 세계를 대충 돌아보는 것만으로도 충분하다. 이 선언의 저자들은 이런 것들을 파악하는 데 눈먼 사람들이 아니다. 따라서 현실 상황이 그들에게 원칙을 암시한 것이 아니다. (이것은 당연히 미국 주교들이 이 **선언**에 애착을 갖지 않는다는 것을 의미하지 않는다.)

더 이상 '이상주의'도 없다. 저자가 이 지적에서 말하는 '경험'은 잘못된 경험이다. 이 경험은 가톨릭 진리에 동의하지 않거나 반대하는 사람을 악의적으로 비난하는 것이다. "그리스도와 교회의 권리"와 관련하여, 이 권리는 강요에 의한 사회적 권리와 전혀 다르다. 그러므로 이런 것을 여기서 상기할 필요조차 없다. 다시 한번 말한다. 사람들은 증명해야 하는 것을 전제하고 있지만 이것은 증명할 수 없는 것이다. 동시에 그리스도를 모욕하는 것이다. 그분은 칼을 가지고 오지 않으셨다. 그분은 양심에 대고 말씀하신다.

결론과 관련하여 사람들은 저자가 세상을 비웃는 것처럼 생각할 수 있다.

1. 가톨릭 교회가 고백하고 있고 앞으로도 계속 고백할 '진리에 대한 한결같은 사랑'과 종교 분야에서 강요를 정당화하는 교리(저자에 의해 지탱되는 교리)는 다른 것이다. 이렇게 이해된 진리에 대한 사랑 때문에 '모든 사람과 모든 사회'가 가톨릭 교회를 숭배한다고 말하는 것은 진리와 반대되는 것들 가운데서 가장 해로운 것으로 나아가는 것이다.

2. **피까지 흘리는**usque ad sanguinem 진리에 대한 사랑은, 순교자들의 경우 다른 사람들의 피를 흘리게 하면서 진리를 강요해서 이루어진 것이 아니다. 자기 양심을 거스르지 않고 오히려 그리스도를 위해 자기 생명을 희생해 이루어진 것이다.

주

1   이때 발표한 논문은 "앙리 드 뤼박의 신학 사상에 비추어 본 한국에서의 신학 연구Pour une recherche théologique en Corée à la lumière du Père Henri de Lubac"다. 이 논문은 2년 뒤 책으로 발행되었다. *Henri de Lubac: La rencontre au coeur de l'Eglise*, études réunies par Jean-Dominique Durand, coll. Etudes lubaciennes, Paris, Les éditions du Cerf, 2006, 239-250.

2   드 뤼박의 방대한 작품에는 '인간'의 역설적 신비를 다룬 작품[*Surnaturel: Études historiques*(초자연성: 역사적 고찰, 1946), *Le Mystère du surnaturel*(초자연성의 신비, 1965)]과, 하느님과 인간 '역사'의 신비에 관한 작품[*Histoire et esprit: l'intelligence de l'Écriture d'apres Origène*(역사와 영: 오리게네스의 성경 이해, 1950)]이 있다. 그리고 교회의 역설적 신비를 다룬 다수의 작품이 있다. *Corpus Mysticum: Essai sur L'Eucharistie et l'Église au moyen âge*(신비체: 중세 성찬례와 교회, 1944), *Méditation sur l'Eglise*(교회에 관한 묵상, 1954), *Paradoxe et mystère de l'Eglise*(교회의 신비와 역설, 1967) 등이 있다.

3   "신앙을 통한 이해"의 관점은 앙리 드 뤼박의 고유한 관점이다. 드 뤼박은 이성과 신앙의 이분법적 관점 아래서 역설적으로 보이는 '그리스도교 철학'이 존재하는가의 문제에 직면하여, 여러 철학자와 토론하는 가운데, 진정한 그리스도교 철학은 신앙에 의해 변모된 이성의 작업, 신비에 개방된 이성을 통한 철학을 주장한다("그리스도교 철학에 관하여", 곽진상 옮김, 《이성과 신앙》 35호, pp.285-316, 317-324 참조). ― 역자 주

4   앙리 드 뤼박, 초자연적 신비, 260. ― 역자 주

5   곽진상, "오늘날 요청되는 실천신학의 과제와 태도: '치료적 신학'을 위한 제언", 《누리와 말씀》 49호, 2021, pp.57-110. ― 역자 주

6   드 뤼박은 7, 8세 때부터 '논리적으로 분석'하는 '취미'를 가지고 있었고, 이 취미는 "균형과 체계가 잘 잡힌 문장을 쓰고자 하는 열망"을 심어 주었다. H. de Lubac, "Mémoire sur mes vingt premières années(I) 나의 첫 20년 동안의 기억"(= MVPA I), G. Chantraine et F. Clinquart(éd), *Bulletin de*

l'Association Internationale Cardinal Henri de Lubac(= BAICHL) 1, (1998), p.22.

7　'역설들' 시리즈 중 첫 번째로 출간된 《역설들*Paradoxes*》(1946년)에서부터 쥴 몽샤냉(Jules Monchanin, 1895-1957) 신부의 모습을 발견할 수 있다(Paris, Livre français, coll. Caillou blanc, 1946, pp.31-32). 몽샤냉에 관한 드 뤼박의 묘사는 훗날 출간된 그에 관한 책, 《몽샤냉 신부의 모습*Images de l'abbé Monchanin*》 (Paris, Aubier-Montaigne, 1967)에 있는 여러 장章의 제목과 정확히 일치한다. 이 책은 "몽샤냉 신부와 테이야르 드 샤르댕 신부L'abbé Monchanin et le Père Teilhard de Chardin"를 부록에 실었다. 1946년의 첫 작품에서는 몽샤냉 신부가 생존해 있었기 때문에 드 뤼박은 그의 이름을 명시적으로 언급하지 않는다.

8　리옹가톨릭대학교 법학부에서 공부하던 시절(1912~1913), "우리는 주교님들의 보호 아래서 …… 자유 경제라는 순수 학설을 …… 교육받았다. 이 시절 론강 건너편에 있던 '평신도와 프리메이슨' 대학에서는 르네 고나르 (René Gonnard, 1874-1966)가 교회의 사회 교리에서 영감을 받아 강의하고 있었다. 내가 목격한 이런 종류의 역설은 이것만이 아니다. 가스파르 무테르드(Gaspard Mouterde s.j., 1874~1920) 신부가 지도하던 프랑스가톨릭청년회 (ACJF, Association Catholique de la Jeunesse Française) 모임에서는 이 역설에 관하여 성찰하는 법을 우리에게 가르쳐 주었다."(H. DE. LUBAC, "Mémoire sur mes vingt premières années (II)"(= MVPA II), BAICH 2, 1999.)

9　《시테 누벨*Cité nouvelle*》은 1941년 1월에 창간되어 1944년에 폐간되었다. 교회의 사회적 가르침을 전하고 나치즘에 저항하는 예수회 발행 잡지다. — 역자 주

10　*Cité nouvelle* 46/1(1943), 131-144. '존재의 우선성'은 "적응"의 장, 첫 번째 역설에서 나온 것이다. "사람들은 [교리가] 어떻게 적응되는가를 묻는다. 그렇지만 우선 어떻게 존재하는가를 먼저 알아야 한다."(p.57)

11　《디외 비방*Dieu vivant*》은 1945년에 창간되어 1955년에 폐간된 종교적이고 철학적인 관점의 학술지다. — 역자 주

12　*Dieu vivant* 2(1945), pp.37-51. 이 기고문과 1946년에 출간된 책과는 차이가 있다. 기고문에서는 '육화' '사회적인 것과 영원한 것'을 혼합하여 소개하지만, 책에서는 '신앙의 삶'과 '무관심'으로 나누어 소개한다. 그리고 '육화'에 관한 역설들은 세 개의 단락으로 나누어져 다시 등장한다. 이 기고문은 본디 《디외 비방》의 창간호에 수록될 예정이었으나 드 뤼박의 건강 문

제로 제2호에 실렸다. "Lettres du Père Daniélou au Père de Lubac(suite)", M-J. Rondeau(éd.), *Bulletin des Amis du Cardinal Daniélou*(= BACD) 3(1977년 3월), pp.23-41. 특히 1945년 2월 9일 〈편지 22〉의 27쪽과 1945년 3월 13일 〈편지 25〉의 33쪽, 그리고 1945년 7월 10일 〈편지 32〉의 41쪽, 1945년 8월 9일 〈편지 34〉 참조. 이 마지막 편지는 BACD 8(1982년 3월), p.37 참조.

13 드 뤼박이 젊은 시절에 부모와 나눈 대화를 보면 이미 "투쟁의 세상"을 예상했고, "그 세상에는 사도직, 사회생활, 교회와 정부의 관계, 정치에 관한 물음이 포함되어" 있었다. MVPA, BAICHL 1(1998), pp.13-14.

14 1946년 6월 3일 이전, 드 뤼박은 《디외 비방》의 편집장인 마르셀 모레 Marcel Moré와 브리스 파랭Brice Parain이 서명한 제5호의 머리말과 관련하여 다니엘루에게 '짧은 글'을 써 보냈다. (이 '짧은 글'은 다니엘루가 1946년 6월 3일 드 뤼박에게 보낸 〈편지 54〉에서 확인된다. 이 편지는 BACD 9(1983년 3월) 49쪽에 실려 재발간되었다.) 그해 6월 3일 다니엘루가 드 뤼박의 편지를 모레에게 보내자, 모레는 드 뤼박에게 곧바로 답신을 보냈다. "우리[모레, 다니엘루]는 현재의 사회적 현실과 동떨어진 종말론을 고려하지 않는 것에 전적으로 동의합니다."(같은 쪽) 그로부터 3개월이 지난 1946년 9월, 드 뤼박은 다니엘루의 글, "메를로-퐁티의 '초월성과 육화'에 관하여A propos de Merleau-Ponty sur 'Transcendance et Incarnation'"가 좀 더 보완되기를 기대하면서, 그 글의 출간에 동의를 표한다. (다니엘루의 이 글은 Dieu vivant 6(1946), pp.91-96에 발표된다.) 이러한 사실은 우선 드 뤼박이 다니엘루에게 보낸 편지에서(이는 다니엘루가 드 뤼박에게 보낸 〈편지 61〉에서 확인된다. BACD 9(1983년 3월), pp.61-62), 그리고 드 뤼박이 1947년 잡지 《에투드*Études*》에 두 부분으로 나누어 발표한 기고문의 각주에서 확인할 수 있다. ('인간에 관한 그리스도교적 관념과 새로운 인간에 대한 탐구L'idée chrétienne de l'homme et la recherche d'un homme nouveau', *Études* 255(1947), p.166, n.2) 이 각주는 다음의 책에서도 다시 언급된다. *Affrontements mystiques*(= AM), (Paris, Témoignage chrétien, 1950, p.87, n.1 (Révélation divine. Affrontements mystiques. Atheisme et sens de l'homme, Paris, Cerf, Œuvres complètes, t. IV, Paris, Cerf, 2006, p.300, n.1). 드 뤼박은 1950년의 책 AM의 다음 페이지에서, 1946년의 책 《역설들》에서 고찰한 종말론과 육화 사이의 역전된 관계를 주시하게 한다. 다시 말해 "종말론을 사회적 현실과 동떨어진 관계로 여기는 것뿐만 아니라 복음 선포가 우리 마음에 불러일으킨 신앙의 도약을 인간 활동의 목적으로 옮겨 놓으려는" 경향도 보게 한다.

15   앙리 드 뤼박, 《나의 글에 대한 기억 *Mémoire sur l'occasion de mes écrits*》, Avertissement de Georges Chantraine(éd.), Namur, Culture et vérité, 1992.

16   브뤼에르Cl. Bruaire는 드 뤼박의 동료이며 같은 사상을 갖는 예수회원인 가스통 페사르Gaston Fessard에 대해 다음과 같이 진술한다. "그는[페사르] 우리 시대를 걱정하면서, 특히 이 시대의 역경, 속박, 약속에 대해 걱정하면서, 정치적이고 지성적인 활동의 중심에서 영의 자유를 거스르는 적대자들과 투쟁하는 일을 중단하지 않았다." Claude Bruaire, *La Dialectique*, Paris, PUF, coll. 'Que sais-je?' 363, 1985, p.109.

17   이 책 주석 16 참조.

18   Paris, Témoignage chrétien, 1945, 94p(1941년에 출판 허가를 받음).

19   Paris, Livre français, coll. Caillou blanc, 1946, 125p(1951년 제2판 증보).

20   인간을 창조하고 옹호한 프로메테우스처럼 인간이 자기 능력으로 새로운 인간이 되길 꿈꾸거나 자신의 운명을 현세적, 사회적 차원에서만 생각하는 당대의 그리스도인을 비유적으로 말한다. — 역자 주

21   '인간에 관한 그리스도교적 관념과 새로운 인간에 대한 탐구L'idée chrétienne de l'homme et la recherche d'un homme nouveau', *Etudes* 255(1947), 18. AM, 41; DHA, 1983, p.444.

22   MOÉ, p.40.

23   더 자세한 사항은 MOÉ, p.81과 p.66, 그 외 여러 곳을 참조하라.

24   Paris, Ed. du Seuil, 128p. 이 글의 일부를 다음 잡지에서 발견할 수 있다. *Lettre aux communautés de la Mission de France* 5(1964), p.8.

25   Paris, Aubier-Montaigne, 1956, p.353.

26   침묵의 의무에 관하여, MOÉ. p.70, p.296(annexe w) 참조.

27   *Paradoxes*, suivi de *Nouveaux paradoxes* (=PNP), Paris, Ed. du Seuil, 1959, 192p.

28   *Autres Paradoxes* (= AP), G. Chantraine(éd.), Namur, Culture et Vérité, 1994, 156p.

29   이미 수사본은 수정된 것이다. 수사본은 가능한 경우, 인용문이나 서지사항을 재확인하고 완성했으며, 반복되는 몇몇 구절은 삭제하고, 살아 있는 이들을 지시하는 경우 그들의 이름을 삭제한 상태다. 그리고 앞부분에 있

었던 세속화에 관한 역설은 맨 마지막으로 옮겼다(AP, pp.7-8).

30   마지막은 1983년으로 확인된다. AP, 135(이 책 388쪽). 공의회 이후의 역설에 관한 성찰은 《다른 역설들》과 거의 같은 시기에 발행된 다음의 책들을 통해서 알 수 있다. *Paradoxe et mystère de l'Eglise*[교회의 역설과 신비], Paris, Aubier, 1967. 224p ; *L'Eglise dans la crise actuelle*[현재 위기 안에서 교회], Paris, Ed. du Cerf, 1969, 100p. ; *Les églises particulières dans l'Eglsie universelle*[보편교회 안의 개별교회], coll. Intelligence de la foi, Paris, Aubier, 1971. 254p.

31   *Paradoxes*, trad. P. Simon et S. Kreilkamp, Montréal, Fides, 1948, 56p. ; *Further Paradoxes*, trad. E. Beaumont, Londres, Longmans, Green and Co. 1958, 128p.

32   *Paradoxe des gelebten Glaubens*, trad. L. et M. Zimmerer, Düsseldorf, Schwann, coll. Der Strahl, 1950, 72p. ; *Glaubensparadoxe*, trad. H. U. von Balthasar, Einsiedelin, Johannesverlag, 1972, 110p.

33   *Nuovi paradossi*, trad. G. de Dominicis, Milan, Paolina, coll. Dimensioni dello Spirito, 1957, 140p. (coll. Nouvelle série 44, 19642, 141p.) ; *Paradossi cristiani*, trad. G. Barra, Novara, L'Azione, 1959 ; Paradossi e Nuovi Paradossi, In appendice : *Immagini del Padre Monchanin*, trad. E. Babini, Milano, Jaca Book, 1989, 201p(이 번역서에는 *Paradoxes et Nouveaux paradoxes*의 pp.ix-xv, pp.1-126이 소개되었다).

34   "Paradoxes", *Anaplasis* 52-53(1957), p.93.

35   *Paradoxes i Nouves paradoxes*, trad. G. Bas, Barcelona, coll. Blanquera 10, 1965, 181p.

36   "Extracto de paradojas", *Rev. Javeriana* 61/305(1964), 464 ; *Paradojas y Nuevas paradojas*, trad. L. Gassiot, Madrid, Peninsula, coll. Compromiso cristiano 7, 1966, 157p.

37   *Paradoxes*, trad. F. Nakamura, Tokyo, 1967, 221p.

38   *Paradoksy i Nowe paradoksy*, trad. M. Rostworowska-Ksiazek, Cracovie, Ed. WAM(Lsieza Jezuici), 1995, 145p.

39   이 책 주석 19 참조.

40   이 책 주석 24 참조.

41 이 책 주석 27 참조.

42 이 책 주석 28 참조. "다른 역설들"(이 책 245-353쪽)은 편집자가 1994년 출간된 책을 재발간한 것이며, 다만 두 곳을 수정하였다. 드 뤼박이 인용한 책들의 서지사항을 주석에 담았으며, 이 모음집 마지막에 세 개의 역설, "공의회, 단체성, 반-공의회와 공의회 이후"를 한 장으로 엮어 부록에 넣었다(이 책 272-296쪽). 주제와 직접적인 연관성이 부족한 것으로 보였기 때문이다.

43 이 강연은 1942년 3월 2일에 있었고, *Sources. Eléments de travail pour les chefs des chantiers de la Jeunesse*, Chaâtelguyon, 1942, pp.3-11에 실렸다. 이어서 소책자로 발행되었다. Clermont-Ferrand, Imprimerie générale Jean de Bussac, 1942, 11p.

44 이 강연은 1942년 4월 14일부터 17일까지 라 생트-봄에서 열린 노동청년회 담당자대회에서 이루어졌고, 다음 잡지에 실렸다. *Bulletin des aumôniers catholiques. Chantiers de la Jeunesse* 31(1942년 8월), pp.27-39; Théologie dans l'histoire, t. I, La lumière du Christ, Avant-propos de Michel Sales, Paris, DDB, 1990, pp.115-199; *Théologie dans l'histoire*, t. II, *Questions disputées et résistance au nazisme*(=TH II), M. Sales(éd.), Paris, Desclée de Brouwer, 1990, pp.13-30에 재발간(이 책 383-415쪽 참조).

45 이 논문은 다음의 가톨릭노동청년회(JOC) 잡지에 실렸다. Lettre aux aumôniers. Revue de la Jeunesse ouvrières catholique féminine 14/2, 1943, pp.1-5(이 책 416-446쪽 참조).

46 Masses ouvrières 3/9(1946), pp.4-17. (이 책 424-446쪽 참조.) 마지막 두 기고문, "육화된 그리스도교Christianisme incarné"와 "그리스도교적 요구 Exigences chrétiennes"은 1946년 판의 두 개의 장, "육화Incarnation"와 "영의 요구Exigences de l'Esprit"를 연상시킨다.

47 AP, 55-56(이 책 280-281쪽).

48 MOE, p.49.

49 PNP, p.71-72. 또한 p.12-13, 143-144, 153(이 책 101-105쪽) 참조.

50 PNP, p.35(이 책 68쪽).

51 Ibid.

52 《초자연적인 것의 신비*Le mystère du surnaturel*》(Paris, Aubier-Montaigne, coll.

Théologie 64, 1965)의 중심을 이루는 4개의 장의 제목들을 보라. "인간의 그리스도교적 역설"(6장); "이교도들이 망각한 역설"(7장); "좋은 의미에서 거부된 역설"(8장); "신앙 안에서 극복된 역설"(9장).

53 PNP, infra, p.8(이 책 38쪽).
54 얀세니즘은 17세기 코르넬리우스 얀센 이후 아우구스티노의 극단적인 사상을 취하여 하느님 은총의 절대성과 엄격한 윤리를 강조한다. 개인적인 구원과 내세의 삶을 추구하면서 공동체적이고 지상적 삶을 소홀히 한다. 19세기까지 유럽에 확산되었다. ― 역자 주
55 드 뤼박은 학생 때, 영국의 켄터베리(1919-1920)에서 다음과 같은 소논문을 작성한 바 있다. "파스칼의 사상과 삶 안에서 예수 그리스도의 자리De la place occupée par Jésus-Christ dans la pensée et la vie de Pascal", "파스칼의 대립 명제의 논리: 대립의 일치La logique des contradictions dans Pascal: Complexio oppositorum " 고문서고 개인함에 소장되어 있다.
56 D. R. Janz, "삼단논법이냐 역설이냐: 아퀴나스와 루터의 신학 방법에서Syllogism or Paradox: Aquinas and Luther on Theological Method", Theological Studies 59(1998), pp.3-21 참조. 얀츠는 토마스 아퀴나스가 성경 안에 있는 몇몇 역설에 자리를 남겨 두었음을 보여 준다.
57 드 뤼박은 키에르케고르가 이를 잘 극복했음을 보여 주었다. DHA, Œuvres complètes, t. II, Paris, Ed. du Cerf, 1998, pp.96-113. 이 전집의 쪽수는 1983년도 제7판과 같다. 쪽수는 드 뤼박이 전집 4권에 삽입한 AM을 포함하지 않는다.
58 J. Pieper, The Silence of St. Thomas, New York, Pantheon, 1957, p.37.
59 "Exigences chrétiennes", p.10(이 책 435쪽).
60 "Exigences chrétiennes", p.9(이 책 432쪽).
61 "Exigences chrétiennes", p.16(이 책 442쪽).
62 "Exigences chrétiennes", p.11(이 책 435쪽) 참조: AP, p.140(이 책 342-343쪽): "그러나 성령의 속삭임은 꺼지지 않을 것이다. 엘리야 위를 지나가는 가벼운 바람처럼, 성령의 속삭임은 꺼지지 않을 생명의 운반자다."
63 "Exigences chrétiennes", p.9(이 책 432-433쪽).
64 PNP, p.71-72(이 책 104-105쪽).

65 그는 《기회의 신학 *Théologie d'occasion*》이라는 책에 대해서 이렇게 정의한다. 이 텍스트들은 "모두 신학적 의도가 있다. 그러나 어떤 교의의 핵심 내용이나 그 역사에 관한 체계화된 강의나 특별한 주제에 관하여 오랫동안 탐구해서 나온 것이 아니다. 물론 내가 단수로 표기한 '신학'이라는 고귀한 단어에 [모든 것을] 불경함 없이 포함시킬 수 있다고 생각한 것은 아니다. 주석의 역사, 정치 신학, 영적인 삶 또는 비교 종교학에 관한 것들은 통상적인 의미에서 학술대회나 공동 저서를 쓰기 위한 요청이었기 때문에, 또는 진정한 의미로 본다면, 제한된 상황, 특히 쟁점화된 상황이 엄중할 수 있어서 나를 토론에 참여하도록 초대했기 때문에, '기회'였다." H. de Lubac, Théologies d'occasion, Paris, Desclée de Brouwer, 1984, p.7("머리말").

66 예를 들면, 교의와 신학의 관계에 초점을 둔 그의 지적(PNP, p.182. 이 책 233쪽), 사회적인 것과 영원한 것에 관한 진술(PNP, p.162-163. 이 책 91-100), 전통적이고 철학적이고 종교적인 주요 문헌과 그 해설에 관한 주석적인 생각(PNP, 80-82쪽), 인간의 고통에 대한 영적인 체험에 관한 묵상(PNP, p.135-150)을 읽을 수 있다. 힌두교의 샹카라와 토마스 아퀴나스 사이의 유사성에 관한 고찰은 종교 간의 관점에 문을 연다. 특히 종교 간 대화의 맥락에서 깊이 묵상할 거리를 제공해 준다(PNP, p.180. 이 책 230-231쪽). 예수님의 인격과 교회의 기원에 관한 비평적 주석이 갖는 중대한 반대론paralogisme에 집중된 《다른 역설들》의 첫 장 또한 우리를 깊은 성찰로 초대한다. 이 주제는 현실적이며 시사성을 띤다. 드 뤼박은 《다른 역설들》을 집필할 당시 《복음서 비판과 역사적 방법 *Critique des évangiles et méthode historique*》(Toulouse, Privat, 1972)의 저자 브뤼노 드 솔라주Bruno de Solage 주교와 계속 편지를 주고받았다. 그는 복음서의 역설들에 저항하는 사람에 관하여 이미 《새로운 역설들》에서 많이 언급하였다(PNP, p.105, 184 참조).

67 H. U. von Balthasar, "Une œuvre organique", H. U. von Balthasar et G. Chantraine, *Le cardinal Henri de Lubac. L'homme et son œuvre*, Paris-Namur, P. Lethielleux-Culture et Vérité, coll. Le Sycomore, 1983, p.119.

68 PNP, p.71(이 책 104쪽).

69 PNP, p.69(이 책 103쪽).

70 이해하지도 못하는 낱말이나 문장의 기계적 반복을 말한다. — 역자 주

71 바오로 사도의 "형제 여러분, 생각하는 데에는 어린아이가 되지 마십시오. 악에는 아이가 되고 생각하는 데에는 어른이 되십시오."(1코린 14,20)라는 말

도 참고하라. — 역자 주

72 "어머니는 어린 자녀를 양육하는 것을 좋아한다. 그러나 아이가 어린아이로 남아 있는 것을 좋아하지 않는다et mater parvulum amat nutrire, sed eum non amat parvulum remanere." 아우구스티노, 《설교집*Sermon*》 23,3,3; CCL 41,310.

73 문법적으로 적확한 단어와 문장을 구성하는 것이다. — 역자 주

74 *Pensée*, "soumission", Brunschvicg, 268. — 역자 주

75 이것은 베르나르도 성인의 가르침 가운데 하나다. 베르나르도는 계시에 대한 외부적 권위에 순종하기를 바란다. 인간의 의식이 이 세상에서는 아직 어른이 아니기 때문이다. "아주 최근에 하느님께 심어진 여러분, 아직 훈련을 통해 선과 악을 구분하는 법을 배우지 못한 여러분께 간청합니다. 여러분의 마음에 떠오르는 판단을 따르지 말고, 감정에 치우치지 마십시오." In psalum, "Qui habita", *sermo* 3.

우리가 보기에 레싱(Gotthold Ephraim Lessing, 1729-1781)은 계시의 일시적인 교육의 역할에 관하여 매우 다른 주장을 펼친다.

76 하느님과 인간이 맺는 깊은 관계를 표현한 문구로, 존 헨리 뉴먼 추기경(성인)의 모토로 유명하다. — 역자 주

77 복잡하거나 전문적인 주제를 대중들이 이해할 수 있도록 쉽고 간단하게 설명하는 방법이다. — 역자 주

78 저속하거나 천박한 방식, 품격이 낮은 수단이나 방법이다. — 역자 주

79 칸뉴khâgne는 프랑스 엘리트 중에서 대학 입시(바칼로레아)를 마치고 명문대학(그랑제콜: 과학, 경제, 정치)에 들어가기 위해서 2년간 특별히 준비한다. 특히 문학 시험을 준비하는 2년차 반을 지칭한다. -역자 주

80 《70인역》, 마태 23,23. — 역자 주

81 아우구스티노, 《고백록*Confessiones*》, 7,10 참조. — 역자 주

82 물론 이 장의 모든 역설은 [부정적 측면에서] 반론을 제기하는 것과는 거리가 멀고, 그리스도교를 시간적 차원에 편입시키거나, 오늘날 사람들이 과장된 표현으로 말하는 것처럼 그리스도교를 육화할 필요성을 전제로 한다. 역설들은 '그것 너머au-delà'로 우리를 초대하지, '그 안에en deçà' 머물게 하지 않는다. 여기에 가톨릭 액션Action catholique에 대하여 언급한 살리

에주(Jules-Géraud Saliège, 1870-1956) 주교의 말을 덧붙이고자 한다. 우리가 그보다 더 잘 표현할 수 없기 때문이다. 그의 말은 모든 그리스도교 삶의 법칙을 표현한다.

"가톨릭 액션은 일상 안으로 육화하면서 깊이, 그리고 효과적으로 널리 퍼져 나가는 데 성공한다. …… 가톨릭 액션은 일상의 제도 안에 육화될 때, 그리고 영이 질료(물질) 속에 육화될 때에만 행동할 수 있다. 이 제도들을 통해서 가톨릭 액션은 분위기를 창조하고, 사회적 압력을 지휘한다. …… 나는 사람들이 시간적 차원에 참여하지 않고 영이 질료를 지도하길 거부하는 것을 이해하지 못한다. 영적인 것과 질료적인 것, 영원한 것과 시간적인 것이 결합해 있는 것이 우리가 처한 인간적 상황이다. …… 가톨릭 액션은 육화하면서 몽상에서 나오고, 사회적이고 질료적이며 경제적이고 시간적인 실재 안으로 들어간다. 가톨릭 액션은 행동한다." Action catholique incarnée, 1945년 2월 7일.

83 초자연적인 진리를 자연적 진리로 환원하는 것이다. — 역자 주
84 내재주의는 하느님의 계시를 자연 및 인간 안에서 찾음으로써 실제로는 외부적 계시를 인정하지 않는다. '내재주의 방법'은 철학자 모리스 블롱델이 강조한 것으로, 인간 및 자연 안에서부터 하느님의 흔적을 찾는 것이다. 인간 안에 주어진 초월로 향하는 본성을 찾는다. — 역자 주
85 문학의 소성당에서 '소성당'이라는 표현은 소수 문인들의 모임을 비유적으로 칭하는 것이다. — 역자 주
86 《70인역》, 마태 5,47. — 역자 주
87 지구에서 멀리 떨어진 가장 밝은 별(시리우스)을 보듯 멀리서 냉정하게 바라보는 태도를 말한다. — 역자 주
88 콜로 3,9; 2코린 5,17; 에페 4,22. — 역자 주
89 《70인역》, 히브 13,14; 필리 3,20 참조. — 역자 주
90 딜레탕티즘dilettantisme은 학문이나 예술 분야에서 전문적인 깊이나 진지함, 헌신적인 노력 없이, 즐거움을 얻기 위한 취미로 접근하는 태도를 말한다. — 역자 주
91 아우구스티노, 편지 95,4. — 역자 주
92 모라스주의는 프랑스의 반혁명가 샤를 모라스가 고안한 반혁명 이념 교리로, 국가주의, 왕정주의, 민족주의를 옹호하는 한편, 민주주의, 자유주의,

자본주의에 반대한다. 이러한 모라스의 이념을 따르는 이들을 모라스주의자들이라고 한다. — 역자 주

93 아우구스티노,《고백록 Confessiones》, 10,23. — 역자 주
94 클레멘스Clément, *Stromates*, II, 4, 17, 1 재인용 — 역자 주
95 Labor, 노동, 일. 어원적으로는 '수고'를 의미한다. — 역자 주
96 2열왕 23,10. — 역자 주
97 시편 42,8. "너울이 너울을 부릅니다." — 역자 주
98 이것은 평범한 경우에서도 확인할 수 있다. 상처 입은 사람은 병원 침상에 누워 자신에게 일어난 '끔찍한 사고'를 계속 떠올리고, 앞으로 겪게 될 곤경을 두려워한다.
99 Dante, *La divine Comédie, Purgagoire*, A. Masseron, 번역, 소개, 역주, Paris, Club français du livre, 1964, chant XXIII, 1. pp. 85-87, 466-467. — 역자 주
100 생시몽주의Saint-Simonisme, 19세기 클로드 생시몽의 인간 해방 사상을 이어받아 완성하고 실천한 사회 개혁 사상을 총칭한다. 새로운 사회 구조를 제안하며, 이를 통해 인류의 행복을 추구했다. — 역자 주
101 비올렌Violaine은 클로델의 작품《처녀 비올렌 *La Jeune Fille Violaine*》에 등장하는 인물이다. — 역자 주
102 상징은 본디 어원적으로 어떤 상상의 것이 아니라 하나의 실재에서 떨어져 나온 반쪽이 다른 반쪽을 만나 온전한 하나의 실재를 드러내는 것이다. — 역자 주
103 《70인역》, 시편 17,15 — 역자 주
104 십자가의 성 요한,《어둔 밤 *Noche oscura*》 — 역자 주
105 자연화한다는 것은 하느님에게서 온 초자연적인 진리를 자연적인 진리로 축소하는 현상을 통칭한다. 예를 들면 철학자가 자기 이성의 빛으로 초자연적인 신비를 개념화한다면, 본질적으로 이성적 개념의 틀에 갇힐 수 없는 신비를 이성적 개념으로 축소하는 것을 말한다. — 역자 주
106 아마도 다음의 강론을 말하는 것으로 보인다. "성 대 그레고리오 교황의 복음 강론에서"(강론 14,3-6; PL 76,1129-1130),《성무일도》2권, 부활 제4주일 독서기도 제2독서. — 역자 주

107 H. U. von Balthasar, *La Gloire et la Croix. Les apsects esthétiques de la Révélation*, t. I, *Apparition*, trad. fr., Paris, Aubier-Montaigne, coll. Théologie 61, 1965, 411-412.

108 Heinz Zahrnt, *Dieu ne peut pas mourir*, trad. A. Liefoogh, Paris, Ed. du Cerf, 1971, 183.

109 *Qui est Jésus de Nazareth?*, trad. fr., [M. Barth et S. de Bussy], Paris, Ed. du Seuil, 1973, pp. 27, 33, 60, 63, 71, 186, 201.

110 *La Science, le Monde et la Foi*, Tournai, Casterman, 1972, p.96.

111 역사적 비평가들이다. — 역자 주

112 *Contre Celse*, VII, 35(éd. M. Borret, Paris, Ed. du Cerf, coll. Sources Chrétiennes 150, 1969, pp.91-95); 참조: III, 44(éd. M. Borret, Paris, Ed. du Cerf, coll. Sources Chrétienne 136, 1968, pp.104-107).

113 Albert Vanhoye, *Situation du Christ. Hébreux 1-2*, Paris, Ed. du Cerf, 1969, p.123.

114 Charels H. Dodd, *La prédication apostolique et ses développements*, tr. Paris, Ed. Universitaires, 1964, p.101.

115 Hans Conzelmann, *Théologie du Neuveau Testament*, tr. E. de Peyer, Genève, Labor et Fides, 1969, p.8.

116 Hans Urs von Bathasar, "Religion et culture chrétienne dans le monde actuel", *Comprendre* (revue de la Société européenne de culture de Venise) 17-18(1957). 앙리 드 뤼박은 발타사르에게 이 아티클을 그의 다음 모음집에 덧붙이기를 제안했다. *Nouveaux points de repère*, éd. G. Chantraine, Paris, Fayard, coll. Communio, 1980, 354-355. — 편집자 주

117 Hans Urs von Bathasar, *Das Ganza im fragment. Aspekte der Geschichtstheologie*, Einsiedeln, Benzinger Verlag, 1963, p.263.

118 R. Schutz, *Violence des pacifiques*, Presse de Taizé, 1968, pp.75-76.

119 F. de Lamennais, *Pensées diverses, Œuvres complètes*, nouvelle édition, Paris, 1844, t. VII, p.359.

120 아직도 사람들은 신학자들과 교리교사들이 교회를 오로지 '위계 제도'나 '성직주의'로 정의한다고 말하며 기술하고 있다. 그러나 교회 곧 '가톨릭

신자들의 모임', '신자들의 집회', '그리스도인 전체'(Ecclesia, id est catholicorum collectio, Congregatio fidelium, Universitas christianorum, etc.)를 비롯해서 그와 반대되는 모습을 나는 곳곳에서 본다. 프랑스 교리서에서도 마찬가지다. 그리스도인은 합당한 목자를 따른다고 언급되어 있다. 그리고 이것은 신약 성경에서 이미 가르친 것이다.

121 이 글은 미간행되었으나, 이 책에 '마르셀 르페브르 주교의 발언에 관하여 주교님들께 드리는 의견'이라는 제목으로 실렸다.

122 *La Jeunesse de La Mennais*, Paris, Perrin, 1913, pp.550-635.

123 K. Barth, *Dogmatique*, 4e vol. t. III, trad. Ryser, Genève, Labor et Fides, 1972, pp.35-36(독일어 원본, 1959년).

124 *Aggiornamento ou Mutation?*, 1965년 9월에 타자기로 작성한 판본, "결론". 헤켄로스Heckenroth 신부와 바부젯J. Bavouzet 박사 편집. 모렐Morel 신부와 포베M. Pobé는 이 편집의 협력자. 이들은 '철학자이며 역사학자로서 각자 고유한 능력을 갖추고 이 문서들을 재검토'하였다.

125 Nicolas de Cuse, *De concordantia catholica*, l.1,c.2. *Opera omnia*, iussu et auctoritate Academiae litterarum Heidelbergensis, t. XIV, éd. G. Kallen, Hambourg, J. Meiner, 1963, p.72.

126 Saint Basile, *Epître* 90, 2 서양의 주교들인 지극히 거룩한 형제들에게, 참조: Lettres, t. I, *Epîtres 1-100*, Y. Courtonne(편집, 번역), Paris, Les Belles Lettres, 1957, 195-196.

127 Christopher Butler, "Institution et cahrismes", *La Théologie du renouveau*, trad. fr. t. I, [coll. Cogitatio fidei 34], Paris, Ed. du Cerf, 1968, p.319.

128 Collectif, *Le sens du Concile. Une réforme intérieure de la vie catholique. Lettre pastorale de l'épiscopat hollandais*, Paris, Desclée de Brouwer, 1961, p.39.

129 *Lettre pastorale de l'épiscopat hollandais*, p.57.

130 René Pascal, *Esprit*, 1967년 2월호, p.379.

131 Léon Bloy, *Le Pèlerin de l'Absolu*[절대자의 순례], Paris, Mercure de France, 1910, p.11.

132 H. Newman, *Lettre au duc de Norfolk*(1874), trad. Dupuy, Paris, Desclée de Brouwer, 1970, p.457.

133　Collectif, *L'Eglise et son mystère au deuxième Concile du Vatican*, t. II, Tournai, Desclée, 1968, p.307.

134　Collectif, *L'Eglise et son mystère au deuxième Concile du Vatican*, t. I, Tournai, Desclée, 1967, pp.283-284. G. Philips은 각주에서 스힐레벡스 (E. Schillebeeckx)의 글을 인용한다. "Vantican II. 3ᵉ Sessie", *Kulturleven* 32, 1965, pp.21-38.

135　Ed. Schillebeeckx, *Les Catholiques hollandais, rencontres et dialogues*, présenté par H. Hillenaar et H. Peters, trad. J. Alzin, Paris, Desclée de Brouwer, 1969, pp.11-18.

136　Ed. Schillebeeckx, *Les Catholiques hollandais*, pp.20-22.

137　"Unique témoignage et le dialogue dans la rencontre avec le monde", *Œcumenica*, Paris-Neuchâtel, Delachaux et Niestlé, 1969, p.171.

138　Ed. Schillebeeckx, *Sept problèmes capitaux de l'Eglise*, Paris, Fayard, 1969, pp.125-127.

139　밀라노 주교좌성당에서 스테피나츠(Stepinac, 크로아티아) 추기경을 위해 봉헌했던 미사의 강론이다. 1960년 2월 13일. 밀라노 신문 〈이탈리아Italia〉에서 발췌했다.

140　R. Laurentin, *L'Enjeu du Concile*, t. III, *Bilan de la deuxième session*, Paris, Ed. du Seuil, 1964, p.140.

141　ibid. 138.

142　ibid. 139.

143　ibid. 234.

144　테르툴리아누스의 이 표현Ordo Episcoporum은 사제와 부제로 구별되는 주교품을 의미하는 것이 아니라, 요한 사도가 세운 교회 안에 이어지는 주교의 계승succession을 의미한다. John Kaye, *Ecclesiastical History of the Second and Third Centuries*, 1845, p.177, n.20 ― 역자 주

145　R. Laurentin, *L'Enjeu du Concile*, t. III, *Bilan de la deuxième session*, Paris, Ed. du Seuil, 1964, p.283.

146　Ibid. 290. 참조: La Documentation catholique, 1414(1963년 12월 15일), col. 1671.

147 R. Laurentin, *Bilan de la deuxième session*, p.52.

148 Ibid. 53.

149 Ibid. 153.

150 Ibid. 52.

151 Ibid. 53.

152 Ibid. 54.

153 Ibid.

154 Joseph Lortz, *La Réforme de Luther*, t. I, trad. D. Olivier, Paris, Ed. du Cerf, 1970, p.37.

155 Ibid. 46.

156 Ibid. 123.

157 Ibid. 135.

158 Ibid. 309.

159 Ibid. 360-361.

160 Ibid. 423.

161 Ibid. 431.

162 Ibid. 432.

163 Ibid. 439.

164 Ibid. 477.

165 Ibid. 478.

166 Ibid. 479. 저자가 이 부분을 강조한다.

167 Jérôme Nadal, *Lettre à Ignace de Loyola*, Vienne, 8 mai 1555, *Epistolae P. Hieronymi Nadal Societatis Jesus(1546-1577)*, t. I, *1546-1562*, lettre 77, n.7, *Monumenta historica Societatis Jesu*, t. XIII, Madrid, A. Avrial, 1898, pp.301-302.

168 *La croix*, 1968년 8월 21일.

169 P. Dudon, *Lamennais et le Saint-Siège 1820-1834*, Paris, Perrin, 2e éd., 1911, p.367; 참조: *Lettres inédites de Lamennais à la baronne Cottu*, éd.

Comte d'Houssonville, Paris, Perrin, 1910, p.45.

170 Heinrich Schlier, *Le Temps de l'Église*, trad. fr. Fr. Corin, Tournai, Casterman, 161, p.264.

171 Hans Küng, *Etre vrai, L'avenir de l'Eglise* Trad. fr. H. Rochais, Paris, Desclée de Brouwer, 1968, pp. 65-66.

172 어느 미국 출판사의 홍보지는 곧바로 한스 큉과 그의 그룹을 새로운 토마스 그룹으로, 곧 '공의회 이후 교회의 위대한 건축가들'이라고 소개하였다.

173 G.-L. Prestige, *Dieu dans la pensée patristique*, trad. fr., par D.M., osb, Paris, Aubier, 1955, p.30.

174 "세속의 영광의 우연성에 직면한 현대 세계의 지성인 그룹이 처한 상황", 9ᵉ série, 1ᵉʳ cahier (1907년 10월 6일), *Œuvres en prose*, t. I, Paris, Gallimard, coll. Bibliothèque de la Pléiade, 1959, p.1125.

175 J.H. Newman, *Grammaire de l'assentiment*, p.93. 다음의 책도 참조하라. *Textes newmaniens*, t. VIII, trad. M.-M. Olive, Paris, Desclée de Brouwer, 1975, p.153.

176 J.H. Newman, *Parochial and Plain Sermons*, t. VI, nouvelle impression, Londres, Longmans, Green and Co., 1907, sermon 23, p.342.

177 귀스타브 플로베르가 저술한 소설, 《마담 보바리》에 등장하는 가상의 인물이다. — 역자 주

178 Alexandre Soljénitsyne, *Août quatorze*, trad. fr. Paris, Ed. du Seuil, 1972, p.335. 파르소노피예프Varsonofiev는 코티아Kotia와 사니아Sania 두 학생에게 말한다.

179 Norman Hampson, *Histoire de la pensée européenne*, t. IV, *Le Siècle des Lumières*, trad. Fr. Werner et M. Janin, Paris, Ed. du Seuil, 1972, p.5.

180 Teilhard de Chardin, *Esquisse d'un univers personnel, Œuvres*, t. VI, *L'Energie humaine*, Paris, Ed. du Seuil, 1962, p.84.

181 K. Rahner, "Le concept de mystère dans la théologie catholique", tr. R. Givord, *Ecrits théologiques*, t. VIII, Paris, Desclée de Brouwer, p.78.

182 이성과 과학으로 설명하지 못하는 부분, 빈틈을 신으로 메우는 것을 비유적으로 이르는 표현이다. — 역자 주

183 K. Rahner, *Serviteurs du Christ: Réflexions sur le sacerdoce à l'heure actuelle*, tr. Charles Muller, Tours, Mame, 1969, p.131.

184 André Dumas, *Une théologie de la réalté: Dietrich Bonhœuffer*, Genève, Labor et Fides, 1968, p.279.

185 참조: L. Febvre, *Un destin, Martin Luther*, Paris, Ed. Predes, 1928, pp.67-68.

186 Paul Toinet, *La foi sur la terre*, 1969, V장.

187 H. Newman, 15e *sermon universitaire*, 1843, nn.8-9, *Textes newmaniens*, t. I, trad. P. Renaudin, Paris, Desclée de Brouwer, 1955, pp.332-333.

188 H. Newman, "Lettre à sa soeur Jemima", 1843년 2월 21일자 편지.

189 Karl Barth, *Credo*, tra. P. et J. Jundt, Paris, Je sers, 1936, p.67.

190 이것은 1968년 국제신학잡지 《콘칠리움*Concilium*》에 의해서 촉발된 선언서를 말한다. [교회의 개혁을 촉구하는 이 선언 안에는 한스 큉, 스힐레벡스, 칼 라너, 이브 콩가르 이름도 등장한다. ─ 역자 주]

191 신비 체험을 가능케 하고 신비 체험의 참대상인 그리스도가 없는 신비 체험, 다른 종교의 신비 체험을 말한다. ─ 역자 주

192 Hans Küng, "La structure charismatique de l'Eglise", Concilium 4(1965), p.56.

193 피콩G. Picon은 베르나노스Bernanos를 해석한다. Bernanos, *Œuvres romantiques*, Paris, Gallimard, coll. Bibliothèque de la Pléiade, 1961, xii.

194 편집자가 시 전문을 이 책에 추가했다(이 책 360쪽 참조).

195 M. Heidegger, *Was heisst denken?*, M. de Diéguez 역. 미간행.

196 Pierre Emmanuel, "Discours de réception à l'Accadémie française(1969년 6월 5일)", P. Emmanuel-VI. d'Ormesson, *Disours de remerciment et de réception prononcés à l'Accadémie française*, Paris, Ed. du Seuil, 1969, 96p.

197 Gabriel Germain, *Le regard intérieur*, Paris, Ed. du Seuil, 1969, pp.15 et 34.

198 K. Barth, *La théologie portestante au XIXe siècle*, trad. L. Jeanneret, Genève, Labor et Fides, 1969, p.234 et p.459. 독일어 원본은 1946년도 판이다.

199 Gotthold Hasenhüttl, "Eglise et institution", *Concilium* 94(1974), p.22.

200　Stanley L. Jaki, *Et sur ce Roc. Le témoignage d'une terre et de deux Testaments*, trad. L. Bouyer, Paris, Librairie Pierre Téqui, coll. "Croire et savoir", 1983, chap. III, "Un homme appelé Roc", pp. 59-78.

201　Ibid. pp. 68-69.

202　Ibid. pp.69-70.

203　전문 주석가가 아닌 사제 리돌피Ridolfi만 분명하게 이 증언을 고려한다. *Simon Pierre, rocher biblique*, Paris, Apostolat des Editions, 1965.

204　Stanley L. Jaki, *Et sur ce Roc. Le témoignage d'une terre et de deux Testaments*, trad. L. Bouyer, Paris, Librairie Pierre Téqui, coll. "Croire et savoir", 1983, chap. III, "Un homme appelé Roc", pp. 70-71.
다음의 장도 참조하라. 2장 "반석이신 하느님", pp.45-48.

205　Jules Monchanin, "Lettre à Edouard Duperray", 1951년 6월 29일.

206　*Réponse brève à Jaurès*(1900), *Œuvres en prose*, t. I. Paris, Gallimard, coll. "Bibliothèque de la Pléiade", 1959, p.279.

207　Donald P. Warwick, "Centralisation de l'autorité ecclésiastique", *Concilium* 91(1947), p.117.

208　Gotthold Hasenhüttl, "Eglise et Institution", *Concilium* 91(1974), p.22.

209　시메온의 노래(루카 2,29-32) 첫 구절은 성무일도 끝기도에서 낭송된다.

210　기도하는 신학을 말한다. — 역자 주

211　Karl Rahner, *Serviteurs du Christ*, p.126.

212　올바르고 정확한 가르침이나 교리를 정교正敎이라 하며, 가르침과 교리에 합당하고 옳은 실천 행위를 정행正行이라 한다. — 역자 주

213　H. Newman, *Grammaire de l'assentiment*, trad. M.M. Olive, Textes newmaniens, pp.195-196.

214　James Darmesteter, *Les Prophètes d'Israel*, Paris, Léviy, 1892, xviii-x-ix.

215　Jean-Jacques von Allmen, *Les Sacrements d'initiation et les Ministères sacrés*, Paris, Fayard, 1974, p.239.

216　편집자들은 이 부록에 관하여 이 책 주석 42에 설명한다. 첫 번째 역설은 AP, pp.66-67(이 책 289쪽. "총대주교가……"로 시작하는 문단 앞에 위치한다). 두 번

째 역설은 AP, pp.69-70(이 책 289쪽, "어둠의 힘……"으로 시작하는 문단 앞에 위치한다). 세 번째 역설은 AP, pp.77-78(이 책, 295쪽, "12년 전부터……" 문단 앞에 위치한다).

217 Huub Oosterhuis, *Les Catholiques hollandais*, 1969, p.87(이 책 주석 136 참조).
218 Ibid. pp.88-89.
219 Ibid. p.97.
220 Ibid. pp.97-98.
221 Ibid. p.103.
222 제2차 바티칸 공의회 이후 신앙교리성으로 이름이 개편되었다. ― 역자 주
223 Carlo Falconi, *Vu et entendu au Concile*, trad. Ciccione, Monaco, Ed. du Rocher, 1965, pp.71-72.
224 Georges Cottier, op, *Régulation des naissances et développement démographique*, Paris, Desclée de Brouwer, 1969, p.7.
225 이 책 326쪽을 보라. 이 기도는 첫 구절, 오 데우스, 에고 아모 테(O Deus, ego amo Te오 하느님, 저는 당신을 사랑하옵니다)를 딴 제목으로 잘 알려져 있다. 이 기도문은 프랑스어로 다음에 번역되어 있다. *Missel quotidien des Fidèles, vespéral rituel, recueil de prières*, J. Feder, s.j., Tours, Mame, 1953, p.1714.
226 Marcus Aurelius, *Pensees*, XII, p.26.
227 참조: J. Lacroix, Personne et amour, Neuchâtel, La baconnière, 1942, pp.13-14. "그러므로 사랑은 다른 모든 것을 대체하려는 것과는 거리가 멀고, 오히려 다른 모든 것의 원동자다. 사랑한다는 것은 결코 모호한 감옥[개성을 존중하지 않는 감옥처럼 사람을 가두는 것]과 동일시하는 것이 아니라, 각 존재를 질서 안에서, 그 자리에 있게 하는 것이다. 사랑은 지식을 제거하는 것과는 거리가 멀고, 오히려 지식을 부른다. 사랑은 권력을 파괴하거나 권력을 얻으려는 것과는 거리가 멀고, 그 안에 육화되기를 추구한다. 사랑은 법을 파기하는 것과는 거리가 멀고, 법을 완전하게 한다. 사랑은 가족적 감정이나 애국심을 약화시키는 것과는 거리가 멀고, 참된 자연 종교로 만든다. 사랑은 진리를 대신하거나 진리를 반박하는 것과는 거리가 멀고, 진리를 한 인격으로 만들면서 생명을 불어넣는 것이다."
228 네덜란드 출신 바이우스Michel de Bay에게 거슬러 올라가는 바이우스파

Baianisme는 인간 본성이 원죄로 말미암아 완전히 타락하여 초자연적 은총 없이는 도덕적 선을 실천할 수도 없고, 구원에 이를 수도 없다고 주장한다. 자연과 초자연의 관계를 모호하게 구분하고, 초자연적 은총을 인간 본성에 필요한 것으로 주장함으로써 비오 5세 교황에 의해 이단적 오류로 간주되었다. 이후 타락한 인간 본성과 자유의지를 강조하며 엄격한 생활을 주장한 얀세니즘Jansénisme에 이론적 기초를 제공해 주었다. — 역자 주

229 고백록, 1권, 1.1. — 역자 주

230 G. Thibon, *L'Echelle de Jacob*, Paris, Fayard, 1942, pp.9-10 참조. "그리스도인들은 너무나 자주 하느님의 세계에 스며들어 가기보다 그분을 세상 위에 포개 놓는 것에 만족했다. 그리고 세속과 신성함(聖과 俗)의 분리에서 다음과 같은 결론이 나왔다. 천상의 것은 구체적인 유대 없이 형식주의나 꿈의 차원으로 흘렀고, 반면 지상의 것은 자신의 영원한 원천에서 단절된 상태에서 모든 부패와 혼란의 황폐화로 넘어갔다. 이제 자연(본성)과 은총은 우리 마음 안에서 상호 인정되어야 하고, 어디에나 계신 하느님께 자리를 돌려 드려야 한다."

231 J. Daniélou, *Le Signe du Temple*, ou De la présence de Dieu, Paris, Gallimard, 1942 참조.

232 종교와 세상을 분리하는 얀세니즘의 본거지로 얀세니즘과의 투쟁의 역사다. 1709년 루이 14세는 포르-루와얄 데샹 수녀원을 폐쇄하고 해산시켰다. — 역자 주

233 엄격한 도덕주의를 말한다. — 역자 주

234 J. Lecler, "Qu'est-ce que le cléricalisme?", *Construire* 7(1942) 참조.

235 군인 정치가로 프랑스 제3공화국의 두 번째 대통령을 역임했다(1873-1879). — 역자 주

236 1877년 5월 16일, 마크마옹 대통령이 공화주의 총리 쥘 시몽을 해임하고 보수주의 총리를 임명하려 하자 공화주의자들과 갈등을 겪은 사건. 이 사건을 계기로 의회의 압력에 의해 대통령직에서 물러나게 된다. — 역자 주

237 Péguy, L'Argent, *Œuvres complètes*, t. III, Paris, NRF, 1927, pp.411-412.

238 가톨릭 액션에 관한 살리에주Saliège 주교의 사목적 가르침을 보라. "Le temps présent et l'action catholique", *La Semaine catholique de Toulouse*, 82/33-34(1942년 8월 16일, 23일), pp.538-542; 82/35(1942년 8월 30일),

pp.551-554; 82/36 (1942년 9월 6일), pp.564-566; 82/37(1942년 9월 13일), pp.575-577. 다음도 참조하라. "Paradoxes autour de l'adaptation", *Cité nouvelle* 46(1943), 131-144. 드 뤼박 신부는 2년 후 《역설들》'육화'의 처음에 같은 주제에 대한 살리에주 주교의 말을 인용한다. PNP, p.41(이 책 주석 82 참조)을 보라. — 편집자 주

239 다른 예가 하나 있다. 그것은 '개인주의individualisme'다. 참조: "Menus propos sur 'une équivoque'", *La Semaine catholique de Toulouse*, 82/37(1942년 9월 13일), p.579. "요즘 개인주의에 대해서 많이 말하고 있다. 개인주의를 단죄하기 위해서다. 만일 개인주의를 이기주의égoïsme로 이해한다면 그렇게 말해야 하고, 그들의 이름으로 그것을 불러야 한다. 이런 경우는 정당하다. 그러나 만일 개인주의를 각자가 자기 운명을 완성하고 자기 구원을 위해 해야 할 권한을 실행하는 것으로 이해한다면, 다시 말해 아무도 그를 위해서 할 수 없는 것을 스스로 행하는 개인주의는 의무의 조건이고 책임의 조건이다. 그것을 제거한다는 것은 인간을 제거하는 것이다. 그것을 단죄한다는 것은 인간의 고귀함을 위한 행위를 단죄하는 것이다."

240 이것은 바로 페기의 핵심적 관념이다. 이를 매우 잘 조명한 다음의 책을 참조하라. A. Béguin, *La Prière de Péguy*, Neuchâtel, La Baconnière, coll. Cahiers du Rhône 3, 1942.

241 다음의 아티클을 참조하라. P. Magand, "L'action catholique, entreprise d'incarnation", *Cité nouvelle* 24(1942년 2월 10일), pp.217-230.

242 Stefan George, "Den Leib vergottet und den Gott verleibt."[역자 주: Der siebente Ring. Gesamt-Ausgabe der Werke, Band 6/7, Berlin 1931, pp.51-53. online: http://www.zeno.org/nid/20004812786]

243 자연과 육체의 본성, 육체적 쾌락을 중시하는 사상을 말한다. — 역자 주

244 1815년 나폴레옹 전쟁 이후, 유럽 주요 군주들이 체결한 동맹이다. 이 동맹은 그리스도교 원칙에 기반하여 국가 간 형제애를 촉진하고 기존의 왕정체제를 수호하고자 협력 체제를 이룬 것이다.

245 왕정제도에서 왕위를 말한다. — 역자 주

246 신정제도에서 제대를 말한다. — 역자 주

247 이 초안에 대한 최종 문헌은 다음을 보라. *Déclaration sur la liberté religieuse, Concile œcuménique Vatican II. Constitutions, décrets, déclarations, messages*,

texte français et latin, Paris, Ed. du Centurion, 1967, pp.671-690.
248 R. Laurentin, *L'Enjeu du Concile*, t. IV, *Bilan de la troisième session*, Paris, Ed. du Seuil, 1965, p.136.
249 다음의 책을 참고할 수 있다. D. Gonnet, *La Liberté religieuse à Vatican II. La contribution de John Courtney Murray*, Paris, Ed. du Cerf, coll. Cogitatio Fidei, 183, 1994, p.142. "가장 뜨거운 반대는 르페브르 주교에게서 온다. 그에 따르면, 권위의 역할은 '사람들이 선을 행하고 악을 피하도록 돕는 것이다. 다시 말해 그들의 자유를 잘 사용하도록 돕는 것이다.'[Acta synodalia Sacrosancti Concilii Œcumenici Vaticani II], t. III. *Periodus tertia*, Pars II, *Congregationes generales* LXXXIII-LXXXIX, Typis polyglotiis Vaticanis, 1974, p.364. 로마 13,2 인용 포함) 르페브르 주교가 가정의 아버지들과 학교의 교사들, 그리고 그리스도교 국가의 지도자들에게 부여한 권위에 대한 도덕적 개념은 가톨릭 국가에 종교적인 자유를 고려할 모든 가능성을 금지한다. 그리고 거기서 본질적인 논거는 정치적인 권력의 도덕적 역할에 초점을 맞춘다." 다른 한편, 보다 일반적인 의견은 다음을 참조하라. R. Laurentin, *Bilan de la troisième session*, pp.56-70; J. Hamer, "Histoire du texte de la Déclaration", *La Liberté religieuse*, Paris, Ed. du Cerf, coll. Unam Sanctam 60, 1967, p.78: "현재 문서는 상대주의와 이상주의에 의해 더 럽혀졌다. 그것은 그리스도와 교회의 권한에 근거하지 않았기 때문이다." L.A. Dour et G. Denzler, *Tagebuch des Konzils. Die Arbeit der dritten Session*, Nuremberg, J.M. Sailer Verlag, 1965, p.73 : "르페브르 주교에 따르면, 이 선언은 선교와 가톨릭 학교, 자녀들에 대한 부모의 권위에 대한 위험을 의미한다."
250 드 뤼박이 추기경에게 보낸 편지(1964년 10월 18일, 로마)에 첨부한 한 프랑스 신부의 편지 일부분을 보라. 드 뤼박은 이 부분을 자신의 회고록에서 인용한다(MOÉ, pp.343-344). "이미 거기서 몇몇 사람들로부터 두 부분으로 구성된 초안의 이상한 제안이 나온다. 하나는 박식한 사람들을 위한 '교의적' 문헌이고 다른 하나는 불특정의 '사목적' 권고이다. 르페브르 주교, 바치(A. Bacci, 1885-1971)와 루피니(E. Ruffini, 1888-1967)······ 추기경들이 있다. (이것은 신학을 교의의 자리에 두고 신성시하는 것이며, 비의적 경향으로 빠지는 것이며, 비-특권적 지식인들에게 행한 공격이다.) 이것은 교회의 실천에, 특히 공의회의 실천에 반대된다."

251 MOÉ, p.148.

252 MOÉ, p.118.

253 MOÉ, p.119.

254 MOÉ, p.148-149. 앙리 드 뤼박은 거기서 신학자들과 신자들이 어떻게 "돌처럼 굳어진 근대성", 보수주의의 근대성을 대항한 반작용에서 "나침반 없이 동요된, 새로운 '근대성modernité'"으로 건너갔는지를 보여 준다.

255 AP, pp.60-66, 67-70, AP, p.54, p.140 그리고 그 밖의 여러 곳을 보라. "교회 내부의 세속화"에 관한 칼 바르트의 긴 숙고 다음에(AP. 56-58; 이 책 281-282쪽) 즉시 드 뤼박은 이 "새로운 보수주의"(AP, pp.60-61. 이 책 284-290쪽)를 겨냥하며, 타자기 편집본 "쇄신인가 변화인가?"(AP, p.58; 이 책 279-280쪽)를 비판한다. 그리고 이어서 스힐레벡스의 몇몇 구절들을 이 새로운 보수주의에 대한 숙고와 연결한다. (AP, pp.64-66, 67-69; 이 책 287-288쪽) 드 뤼박은 《본성과 은총에 관한 작은 교리교육Petite catéchèse sur nature et grâce》(Paris, Fayard, coll. Communio, 1980)이라는 책에서 "공의회와 반-공의회"(pp.165-180)를 다루면서, "말하기 너무 이른" "쇄신인가 변화인가?"를 참조한다. 그러나 그것을 아무 말 없이 그대로 인용한다. "이와 반대로 반-공의회는, 교회가 마침내 2천 년 동안의 유년기를 지나 성숙의 상태에 이르게 되었으므로 스스로에게 '근본적인 쇄신'을 일으켜야 한다고 요구했다."(p.178) 이 부분을 AP, p.58과 비교하라. 여기서 그는 "쇄신인가 변화인가"를 분명하게 인용한다. 그런 다음, 바르트의 텍스트를 참조한다(pp.179-180). 그리고 스힐레벡스가 지지하는 "세상의 성사"라는 관념에 대한 비판과 "공의회와 반-공의회"가 《다른 역설들》에서처럼 이어진다. 한편, 드 뤼박은 《제2차 바티칸 공의회 인터뷰Entretien autour de Vatican II》(Souvenirs et réflexions, Paris, France catholique-Ed. du Cerf, coll. Théologie 1985, p.36)에서 "쇄신인가 변화인가?"를 참조하여, "공의회 주변에서 점점 커지는 동요", "위험한 소규모 단체들"을 비난하며 다음과 같이 언급한다. "나는 우연히 이 단체 중 한 곳을 알게 되었다. '쇄신인가 변화인가?'라는 제목으로 인쇄된 소책자가 그들 사이에서 비밀스럽게 유통되고 있었다. 이 제목은 제법 의미가 있다. (무엇이 그런 선택을 하게 했는지 사람들은 알아맞힐 수 있었다. 나는 그것이 어디서 왔는지도 알았다. 그 영향력은 초기에는 잘 알려지지 않았으나 생각한 것보다 훨씬 컸다. 이 소책자는 전사前史를 가지고 있다. 이후 나는 그것을 추종하는 몇몇 사람들이 있다는 것을 확인하였다.)"

256 "이들[교리를 신봉하는 이들]은 '건강한 교리'를 독점하기 위하여 교리를 통해서 자신들을 뽐낸다. 그런데 그 교리는 추상적이고 스콜라적일 뿐, 그들이 상상하는 전통적인 교리가 아니다."(MOÉ, p.344)

257 미셸 살Michel Sales 신부는 이 편지의 내용을 알고 있었다.

258 드 뤼박이 번역한 이 발언은 르페브르 주교가 공의회 비서실에 제출한 라틴어본을 따른다. 이것은 공의회 연감(Acta synodalia, pp.490-492; 이 책 447-456 참조)에 나오는 라틴어본과 다르다. 공의회 비서실에 제출된 텍스트와 연감에 제출된 텍스트가 다른 부분을 다른 식으로 표시하였다. 그리고 공적인 라틴어본에서 번역한 것은 주석을 달았다. 르페브르 주교의 발언 요약본은 *La documentation catholique* 61, 1964, col. 1320에서 볼 수 있다.

259 Acta syndodalia, 490. 번역: "종교의 자유에 관한 이 선언은 비록 참으로 시의적절한 것처럼 보이지만, 그러나 몇몇 교부들이 이미 말한 것처럼, 더 짧았으면 하고 검토된 질문들과 위험한 결과들에서 벗어났으면 한다."

260 공의회 비서실에 제출된 텍스트에서는 quia(왜냐하면)로 나오고, 드 뤼박이 갖고 있던 텍스트에서는 quia enim(왜냐하면, 사실……)로 나오며, Acta synodalia에서는 nonne(-하지 않은가?)로 나온다. 번역: "자유는…… 이해되지 않는가?"

261 Acta syndodalia, 491. 번역: "28항에서".

262 Acta syndodalia, 491. 번역: "그리고 [배교자들과 이단자들]."

263 Acta syndodalia, 491. 공적 문서에는 "등"이 없다.

264 Acta syndodalia, 492. 번역: "해를 끼친다."

인명 색인

ㄱ

가세르, 빈센츠(Gasser, Vinsenz) 291
가타리나, 제노바의(Catherine de Gênes) 188
갈릴레오(Galilée) 230
게엔노, 장(Guéhenno, Jean) 433, 434
고리키, 막심(Gorky, Maxim) 148
괴테(Johann Wolfgang von Goethe) 271
그레고리오 1세(Le grand Grégoire I) 241, 283
그레고리오 7세(Grégoire VII) 283
그리스도, 예수(Christ, Jésus) 13, 143, 175, 192, 201, 220, 240, 242, 252, 269, 270, 273, 328, 334, 365, 417, 453
기욤, 생티에리의(de Saint-Thierry, Guillaume) 125, 403

ㄴ

나달, 제롬(Nadal, Jérôme) 295
나폴레옹(Napoléon I) 267
네르발, 제라르 드(Nerval, Gérard de) 228
뉴먼, 존 헨리(Henry Newman, John) 201, 209, 287, 302-303, 307-308, 318, 350
니체, 프리드리히(Nietzsche, Friedrich) 22, 28, 70, 128, 259-260, 367, 425, 429-432, 445
니치렌(Nichiren) 138

ㄷ

다니엘루, 장(Daniélou, Jean) 21, 358-359
다드, 찰스 헤럴드(Dodd, Charles Harold) 269
다르메스테르, 제임스(Darmesteter, James) 352

데이비스, 찰스(Davis, Charles) 302-303
덴칭거, 하인리히(Denzinger, Heinrich) 394
도스토옙스키, 표도르(Dostoevskii, Fyodor Mikhailovich) 441
동쾨르(J. Doncœur) 382
뒤 부쉐(Du Bouchet) 382
뒤 부아쟁(Du Voisin) 281
뒤마, 앙드레(Dumas, André) 315
뒤퐁, 루이(Dupont, Louis) 193
드 라마르틴(de Lamartine) 410
드 뤼박, 앙리(de Lubac, Henri) 5-7, 9-12, 15-27, 29-30, 36, 358, 362-363, 382, 447-448, 452
드 보날드, 루이(de Bonald, Louis) 281
디오게네스(Diogenes) 63

ㄹ

라 포르트 뒤 테일(La Porte du Teil) 382
라너, 칼(Rahner, Karl) 313-314, 346
라드리에르, 장(Ladrière, Jean) 251
라므네, 펠리시테 드(Lamennais, Félicité de) 272, 281, 296
라세르, 피에르(Lasserre, Pierre) 85
레고, 마르스(Légaut, Marce) 165, 172
레오 10세(Léon X) 294
레오 13세(Léon XIII) 395, 432
로랑탱(R. Laurentin) 290, 292
로르츠, 요제프(Lortz, Joseph) 293
루아지, 알프레드(Loisy, Alfred) 320, 335
루이(Louis) 413
루이스 데 레온(Luis de Léon) 304
루카(Luca) 257, 265
루터, 마르틴(Luther, Martin) 26, 294, 317
르낭, 에르네스트(Renan, Ernest) 120, 410

르네, 파스칼(René, Pascal) 287
르누비에, 샤를(Renouvier, Charles) 138
르브르통, 쥘(Lebreton, Jules) 44
르페브르, 마르셀(Lefebvre, Marcel) 25, 36, 280, 447-449

ㅁ

마르코(Marco) 248, 257, 262
마르크스, 칼(Marx, Karl) 22, 98, 151, 222, 425-430, 432, 439-440, 445-446
마르탱 뒤 가르, 로제(Martin du Gard, Roger) 364
마크마옹(MacMahon) 413
마태오(Mateo) 248, 257, 339
말라발, 프랑수아(Malaval, François) 198
말로, 앙드레(Malraux, André) 325
모레, 마르셀(Moré, Marcel) 21
모세(Mose) 283
몬티니(J. B. Montini, 바오로 6세) 290
몰록(Moloch) 166
몽쇠이, 이브 드(Montcheuil, Y. de) 172, 204, 237
몽테뉴, 미셸 드(Montaigne, Michel de) 213
밀라르, 아리스티드(Millard, Aristide) 382

ㅂ

바르비크, 도널드 P.(Warwick, Donald P.) 344
바르트, 칼(Barth, Karl) 281, 283, 319, 336
바세, 피에르(Basset, Pierre) 176
바실리오(Basile) 284, 331
바오로(Paul) 40, 43, 45, 75-76, 80, 121, 143, 241-242, 251, 252-253, 257, 344, 369, 370, 387, 416-417, 444, 450, 453
반 고흐, 빈센트(Van Gogh, Vincent) 184
반오이, 알베르(Vanhoye, Albert) 268
발랑생, 오귀스트(Valensin, Auguste) 137

발타사르, 한스 우르스 폰(Balthasar, H. U. von) 246, 271, 337
베드로(Simon Pierre) 64, 192, 241, 259, 265, 278, 339-340, 343, 345
베랑제, 투르의(Bérenger de Tour) 394
베르그송, 앙리(Bergson, Henri) 52, 420
베르나르도(Bernard de Clairvaux) 187, 212, 371
베르지에(Bergier, Nicolas-Sylvestre) 281
보나벤투라(Bonaventure) 397
보른, 에티엔(Borne, Etienne) 165
보른캄, 귄터(Bornkamm, Günther) 249, 250
보쉬에, 자크 베니뉴(Bossuet, Jacques-Bénigne) 115, 137, 198, 213
보스리, 하산(Bosri, Hasan) 217
볼제니, 조반니 빈첸조(Bolgeni, Giovanni Vincenzo) 292
볼테르(Voltaire) 304, 427
봉탕, 앙드레-조르주(Bontems, André-Georges) 292
뵈메, 야코프(Böhme, Jakob) 197
부이에, 루이(Bouyer, Louis) 148
블롱델, 모리스(Blondel, Maurice) 126, 138, 156, 217
블루아, 레옹(Bloy, Léon) 287
비오 10세(Pie X) 273
비오 11세(Pie XI) 374, 429
비오 12세(Pie XII) 320, 358
비카르(Vicart) 240, 365

ㅅ

사르트르, 장 폴(Sartre, Jean Paul) 222
살, 미셸(Sales, Michel) 6, 32
샹트렌, 조르주(Chantraine, Georges) 6, 24, 32
세르티앙쥬, 앙토냉-달마스(Sertillanges, Antonin-Dalmace) 185, 387
세익스피어, 윌리엄(Shakespeare, William) 196
소크라테스(Socrates) 87, 260
소포클레스(Sophokles) 141

솔로비요프, 블라디미르(Solovyov, Vladimir) 135
솔제니친, 알렉산드르(Soljénitsyne, Alexandre) 309
쇼펜하우어, 아르투어(Schopenhauer, Arthur) 84
슈츠, 로제(Schutz, Roger) 272
슐라이어마허, 프리드리히(Schleiermacher, Friedrich) 336
슐리어, 하인리히(Schlier, Heinrich) 301
스힐레벡스, 에드워드(Schillebeeckx, Edeward) 287-289

ㅇ
아리스토텔레스(Aristoteles) 260, 374
아리스토파네스(Aristophanes) 201
아브라함(Abraham) 116
아우구스티노(Augustin) 120, 125, 133, 189, 241, 343, 369, 371, 397
아퀴나스, 토마스(Thomas d'Aquin) 51, 126, 230-231, 310, 343
아타나시오(Athanasius) 283, 350
안셀모(Anselmo) 12, 172, 343
알리기에리, 단테(Alighieri, Dante) 188
알멘, 장 자크 폰(Allmen, Jean Jacques von) 352
암브로시오(Ambroise) 226
압드 알 와히드 이븐 자이드('Abd al-Wahid ibn Zaid) 126
야곱(Jacob) 339
에마뉘엘, 피에르(Emmanuel, Pierre) 336
에베르, 마르셀(Hébert, Marcel) 221
에크하르트, 마이스터(Eckhart, Maître) 138
엘리야(Elias) 342
엥겔스, 프리드리히(Engels, Friedrich) 427, 431
예레미야(Jérémie) 116
오리게네스(Origenes) 126, 195, 217, 264
오메(M. Homais) 308
오버벡, 프란츠(Overbeck, Franz) 74
오스테르하위스, 허브(Oosterhuis, Huub) 357

오자남, 프레데릭(Ozanam, Frédéric) 428
오타비아니, 알프레도(Ottaviani, Alfredo) 358-359
옵타투스(Optatus) 291
요안나, 아르크의(d'Arc, Jeanne. 잔 다르크) 413
요한 23세(론칼리)(Jean XXIII(Roncalli)) 286, 359
요한(Jean) 44, 257, 266, 269, 370, 377, 443
요한, 십자가의(Juan de la cruz) 215, 328
욥(Job) 302
이냐시오(Ignacio de Loyola), 로욜라의 55, 328, 391
이냐시오, 안티오키아의(Ignatius Antiochenus) 300, 344, 371
이레네오(Irenaeus) 344
이사야(Isaiah) 372
이솝(Aesop) 416
인노첸시우스 4세(Innocent IV) 189

ㅈ
자른트, 하인츠(Zahrnt, Heinz) 247
자키, 스탠리 L.(Jaki, Stanley L.) 338
제노베파(Geneviève) 413
제누드, 앙투안 외젠(Genoude, Antoine Eugène) 281
제르맹, 가브리엘(Germain, Gabriel) 336
주르네, 샤를(Journet, Charles) 287

ㅊ
치프리아노(Cyprien) 291

ㅋ
카야파(Caïphe) 370
카이사르(César) 148-149
카펠라리(M. Cappellari) 292
칸트, 이마누엘(Kant, Immanuel) 313, 408
코튀(Mme Cottu) 296

코티에, 조르주(Cottier, George) 359
코헬렛(Ecclesiaste) 26, 68
콘스탄티누스(Constantin) 344
콘첼만, 한스(Conzelmann, Hans) 269
콩가르, 이브(Congar, Yve Marie) 358
콩트, 오귀스트(Comte, Auguste) 222
쿠자누스, 니콜라우스(de Cuse, Nicolas) 283
쿠쟁, 빅토르(Cousin, Victor) 313
큉, 한스(Küng, Hans) 302, 324
크리스티아노풀로스(Christianopoulos) 292
클레멘스, 알렉산드리아의(Clément d'Alxendrie) 176, 344
클로델, 폴(Claudel, Paul) 87, 184, 194
키르케고르, 쇠렌(Kierkegaard, Søren) 123, 213

ㅌ

타소, 토르콰토(Tasso, Torquato) 193
탈레랑-페리고르, 샤를-모리스 드(Talleyrand-Périgord, Charles-Maurice de) 174
테르툴리아누스(Tertullianus) 291
테리에(Terrier) 394
테세르(P. Teysserre) 281
테오티모(Théotime) 409
테이야르 드 샤르댕, 피에르(Teilhard de Chardin, Pierre) 119, 216-217
톨스토이, 레프(Tolstoy, Lev) 142
투른민, 르네-조셉(Tournemine, René-Joseph de) 135
투아네, 폴(Toinet, Paul) 318
티모테오(Timotheus) 253
티보, 앙투안(Thibaut, Antoine) 240, 365

ㅍ

파스칼, 블레즈(Pascal, Blaise) 27, 29, 42, 70, 84, 130, 133, 158, 176, 192, 235, 251, 281, 376, 403, 409

팔코니, 카를로(Falconi, Carlo) 359
페기, 샤를(Péguy, Charles) 51, 55, 85-86, 195, 212, 306, 344, 376, 386, 388, 412, 419
페늘롱, 프랑수아(Fénelon, François) 138, 199, 204, 213, 228, 409
페스튀지에르(Festugière) 374
펠레, 프랑수아-자비에 드(Feller, François-Xavier de) 281
포이어바흐, 루트비히(Feuerbach, Louis) 367
푸코, 샤를 드(Foucauld, Charles de) 381
퓌메, 스타니슬라스(Fumet, Stanislas) 21, 23
프란치스코 살레시오(François de Sales) 163, 409
프란치스코 하비에르(François Xavier) 326
프란치스코, 아시시의(Francesco d'Assisi) 328
프레스티지, 조지-레오나드(Prestige, George-Leonard) 304
프레시누, 드니-뤼크(Frayssinous, D,-L) 281
프로이트(Freud) 128
프루동, 피에르-조셉(Proudhon, Pierre-Joseph) 85, 410, 428
프링스, 요제프(Frings, Josef) 290
플라톤(Platon) 87, 207, 260, 374
피치노, 마르실리오(Ficino, Marsilio) 190
필로테아(Philothée) 409
필립, 제라르(Philips, Gérard) 287

ㅎ
하이데거, 마르틴(Heidegger, Martin) 126, 332
하젠휘틀, 고트홀트(Hasenhüttl, Gotthold) 338, 345
햄프슨, 노먼(Hampson, Norman) 310
헤겔, 프리드리히(Hegel, Friedrich) 111
헤라클레이토스(Heraclitus) 135
호메로스(Homeros) 306
힐라리오(Hilarius) 403

지은이 **앙리 드 뤼박**Henri de Lubac

앙리 드 뤼박은 1896년 프랑스 북부의 캉브레Cambrai에서 태어나 1913년, 예수회에 입회하였다. 1927년에 사제품을 받은 후, 1929년부터 리옹가톨릭대학교에서 신학 교수로 재직하며 20세기 중반에 나타난 '새로운 신학'의 주창자로 혹독한 의혹에 시달리다 1950년에는 예수회 내부의 결정으로 교수직을 박탈당했다. 그러나 1964년에는 제2차 바티칸 공의회 준비 위원으로 임명되며 정통성을 인정받았고, 공의회 내 신학을 쇄신하는 데 기여하였다. 요한 바오로 2세 교황은 1983년에 그를 추기경으로 임명하며, 그를 당대의 가장 뛰어난 신학자 중 한 사람이라고 공표했다.

드 뤼박은 1942년 장 다니엘루Jean Danielou 신부와 함께 교부들과 중세 저술가들의 저작을 모아 《그리스도교 원전Sources Chrétiennes》이라는 교부 문헌 총서를 발행하였다. 이 전집은 오늘날까지 신학 연구에 중요한 자료로 여겨지고 있으며, 그 외에도 《가톨릭시즘Catholicisme》, 《초자연성: 역사적 고찰Surnaturel: Études historiques》, 《초자연성의 신비Le Mystère du surnaturel》, 《교회의 신비와 역설Paradoxe et mystère de l'Eglise》, 《기회의 신학Théologie d'occasion》 등 40여 권의 저서를 남겼다.

옮긴이 **곽진상**

1993년 2월 2일 수원 교구에서 사제품을 받은 사제. 수원가톨릭대학교와 동대학원에서 수학한 후 프랑스 파리가톨릭대학교로 유학을 떠났다. 1993년 수원가톨릭대학교에서 교의신학 석사 학위를, 1999년 파리가톨릭대학교에서 교리교육학 석사 학위를 취득했으며 2005년 파리가톨릭대학교에서 기초신학 박사 학위를 취득했다.

본당에서 사목 활동을 하며 신자들과 소통한 후, 수원가톨릭대학교에서 후학을 양성하였고, 2018년에는 총장으로 임명되었다. 앙리 드 뤼박을 연구한 대표적인 신학자로, 드 뤼박이 쓴 다양한 논문을 번역하였으며, 그 논문을 엮어 《그리스도교 신비사상과 인간》을 출간했다.